水路运输核心课程系列教材



Jizhuangxiang Yunshu yu Duoshi Lianyun

# 集装箱运输与多式联运

（第三版）

交通运输类专业教学指导委员会
水路运输与工程教学指导分委员会 组织编审

王鸿鹏　胡　昊　邓丽娟◎编著

真　虹◎主审

人民交通出版社股份有限公司
China Communications Press Co.,Ltd.

## 内 容 提 要

《集装箱运输与多式联运》(第三版)是由交通运输类专业教学指导委员会水路运输与工程教学指导分委员会组织编写的交通运输(水路运输)专业的核心教材,系统论述了集装箱运输与多式联运的理论和实务,内容包括:集装箱运输系统的特点、构成及发展概况;集装箱及其箱务管理;集装箱船舶及其航线组织;集装箱码头及其场站管理;集装箱货物及其组织管理;集装箱运输进出口业务及单证;公路、铁路、航空集装箱运输;国际集装箱多式联运;集装箱运费计算;国际集装箱运输代理业务;国际集装箱运输信息系统等。

本教材可作为高等院校交通运输、物流管理、物流工程、国际经济与贸易等专业本科生、研究生的教科书及专业教师的教学参考书,也可供运输企业、物流企业和贸易公司管理人员参考使用及有关业务人员培训之用。

**图书在版编目(CIP)数据**

集装箱运输与多式联运/王鸿鹏,胡昊,邓丽娟编著.—3版.—北京:人民交通出版社股份有限公司,2015.8

ISBN 978-7-114-12332-0

Ⅰ.①集… Ⅱ.①王… ②胡… ③邓… Ⅲ.①集装箱运输—多式联运—高等学校—教材 Ⅳ.①U169

中国版本图书馆 CIP 数据核字(2015)第 135355 号

水路运输核心课程系列教材

**书　　名**:**集装箱运输与多式联运**(第三版)
**著 作 者**:王鸿鹏　胡　昊　邓丽娟
**责任编辑**:张　淼
**出版发行**:人民交通出版社股份有限公司
**地　　址**:(100011)北京市朝阳区安定门外外馆斜街3号
**网　　址**:http://www.chinasybook.com
**销售电话**:(010)64981400,59757915
**总 经 销**:北京交实文化发展有限公司
**印　　刷**:北京虎彩文化传播有限公司
**开　　本**:787×1092　1/16
**印　　张**:23
**字　　数**:530千
**版　　次**:2015年8月　第3版
**印　　次**:2024年4月　第3次印刷
**书　　号**:ISBN 978-7-114-12332-0
**定　　价**:60.00元

# 交通运输(水路运输)核心课程教材
# 编写委员会名单

# 序

交通运输(水路运输)专业有着悠久的历史,在60年的办学历程中,形成了优良的办学传统和专业特色,并为国家和社会培养了一大批水运管理行业的精英。交通运输与工程学科教学指导委员会水路运输与工程教学指导分委员会是由教育部和交通运输部共同聘请的专家组织,接受教育部的委托,开展高等学校交通运输(水路运输)类专业本科教学的研究、咨询、指导、评估、服务等工作,旨在推进高等学校水路运输专业教学改革和学科建设,推动水路运输类专业实现内涵式发展,提高专业人才培养质量。

21世纪以来,我国社会经济发展进入新的历史阶段,作为国民经济命脉的水路运输行业,在内外环境的双重作用下也发生了翻天覆地的变化。运输装备、基础设施不断向大型化、专业化、智能化和绿色化方向发展,运输组织方式实现综合化、系统化、现代化,运输功能进一步拓展延伸,运输企业的经营观念和政府行政管理体制也发生了巨大变化。

在这样的变革之下,根据行业发展的新特征、新趋势更新教材内容,吸收新的发展成果,建设完善的具有水路运输学科特色的教材体系,进一步提升教材质量成为水路运输专业学科建设的当务之急。

教材建设工作是高等学校的一项基本建设工作,是提高教学质量、实现人才培养目标的重要保证。为此,水路运输与工程教学指导分委员会根据《交通运输(水路运输)专业规范》中确定的水路运输专业核心课程设置,集中各高等院校的优势资源,组织行业内知名教授,对《水运法规与政策》、《运输经济学》、《港口装卸工艺学》、《国际航运管理》、《物流学》、《国际航运经济学》和《集装箱运输与多式联运》七门核心课程开展教材编写工作,并形成交通运输(水路运输)核心课程教材丛书。

教育的意义在于引导和促进学生的成长发展和自我完善,在于引领行业发展的技术研发与革新,在于为社会的发展和需要输入源源不断的新鲜血液。教材建设是提高教育人才培养质量的关键环节,也是推进教育教学改革创新的重要抓手。希望通过此次交通运输(水路运输)核心课程教材丛书的编写工作,能够进一步加快教材内容改革,创新教材的表现形式,提升教材的内在质量,更好地满足交通运输(水路运输)专业教学的需要。

**交通运输类专业教学指导委员会**<br>
**水路运输与工程教学指导分委员会**<br>
**主任委员　於世成**<br>
**2014年3月**

# 前　　言

集装箱运输是一种现代化的运输方式，随着世界经济贸易的不断发展以及集装箱运输技术的不断完善与成熟，货物集装箱运输与集装箱多式联运已成为国际运输中主要的运输方式与组织形式，开展集装箱运输与多式联运业务，已成为各类运输企业或物流企业主要的发展方向。

同时，集装箱运输与多式联运是资金密集、技术密集及管理要求很高的产业，它对从业人员提出了更高的要求。只有全面系统地了解和掌握国际集装箱运输系统中所涉及的理论知识、专业技术与实务技能，提高工作人员的业务素质，才能更充分地发挥集装箱运输与多式联运的优越性。

本书正是适应这一需要编撰而成的，并已发行两版，以满足国际物流、交通运输类专业有关课程教学之需及广大集装箱运输工作者掌握国际集装箱运输基本原理、内容和方法的迫切要求。

本书第三版在第一、二版基础上，结合教材内容"先进、丰富、实用"的编写要求进行修编，补充了集装箱运输与多式联运最新发展技术，在每章首尾增加引导案例、本章知识点和思考与练习，在每章正文充实大量例题计算、案例分析和知识专栏。

本书由集美大学王鸿鹏教授主编及统稿，上海海事大学真虹教授主审。具体分工如下：第一章～第三章、第五章、第六章、第九章第一、二、五节由王鸿鹏编写；第四章由集美大学邵晓娴编写；第七章、第十章由集美大学邓丽娟编写；第八章、第十一章由上海交通大学胡昊编写；第九章第三节由集美大学肖虹编写；第九章第四节由集美大学陈丽芬编写。

由于作者水平有限，书中不足之处在所难免，恳请广大读者不吝赐教。

在编写本书的过程中，得到吉联科技有限公司、厦门港务集团海天集装箱有限公司等单位的大力支持，在此对所有帮助完成本书编写的单位和个人表示衷心的感谢！

编　者
2015 年 4 月

# 前　言

编　者
2015年4月

# 目　　录

# 第一章 绪 论

## 引导案例 港口集装箱运输对区域经济的推动

在世界经济和贸易全球化以及运输现代化的推动下，港口的作用和功能不断提升，现代港口正朝着全方位增值服务中心的方向发展。港口从最早作为海、陆转运节点开始，逐步发展了临港工业，显示出其工业功能，进入20世纪80年代后，进一步显示出其现代物流和贸易功能，成为国际贸易的服务基地和物流重要节点。

由于港口功能提升，港、城关系也日益紧密，港口在促进城市就业和区域经济发展中发挥着日益重要的作用。美国53%的居民居住在距海岸线80km以内区域。中国香港海运以及相关产业对香港GDP的贡献率为20%，对财政收入的贡献率为50%，为60多万人创造了就业岗位。日本神户港经济贡献率约占神户市的32%。荷兰鹿特丹港对就业的贡献率为全国的5.4%，对GDP的贡献率为6.8%。新加坡的新加坡港对全国GDP的贡献率为13%。在中国，港口的作用也十分突出。距离可通航2万吨级船舶的港口200km内的60个城市，其外贸进出口总额占全国的85%。天津港每万吨吞吐量可创造26个就业岗位，贡献GDP120万元。这些数据充分说明，港口，特别是综合性枢纽港，不仅可以拉动城市经济和就业的增长，而且可以增强城市经济的聚集力，增强其向国内外的辐射功能。港口是城市发展的核心资源，是建设国际化都市的核心内容。

集装箱运输的经济性、安全性、可靠性和准时性提高极快，对自然环境的影响却很小，是现代交通运输发展的代表；集装箱运输综合产业链长、影响范围大，对城市发展作用显著。国内外研究表明，港口集装箱运输对区域经济的贡献是原油的4倍左右、煤炭的2倍左右。正是由于集装箱运输的这一特征及其规模化的发展，使其成为与港口吞吐量相当，甚至更加重要的发展指标，得到各个港口城市在发展上的重点支持，成为城市经济贸易发展和功能提升的核心资源。

### 问题

1. 集装箱运输、国际贸易和现代物流之间的关系如何？
2. 集装箱运输有什么优越性？
3. 港口集装箱运输对区域经济发展有什么推动作用？

### 本章知识点

集装箱运输是一种先进的现代化运输方式，是运输领域的重要变革。

本章介绍了国际集装箱运输产生背景、发展沿革及我国集装箱运输发展概况，对集装箱运输的特点及优越性进行叙述，重点对集装箱运输系统的组成要素进行了详细的阐述，并对集装箱运输未来发展趋势进行了探讨。

本章应重点掌握的内容:集装箱运输产生的背景;集装箱运输的特性;集装箱运输系统的组成;集装箱运输的发展趋势。

# 第一节　集装箱运输发展与特点

集装箱(Container)是一种具有足够强度、便于反复使用的大型标准化载货容器。集装箱运输(Container Transportation)就是将货物装在集装箱内,以集装箱作为一个货物集合或成组单元,进行运输(包括水路运输、铁路运输、公路运输、航空运输以及这几种运输方式的联合运输)、装卸、搬运的运输工艺和运输组织形式。

集装箱运输是一种先进的现代化运输方式,是交通运输现代化的产物和重要标志,也是件杂货运输的发展方向及运输领域的重要变革,因此世界各国都把集装箱运输称为 20 世纪的"运输革命"。

由于集装箱运输具有巨大的社会效益和经济效益,因而现代化的集装箱运输热潮已遍及全世界。各国都把集装箱运输的普及和发展看作是该国运输现代化进程的标志,国际航运中心也以集装箱装卸中转量的规模作为衡量的主要指标。

目前,集装箱运输已进入以国际远洋船舶运输为主,以铁路运输、公路运输、航空运输为辅的国际多式联运为特征的新时期。

## 一、集装箱运输产生的原因

第二次世界大战以后,世界经济得到了迅猛发展,跨国经营以及国际贸易量不断上升,国际间的市场竞争愈演愈烈,致使企业不得不采用大规模的专业化生产,以降低成本、提高技术水平和生产效率,争取在国际市场竞争中处于有利地位,以便获取更大的利润。

国际贸易量的上升以及跨国经营的增加,对国际间货物运输提出了更高的要求。传统的货物运输由于采用件杂货的方式,货物品种多、包装形式多样、单件重量相差较大,很难实现全过程的机械化和自动化的运输生产,也不适应现代大规模专业化生产的要求。为了克服件杂货运输所带来的问题,扩大运输单元是必然的趋势。在这一变化过程中,首先出现的是以网络和托盘等成组工具来实现的货物运输和装卸的成组化,但是这种成组方式的集成化程度有限,外形仍不规整,由于包装强度所限,也使得堆码困难。所以,更大单元的、外形尺寸标准的、包装具有一定强度的集成化运输方式的出现就势在必行,而集装箱运输方式的诞生正是顺应了这种需求。

## 二、国际集装箱运输的发展沿革

国际集装箱运输的形成和发展过程可以分为萌芽、开创、成长、扩张、成熟五个阶段。

1. 萌芽阶段(1801 ~1955 年)

该时期的重要标志是欧美地区的发达国家在国内开始尝试陆上集装箱运输,运输距离较短,主要是在欧洲各国之间进行陆上集装箱运输的合作。由于公路和铁路集装箱运输不统一,制约了陆上集装箱运输的发展,集装箱运输发展缓慢。

第二次世界大战爆发后,美国陆军需要运输大量的军用物资,为了提高运输效率,成立了军事运输系统课题组,提出了货物运输要实现成组化的原则,实现门到门运输。这一原则被交通运输和工商业者所接受。于是,利用托盘和集装箱作为媒介的成组运输系统被广泛应用。1952 年,美国陆军开始建立了“军用集装箱快速勤务系统”,实现了使用集装箱运输弹药和其他军用物品。

2. 开创阶段(1955 ~ 1966 年)

该时期的重要标志是美国首先用油轮、件杂货轮改装成集装箱船在美国沿海从事海上集装箱运输,并获得良好的经济效益。海上集装箱运输获得成功,为实现国际远洋航线的集装箱运输打下了良好的基础。

1956 年 4 月 26 日,美国泛大西洋轮船公司(Pan – Atlantic Steamship Co.)将一艘 T – Z 型油轮“Marcston”号改装后,在甲板上装载了 58 只集装箱,由美国新泽西州的纽约港驶往得克萨斯州的休斯敦港,进行海上试运。3 个月后,试运获得了巨大的经济效益,平均每吨货物装卸费用由原来的 5.83 美元降低到 0.15 美元,仅为普通件杂货船的 1/37。

1957 年 10 月,泛大西洋轮船公司又将 6 艘 C – 2 型件杂货轮船改装成了带有箱格的全集装箱船。第一艘船的船名为“Gateway City”号,该船上设有集装箱装卸桥,其载重量为 9 000t,装载 8ft × 8.5ft × 35ft(ft 即英尺,1 英尺 = 0.304 8 米)的集装箱 226 只,每箱总重 25t,仍航行于纽约至休斯敦的航线上。

美国“Gateway City”号全集装箱船正式投入营运,标志着海上集装箱运输方式正式开始。1960 年 4 月,美国泛大西洋轮船公司改名为海陆运输公司(Sea – Land Service Inc.)。1961 年 5 月,该公司又陆续开辟了纽约至洛杉矶、旧金山等航线。另外,在此期间,美国的马托松(Matson Navigation Company)等其他轮船公司也先后开辟了夏威夷等航线。

1965 年,国际标准化组织(ISO)颁布了一系列国际标准箱的规格尺寸,其中长度为 6.1m(20ft)和 12.2m(40ft)的标准集装箱成为国际集装箱运输中的常用箱。由于集装箱尺寸的标准化,使得装卸集装箱的工具具有世界通用性。这些都为集装箱运输向多式联运发展打下了良好的基础。

3. 成长阶段(1966 ~ 1971 年)

该时期的重要标志是集装箱运输从美国的沿海运输向国际远洋运输发展。从事集装箱运输的船舶为第一代集装箱船,其载箱量在 700 ~ 1 100TEU(TEU 即标准箱,1TEU = 1 个 20ft 箱)之间,并有了集装箱专用码头。

1966 年 4 月,美国海陆运输公司以经过改装的全集装箱船开辟了纽约至欧洲的国际远洋集装箱运输航线。1967 年 9 月,美国马托松轮船公司将“夏威夷殖民者”号全集装箱船投入到日本至北美太平洋沿岸的国际远洋航线。

1968 年,日本有 6 家轮船公司在日本至美国加利福尼亚之间开展集装箱远洋运输。随后,日本与欧洲各国的轮船公司也先后在日本、欧洲、美国和澳大利亚等国家和地区之间开展了集装箱运输。

4. 扩张阶段(1971 至 20 世纪 80 年代末)

该时期的重要标志是集装箱运输迅速发展,世界各主要航线开展了集装箱运输。由于集装箱运输具有装卸效率高、成本低、效益好、运输质量高,且便于开展国际多式联运等优点,因此深受货主、船公司、港口及其他有关部门的欢迎。在 1971 年至 20 世纪 80 年代末发展极其迅速,其国际远洋运输航线从欧美扩展到东南亚、中东及世界各主要航线。

1971 年年底,发达国家的海上件杂货运输基本实现了集装箱化,发展中国家的集装箱运输也得到了较大的发展。国际航线上出现了 2 000TEU 左右的第二代集装箱船。

随着世界海上集装箱运输的发展,世界各国普遍建设了集装箱专用码头,港口设施不断现代化,许多集装箱码头开始配备集装箱装卸桥、跨运车及轮胎式龙门起重机。电子计算机开始应用于集装箱运输,集装箱运输管理水平有了很大提高。在美国出现了集装箱多式联运,并于 1980 年 5 月在日内瓦通过了《联合国国际货物多式联运公约》。

5. 成熟阶段(20 世纪 80 年代末至今)

20 世纪 80 年代末以来,国际集装箱运输的发展已进入成熟期。其重要标志是集装箱运输船舶、码头泊位、装卸机械、集疏运的道路桥梁等硬件设施日臻完善,集装箱运输的经营管理、业务管理的方法和手段等软件配置越来越现代化,集装箱运输在全世界得到普及,多式联运得到进一步发展。船舶大型化、码头深水化、运输组织的联运化、竞争激烈化是发展趋势。

集装箱运输系统中的硬、软件技术日臻完善与配套,主要表现在件杂货物集装箱化比例不断提高,发达国家已达 80% 以上;各国在前期均投入了大量资金,使集装箱运输系统化的程度达到了新的水平。在硬件方面,船舶的运力、港口吞吐能力与内陆集疏运能力这三个环节及其之间的衔接与配套已日趋完善。在软件方面,首先在运输经营方面"载运中心港"及干支线分工的经营思想已开始成为现实,随着船舶大型化的建立,中心港(大型干线船挂靠的港口)的枢纽作用日益扩大;在经营管理方面,随着管理和信息技术的进步以及有关国际法规的日益完备和国际惯例的逐步形成,实现了管理方法的科学化和管理手段的现代化;随着计算机网络技术的发展,一些发达国家对运输的管理,已从局部地区性、分部门的管理,发展成为世界范围的各部门联网的综合信息管理。在集装箱运输系统运行支持方面,与集装箱运输有关的工业飞速发展,金融、保险等行业对集装箱的有关业务支持越来越规范化。这一切使得集装箱运输理论与实务日趋完善,为集装箱运输系统的运行和发展提供了有力的支持和保证。

实现"门到门"的多种运输方式联合运输,即多式联运,是现代交通运输的发展方向。由于集装箱运输本身的特性和优点,大大降低了多式联运经营人在全程运输过程中的风险。随着集装箱运输系统的建立、运行及有关法规的完善,集装箱运输突破了传统运输中各方面独立组织、独立运作的港到港交接方式,出现了综合利用各种运输方式的优点,由多式联运经营人统一组织完成的包括不同运输方式的"门到门"交接的、优质全面的运输及相关服务。到目前为止,各国都在不同程度上开展了多式联运业务,主要发达国家的集装箱运输已基本上实现了多式联运。

随着世界集装箱船队的高速扩张,尤其是一些非传统航运大国(如原苏联、中国、韩国等)集装箱船队的飞速发展,造成了集装箱运输市场中供大于求的局面。这种局面使各船公司之间的竞争愈演愈烈,各船公司通过各种手段彼此间争夺货源。能否获得充足、稳定,特别是高运价的货源,已成为各船公司经营成败的关键。这种竞争使"一切为了货主"和提供高质量、高效率的服务,成为各船公司的经营宗旨,船公司均采取了更加灵活的策略,纷纷开展了更全面的综合服务业务。

## 三、我国集装箱运输发展概况

我国集装箱运输始于 20 世纪 70 年代初。1973 年 9 月开始用件杂货船从天津、上海载运小型集装箱(8ft×8ft×8ft)至日本的横滨、大阪、神户。虽然起步较晚,但发展的速度却是最快的。自1973年天津港接卸第一个国际集装箱始,历经了70年代的起步、80年代的稳定发展、90年代的快速发展,到21世纪初我国集装箱运输引起了全世界航运界的热切关注。

随着我国对外贸易和外向型经济不断发展,我国集装箱运输发展很快,拥有了一支现代化的集装箱船队,建成了一批集装箱专用深水泊位,建立了较为通畅的集疏运系统,培养了一批集装箱运输经营管理队伍,集装箱化的水平明显上升。

1. 集装箱船舶运力发展迅速,航线不断增多

到2013年年底,我国从事国际集装箱运输的远洋班轮公司已达到160多家,拥有集装箱船舶1 800多艘,120多万TEU箱位。其中,中国远洋运输(集团)公司拥有集装箱船舶150多艘,78.5万TEU箱位;中国海运集团拥有集装箱船舶140多艘,59.6万TEU箱位,均进入世界集装箱班轮公司排名前十位。

到2013年年底,我国开辟国际集装箱班轮航线220多条,每月有6 500多个航班,包括国内沿海至日本、韩国、中国香港、东南亚的近洋航线,国内沿海至美洲、欧洲、地中海等远洋航线,形成了远近洋结合,沿海、长江内支线相互衔接的国际集装箱运输网络。

2. 加强基础设施建设,港口条件和内陆集疏运系统明显改善

到2013年年底,全国共有万吨级集装箱专用泊位150多个。2013年,全国港口共完成集装箱吞吐量1.90亿TEU。各港口码头分别配备了能适应接卸和装载大型集装箱船舶的装卸桥及龙门起重机、跨运车等堆场作业机械。上海港已成为以洋山大型集装箱深水码头为重要标志的国际航运中心主枢纽港,深圳、宁波、广州、青岛、天津、厦门、大连等地区的港口建设也将快速发展。表1-1为近几年中国大陆十大集装箱港口吞吐量表。

**2008~2013年中国大陆十大集装箱港口吞吐量表**(单位:万TEU) 表1-1

| 年份(年) \ 位次 | 第一位 | 第二位 | 第三位 | 第四位 | 第五位 | 第六位 | 第七位 | 第八位 | 第九位 | 第十位 |
|---|---|---|---|---|---|---|---|---|---|---|
| 2008 | 上海 | 深圳 | 宁波 | 广州 | 青岛 | 天津 | 厦门 | 大连 | 连云港 | 营口 |
| | 2 798.0 | 2 140.0 | 1 122.6 | 1 092.3 | 1 100.1 | 850.0 | 503.5 | 450.3 | 300.1 | 203.0 |
| 2009 | 上海 | 深圳 | 广州 | 宁波 | 青岛 | 天津 | 厦门 | 大连 | 连云港 | 营口 |
| | 2 500.2 | 1 825.0 | 1 119.0 | 1 050.3 | 1 026.0 | 870.0 | 468.0 | 455.2 | 302.1 | 253.7 |
| 2010 | 上海 | 深圳 | 宁波 | 广州 | 青岛 | 天津 | 厦门 | 大连 | 连云港 | 营口 |
| | 2 906.9 | 2 251.0 | 1 314.4 | 1 255.0 | 1 201.2 | 1 008.0 | 582.4 | 524.2 | 387.0 | 333.8 |
| 2011 | 上海 | 深圳 | 宁波 | 广州 | 青岛 | 天津 | 厦门 | 大连 | 连云港 | 营口 |
| | 3 173.9 | 2 251.0 | 1 468.6 | 1 425.0 | 1 302.0 | 1 158.8 | 646.5 | 640.0 | 485.2 | 403.3 |
| 2012 | 上海 | 深圳 | 宁波 | 广州 | 青岛 | 天津 | 大连 | 厦门 | 连云港 | 营口 |
| | 3 252.9 | 2 294.1 | 1 617.5 | 1 474.4 | 1 450.0 | 1 230.0 | 806.4 | 720.2 | 502.0 | 485.1 |
| 2013 | 上海 | 深圳 | 宁波 | 青岛 | 广州 | 天津 | 大连 | 厦门 | 连云港 | 营口 |
| | 3 661.7 | 2 327.8 | 1 732.7 | 1 552.0 | 1 530.9 | 1 300.0 | 991.2 | 800.8 | 548.8 | 530.1 |

为了充分发挥集装箱运输的优势,实现整箱货"门到门"、拼箱货"站到站"的多式联运,截至2013年年底,我国在港口腹地主要枢纽港站附近及国道公路主骨架沿线建成国际集装箱内陆中转货运站达450多个,备有专用集装箱货车10万余辆;公路运输已成为与远洋运输相衔接的、配合港口集疏运的主要运输方式;铁路也开通集装箱专列线50多条。在我国沿海及中部地区基本形成了与远洋班轮相配套的内陆中转货运站场运输网络。

3. 加强科技应用,集装箱运输技术水平有了明显进步

"七五"期间,在国家计委(现国家发展与改革委员会)等部(委)的支持配合下,交通部(现交通运输部)主持了"国际集装箱运输系统(多式联运)工业性试验",在上海口岸通过设备配套、技术开发、制定规章、统一单证,发展和完善了以上海港为枢纽,向国外和内陆两个扇面辐射的干支线相衔接的国际集装箱运输系统和示范模式,取得了值得推广的成套经验;并于"八五"期间在大连、天津口岸全面推广"上海工试"成套技术,在青岛、广州、南京等18个口岸推广使用集装箱运输新单证。通过"工试"技术的推广应用,使我国集装箱运输走上了正规化、标准化的道路,管理水平有了明显的提高。

中央和地方政府重视依靠科技发展集装箱运输,大力发展EDI信息系统,加快集装箱运输信息交换系统的现代化建设。1995年由国家计委立项,交通部组织实施的EDI项目在我国国际集装箱运输系统中投入运营。天津、青岛、大连、厦门等口岸加大计算机局部网络系统的开发和应用,对进出口舱单、船图、装箱单进行电子数据交换、信息共享,加快了单证的流转速度,减少了人工录入错误率,提高了管理水平。交通部在"九五"期间,进行"国际集装箱运输电子传输运作系统和示范工程"项目的研究和实施。该项目是在攻关开发国际集装箱运输EDI系统的同时,首先在上海、天津、青岛、宁波4个口岸和中远集团建成具有互联性和分局管理功能的EDI服务中心,利用国际增值网互联,实现港航企业间集装箱运输单证和报文传递,利用中国公共分组交换网,实现港口、内陆集装箱箱务管理的信息交换电子化,进而实现与口岸有关监管机构、银行、保险等部门的电子信息交换。该项目的研究开发和实现,进一步实现与口岸有关监管机构、银行、保险等部门的电子信息交换,对我国集装箱运输管理水平的提高产生了重要影响。

4. 加强法规建设,集装箱运输管理水平有了很大提高

"八五"期间,1990年12月国务院发布68号令,颁布了《中华人民共和国海上国际集装箱运输管理规定》。这是我国集装箱运输的第一个综合性法规,对加强集装箱运输经营和宏观控制,进一步提高集装箱运输管理水平具有重大的意义。1992年2月27日交通部第五次部长办公会议上通过了《中华人民共和国海上国际集装箱运输管理规定实施细则》,并在同年6月9日由交通部正式签署发布,自1992年7月1日起施行。以上两个法规和规章,规定了设立集装箱运输企业、开设国际班轮航线、经营国际班轮运输的条件与程序,明确了集装箱运输有关各方当事人的责任、权利和义务,它对加强集装箱运输和班轮运输行业管理、规范经营行为起到了重要作用,促进集装箱运输走上法制化轨道。

原交通部、铁道部于1997年3月14日以1997年第2号令发布《国际集装箱多式联运管理规则》(以下简称《规则》),并从1997年10月1日起施行。实施《规则》,有利于推动公、铁、水联运的发展;有利于为货主提供"一次托运、一次付费、一次签单、一票到底、全程负责"的服务;有利于降低外贸进出口货物运输的成本,促进对外贸易的发展。《规则》的实施,促进了多

式联运市场的健康发展，使得管理多式联运有法可依，经营多式联运有章可循，将进一步规范我国集装箱多式联运市场秩序，保护集装箱多式联运企业的正当权益，为货主提供优质服务。

2002年，原国家经贸委、交通部、外经贸部、铁道部、海关总署、国家质量检验总局六部委联合颁布了《加快我国集装箱运输的若干意见》，并就相关问题提出了指导性意见。该意见针对各运输方式之间的有机衔接、沿海与内陆地区发展不平衡、口岸环境有待进一步改善、内贸集装箱发展水平较低、信息化管理水平不高等问题，由经贸委会同有关部门加强对全国集装箱运输工作的综合组织与协调，各地经贸委或综合交通管理部门会同有关部门做好本地区的组织协调工作，公路、铁路方面将分别提高市场准入技术条件，规范收费管理，加强信息系统建设，水运方面将进一步与国际接轨，实现内、外贸集装箱运输市场的一体化。

为了规范国际海上运输活动，保护公平竞争，维护国际海上运输市场秩序，保障国际海上运输各方当事人的合法权益，交通部于2001年制定了《中华人民共和国国际海运条例》（以下简称《海运条例》），并自2002年1月1日起施行。1990年12月5日国务院发布、1998年4月18日国务院修订发布的《中华人民共和国海上国际集装箱运输管理规定》同时废止。之后，《中华人民共和国国际海运条例实施细则》（以下简称《实施细则》）也于2002年12月25日通过，并自2003年3月1日起施行。2013年8月22日，交通运输部又对《中华人民共和国国际海运条例实施细则》做了修改，并于2013年8月29日起施行。

《海运条例》及其《实施细则》，适用于进出中华人民共和国港口的国际海上运输经营活动以及与国际海上运输相关的辅助性经营活动，如国际船舶代理、国际船舶管理、国际海运货物装卸、国际海运货物仓储、国际海运集装箱场站等业务。以上两个法规和规章的主要内容规定了国际海上运输及其辅助性业务经营者的资格条件；国际海上运输及其辅助性业务经营活动准则；外商投资经营国际海上运输及其辅助性业务的特别规定；调查与处理事宜；法律责任，明确了集装箱运输有关各方当事人的责任、权利和义务等。

《海运条例》及其《实施细则》是与《中华人民共和国海商法》配套的行政法规，是在总结我国国际海运市场管理实践的基础上，按照建立社会主义市场经济法律体系的原则制定的，适应我国航运市场发展的需要，同时参照和借鉴了国际航运惯例和外国的航运立法实践，符合我国加入世贸组织后海运业改革开放的要求。因此，《海运条例》的颁布实施，为建立全国统一、公平竞争、规范有序的国际海运市场体系提供了法律保障，对我国国际海运市场尤其是集装箱运输市场的管理走向规范化、法制化具有重要意义。

## 四、集装箱运输的特性

集装箱运输是把集装箱作为运输包装和基本运输单元，使货物成组化，并在运输过程中采用专用的先进装卸设备和运输工具的现代化运输方式。尽管现代意义的集装箱运输仅有40多年的时间，但现代集装箱运输的产生对交通运输业具有深远的影响，并引起了一场革命性的变化。到目前为止，在国际贸易中以集装箱运输的件杂货已达到80%以上，在发达国家和主要航线上已基本实现了件杂货物的集装箱化。集装箱运输之所以能如此迅速地发展，正是由于集装箱运输本身具有许多特点及优越性。

*1. 高效率的运输方式*

集装箱是一种具有标准规格的大型“容器”。货物装入集装箱后，以集装箱为单元进行运输,从根本上改变了原来的货物品种繁多,外包装尺寸、形状不一,单件重量差别很大而不能使用大型机械的不利状况。具有标准化的外形尺度和重量,为运输过程中大型专用设备和工具的使用和自动化生产创造了最基本的条件。集装箱运输的高效率主要体现在以下几个方面。

(1)装卸速度高,运载工具周转快。通过集装箱化为大型装卸机械的使用创造了条件,大大提高了装卸作业的效率。据集装箱运输初期统计,集装箱装卸效率为传统件杂货方式的4倍、为托盘的1.7倍。随着大型集装箱装卸桥和桥式起重机的使用和不断改进,装卸速度有了进一步提高,目前在装卸船作业中一个装卸循环的时间已可低于90s。

由于集装箱具有密封的特点,在装卸过程中受天气影响(特别是雨天)较小,这对于运载工具来讲,从另一个角度缩短了装卸时间。

由于装卸速度的提高和装卸作业受天气影响较小,运载工具(船、车等)在港、站或其他装卸地点的停留时间大大缩短。

(2)提高了港口(场站)设施、设备的利用率。集装箱货物周转较快,在港、站、库、场停留时间较短,由于集装箱的强度比传统件杂货运输包装的强度要大得多,可以多层堆码,因而库、场与其他港(站)设施利用率有较大提高。

(3)货物的运达速度较快,货方资金周转较快。随着装卸、运输效率的提高及集装箱运输(特别是国际运输)法规的完善,带来的通关、检验、理货等手续的简化及集装箱运载工具速度的提高,集装箱货物的运达速度有了较大提高。这对于贸易活动的买方来说可以缩短订货周期,卖方可以提前结汇,双方资金流转效率都有所提高。

2. 高质量的运输方式

集装箱具有坚固、密封的特点,在运输过程中箱内货物不易发生被盗事故并足以有效地防止恶劣天气和环境对箱内货物的损害。

在运输和装卸过程中,与外界接触的是箱子而不是货物,因此货物破损事故大为减少。同时货物本身的包装可比传统散运形式有所简化,节省了包装费用。

集装箱是一种大型货箱,可以把几十件甚至上百件货物集中作为一个整体,在运输各环节中始终把箱作为运输单元,在多次作业、理货中大大减少了货差和丢失现象。

减少货物丢失、损害和差错事故,节省包装费用,加上前面提到的提高运达速度等,都说明了集装箱运输是一种高质量的运输形式。

3. 资本高度密集型的行业

集装箱运输是以集装箱运输系统为基础的。集装箱运输系统是专用的系统,包括高效率的码头、运输船舶、内陆集疏运系统及大量的集装箱等。这些设施设备、运输线路和集装箱都是需要大量投资的。全集装箱船舶的造价是一般件杂货船造价的4倍以上,一只20ft钢质干货集装箱造价为2 500~3 500美元,而一只冷藏箱造价约为同尺度普通箱的5倍以上。集装箱和船舶的高投资,使船公司的成本结构发生很大变化,许多集装箱船公司的固定成本在总成本中所占比例达2/3以上。

集装箱运输需要专用的码头、堆场等设施和专用、高效的装卸、堆码、搬运机械设备。这些设施、设备与传统的港口设施与设备相比,技术上的要求要高得多,使其所需投资大大提高。为了顺利开展集装箱运输,系统中的其他环节,如内陆集装箱运输线路(公路、铁路、内河航道等),运输工具(专用汽车、火车、内河航道等)与内陆货站等都应该根据集装箱的实际需要投资兴建、扩建，这部分投资额更为巨大。这些都说明集装箱运输是一项需要大量投入的资金密集型行业。迅速发展集装箱运输对于广大发展中国家来讲，是较为困难的，这也是集装箱运输在发达国家首先开展的主要原因。

应当指出，集装箱运输的高投入在某种程度上抵消了上述的费用低、船舶周转快、人工费用低等带来的效益。特别是在发展中国家，集装箱运输的直接费用并不低廉。但如从总费用及社会效益来看，由于加快运达速度、减小货损货差、节省包装费用，增大通过能力及实现规模效益等方面的综合结果，集装箱运输仍不失为一种比较经济的运输形式。

4. 高协作的运输系统工程

集装箱运输，涉及面广、环节多、影响大，是一项复杂的运输系统工程。

(1)集装箱运输是把高效装卸的专业化码头，快速周转的运输船队，四通八达的集疏运网络，功能齐全的中转站，具有较强实力的运输经营人，遍及世界的代理网络，科学准确的信息传递和单证流转，各种运输方式综合的组织和管理，标准化的货源和技术工艺，先进的经营思想，完善的法规体系，协调工作的口岸各部门(海关、商检、理货、保险及其他运输服务等)，有机地结合在一起的大规模的运输工程。

(2)集装箱运输是一项高度系统化的运输工程，其整体功能的发挥依赖于上述各方面的协调发展与密切配合。现代集装箱运输，从产生时起就把不同运输方式紧密结合在一起，实现了多种方式的综合组织，这些特点打破了长期以来各运输方式独立发展、独立经营和独立组织的局面，使得集装箱运输在系统规划和建设、企业经营、运输组织和管理的基本思想和方法技术等方面与传统运输相比都发生极大变化，系统工程的思想和方法在这些发展变化中发挥了重要作用。

5. 适于组织多式联运

由于集装箱运输在不同运输方式之间换装时，无须搬运箱内货物而只需换装集装箱，这就提高了换装作业效率，适于不同运输方式之间的联合运输。在换装转运时，海关及有关监管单位只需加封或验封转关放行，从而提高了运输效率。

此外，由于国际集装箱运输与多式联运是一个资金密集、技术密集及管理要求很高的行业，是一个复杂的运输系统工程，这就要求管理人员、技术人员、业务人员等具有较高的素质才能胜任工作，才能充分发挥国际集装箱运输的优越性。

## 第二节 集装箱运输系统组成

集装箱运输系统是指集装箱运输全过程所涉及的各个环节的集合，包括设施与设备、运输组织与管理、公共信息服务系统等各组成部分及内部各个环节。

随着集装箱运输的不断发展和完善，目前已形成了世界范围的规模庞大的专业化的运输系统，其基本组成要素，如图 1-1 所示。

### 一、适箱货物

运输货当先。为了保证集装箱运输顺利进行，首先必须具备足够的适箱货源。一般来说，并不是所有货物都适合于集装箱运输，只有那些物理及化学属性适合于装箱的，并且货价高、运费率较高、承受运价能力较大的货物,才属于适合装箱的货物。适箱货物是集装箱运输系统的主体,是各运输经营人竞争的对象。适箱货物的位移构成了集装箱运输系统中的主物流。做好适箱货源的组织工作,提高揽货工作质量,为集装箱运输提供充足而稳定的货源,是保证集装箱运输正常进行的关键。关于集装箱货物的有关内容,将在第五章中详细论述。

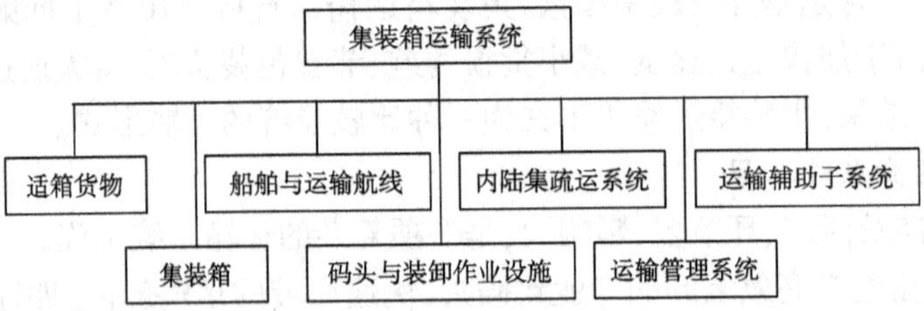

图 1-1 集装箱运输系统组成要素图

## 二、国际标准箱

在集装箱运输中,符合国际标准的集装箱是使货物标准化的装运工具和外包装,是集装箱运输的基本单元。在运输过程中,它既是货物的一部分,又是运输工具的组成部分。提供适合于各种适箱货物要求的各种类型的集装箱并做好箱务管理工作,是集装箱运输正常进行的重要环节。有关集装箱的定义、条件、标准、种类、标志等,将在第二章中详细论述。

在运输过程中使用的集装箱除少数属货主自有箱外,绝大多数是由船公司或其他集装箱运输经营人提供的。

## 三、集装箱船舶与运输航线

集装箱运输船舶是集装箱的载运工具,是完成集装箱运输任务的重要手段。集装箱船与传统货船相比,具有船舶吨位大、功率大、航速高、货舱开口大、货舱尺寸规格化、船体形状比较"瘦削"、稳性要求高等特点。目前各船公司在自己的主航线上使用的船舶基本上以大型全集装箱船(第四代以上)为主体,一般都以固定的船型和班期投入营运。这些船舶载箱量较大、航速较高、营运成本较低、经济性能较好。

随着港口中转作用日益提高,集装箱海上运输线路的概念发生了很大变化,干支线分工不断明确化,支线运输的作用已变成向干线港集疏运货物。随着国际贸易的不断增长,各船公司出于竞争的需要,在干线上配备的船舶均有大型化的趋势。世界上各大船公司均以大型集装箱船为主体,配合以中小型集装箱船舶构成了覆盖世界各主要贸易区的干支线运输网。

海上干线运输航线的设置,各干线上挂港数及船型、班期的确定,一般由各船公司根据集装箱货物的流量与流向、港口的地理位置、泊位能力、使用船型及腹地与周边的集疏运条件等因素,并考虑自己公司运输组织的合理性、经济性以及本公司在该线路上能占有的市场份额等因素来综合确定的。各公司海上运输干线的形式有钟摆式的,也有环形(甚至环球)航线。

关于集装箱船舶与运输航线的有关内容,将在第三章中做详细说明。

## 四、集装箱码头与装卸作业设施

集装箱码头是集装箱的装卸、堆存与分拨的地方,是集装箱不同运输方式换装的枢纽,也是集装箱运输系统的重要组成部分。因此，集装箱码头在整个集装箱运输系统中，具有重要地位和作用。做好集装箱码头的各项工作，对于加速车、船和集装箱的周转，降低运输成本，提高整个集装箱运输系统的效率和经济效益，均具有极其重要的意义。

随着国际集装箱运输及多式联运的迅速发展，世界“集装箱化”的比例不断提高，集装箱运量不断上升，集装箱船舶日趋大型化和高速化，因而要求集装箱码头具备现代化的硬件和软件系统，实现装卸作业高效化、自动化，管理工作现代化、标准化和规范化，以满足国际集装箱运输系统对集装箱码头的要求。

关于集装箱港口和码头的基本构成及各部分功能情况将在第四章中做详细说明。

## 五、内陆集疏运系统

在集装箱运输系统中，内陆集疏运子系统是由众多的运输线路（包括铁路、公路、内河航线、沿海支线等）、运输工具（包括铁路车辆、公路车辆、内河运输船舶、沿海运输船舶等）和若干集装箱货物集散点（包括码头堆场、货运站、内陆货站、铁路办理站、公路中转站、内河码头、支线港、货主工厂仓库等）组成的覆盖枢纽港及其周边地区的网络系统，一般具有多级结构。其主要功能是完成集装箱货物的起运地（或目的地）与枢纽港码头堆场之间的集运或疏运任务。集装箱运输系统中集疏运子系统的基本构成情况，可用图 1-2 来说明，其一般由以下几部分构成。

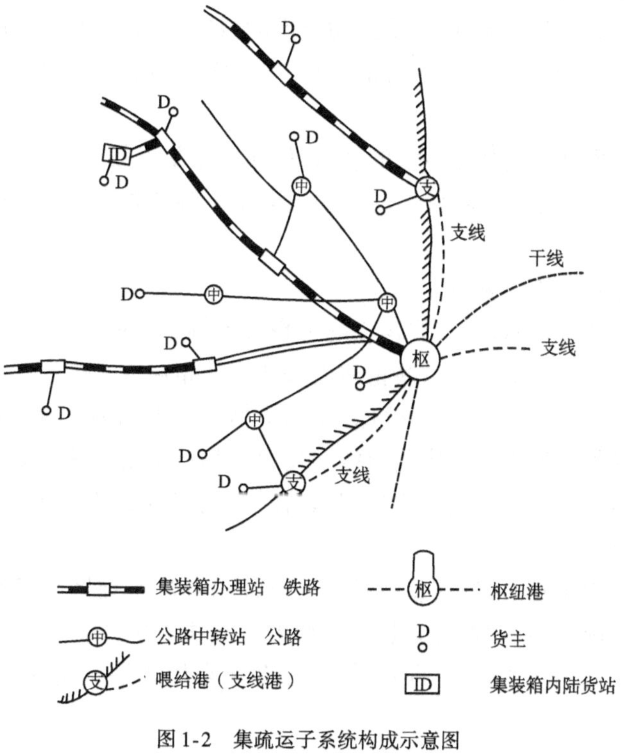


图 1-2 集疏运子系统构成示意图

### 1. 公路运输及中转站子系统

连接集装箱码头、场站、内陆货站、各级集装箱中转站之间及连接这些集散点与广大货主的工厂和仓库之间的公路运输在集装箱运输系统中占有重要的地位。公路运输使用的运输工具是汽车,目前运输集装箱的汽车一般是由牵引车和挂车组成的。

集装箱公路中转站一般作为港口码头、铁路办理站向腹地延伸的后方基地和公路运输枢纽,是内陆腹地运输的一个重要作业点。公路中转站的主要功能是承担港口、车站、内陆货站与货主之间的集装箱中转和门到门的运输,并起着上述集装箱内陆货站的作用。公路中转站根据其在运输网中的位置亦可分为不同层次和级别。

2. 铁路运输及办理站子系统

铁路运输是指连接集装箱港口与其腹地广大地区的铁路线。使用的运输工具是由牵引机车和车箱组成的列车,铁路集装箱专用车长度主要有80ft、60ft和40ft。多年来,随着集装箱运量的不断增加,各国都在不断地研究和改善集装箱专用车箱(单层、双层),使运输效率不断提高。许多国家已在集装箱运量较大的线路上,在内陆铁路枢纽或大的货主专用线或集装箱内陆货站与集装箱港口码头之间采用专用列车,以定班或定期形式运输集装箱货物。

集装箱办理站是铁路上办理集装箱运输的车站,一般根据其能办理集装箱的尺度、重量分成不同级别。铁路集装箱办理站的作用是组织集装箱的铁路运输,办理集装箱的装、卸、到、发、集并、装拆、存储、修理、清洗等业务。

3. 航空运输及办理站子系统

航空运输是一种现代化的运输方式,其特点是运送速度快,安全性能高,货物破损少,节省包装费、保险费和储存费;航行便利,不受地面条件的限制,可通往世界各地。随着航空工业技术的发展,加之国际贸易市场对货物供应的要求,航空集装箱货物运输在国际贸易货运中所占的比重越来越大。

航空办理站是机场办理集装箱运输的地点,设在机场附近或空港内。

关于公路运输及中转站、铁路运输及办理站、航空运输及办理站等具体内容将在第七章第一、二、三节中做较详细介绍。

4. 沿海与内河支线运输子系统

在集装箱运输系统中,随着干支线运输的出现和发展,一些大的枢纽港发展成为干线港,集装箱运输的集疏运系统一般围绕这些枢纽港来建设和布局。另外一些港口成为集装箱货物的喂给港(支线港),通过海上航线向枢纽港集疏货物。在有内河集疏条件的干线港,许多处于这些河流内陆地区的河港也通过内河航线向枢纽港集疏货物。这些支线港和内河港的码头堆场也是集装箱集疏运系统中重要的集散点,其作用、功能和结构与干线港类似,只是规模小一些,中转功能弱一些。

随着干支线分工越来越明确,连接枢纽港(干线港)与周围地区港口的每条支线也成为集疏运系统中的重要集疏线路,大量的集装箱货物由各支线港中转。支线运输一般采用相对小的集装箱专用船舶。随着干线船舶的大型化,许多原来用于远洋运输的船舶被使用于各支线上。

5. 集装箱码头堆场

枢纽港的集装箱码头堆场(CY),是集装箱货物集运的终点和疏运的起点,是集装箱货物交接地点之一。经干线运输到该港的集装箱货物由这里经各种方式的运输线路和陆上支线向目的地疏运,或在这里投入干线运输。

6. 集装箱货运站

集装箱码头附近的集装箱货运站(CFS)可能是码头的组成部分,也可能由其他运输经营人或运输代理人建立和经营。该类货运站的主要功能是完成拼箱货物的拆、装箱及交接、保管业务,并承担集装箱的堆存、修理、清扫等业务。集装箱内陆货站(ID)是集装箱码头在内陆地区的延伸和发展,其基本功能一般是上述集装箱码头堆场与集装箱货运站两者的总和。内陆货站一般设置在内陆地区的交通枢纽之处,它与集装箱码头之间,与该地区的主要货主之间都应有便捷的运输线路。

关于集装箱码头堆场、货运站、办理站等具体内容将分别在第四、五、七章中做详细介绍。

围绕各干线港(枢纽港)建立的集疏运网络系统是集装箱运输系统的重要环节,其覆盖面和规模都是十分庞大的。建立、改造和完善内陆集疏运系统需要投入大量的资金、设备和其他资源。发展中国家与发达国家集装箱运输系统的最大差距也在于这一方面。

## 六、集装箱运输管理系统

集装箱运输管理的内容相当广泛,它既包括行业管理,也包括企业管理;既有生产管理,又有经营管理;既有对“硬件”的设备设施的管理,又有对人员、科学方法和现代化信息手段的“软”的方面的管理。集装箱运输系统中运输管理子系统一般包括以下几个方面。

1. 集装箱运输行政管理机构

这些机构一般是指国家和地方对集装箱运输进行行业管理的机构,使用行政管理的手段,对集装箱运输活动进行宏观政策调控,对集装箱运输企业进行监督管理,并通过制定相应的政策、规定、规划等对集装箱运输行业进行指导、协调和管理,从而实现和执行政府对集装箱运输企业及机关企事业单位的管理。在我国,交通运输部、各省(市)交通运输厅、各市(县)交通局及三大水系的航务管理部门、各口岸管理部门都是这类机构。

2. 集装箱运输法规及标准体系

为保证集装箱运输不断发展,使其优越性得以充分发挥和协调,承托双方的责任、义务、权利,目前在集装箱运输中已经形成了较为完善的法规与标准体系。这些法规与标准根据其适用的地域和范围可分成国际与国内(地区)法规和标准两大类。

有关集装箱运输的国际公约有多个,如《国际多式联运公约》、《集装箱安全公约》、《集装箱海关公约》等,这些公约一般是在联合国、国际商会等组织的协调组织下制定的。集装箱运输的有关标准化的规则一般是由ISO制定的,已得到全世界的承认。这些国际法规和标准,对集装箱在全世界范围内使用、维护,对集装箱运输的优越性的充分发挥起到了重要作用。

针对集装箱运输在各国或地区的开展情况,许多国家和地区也都制定了相应的国内法规与标准,这些法规、标准与国际法规、标准一般是一致的。我国有关法规和标准一般是由国务院和交通运输部等部委颁布的,如《中华人民共和国国际海运条例》(以下简称《国际海运条例》)、《中华人民共和国港口法》(以下简称《港口法》)、《中华人民共和国海商法》(以下简称《海商法》)等。其他国家和地区也大多有相应的法规与标准。

3. 集装箱运输经营人及代理人子系统

该系统主要包括从事集装箱运输的企业(水运、公路、铁路、航空企业和无船承运人、多式联运经营人等)及其机构和接受他们(或货主)委托,从事集装箱运输业务的代理人。这些经营人或代理人是对集装箱运输企业营运管理的人,由他们完成或组织完成集装箱运输中涉及的各项活动和业务,是集装箱运输的具体管理者。

4. 集装箱运输信息系统

集装箱运输是一种现代化的运输方式,集装箱运输量很大,流动频繁,环节众多。伴随集装箱货物的流动而产生的信息及信息流,无论从数量上还是从频数上讲,都比传统件杂货要复杂得多。这种现代化的运输组织与管理,很自然要与高效、准确、及时的信息管理结合在一起。

集装箱运输系统中运输管理信息子系统是一种人机结合的,为集装箱运输管理机构、营运企业等的行业管理、营运与作业管理及决策提供必要信息的计算机信息。它的基本任务是采集、存储、分析、处理及传递与集装箱运输有关的各类信息,及时、准确地掌握集装箱运输的基本情况,向有关管理机构、运输企业和相关部门机构提供可靠的信息,为统计分析、运行组织和管理决策等不同层次的活动提供服务。

不同的管理机构、运输企业和相关部门机构承担不同的管理业务和职能,对各自的管理信息系统有不同的要求。但一般来讲集装箱运输管理信息系统,应具备以下功能:集装箱动态跟踪;运量、流向统计与分析,报表生成;单证信息处理、制作;通过数据通信网传递单证,获取各部门信息与向其他企业、部门传递信息等。

集装箱运输信息系统是随着集装箱运输迅速增长和运输管理的实际需要而逐步发展起来的。在其发展过程中,首先是各运输企业根据自身的需要在本企业范围内建立起独立的系统并逐步完善。一些大型企业由于其业务遍及世界各地,其 MIS 是得到全球性计算机网络系统支持的。随着规模的不断扩大和集装箱运输现代化、标准化的不断完善,在集装箱运输过程中,各企业之间,各企业与政府机构或其他支持、服务机构之间的信息交换越来越频繁。

目前,集装箱运输的管理信息系统正在与贸易方面的信息系统联网。通过电子数据交换(EDI)网络,把运输企业同生产企业、贸易伙伴、各流通环节乃至金融、保险、海关等有机地联系在一起。EDI 技术的应用在世界范围内已取得了明显效果,国外一些已使用 EDI 的公司和企业都要求它们的贸易及运输伙伴使用 EDI 进行单证传递、预订舱位、海关申报等工作。这就要求服务于国际贸易的集装箱运输信息系统,必须与 EDI 紧密地联系。我国各类集装箱运输信息系统的发展必须适应这种形式。

有关集装箱运输信息系统的具体内容将在第十一章中做详细的介绍。

## 七、集装箱运输辅助子系统

集装箱运输系统中辅助子系统是指那些对集装箱运输的运行、管理有重大影响,但又不是专门为集装箱运输而建立的事物和实体。它们对集装箱运输的正常运行起到了支持和保障作用。集装箱运输辅助支持系统主要包括以下内容:

(1)相关工业。特别是集装箱运输所涉及的集装箱、设备、工具和固定设施的制造、建设和修理业。

(2)金融业。银行是集装箱运输系统建设资金的主要提供者,并承担资金流动、结算等业务。特别是在涉及信用证贸易的运输中,银行要承担集装箱运输单证的传递工作。

(3)保险业。为集装箱、运输工具和系统中的其他设备及货物提供运输所需要的保险,以减少运输经营人和货主的风险。

(4)有关国家机构(如海关、商检、边防、海事、理货等)及一些有公证性质的机构。

(5)通信业与计算机通信网络。承担集装箱运输中信息交换、单证传递等工作。

(6)运输市场与劳动力市场。

以上对集装箱运输系统的基本组成要素做了较为全面的介绍。集装箱运输是一项系统工程,集装箱运输系统是一个规模庞大的,范围遍及世界各主要地区的,涉及众多方面的系统,这个系统的建立、完善、运行都需要投入大量的资金、人力、物力和其他资源。这个系统的规划、设计、建造和运行管理必须根据系统工程的思想和方法来进行。

## 第三节 集装箱运输发展趋势

随着世界经济的发展和国际贸易的不断增长,预计集装箱运输仍将保持持续发展的势头,预示着今后集装箱运输将出现以下的发展趋势。

### 一、集装箱运输量继续增长

集装箱运输量将继续增长,究其原因,主要是发展中国家,一方面依靠科技进步发展经济,从传统的单纯原材料进出口转变为科技含量高的工业成品与半成品的出口;另一方面不断增加投资,完善集装箱运输系统,件杂货运输逐步实现集装箱化,从而使适箱货比例增加。与此同时,发达国家出口结构更趋高端化,高、精、尖产品不断增加,适箱货源增多,从而促使集装箱运量不断提高,集装箱运输持续发展。

由于科学技术的进步,经贸和外贸商品结构的变化,国际贸易和技术交流的扩大,将加速全球集装箱化的进程。发达国家基本上实现集装箱化,发展中国家和地区将逐步采用集装箱运输,集装箱化比例将增长至65%左右。集装箱化由发达国家向发展中国家和地区扩展,集装箱班轮航线由北—北日益向南—南推进,集装箱运输重心逐步从欧美地区向亚太地区转移。

### 二、集装箱船舶大型化、高速化发展

在有充足的货源保证下,扩大船舶的规模可降低单位运输成本,实现运输生产的规模经济,所以,集装箱船舶日趋大型化。近年来,世界上一些主要的集装箱运输航线,如太平洋航线上,出现了运力过剩的情况。在这些航线上经营的船公司为了在激烈的市场中争取有利地位,纷纷订造了一些超大型的集装箱船,试图借此进一步降低单位运输成本。这种状况加速了船舶大型化的趋势,全球各大班轮公司纷纷订造18 000TEU左右的超大型船舶,表1-2为截至2014年9月1日全世界二十大集装箱班轮公司的船队构成情况表。

**全球二十大集装箱班轮运输公司船队构成情况表**(截至2014.9.1) 表1-2

| 公司 | 排名 | 市场份额(%) | 总计TEU | 总计艘数 | 自有船舶TEU | 自有船舶艘数 | 租赁船舶TEU | 租赁船舶艘数 |
|---|---|---|---|---|---|---|---|---|
| 马士基航运 | 1 | 15.1% | 2 788 228 | 590 | 1 561 203 | 252 | 1 227 025 | 338 |
| 地中海航运 | 2 | 13.6% | 2 508 692 | 501 | 1 057 735 | 193 | 1 450 957 | 308 |
| 达飞轮船 | 3 | 8.6% | 1 592 512 | 436 | 545 625 | 84 | 1 046 887 | 352 |
| 长荣海运 | 4 | 5.0% | 918 049 | 192 | 534 891 | 111 | 383 158 | 81 |

续上表

| 公司 | 排名 | 市场份额(%) | 总计 TEU | 总计艘数 | 自有船舶 TEU | 自有船舶艘数 | 租赁船舶 TEU | 租赁船舶艘数 |
|---|---|---|---|---|---|---|---|---|
| 中远集运 | 5 | 4.3% | 799 579 | 162 | 473 493 | 99 | 326 086 | 63 |
| 赫伯罗特 | 6 | 4.0% | 736 429 | 144 | 417 576 | 65 | 318 853 | 79 |
| 中海集运 | 7 | 3.6% | 666 651 | 138 | 469 040 | 74 | 197 611 | 64 |
| 韩进海运 | 8 | 3.2% | 592 717 | 94 | 272 800 | 37 | 319 917 | 57 |
| 商船三井 | 9 | 3.2% | 586 083 | 112 | 213 908 | 34 | 372 175 | 78 |
| 美国总统 | 10 | 3.1% | 580 126 | 103 | 386 543 | 50 | 193 583 | 53 |
| 东方海外 | 11 | 2.8% | 517 690 | 96 | 338 481 | 48 | 179 209 | 48 |
| 汉堡南美 | 12 | 2.7% | 504 479 | 105 | 267 380 | 42 | 237 099 | 63 |
| 日本邮船 | 13 | 2.7% | 500 172 | 111 | 287 486 | 51 | 212 686 | 60 |
| 阳明海运 | 14 | 2.2% | 414 512 | 90 | 228 891 | 45 | 185 621 | 45 |
| 现代商船 | 15 | 2.1% | 396 346 | 60 | 159 326 | 21 | 237 020 | 39 |
| 太平船务 | 16 | 1.9% | 359 949 | 156 | 257 787 | 115 | 102 162 | 41 |
| 川崎汽船 | 17 | 1.9% | 357 052 | 69 | 127 352 | 21 | 229 700 | 48 |
| 以星航运 | 18 | 1.8% | 336 642 | 83 | 62 889 | 17 | 273 753 | 66 |
| 阿拉伯航运 | 19 | 1.6% | 293 811 | 49 | 198 164 | 26 | 95 647 | 23 |
| 南美轮船 | 20 | 1.3% | 244 220 | 48 | 92 854 | 16 | 151 366 | 32 |

在集装箱运输的发展时期,由于集装箱投资巨大,许多船公司都采取了高速营运的政策,以此来减少船舶投入数量,降低营运成本。这一时期,新建的集装箱船航速一般都在 22 kn(速度单位,指每小时 1 海里,1 海里 = 1 852 米)左右,海陆公司甚至订购了两艘航速高达 33 kn 的 SL-7 型高速集装箱船。促使许多船公司在这一时期内采用高速营运政策的其他原因还有:高速船舶能缩短运输时间,尤其是在长距离的航线上,这种效果更为明显,从而能向客户提供优质的运输服务。

但是,在当前石油价格暴涨后,集装箱船的高速化趋势受到了抑制。大多数船公司为了控制燃油成本,降低了船舶航速。但不管怎么说,集装箱船的航速在总体上仍明显高于传统班轮,一般在 20 kn 左右。

**专栏 1-1　2014 年将新增集装箱船运力逾 160 万 TEU**

据法国海运咨询机构 Alphaliner 预测,2014 年将有逾 160 万 TEU 的集装箱船新运力投入市场,其中,全球二十大集装箱航运企业将接收新船(包括租入船)数量占新船总数的比例超过 3/4(即 128 万 TEU)。2014 年全球二十大集装箱航运企业中仅日本邮船、川崎汽船和以星轮船无新船接收。新船运力增幅位居前四位的航运企业依次是长荣海运、马士基航运、中海集运和汉堡南美,将各增加 11 万 ~20 万 TEU 的新运力。位居榜首的长荣海运将接收 18 艘 8 000 万 ~14 000 万 TEU 新船。

## 三、集装箱码头不断现代化，港口中转作用日益提高

集装箱船舶越大，为了进一步降低集装箱运输成本，允许停靠在码头的时间相对越短。因此，集装箱运输船舶的大型化要求有现代化的集装箱港口（码头）相配合。现代化的集装箱码头至少要具备三个条件：一是要有足够的泊位水深，才能停靠大型、超大型集装箱船舶；二是要有现代化的装卸机械和设备，以达到快装、快卸；三是集装箱码头管理系统要现代化、科学化，才能使码头业务人员工作快速、高效地进行。由于件杂货运输的集装化，集装箱吞吐量在港口吞吐总量中的比重日益增加。因此，现代化的集装箱码头往往成为国际枢纽大港的主要标志，也是国际航运中心的重要标志之一。2013 年全球集装箱吞吐量排名前二十位港口见表 1-3。

**2013 年全球集装箱吞吐量排名前 20 位港口**（单位：万 TEU） 表 1-3

| 排名 | 港口名称 | 国家/地区 | 2013 年 | 增幅(%) | 2012 年 | 增幅(%) | 2011 年 |
|---|---|---|---|---|---|---|---|
| 1 | 上海 | 中国 | 3 362 | 3.35 | 3 253 | 2.49 | 3 174 |
| 2 | 新加坡 | 新加坡 | 3 258 | 2.94 | 3 165 | 5.71 | 2 994 |
| 3 | 深圳 | 中国 | 2 328 | 1.48 | 2 294 | 1.96 | 2 250 |
| 4 | 香港 | 中国香港 | 2 229 | -3.59 | 2 312 | -1.32 | 2 343 |
| 5 | 釜山 | 韩国 | 1 768 | 3.70 | 1 705 | 5.38 | 1 618 |
| 6 | 宁波—舟山 | 中国 | 1 735 | 7.30 | 1 617 | 10.45 | 1 464 |
| 7 | 青岛 | 中国 | 1 552 | 7.03 | 1 450 | 11.37 | 1 302 |
| 8 | 广州 | 中国 | 1 531 | 5.22 | 1 455 | 1.68 | 1 431 |
| 9 | 迪拜 | 阿联酋 | 1 350 | 1.66 | 1 328 | 10.67 | 1 200 |
| 10 | 天津 | 中国 | 1 300 | 5.69 | 1 230 | 7.05 | 1 149 |
| 11 | 鹿特丹 | 荷兰 | 1 162 | -2.11 | 1 187 | -0.25 | 1 190 |
| 12 | 巴生 | 马来西亚 | 1 023 | 2.30 | 1 000 | 12.36 | 890 |
| 13 | 大连 | 中国 | 1 002 | 24.32 | 806 | 25.94 | 640 |
| 14 | 高雄 | 中国台湾 | 994 | 1.64 | 978 | 3.38 | 946 |
| 15 | 汉堡 | 德国 | 921 | 3.02 | 894 | 3.95 | 860 |
| 16 | 安特卫普 | 比利时 | 858 | -0.69 | 864 | -0.23 | 866 |
| 17 | 厦门 | 中国 | 801 | 11.25 | 720 | 11.63 | 645 |
| 18 | 洛杉矶 | 美国 | 790 | -2.47 | 810 | 2.02 | 794 |
| 19 | 丹戎帕拉帕斯 | 马来西亚 | 747 | -0.27 | 749 | -0.13 | 750 |
| 20 | 长滩 | 美国 | 673 | 11.24 | 605 | -0.82 | 610 |

在集装箱货物远洋运输中，由于运距很远，要降低成本必须使船舶大型化。而大型集装箱船舶由于需要巨大投资，其营运总成本中的固定费用比例增加，如像以往定期班轮那样挂靠多

个港口,必会大大降低船舶的利用率,大型化带来的效益会被低效率所抵消。为了提高集装箱运输的经济效益,在远洋干线上应尽可能地减少航线两端之间的挂靠港数量。最好在整个干线航线上只挂靠很少几个港口(称为中心港),而通过地区性支线将中心港与其附近的其他港口连接起来,形成一个由只挂靠少数港口的运输干线来承担远洋运输,由地区性支线来完成中心港与附近地区之间的运输和货物集散的运输格局。

由于各"中心港"将其他港口的货源通过支线运输吸引过来加以中转,使得这些港口从主要依靠本地(各港的腹地)货源向主要依靠周围广大地区中转货源转变,中转箱已占其吞吐量的半数以上。这种情况使这类港口在世界集装箱运输中的地位发生了很大变化。一些地理位置优越、周边地区和国家经济发展较快的港口(如香港、新加坡、上海、釜山等)由于能吸引大量中转箱,港口集装箱吞吐量已超过依靠腹地货源的传统大港(如鹿特丹、纽约等)成为世界上集装箱吞吐量最大的港口。随着亚洲地区经济的飞速发展,这些港口在世界运输中的地位还会进一步提高。

港口中转作用日益提高的另一因素是航线班次频繁。目前,在世界大多数航线上,大公司的发船频率普遍达到了每周一次。有些大公司,如马士基甚至已达到每 2 ~3 天发一次船。导致集装箱船的班次频率增高的原因主要有两个:首先,增加船舶班次能提高集装箱、底盘车、集装箱码头各种设施的利用率;其次,增加船舶班次能更好地为客户提供服务,对高价值货物的货主来说更是如此,这些客户群更注重船公司班次密度服务。

## 四、集装箱箱型大型化、专业化发展

为了充分利用各类运输工具的载运能力和进一步提高集装箱运输系统各环节的效率,近年来,一些发达国家多次在国际标准化组织(ISO)的会议上提出修改集装箱有关标准的要求和建议,其主要内容是增大集装箱尺寸和总重量标准。在实际投入营运的集装箱中 40ft 箱及各类专用箱(冷藏、罐式、开顶等)的比例正逐年增长,45ft 的集装箱开始投入使用。在一些统计数字中,也出现了以 40ft 箱为标准单位(FEU)来代替 20ft 箱(TEU)的变化。在一些特殊和特种货物运输中,超长、超高、超宽的非标准集装箱的数量也有所增加。

实际使用的集装箱,在现行标准范围内的大型化和可能发生的集装箱尺度和重量标准的变化,将对整个集装箱运输系统(包括基础设施、各类运载工具、装卸机械和集疏运系统)产生重大影响,可能导致系统设施和设备的大量更新和变化,因此在系统规划和建设中必须给予足够的重视。到目前为止集装箱运输系统中的一些大型设备的设计和选型已经考虑了可能发生的变化,如一些大型集装箱装卸桥的载荷已由 30.5t 增加到 50.0t。

## 五、集装箱运输信息管理实现现代化

随着自动扫描、识别技术的应用,管理信息系统的不断完善和全球范围计算机通信网络系统及电子数据交换(EDI)技术在运输业中日益发挥重要作用,与集装箱运输有关的各单位、各部门、各企业内部和相互间信息的采集、处理、存储、通信及集装箱动态跟踪都将出现根本性的变化。信息的即时性处理和传递的速度与质量都将进一步提高,电子单证将取代现行的纸质单证,各种业务手续将大大简化,从而可以大大提高运输效率、运输服务质量和运输管理水平,使集装箱运输优越性得以充分发挥。

## 六、集装箱多式联运将进一步发展和完善

便于组织多式联运是集装箱运输的优点之一，现代集装箱运输从产生时起就与多式联运紧密联系在一起。目前在一些发达国家，海运船队、专用码头及内陆集疏运网络已配套形成了较为完善的综合运输系统，同时也不断加强了多式联运的正规化和国际化的工作，制定和通过了与集装箱运输有关的国际公约和国内法规，建立了全球性的货运代理和多式联运经营网络。这一切为多式联运的发展创造了良好的硬、软件环境，使集装箱运输已基本上实现了多式联运化。而在发展中国家，由于各方面条件的限制，多式联运仍处于起步和发展阶段，但多式联运的优越性和必然性，使这些国家加快了引进先进的硬软件技术、发展本国综合运输网和多式联运事业的步伐。发展中国家经济的发展及世界范围内的多式联运经营网络及硬软件环境的改善，将进一步促进集装箱货物多式联运的发展。

## 七、集装箱运输绿色化发展

集装箱绿色运输指在运输过程中抑制运输对环境造成危害的同时，实现对运输环境的净化，使运输资源得到充分利用。它具有学科交叉性、多目标性、多层次性、时域性和地域性等特征。集装箱绿色运输战略不仅对环境保护和经济可持续发展具有重要意义，还会给企业带来巨大的经济效益。

按照绿色运输的最终目标，企业无论在战略管理还是战术管理中，都必须从促进经济可持续发展这个基本原则出发，在创造商品的时间效益和空间效益、满足消费者需求的同时，注重按生态环境的要求，保持自然生态平衡和保护自然资源，为子孙后代留下生存和发展的空间。

实施集装箱绿色运输管理为企业创造的经济价值体现在三个方面：一是集装箱绿色运输有利于树立良好的企业形象，使企业更容易获得投资者的青睐；二是企业通过对资源的节约利用，对运输和仓储的科学规划和合理布局，将大大降低运输成本，降低运输过程的环境风险成本，从而为企业拓展利润空间；三是自然资源的回收、重用等逆向运输举措，可以降低企业的原料成本，提升客户服务价值，增强企业竞争优势。

集装箱绿色运输的最终目的，在于引导和促进企业顺应21世纪经济可持续发展和运输发展的要求，实施环境友好的绿色运输战略。企业实施集装箱绿色运输战略，既具有明显的社会价值，又可带来巨大的经济价值，是未来集装箱运输发展的主要趋势。

### 专栏1-2 实施绿色航运的必要性

近年来，随着航运业的飞速发展，船舶及其相关作业活动对环境的污染日益严重。根据国际独立油船所有人协会的研究报告，目前航运业每年消耗燃油20亿桶，排放$CO_2$超过12亿t，约占全球$CO_2$排放总量的6%。据预测，2020年全球航运业燃油需求将达4亿t，温室气体排放量将在目前基础上增加75%。

与此同时，船舶污染事故频频发生。据统计，全世界每年因船舶事故排入海洋的石油污染物达160万t，其中，油船通过排放压舱水和洗舱水排放石油污染物110万t，因油船事故造成的石油污染物排放量为50万t。

## 八、市场竞争激烈，各大班轮公司经营战略将明显改变

由于运输市场中“供大于求”局面的产生和发展，激烈的竞争使各大班轮公司的经营战略发生了很大变化。

首先，在经营体制和现代化管理上逐步向联营和合作经营方向发展，以强化经营机制，并争取成为全球承运人。全球联盟是在舱位互租的基础上发展起来的一种高层次的资源优化配置方式，它能使航线设置和派船在更大的规模和范围上进行，统一调整后的航线网络覆盖面更广，交货期更短，船舶利用率更高。为了扩大经营规模，在激烈的竞争中寻求生机，不少班轮公司纷纷进入联盟化的全球承运人的组织之中。例如，美国总统轮船、东方海皇、现代商船与大阪三井商船结成了全球联盟；赫伯罗特、日本邮船及东方海外结成了联盟；马士基也先后与海陆公司、铁行渣华重组合并。

在航运联盟完成航线及运力优化组合的基础之上，联盟内各公司将进一步结合，以增强竞争力，提高航运经济效益，最终形成拥有巨大实力的、航线无所不及的、市场占有率很高的所谓的全球承运人。

其次，为了争取充足、稳定特别是高运价的货源，许多集装箱船公司提出了“一切为货主”的经营思想，即不仅为货主提供“高质量、高效率”的运输，而且也提供更全面、更方便的与运输有关的服务（如装卸、报关、转运、理货、仓储、保险等）。从某种角度来讲，多式联运是这种经营思想的产物。在多式联运下运输经营人的业务范围由单纯运输扩大到运输服务领域，其运输组织的范围由“点”（货物交接、中转地点）和“段”（陆上、海上运输区段）的组织发展到“网络”（由点和段组成运输全程）的综合组织。随着这种经营思想的发展，运输经营人的业务和经营组织范围将进一步扩大到商品生产过程中的流动（半成品运输）和流通的全过程（包装、装卸、运输、仓储、批发销售和资金融通等环节），形成多种经营的格局。这种经营战略思想，一般称为“综合物流服务”。

目前，许多大型班轮公司已开始实行这种经营战略，不难想象，这将成为更多集装箱运输公司的发展趋势。

**专栏 1-3　形势逼迫航运央企向产业链上下游进军**

前中国海运（集团）总公司（简称“中海”）总裁李绍德于 2010 年初表示，在适当的情况下，中海会采取一些资本市场运作的办法来收购和兼并与公司主业有关的上下游产业链。实际上，中海在向产业链上下游扩张上已有行动。2010 年 1 月，中海投资公司、宝钢、国投交通三家一起入驻烟台港；在中国与东盟区贸易实现零关税的大背景下，2010 年 2 月 5 日，中海在广西参股了北部湾港口集团。不仅是中海有向产业链的上下游扩张的意向，中国远洋运输（集团）总公司也有这样的想法，前公司总裁魏家福曾表示，有兴趣投资海外的煤炭、铁矿石等业务。显然，航运业的剧烈波动造成了企业经营风险的大增，从而导致大型航运企业期望通过向产业链上下游延伸来抵消核心业务的波动性。

## 案例1-1 国际集装箱船舶大型化发展趋势

由于集装箱运输具有装卸效率较高、停港时间较短、货损较少、方便进行多式联运和门到门运输等优点，集装箱船舶得到迅速发展。20世纪70年代初，集装箱船舶的载箱量一般在700～1 000TEU之间；到1996年，集装箱船舶载箱量从5 000TEU增至7 000 TEU。船舶大型化的发展往往突破人们认识和想象的界限。1996年初有学者在论述8 000 TEU级集装箱船舶时曾断言，集装箱船舶大型化发展之路将以6 000～6 800 TEU为限；4年后，劳氏船级社提出，按现有集装箱码头设施水平，能作业的最大集装箱船舶为10 000 TEU；2007年，13 000TEU级集装箱船舶诞生；如今，马士基18 000 TEU级集装箱船舶已投入运营。可以说，目前集装箱船型仍远远小于船舶建造能力，集装箱船舶大型化仍有进一步提升的空间。

1. 集装箱船舶大型化发展历程

(1)从第一代到第六代。自20世纪60年代中期第一代集装箱船舶问世以来，经过50多年的发展，国际海上集装箱运输已日趋成熟，集装箱船舶也完成历史性的升级换代。在此期间，集装箱船舶主要经历从第一代到第六代的更替(表1-4)。

从第一代到第六代集装箱船舶的主要特征

表1-4

| 发展阶段 | 时期 | 主 要 特 征 | 载箱量(TEU) |
|---|---|---|---|
| 第一代 | 1968年以前 | 横穿太平洋、大西洋的17 000～20 000载重吨集装箱船舶，载箱量700～1 000TEU | <1 000 |
| 第二代 | 1968～1981年 | 40 000～50 000载重吨集装箱船舶，载箱量1 800～2 000TEU | 1 000～2 000 |
| 第三代 | 1982～1987年 | 1982年，美国总统轮船在太平洋航线投入2 500TEU级巴拿马型集装箱船舶，开启集装箱船舶大型化时代 | 2 500 |
| 第四代 | 1988年至20世纪80年代末 | 1988年，美国总统轮船投入C－10型集装箱船舶，船宽39.4m，集装箱船舶进入超巴拿马型时代 | 3 000～4 400 |
| 第五代 | 20世纪90年代初 | 德国船厂建造5艘4 800TEU级APLC－10型集装箱船舶，此后，5 000～6 000TEU级集装箱船舶相继投入运营 | 4 800～6 000 |
| 第六代 | 1997～2006年 | 1996年春季竣工的“Rehina Maersk”号集装箱船舶最大载箱量达8 000TEU，1997年以后陆续出现载箱量达6 600TEU以上的集装箱船舶 | 6 600～10 000 |

(2)万箱船。2006年9月8日，随着马士基“Emma Maersk”号集装箱船舶(图1-3)投入运营，万箱船时代正式到来。“Emma Maersk”号长397.71m，宽56.40 m，设计吃水16 m，航速25.5kn，额定载箱量11 000 TEU(实际可装15 000TEU)，其中包括1 000个冷藏箱，装卸作业通常需要6台岸边起重机。由于该船宽达22个箱位，超过一般岸边起重机18个箱位的作业宽度，因此，只有少数大型港口才能接靠此船。“Emma Maersk”号的出现

加剧了集装箱船舶大型化发展趋势。万箱船成为集装箱航运巨头竞争的重点,船舶大型化浪潮愈演愈烈。

图 1-3　马士基"Emma Maersk"号

(3)3E 级船舶。2013 年 7 月 19 日,全球首艘 3E 级船舶(也是全球最大的集装箱船舶)"Maersk Mc-Kinney Moller"号(图 1-4)首航上海港洋山深水港区。该船是马士基订造的 20 艘 3E 级船舶中的第一艘,船长 406m,宽 59m,额定载箱量达 18 000TEU。据悉,3E 级船舶将被投放到亚洲至欧洲的 AE10 航线上,该航线覆盖我国上海港、宁波港、盐田港、南沙港和香港港 5 个港口。

图 1-4　马士基"Maersk Mc-Kinney Moller"号

3E 级船舶在规模经济、能源效率及环境绩效等方面表现突出。为优化能源效率,3E 级船舶在设计上进行多项改进,既能满足市场对大运量的需求,又能满足节能环保的要求。尽管船体庞大,但 3E 级船舶运输集装箱的单位燃油消耗量比其他航运公司用于亚欧航线运输的 13 100 TEU 级船舶低约 35%。此外,由于 3E 级船舶的机舱内装有废热回收系统,通过回收发动机废气的热量,可使发动机输出功率增加 9%,燃油消耗量减少 9%。

3E 级船舶的问世开启了一个新的航运时代。无论世界经济走势如何,3E 级船舶都将凭借其优越的经济和环保性能引领船舶发展方向。不过,3E 级船舶在带来规模经济效应的同时也对港口水深、基础设施、作业效率及集疏运环境等提出新的挑战。由于各港口基础设施设备等条件存在差异,其适应船舶大型化的能力不尽相同,这势必对港口发展格局产生深远影响。

2. 集装箱船舶大型化发展影响因素

(1)燃油价格因素。集装箱船舶大型化发展趋势与燃油价格走势呈明显相关性。目前集装箱船舶在设计航速条件下的年油耗成本占总成本的 30% ~60%,采取减速(设计航速的 65% ~70%)航行措施后,船舶的年油耗成本可下降 50% ~55%。与 14 000 TEU 级集装箱船舶相比,18 000TEU 级集装箱船舶的燃油效率可提高约 35%。燃油成本是集装箱船舶运营成本的重要组成部分,因此,在国际燃油价格不断走高的背景下,节约燃油成本是集装箱船舶大型化发展的主要动力。

(2)世界贸易发展因素。世界国内生产总值(Gross Domestic Product, GDP)、全球商品贸易额及海运量之间存在明显的互相拉动关系。全球海运量增长是船舶大型化发展的驱动因素之一。从短期来看,2008 年国际金融危机的阴霾仍然挥之不去;从中长期来看,虽然此次国际金融危机对全球经济带来巨大冲击,但在一定程度上加快全球经济再平衡过程,并不会改变未来 10 ~20 年全球经济增长趋势。根据德国罗兰贝格管理咨询有限公司和英国劳氏船级社等研究机构的预测,未来全球经济焦点将东移,届时中国或将成为引领世界经济发展的主要力量。过去 15 年(2009 年除外)全球商品贸易额平均增长率为 6.8%,未来 20 年世界 GDP 将保持 3% 的增长率,全球商品贸易额和海运量将相应增长 5% ~7%。

(3)造船技术和环境保护因素。船舶大型化是全球低碳经济发展的大势所趋,而现代造船技术为船舶大型化提供支撑。船舶大型化使船舶单位运力的建造价格和能耗显著下降,同时使有害气体排放减少。

(4)港口航道条件因素。世界各国港口一直致力于完善基础设施以适应船舶大型化发展要求。马士基 3E 级集装箱船舶的出现推动集装箱港口设施和航道新一轮的发展。虽然尚未开始建造 22 000 TEU 级集装箱船舶,马士基码头公司已为之准备好外伸距达 72m、起升高度达 52m 的集装箱桥吊。

(5)桥梁建造技术因素。桥梁建造技术的发展使桥梁对船舶航行的限制不断被突破。例如,已建成的巴拿马运河世纪大桥和拟建的高雄跨港大桥净空高度达 80m,满足未来几十年内大型集装箱船舶、游船的通航高度需求。今后各国还将对众多净空高度较低的桥梁进行改建,以适应船舶大型化发展要求。

3. 未来主流集装箱船型预测

全球贸易的持续增长和集装箱运输方式的固有优势,使集装箱船舶大型化发展前景良好。随着越来越多的货物和货种采用集装箱运输,未来集装箱船舶大型化发展趋势将日益明显。同时,P3 网络联盟、G6 联盟及 CKYH 联盟等为集装箱船舶大型化发展提供市场及运作模式的支撑。

(1)船型预测。如表1-5所示:预测2020年将以12 000~18 000TEU级集装箱船舶为主流船型,集装箱船型向22 000TEU级发展;预测2040年将以18 000~22 000TEU级集装箱船舶为主流船型,集装箱船型向24 000TEU级发展,还可能出现28 000TEU级船舶;2060年将以22 000~28 000 TEU级集装箱船舶为主流船型,集装箱船型向30 000TEU级发展。

未来集装箱船舶大型化发展船型预测　　表1-5

| 年份(年) | 船型(TEU) | 总长(m) | 型宽(m) | 型深(m) | 设计吃水(m) | 结构吃水(m) |
|---|---|---|---|---|---|---|
| 2020 | 22 000 | 460 | 60.0 | 30.5 | 14.5 | 16.0 |
| 2040 | 24 000 | 479 | 64.0 | 30.5 | 14.5 | 16.0 |
| 2060 | 30 000 | 538 | 65.5 | 33.3 | 15 | 17.0 |

(2)桥梁水域通航面临的挑战。桥梁净空高度对大型集装箱船舶通航的限制将成为21世纪集装箱船舶运输面临的巨大挑战。预计22 000TEU集装箱船舶空载水线以上高度达70.8 m,24 000TEU集装箱船舶空载水线以上高度达71.5 m,30 000TEU集装箱船舶空载水线以上高度达73.8 m,这无疑会对桥梁水域通航安全产生重大影响。

## 思考与练习

一、名词解释

1. 集装箱运输

2. 集装箱运输系统

二、简答题

1. 集装箱运输产生的原因是什么?

2. 简述国际集装箱运输的发展沿革。

3. 集装箱运输的特点及优越性是什么?

4. 集装箱运输系统的组成要素包括哪些?

5. 集装箱运输信息系统的基本功能是什么?

三、讨论题

1. 国际集装箱运输未来发展趋势是什么?

2. 国际集装箱船舶大型化发展趋势是什么?

3. 如何理解集装箱运输的系统工程性?

4. 如何理解集装箱运输、多式联运与现代物流之间的关系?

# 第二章　集装箱及其箱务管理

## 引导案例　国际集装箱运输箱务管理面临的问题

目前,世界各主要集装箱班轮公司大多经营着覆盖全球的航线,其服务网点也遍布全球的主要港口和地区。各家公司的核心产品——航线服务就是通过集装箱班轮将装载货物的集装箱及时送达目的地而实现的。但是,由于不同地区进出口数量不同、货物流向不一,同一地区货源结构不断变化、地区不确定因素影响进出口贸易等原因,客观上造成了各港口或地区间集装箱数量的不平衡,出现了部分地区集装箱积压、另外一些地区集装箱短缺的现象。即便在同一地区,也会随着时间的推移出现某一段时间集装箱积压、另外一些时间集装箱短缺的现象。进入运输服务过程后,从发货人提箱、装箱、内陆运输、重箱进码头、装船、海上运输、卸船、重箱离码头、收货人拆箱、再返回至码头或堆场,集装箱经历的每一次移动,都需要使用特殊的搬运工具,产生一定的费用。

如何在现有条件下,在合理控制集装箱总量的前提下,解决港口或区域间的集装箱数量的不平衡问题,是我们需要研究的问题之一。

如何在资金成本较高的情况下,选择适当的方式获取足够数量的集装箱投入使用,减少购置集装箱设备所需的巨额资金,使集装箱班轮公司能够运用最低的投入,实现利润最大化,是我们需要研究的问题之二。

如何在保障集装箱数量需求的前提下,利用各种资源来降低使用集装箱的成本,从而有效地控制集装箱管理成本,以增强集装箱班轮公司的核心竞争力,是我们需要研究的问题之三。

同时,集装箱管理也是一项非常复杂的系统工程,它包括集装箱配备总量的确定,自购箱及租箱数量的拟定,全球各区域集装箱箱量的盘存分析与研究,区域间集装箱调运的决策与实施,全部集装箱动态的跟踪,集装箱的维修与保养,集装箱管理总成本的分析,研究与控制等内容。集装箱管理作为集装箱班轮公司经营活动中一个重要的方面,既独立于其他部门又与之密切联系。因为它要解决的问题是班轮公司中其他任何部门都无法解决的,有相对独立的管理理论和方法。

集装箱管理要求决策人员对集装箱运输的每一个环节都有深入细致的了解,在合理安排集装箱调运的基础上,实现对全部集装箱的管理、跟踪和维护,达到各区域间及多、缺箱点之间的动态平衡,以实现全面保障用箱需求、有效控制集装箱管理成本的目标。

### 问题

1. 集装箱运输箱务管理涉及哪些业务?
2. 集装箱运输箱务管理对决策人员有什么要求?

## 本章知识点

在集装箱班轮公司的成本结构中,集装箱管理成本已成为班轮公司各项营运成本中的第二大成本项目,约占班轮公司总成本的1/5。相对于船舶固定成本而言,集装箱管理成本具有较大的可变性:它与集装箱配备总量、集装箱平衡工作等因素之间存在着密切的关系,而集装箱配备总量、集装箱平衡又受制于航运市场及公司经营状况变化。因此,班轮公司的集装箱管理无论在理论上还是在实践中,都有大量的课题等待经营管理者去探索。

本章介绍了集装箱的概念、类型、结构与强度,对集装箱的标准化及其标志进行叙述,重点对集装箱箱务管理业务——集装箱配备、租赁、调运、堆存、保管、发放、交接、盘存进行了详细的阐述,并对集装箱跟踪管理和箱务管理现代化进行了探讨。

本章应重点掌握的内容:集装箱标准化;集装箱的标志;集装箱配备管理;集装箱租赁业务;集装箱调运管理;集装箱损坏、灭失、逾期还箱处理;集装箱跟踪管理。

# 第一节　集装箱及其标准化

## 一、集装箱的定义

集装箱(Container),顾名思义是一种容器。但这种容器与货物的外包装和其他容器不同,是一种专门用来在不同方式运输中搬运货物而特别设计的,能适应多种特殊要求的容器,是具有一定规格强度、能够周转使用的大型货箱。

关于集装箱的定义,国际上不同国家、地区和组织的表述有所不同。许多国家(包括中国)现在基本上采用国际标准化组织(ISO)对集装箱的定义。

集装箱是一种运输设备,它应具备以下条件:

(1)具有足够的强度,可长期反复使用;

(2)适于一种或多种运输方式运送货物,无须中途换装;

(3)装有便于装卸和搬运的装置,特别是便于从一种运输方式转移到另一种运输方式;

(4)便于货物的装满和卸空;

(5)内容积为$1m^3$或$1m^3$以上。

可以简单地说,集装箱是具有一定强度和规格,专供周转使用的大型装货容器。使用集装箱转运货物,可直接在发货人的仓库装货,运到收货人的仓库卸货,中途更换车、船时,无须将货物从箱内取出换装。

在集装箱货物运输的全过程中,集装箱连同其内部装载的货物是作为一个运输单元的。

## 二、集装箱的标准化

为了有效地开展国际集装箱多式联运,必须强化集装箱标准化,进一步做好集装箱标准化工作。集装箱标准化经历了一个发展过程,并出现了公司标准、地区标准、国家标准和国际标准四种集装箱标准。

20世纪初,各国、各地区和一些大企业根据自己的需要,自由地制造和发展了许多不同尺度和结构的集装箱。早在1931年,欧洲国际铁路联盟(UIC)就制定了欧洲各国铁路用集装箱标准。1953年美国联邦运输管理部门提出设备标准化的要求,并于1958年被美国标准化协会采纳。随后,日本、原苏联和东欧各国及某些大的公司,如海陆公司、麦逊公司等也先后制定了地区性和公司私用的集装箱标准。

地区、公司性集装箱标准的建立和集装箱在国际贸易运输中的普遍使用,迫切要求有一套世界范围通用的国际标准。国际标准化组织(ISO)于1961年成立了有关集装箱的专门委员会——104技术委员会(ISO/TC104),该委员会以建立新的国际运输系统为目标,着手进行集装箱的标准化工作。

在各方面的支持下,标准化工作进行得很顺利。但要把不同地区和公司的标准统一为一个国际标准,不是一件容易的事情,因为涉及大量不符合新国际标准的集装箱及有关设备设施的淘汰和因标准的改变而产生的一系列新的要求等。为照顾当时的现状,最初制定的国际标准以3个系列作为基本尺寸,其中Ⅰ系列用于国际运输,Ⅱ系列用于欧洲,Ⅲ系列用于原苏联和东欧各国,并以此为基础制定了集装箱的国际标准,包括集装箱定义、术语、规格尺寸、总重量、试验方法及强度要求、角件结构、标志方法、操作方法等一系列标准和规定。

集装箱国际标准的推行和被普遍接受,促进了集装箱国际的交流。但最初标准中的Ⅱ、Ⅲ系列标准因仍属于地区性标准,违背了国际相互交流的初衷,在后来举行的会议中被降格为地区标准,不再作为国际标准。现行的集装箱国际标准为第Ⅰ系列共13种,如表2-1所示。

**第Ⅰ系列集装箱规格、尺寸和总重表**

表2-1

| 集装箱箱型 | 长度 | | | 宽度 | | | 高度 | | | 总重 | |
|---|---|---|---|---|---|---|---|---|---|---|---|
| | mm | ft | in | mm | ft | in | mm | ft | in | kg | lb |
| 1AAA | 12 192 | 40 | 0 | 2 438 | 8 | 0 | 2 896 | 9 | 6 | 30 480 | 67 200 |
| 1AA | 12 192 | 40 | 0 | 2 438 | 8 | 0 | 2 591 | 8 | 6 | 30 480 | 67 200 |
| 1A | 12 192 | 40 | 0 | 2 438 | 8 | 0 | 2 438 | 8 | 0 | 30 480 | 67 200 |
| 1BBB | 9 125 | 29 | 11.25 | 2 438 | 8 | 0 | 2 896 | 9 | 6 | 25 400 | 56 000 |
| 1BB | 9 125 | 29 | 11.25 | 2 438 | 8 | 0 | 2 591 | 8 | 6 | 25 400 | 56 000 |
| 1B | 9 125 | 29 | 11.25 | 2 438 | 8 | 0 | 2 438 | 8 | 0 | 25 400 | 56 000 |
| 1CC | 6 058 | 19 | 10.50 | 2 438 | 8 | 0 | 2 591 | 8 | 6 | 24 000 | 52 920 |
| 1C | 6 058 | 19 | 10.50 | 2 438 | 8 | 0 | 2 438 | 8 | 0 | 24 000 | 52 920 |
| 1D | 2 991 | 9 | 9.75 | 2 438 | 8 | 0 | 2 438 | 8 | 0 | 10 160 | 22 400 |
| 1AX | 12 192 | 40 | 0 | 2 438 | 8 | 0 | <2 438 | <8 | 0 | 30 480 | 67 200 |
| 1BX | 9 125 | 29 | 11.25 | 2 438 | 8 | 0 | <2 438 | <8 | 0 | 25 400 | 56 000 |
| 1CX | 6 058 | 19 | 10.50 | 2 438 | 8 | 0 | <2 438 | <8 | 0 | 24 000 | 52 920 |
| 1DX | 2 991 | 9 | 9.75 | 2 438 | 8 | 0 | <2 438 | <8 | 0 | 10 160 | 22 400 |

注:in即英寸,1in = 2.54cm。

随着国际运输中集装箱化程度的不断提高,在集装箱运输过程中装卸、堆放、载运等的安全及海关手续、维修保养等方面产生了一些新的问题。各国政府站在各自的立场上制定了自己国家的法规。这些以自己国家和地区为单位制定的法规限制了集装箱在国际市场上的顺利流通。为解决这个问题,联合国政府间海事协商组织(UN/IMCO)于1972年召开集装箱会议,通过了《国际集装箱安全公约》(International Convention for safe Containers,CSC)和《集装箱海关公约》(Custom Convention on Containers,CCC),对国际运输的集装箱在试验、检查、认可、结构、安全条件、试验方法、海关手续及保税运输等方面做了规定。

## 三、集装箱的分类

为了适应不同种类货物的装载要求,出现了多种类型的集装箱。集装箱的类型除了有不同尺寸外,还因其用途不同、制造材料不同等而有不同种类。

1. 按集装箱的用途分

(1)干货集装箱(Dry Cargo Container)。这种集装箱也称为杂货集装箱或通用集装箱,用来载运除散装液体货或需要控制温度货以外的件杂货,使用范围很广,见图2-1。其结构特点是常为封闭式,一般在一端或侧面设有箱门,箱内设有一定的固货装置,这种箱子在使用时一般要求清洁、水密性好。对装入这种集装箱的货物要求有适当的包装,以便充分利用集装箱的箱容。

(2)通风集装箱(Ventilated Container)。这种集装箱一般在其侧壁或顶壁上设有若干供通风用的窗口,适用于装运有一定通风和防汗湿要求的杂货,如原皮、水果、蔬菜等。如果将通风窗口关闭,可作为杂货集装箱使用,见图2-2。

(3)开顶集装箱(Open Top Container)。这种集装箱的箱顶可以方便地取下、装上。箱顶有硬顶和软顶两种,硬顶是用薄钢板制成的,软顶一般是用帆布或塑料布制成的,见图2-3。开顶集装箱适于装载大型、需利用起重机械进行装卸作业的重货,如钢铁、木材,特别是像玻璃板等易碎的重货,利用吊车从顶部吊入箱内不易损坏,而且也便于在箱内固定。

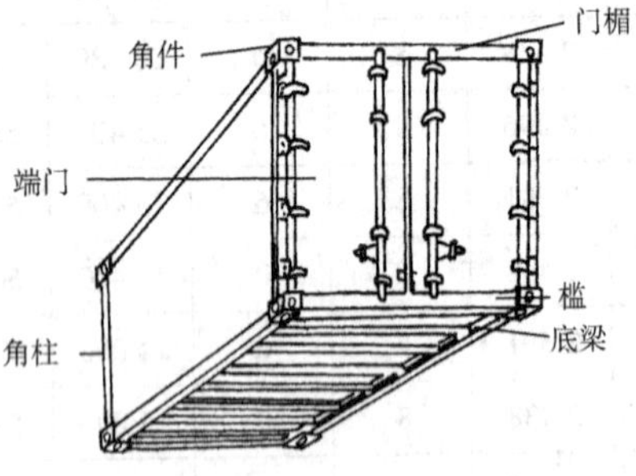


图2-1 干货集装箱

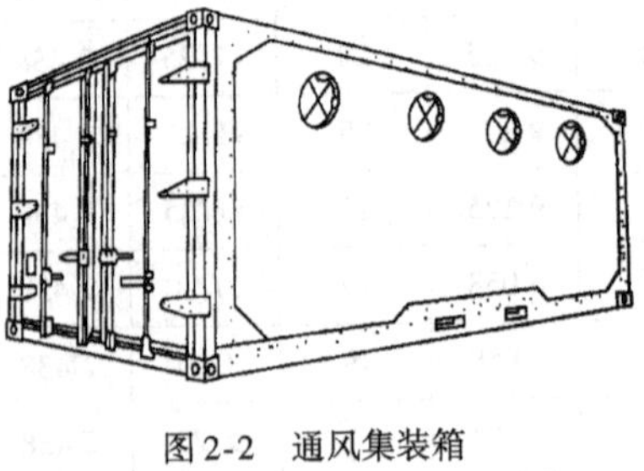

图2-2 通风集装箱

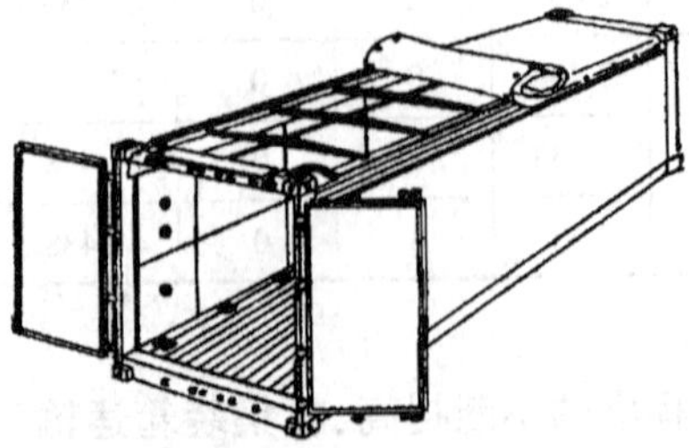

图2-3 开顶集装箱

(4)台架式集装箱和平台式集装箱(Platform Based Container & Platform Container)。台架式集装箱也称板架式集装箱,指箱体设有承受载荷的底板和四个角柱,但箱顶、侧壁和(或)端壁可以拆除或根本不设的一种非水密集装箱,见图2-4。这种集装箱可以从前后、左右及上方进行装卸作业,适合装载一定限度超标准箱尺度的货物,如重型机械、钢材、钢管、木材等。平台式集装箱指在台架式集装箱上再简化,四个角柱被去除或可折叠,主要由具有较强承载能力(有些40ft平台式箱的额定总承载重达54t)的下底板组成的一种特殊结构集装箱,用于装载重、大件货物,见图2-5。在集装箱船的舱面上,若将多个平台式集装箱组成一个大平台,则适合于装载更重、更大件货物。

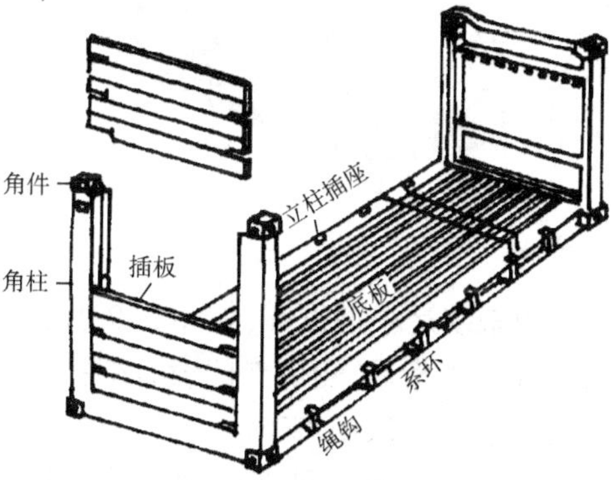


图2-4 台架式集装箱

图2-5 平台式集装箱

(5)冷藏集装箱(Reefer Container)。这种集装箱是以运输冷冻食品为主,能保持所定温度的保温集装箱。它是专为运输如鱼、肉、新鲜水果、蔬菜等食品而特殊设计的,如图2-6所示。目前国际上采用的冷藏集装箱基本上分两种:一种是集装箱内带有冷冻机的,叫内置式冷藏集装箱;另一种是箱内没有冷冻机而只有隔热结构,即在集装箱端壁上设有进气孔和出气孔,箱子装在船舱中,由船舶的冷冻装置供应冷气,这种叫作外置式冷藏集装箱。

(6)散货集装箱(Solid Bulk Container)。这种集装箱用于装运粉状或粒状货物,如大豆、大米、各种饲料等。在箱顶部设有2~3个装货口,在箱门的下部设有卸货口,如图2-7所示。使用集装箱装运散货,一方面提高了装卸效率,另一方面提高了货运质量,减轻了粉尘对人体和环境的侵害。

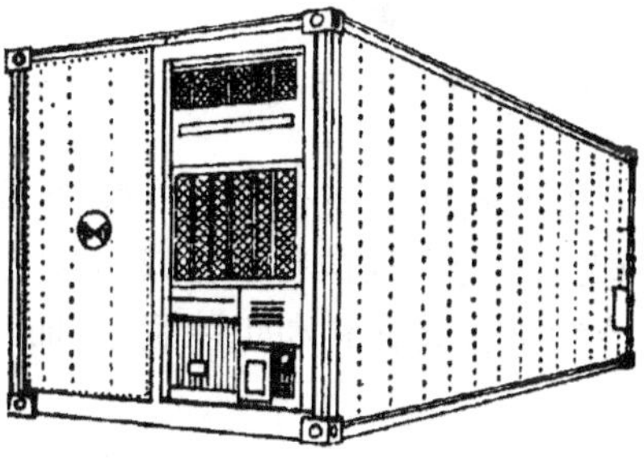

图2-6 冷藏集装箱

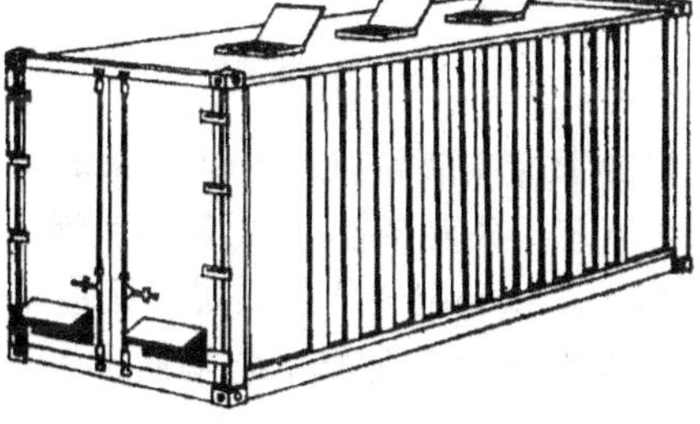

图2-7 散货集装箱

(7)罐式集装箱(Tank Container)。这种集装箱专门用来装运液体货,如酒类、油类、化学品、液化气等液体货物。它由罐体和框架两部分组成,罐体用于装液体货,框架用来支承和固定罐体,如图2-8所示。其罐顶设有装货口,罐底设有排出阀,装货时货物由罐顶部装货口进入,卸货时则由排货孔流出或从顶部装货孔吸出。

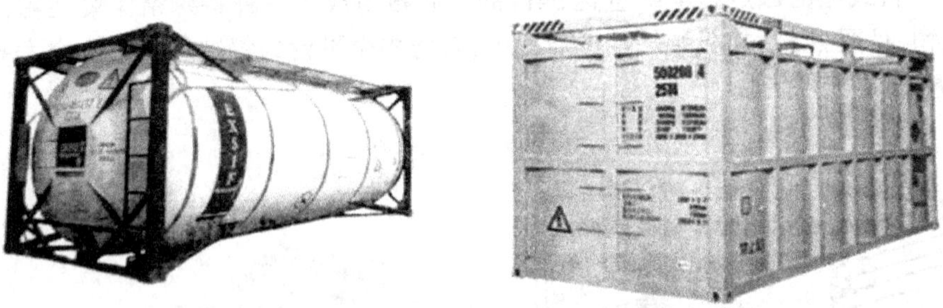

a) b)

图2-8 罐式集装箱

(8)汽车集装箱(Car Container)。这种集装箱专门用来装运小型汽车,如图2-9所示。其结构特点是无侧壁,仅设有框架和箱底。为了防止汽车在箱内滑动,箱底专门设有绑扎设备和防滑钢板。大部分汽车集装箱被设计成上下两部分,可以装载2层小汽车。

(9)动物集装箱(Pen Container or Live Stock Container)。这是一种专门用来装运猪、牛、羊、鸡、鸭等活牲畜的集装箱,如图2-10所示。为了避免阳光照射,动物集装箱的箱顶和侧壁是用玻璃纤维加强塑料制成的。另外,为了保证箱内有较新鲜的空气,侧面和端面都有用铝丝网制成的窗,以求有良好的通风。侧壁下方设有清扫口和排水口,并配有上下移动的拉门,可把垃圾清扫出去,另外该种集装箱还装有喂食槽。

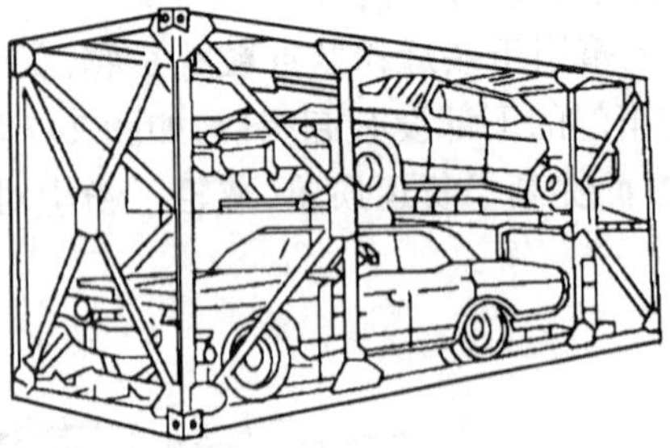

图2-9 汽车集装箱

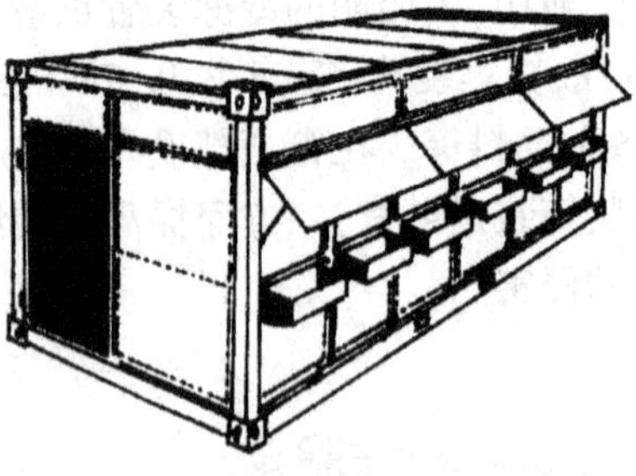

图2-10 动物集装箱

(10)服装集装箱(Garment Container)。在集装箱箱内上侧梁上装有许多根横杆,每根横杆上垂下若干条皮带扣、尼龙带扣或绳索,成衣利用衣架上的钩直接挂在带扣或绳索上,如图2-11所示。这种服装装载法属于无包装运输,它不仅节约了包装材料和包装费用,而且减少了人工劳动,提高了服装的运输质量。

2.按集装箱的制造材料分

集装箱在运输途中,经常受到各种外力的作用和环境的影响,加上考虑到装卸机械的能力和最大限度地利用集装箱的装货能力。因而,集装箱的制造材料要有足够的刚度和强度,尽量采用质量轻、强度高、耐用及维修保养费用低的材料。从目前采用的集装箱材料看,一个集装箱往往不是由单一材料做成的,而是以某种材料为主,并在箱子的不同结构处用不同的材料。因此,按制造材料来分类是指按箱子的主体材料划分。

图 2-11 服装集装箱

(1)钢制集装箱。钢制集装箱的优点是强度大,结构牢固,水密性好,能反复使用,价格低廉;主要缺点是防腐能力差,箱体笨重,相应地降低了装货能力。

(2)铝合金集装箱。铝合金集装箱的优点是自重轻,因而提高了集装箱的装载能力,具有较强的防腐能力,弹性好;主要缺点是铝合金集装箱的造价相当高,焊接性也不如钢制集装箱,受碰撞时易损坏。

(3)不锈钢制集装箱。一般多用不锈钢制作罐式集装箱。不锈钢制集装箱的主要优点是不生锈,耐腐性好,强度高;主要缺点是价格高,投资大。

(4)玻璃钢制集装箱。用玻璃钢做成的集装箱主要优点是强度大,刚性好,具有较高的隔热、防腐和耐化学侵蚀能力;易于清洗,修理简便,维修费较低。主要缺点是自重大,造价高。

此外,集装箱还可按其所有权不同分为船公司(Carrier Own Container,COC)、货主箱(Shipper Own Container,SOC)和出租箱(Lender Own Container,LOC);按集装箱装货重量不同分重箱(有货载)和空箱(无货载)。

## 四、集装箱的结构与强度

通用集装箱是一个矩形箱体,由两部分组成:一部分是承受货物重量和冲击等外力的主要构件,其中包括角柱、上端梁、下端梁、上侧梁和下侧梁等,这些主要构件都采用高强度材料制造;另一部分主要用于防护货物日晒雨淋的外表面,包括箱顶板、侧壁、端壁和箱门等。通用集装箱各构件如图 2-12、图 2-13 所示。

集装箱由于承受运输途中、装卸作业等各种载荷的作用,必须具有既能保护货物又能承受外力的足够强度。根据国际标准化组织的规定,集装箱的强度分为外部强度和内部强度两种,前者是指满载的集装箱在移动、换装时,或在舱内、场地上堆装时所受的外部载荷,主要有堆码强度、吊装强度、箱顶强度、拴固强度、系紧强度、叉槽强度和抓臂起吊槽强度等;后者是指货物装在箱内时,箱底承受的负荷,以及在装卸、运输过程中所受的外力使货物对侧壁或端壁所产生的负荷,主要有箱底强度、端壁强度和侧壁强度等。

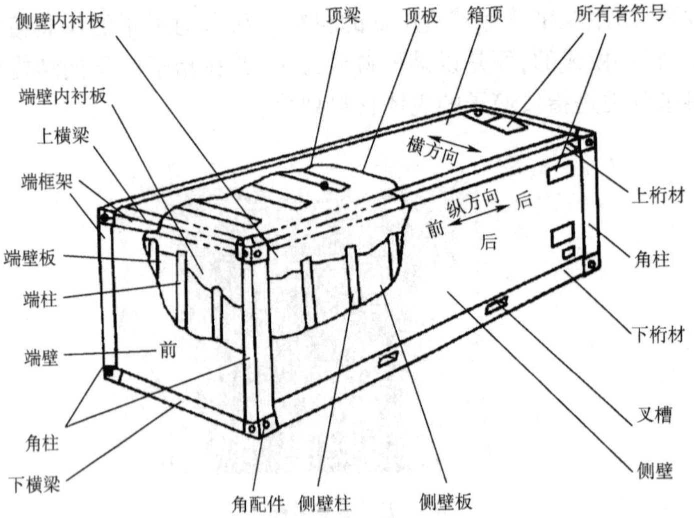


图 2-12　集装箱各构件名称

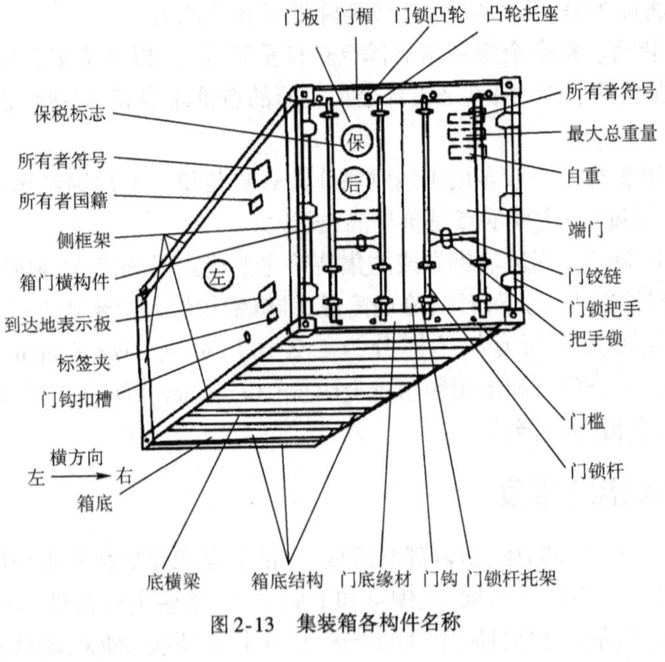


图 2-13　集装箱各构件名称

## 五、集装箱的标志

为便于集装箱在国际运输中的识别、管理和交接,国际标准化组织制定了《集装箱的代号、识别和标记》国际标准。该标准规定了集装箱标记的内容、标记的字体尺寸、标记的位置等。集装箱标记分为必备标记和自选标记。

1. 必备标记

(1)箱主代号、顺序号和核对数字标记。这些标记通称为集装箱箱号。箱主代号是集装箱所有人向国际集装箱管理局登记注册的四个大写拉丁字母，如中远集团的箱主代号是“COSU”。箱主代号中最后一个字母“U”表示常规的所有集装箱，“J”表示带有可拆卸设备的集装箱，“Z”表示集装箱的拖车和底盘车。

顺序号用以区别同一箱主的不同集装箱，由六位阿拉伯数字组成，不足六位的数字前以“0”补足，如“001234”。

核对数字是在集装箱的数据记录或计算机处理时用于验证箱主代号和顺序号记录是否正确的一位阿拉伯数字。其规定计算方法是：

①将字母 A ~ Z 一一对应于等效数值 10 ~ 38（扣除其中的 11、22、33），如表 2-2 所示。

**等效数值表** 表 2-2

| 顺序号 | 箱主代号 | | | |
|---|---|---|---|---|
| 数字或等效数值 | 字母 | 等效数值 | 字母 | 等效数值 |
| 0 | A | 10 | N | 25 |
| 1 | B | 12 | O | 26 |
| 2 | C | 13 | P | 27 |
| 3 | D | 14 | Q | 28 |
| 4 | E | 15 | R | 29 |
| 5 | F | 16 | S | 30 |
| 6 | G | 17 | T | 31 |
| 7 | H | 18 | U | 32 |
| 8 | I | 19 | V | 34 |
| 9 | J | 20 | W | 35 |
| | K | 21 | X | 36 |
| | L | 23 | Y | 37 |
| | M | 24 | Z | 38 |

②若设箱主代号的对应等效数值与顺序号数字依次为 $X_0, X_1, \cdots, X_9$，则按下式计算整数 $N$：

$$N = \Sigma 2^i \cdot X_i (i = 0, 1, 2, \cdots, 9)$$

③核对数字就是将上式整数 $N$ 除以模数 11 所得的余数，余数 10 的核对数为 0。

**【例 2-1】** 某集装箱的箱主代号和顺序号为“COSU 001 234”，其整数 $N$ 为：

$N = 2^0 \times 13 + 2^1 \times 26 \times 2^2 \times 30 + 2^3 \times 32 + 2^4 \times 0 + 2^5 \times 0 + 2^6 \times 1 + 2^7 \times 2 + 2^8 \times 3 + 2^9 \times 4 = 3\ 577$

3 577/11 余数为 2，即为“COSU 001234”所对应的核对数字。

在集装箱货运单证操作中，若遇到某箱箱主代号、顺序号和核对数字印制不清或同一箱在两处单据上的数值有差异时，即可按上述方法校核确认。

（2）额定重量和自重标记。额定重量实为最大总质量，简称总重，是集装箱设计的最大允许总质量。自重是集装箱空箱时的质量。这两项标记要求同时以千克（kg）和磅（lb）标示，如：

| | | |
|---|---|---|
| MAX GROSS | 24 000 | kg |
| | 52 920 | Lb |
| TARE | 2 300 | kg |
| | 5 070 | lb |

(3)空陆水联运集装箱标记。此类集装箱设计了适合于空运的系固和装卸装置,但其强度仅能堆码两层,为此规定了特殊标记,如图 2-14 所示。

(4)登箱顶触电警告标记。一般设在罐式集装箱箱顶上和其临近登箱顶的扶梯处,以警告登箱顶者有触电的危险,如图 2-15 所示。

图 2-14　空陆水联运集装箱标记

注:三角标志内的底色为黄色

图 2-15　登箱顶触电警告标记

2. 自选标记

(1)国家或地区代码、尺寸代号和类型代码。国家和地区代码是集装箱登记国家或地区使用两个字母表示的代码。ISO 文件中提供了国家或地区代号一览表,如中华人民共和国使用的代码为“CN”。

尺寸代码由两位字母和数字组成,第一位表示箱长度(如“2”表示 20ft 箱,“4”表示 40ft 箱,“M”表示 48 ft 箱等);第二位表示箱的宽度和高度(如“2”表示宽 8ft,高 8.5ft 的箱;“5”表示宽 8ft,高 9.5ft 的箱),ISO 文件中提供了尺寸代码一栏表,见表 2-3、表 2-4。

**尺寸代码第一位字符**　　表 2-3

| 代码 | 箱长 | | | 代码 | 箱长 | | |
|---|---|---|---|---|---|---|---|
| | mm | ft | in | | mm | ft | in |
| 1 | 2 991 | 10 | 0 | D | 7 430 | 24 | 6 |
| 2 | 6 058 | 20 | 0 | E | 7 800 | | |
| 3 | 9 125 | 30 | 0 | F | 8 100 | | |
| 4 | 12 192 | 40 | 0 | G | 12 500 | | |
| 5 | 备用号 | | | H | 13 106 | 41 | 0 |
| 6 | 备用号 | | | K | 13 600 | | |
| 7 | 备用号 | | | L | 13 716 | 43 | 0 |
| 8 | 备用号 | | | M | 14 630 | 48 | 0 |
| 9 | 备用号 | | | N | 14 935 | 49 | 0 |
| A | 7 150 | | | P | 16 154 | | |
| B | 7 315 | 24 | 0 | R | 备用号 | | |
| C | 7 420 | | | … | … | | |

尺寸代码第二位字符　　表 2-4

| H ＼ W | 2 438(mm) | 2 438＜W≤ 2 500(mm) | ＞2 500(mm) |
|---|---|---|---|
| mm(ft　in) | (8 ft) | (8ft＜W≤ 8ft 2in) | (8ft 2in) |
| 2 438(8　0) | 0 | | |
| 2 581(8　6) | 2 | C | L |
| 2 743(9　0) | 4 | D | M |
| 2 895(9　6) | 5 | E | N |
| ＞2 895(9　6) | 6 | F | P |
| 1 295(4　3) | 8 | | |
| ≤1 219(4　0) | 9 | | |

注:H-集装箱箱高;W-集装箱箱宽。

类型代码由两位字母和数字组成,ISO 对箱型代码的规定见表 2-5。类型代码分成总代码(Type group code)和细代码(Detailed type code)两种,总代码用于在集装箱特性尚不明确或不需要明确的场合,细代码是用于对集装箱特性要有具体标示的场合。

**ISO 箱 型 代 码**　　表 2-5

| 代码 | 箱　型 | 总代码 | 集装箱主要特性 | 细代码 |
|---|---|---|---|---|
| G | 通用集装箱<br>——无通风设备 | GP | 一端或两端开门<br>货物上部空间设有透气孔<br>一端或两端开门,加上一侧或两侧全部敞开<br>一端或两端开门,加上一侧或两侧部分敞开 | G0<br>G1<br>G2<br>G3 |
| V | 通风集装箱 | VH | 无机械通风系统,货物上部和底部空间设通风口<br>备用号<br>箱体内部设有机械通风系统<br>备用号<br>箱体外部设有机械通风系统 | V0<br>V1<br>V2<br>V3<br>V4 |
| B | 干散货集装箱<br>——无压力,箱式<br>——有压力,箱式 | BU<br>BK | 封闭式<br>气密式<br>备用号<br>水平卸货,试验压力 150kPa<br>水平卸货,试验压力 265kPa<br>倾斜卸货,试验压力 150kPa<br>倾斜卸货,试验压力 265kPa | B0<br>B1<br>B2<br>B3<br>B4<br>B5<br>B6 |
| S | 以货物命名的集装箱 | SN | 牲畜集装箱<br>小汽车集装箱<br>活鱼集装箱 | S0<br>S1<br>S2 |

续上表

| 代码 | 箱　　型 | 总代码 | 集装箱主要特性 | 细代码 |
|---|---|---|---|---|
| R | 保温集装箱 | | | |
| | ——冷藏 | RE | 机械制冷 | R0 |
| | ——冷藏和加热 | RT | 机械制冷和加热 | R1 |
| | ——自备动力的冷藏和加热集装箱 | RS | 机械制冷 | R2 |
| | | | 机械制冷和加热 | R3 |
| H | 保温集装箱 | | | |
| | ——设备可拆卸的冷藏和(或)加热的集装箱 | HR | 设备置于箱体外部,其传热系统 $k[0.4\text{w}/(\text{m}^2 \cdot \text{K})]$ | H0 |
| | | | 设备置于箱体内部 | H1 |
| | | | 设备置于箱体外部,其传热系统 $k[0.7\text{w}/(\text{m}^2 \cdot \text{K})]$ | H2 |
| | | | 备用号 | H3 |
| | | | 备用号 | H4 |
| | ——隔热集装箱 | HI | 具有隔热性能,其传热系统 $k[0.4\text{w}/(\text{m}^2 \cdot \text{K})]$ | H5 |
| | | | 具有隔热性能,其传热系统 $k[0.7\text{w}/(\text{m}^2 \cdot \text{K})]$ | H6 |
| U | 敞顶集装箱 | UT | 一端或两端开门 | U0 |
| | | | 一端或两端开门,加上端框架顶梁可拆卸 | U1 |
| | | | 一端或两端开门,加上一侧或两侧开门 | U2 |
| | | | 一端或两端开门,加上一侧或两侧开门,加上端框架顶梁可拆卸 | U3 |
| | | | 一端或两端开门,加上一侧局部敞开和另一侧全部敞开 | U4 |
| | | | 完全敞顶,带固定侧壁和端壁(无门) | U5 |
| P | 台架式集装箱 | | | |
| | ——具有不完整上部结构的台架式集装箱: | PL | 平台集装箱 | P0 |
| | • 固定式 | PF | 有两个完整和固定的端板 | P1 |
| | | | 有固定角柱,带有活动的侧柱或可拆卸的顶梁 | P2 |
| | • 折叠式 | PC | 有折叠完整的端结构 | P3 |
| | | | 有折叠角柱,带有活动的侧柱或可拆卸的顶梁 | P4 |
| | ——具有完整上部结构的台架式集装箱 | PS | 顶部和端部敞开(骨架式) | P5 |
| T | 罐式集装箱 | | | |
| | ——用于非危险性液体货 | TN | 最低试验压力 45 kPa | T0 |
| | | | 最低试验压力 150 kPa | T1 |
| | | | 最低试验压力 265 kPa | T2 |
| | ——用于危险性液体货 | TD | 最低试验压力 150 kPa | T3 |
| | | | 最低试验压力 265 kPa | T4 |
| | | | 最低试验压力 400 kPa | T5 |
| | ——用于气体货物 | TG | 最低试验压力 600 kPa | T6 |
| | | | 最低试验压力 910 kPa | T7 |
| | | | 最低试验压力 2 200 kPa | T8 |
| | | | 最低试验压力(待定) | T9 |
| A | 空/陆水联运集装箱 | AS | | A0 |

(2)超高标记。凡箱高超过2.6m(8.5ft)的集装箱均应有超高标记,见图2-16。通常在超高箱的两侧和两端都设有这类标记。

(3)国际铁路联盟标记。凡符合《国际铁路联盟条例》规定的技术条件的集装箱可以获得此标记,如图2-17所示。标记方框上部的"ic"表示国际铁路联盟(Union International des Chemins de Fer)。标记方框下部的数字表示各铁路公司代号(33是中华人民共和国铁路公司的代号)。

图2-16　超高标记

图2-17　国际铁路联盟标记

此外,《集装箱安全公约》要求主管部门对符合该组织所制定标准并经试验合格的集装箱,在箱门处加贴该检验机关的检验合格金属标牌。《集装箱海关公约》要求经批准符合运输海关加封货物技术条件的集装箱增加标有"经批准作为海关加封货物运输"字样的金属标牌(常与"CSC安全合格"金属标牌合二为一),以便于集装箱进出各国国境时,不必开箱检查箱内货物,以加速集装箱的流通。

## 第二节　航线集装箱配备量及其确定

为了保证集装箱运输的正常开展,集装箱船公司必须付出巨额投资配备一定数量的集装箱,以供运输需要。航线集装箱需备量的多少及采用什么方式配备,直接关系到企业的运输成本和经济效益。因此,企业应根据航线特点、货源情况、港口堆存期及内陆周转期的长短等因素,通过选择合理的租箱方式,确定合理的自备箱量和租箱量。

### 一、影响航线集装箱配备量的主要因素

从理论上说,在最简单的情况下,即集装箱船只挂靠两个港口(A、B港),集装箱在内陆周转时间少于航线上集装箱船舶的发船间隔。那么,如航线上配置一艘集装箱船舶时,航线配备的集装箱量应为船舶载箱量的3倍,即船舶艘数与其对应的集装箱配备套数的比例为1:3。

显然,影响航线集装箱配备量的主要因素有:

(1)航线配置的集装箱船艘数$N$;

(2)集装箱船往返航次时间$T_R$($T_R = T_{往} + T_{返}$);

(3)集装箱内陆平均周转天数$T_X$($x$取A、B),包括集装箱在港口的堆存期及在内陆的平均周转天数;

(4)集装箱船舶的载箱量 $D$ 及其利用率 $f$。

航线集装箱需备量不仅与航线配置的集装箱船艘数及其载箱量有关,与集装箱船的往返航次时间及发船间隔有关,而且还与集装箱在港口的堆存期及在内陆的平均周转天数有很大的关系。

## 二、航线集装箱配备量的计算方法

1. 典型条件下航线集装箱配备量的计算方法

集装箱班轮航线为简单直达航线,仅挂靠两个端点港,该班轮公司在两端点港既无调剂箱又无周转机动箱,且不考虑箱子修理与积压延误、特种箱使用不平衡等,视为典型条件,则航线集装箱需备量可按以下方法确定:

$$S = K \cdot L$$

式中:$S$——航线集装箱需备量(TEU);

$K$——航线集装箱需备套数;

$L$——每套集装箱的数量(TEU),如船舶满载则为船舶载箱量。

航线集装箱需备套数 $K$ 取决于航线集装箱平均总周转天数和航班派船间隔,其计算公式如下:

$$K = \frac{T}{I}$$

式中:$T$——航线集装箱平均总周转天数(天),为集装箱船舶往返航次时间与集装箱在 A、B 两个端点港平均港口堆存期和内陆周转时间之和的总和,即:

$$T = T_A + T_R + T_B$$

$I$——派船间隔(天),取决于集装箱船舶往返航次时间及航线配置的船舶艘数,即:

$$I = T_{\frac{R}{N}}$$

每套集装箱配备数量 $L$ 的确定,通常与集装箱船舶的载箱量利用率有关,其计算公式如下:

$$L = D \cdot f$$

式中:$D$——集装箱船舶的载箱量(TEU);

$f$——集装箱船舶载箱量利用率(根据航线具体情况确定)。

现通过一个实例来说明如何使用上述计算航线集装箱需备量的理论公式。

---

**【例 2-2】** 某集装箱班轮公司在其经营航线上配置 3 艘载箱量为 2 500TEU 的集装箱船舶,船舶往返航次时间为 30 天。集装箱在内陆周转的情况如下:在端点港 A 较理想,平均港口堆存期和内陆周转时间之和为 7 天;在端点港 B,集装箱内陆周转情况随集装箱返抵港口的天数与返抵箱量的变化而变化,其中,60% 的箱量在 10 天之内返抵港口待装船;30% 的箱量在 10 ~ 20 天内返抵港口待装船,其余 10% 的箱量在 20 ~ 30 天内返抵港口待装船。如果船舶载箱利用率为 80%,试求集装箱船公司在该航线上需配备多少个集装箱(TEU)。

**解:**①求发船间隔 $I$:

$$I = T_R / N = 30 / 3 = 10(\text{天})$$

---

②求集装箱在端点港A的平均港口堆存期和内陆周转时间$T_A$：集装箱在端点港A的平均港口堆存期和内陆周转时间之和实际为7天，小于发船间隔$I$，在计算上应将发船间隔10天作为集装箱在端点港A的内陆平均周转时间，即：

$$T_A = 10(\text{天})$$

③求集装箱在端点港B的平均港口堆存期和内陆周转时间$T_B$：集装箱在端点港B的内陆平均周转时间按集装箱返抵港口待装船天数与返抵箱量的比例计算，即：

$$T_B = 10 \times 60\% + 20 \times 30\% + 30 \times 10\% = 15(\text{天})$$

④求集装箱平均总周转天数$T$：

$$T = T_A + T_R + T_B = 10 + 30 + 15 = 55(\text{天})$$

⑤求航线集装箱需配备的总套数$K$：

$$K = T / I = 55 / 10 = 5.5(\text{套})$$

⑥求每套集装箱配备的数量$L$：

$$L = D \cdot f = 2\ 500 \times 80\% = 2\ 000(\text{TEU})$$

⑦求该航线所需配备的集装箱总数$S$：

$$S = K \cdot L = 5.5 \times 2\ 000 = 11\ 000(\text{TEU})$$

2. 实际情况下航线集装箱配备量的计算方法

在实际进行集装箱箱务管理的过程中，集装箱航线的配箱量不仅与上述因素有关，而且还与集装箱在内陆周转过程中可能发生的修理、积压和延误（如货主提箱后长期占用不能返空、海关扣押、集装箱严重毁坏）等情况密切相关。此外，还需考虑由于各种集装箱箱型在往返航向上的使用量不平衡需增加箱量数，以及在挂靠两个以上港口时需在中途港配置周转箱量等。所以，实际配备箱量还应结合具体航线上的实际情况，可用以下计算公式求得：

$$S = [K \cdot D \cdot f + \sum C_i \cdot L_i + R_N + S_N] \cdot \lambda$$

式中：$L_i$——中途港卸箱量（设中途卸箱后再装同样数量的集装箱），$i = 1, 2, \cdots, m$，为中途港编号；

$C_i$——中途港箱量系数（如中途港集装箱在内陆周转时间小于发船间隔，则系数为1；如内陆周转时间大于发船间隔，则系数人于1）；

$S_N$——往返航次特种箱不平衡所需增加的箱数；

$R_N$——全程周转期内港口内陆修理、积压和延误总箱量；

$\lambda$——富裕系数，一般取值在1.05～1.10。

应该指出，在往返航次时间不变的情况下，如缩短发船间隔，配置的船舶艘数就增加，集装箱装船的机会增多，集装箱返回港口等待装船的时间就会减少，集装箱在端点港内陆平均周转天数因此而下降，因而平均每艘船需配备的集装箱套数会随着航线配置的船舶数的增加而减少。但是，当航线船舶数增加到一定数目时，由于码头堆存能力不足，集装箱管理水平未跟上，内陆集疏运能力的制约，集装箱内陆周转时间及港口堆存期可能反而增加。

在发船间隔不变的情况下,集装箱配备总套数与其航线平均总周转时间成正比关系,中途挂靠港的多少以及箱型的不平衡等也直接影响航线集装箱的需备量。在满足航线货源需求情况下,班轮公司应想方设法缩短集装箱的港口堆存期和内陆周转时间,加速船舶的周转,以减少航线集装箱需备量,从而节省班轮公司的置箱巨额投资或租金,这对降低集装箱运输总成本,提高班轮公司经济效益具有重要意义。

## 第三节　集装箱租赁业务及其租箱量的确定

### 一、集装箱租赁的发展与作用

在国际贸易运输中开始使用集装箱时,装载货物的集装箱一般是由各种类型的承运人所拥有并提供使用的。随着集装箱运输向海上发展,集装箱租赁业也开始发展起来。初期集装箱租赁业的规模较小,多是一些船公司或其他行业的兼顾性业务,到1968年为止,世界上供出租使用的集装箱数量仅占10%左右。

从1968年开始,一是随着集装箱运输的迅猛发展,对集装箱的需求量迅速增长,许多船公司为提高运输效率和保证市场占有率需在船舶或其他固定设施方面投入大量资金,因而在集装箱上继续投资以增加箱子拥有量较为困难;二是随着集装箱运输经营组织上的变化,许多无船承运人开展了集装箱运输业务,这些人无力购置与其业务量相适应的大量集装箱供运输使用。在这种情况下,许多较有财力的各种类型的企业(包括大型船公司)开始大量购入集装箱投入租赁业,至此集装箱租赁业进入了迅速发展的阶段。

到目前为止,供出租使用的集装箱数量已占世界集装箱总量的40%以上,而且还有继续增长的趋势。世界上具有相当规模的集装箱租赁公司有100多家。这些公司,特别是一些资金雄厚、综合技术较完善的公司,都在世界范围内开展租赁业务,在国际集装箱运输中发挥着重要作用。

集装箱租赁业在集装箱运输中的作用可归纳为如下几个方面:

(1)船公司或其他集装箱运输经营人因业务发展需要增加集装箱数量,可以采用以租代购的方式补充,以减少临时巨额投资或借款,或将资金用于其他需要的方面和项目。

(2)需要对长期使用的集装箱进行更新时,同购买新的集装箱一样,可通过租赁集装箱暂时弥补箱量不足,从而减轻资金的筹备及利息的负担。

(3)在各航线来回程货源不平衡情况下,可通过单程租赁或其他临时租赁方式解决空箱回运问题。

(4)在某些货物、货源量随季节变化时,可以通过短期或者临时租赁方式租用集装箱来满足这种不平衡的需要,提高箱子的利用率。

(5)通过租赁,既能满足不同货主、不同运输要求所需的不同类型(特别是特种箱)的集装箱,以减少自有箱中利用率低的各种类箱;又能保证运输的实际需要。

应当指出,船公司和集装箱运输经营人,应根据自身的实际情况,以降低经营成本为目标决定集装箱的购置或租用数量。

## 二、集装箱的租赁方式

目前在世界各地集装箱租赁方式很多，各种租赁方式名称也不统一，但总的来说可分为以下三大类：

1. 期租

集装箱期租是指租用人在一定时间内租用集装箱的租赁方式。在租期内租箱人可以像自己拥有的箱子一样自由调配使用。

根据租期的长短，期租又可分为长期与短期两种租赁形式。长期租赁一般有较长的期限(一年或以上)，短期租赁一般是以租赁人实际需要的使用期限租用集装箱，时间一般较短(几个月)。

长期租赁又可分为金融租赁和实际使用期租赁两种方式。两者租期都较长，其区别在于前者是指租用期满后租箱人将买下租用的箱子；后者是指租用期满后租箱人将箱子退还给租箱公司。长期租赁对租箱公司来讲，可以保证在较长时间内有稳定收入，所以长期租赁的租金一般较低。同长期租赁相比，短期租赁较为灵活，租箱人可以根据自己需要确定租箱时间、地点及租期，但租金相对较高。

2. 程租

程租，也称作即期租赁，是指租期由航程时间决定的租赁方式，一般分为单程租赁和来回程租赁两种。

在单程租赁情况下，租箱人仅在起运港至目的港单程使用集装箱。这种租赁方式一般用于一条航线上来回程货源不平衡的场合。在起运地租箱，在目的地还箱，可以减少空箱回运。如果从集装箱租赁行情好的地方采用单程租赁到行情差的地方，租箱人一般需支付提箱费或还箱费，以弥补租箱公司调运空箱的费用。

来回程租赁一般用于来回程有货运的航线，这种方式的租期由来回程所需时间决定，有时可不限于一个来回程。

在程租方式下，一般对提箱、还箱地点有严格限制，且租金较期租要高。

3. 灵活租赁

灵活租赁是在租期上类似于长期租赁(一般为一年)，而在箱子的具体使用上类似于短期或程租的租赁方式。在灵活租赁合同中，除明确租期外还规定租箱人每月提箱、还箱的数量和地点。在这种租赁方式下，租箱人在租期内至少保证租用一定数量的箱子(一般可以多租)，这就类似于长期租赁；但在具体使用过程中这些箱子并不是固定不变的，租箱人可根据自己的实际需要，在合同规定的时间、地点、数量下随租随还，这又类似于短期或程租。采用这种租赁方式可使租箱人能更好地适应货源不平衡、季节不平衡等变化的需要。

灵活租赁租金较程租低，与长期租赁接近。

无论采用以上哪一种租赁方式，租金都按租箱人实际使用箱子的天数计算。上面谈到的租金是指每箱每天需要支付的租费。

## 三、集装箱租赁合同及主要条款

集装箱租赁合同(Container Lease Agreement，以下简称租箱合同)是规定租箱人与租箱公司双方权利、义务和费用的协议和合同文本。

租箱人在签署合同之前一般要与租箱公司(或其代理人)洽定租箱方式、数量、租金,交、还箱期、地点,提、退箱费用,损害修理责任及保险等事宜。

租箱合同的主要条款一般有以下主要方面内容。

1. 交箱条款

交箱条款主要是制约租箱公司的条款。指租箱公司应在合同规定的时间和地点将符合合同规定条件的集装箱交给租箱人。其内容主要有:

(1)交箱期。是指租箱公司将箱子交给租箱人的时间。为了给双方都提供一些方便,交箱期通常规定一个期限,一般为7~30天。

(2)交箱量。为了适应市场上箱、货供求关系的变化,合同中对交箱量一般有两种规定方法:一种是规定的交箱数量(或最低交箱量);另一种是实际交箱量(可高于或低于前者)。在可能情况下,租箱公司都希望租箱人超规定量租箱。

(3)交箱时箱子状况。租箱公司交给租箱人的箱子应符合有关国际公约与标准的规定,同时租箱人还箱时应保证箱子保持或接近原来的状况。为了保证这一点,双方在提箱时应共同检验箱子的状况。租箱人提箱时箱子的状况是通过双方签署的设备交接单来体现的。在具体操作中,规定租箱人雇用的司机和箱子所在堆场的箱管员、门卫可作为双方代表签署设备交接单。

2. 还箱条款

租箱合同中的还箱条款主要是制约租箱人的条款,是指租箱人应在租用期满后,按合同规定的时间、地点将状况良好的箱子还给租箱公司。其主要内容为:

(1)还箱时间。指规定的还箱日期。在实际租箱业务中,经常有到期不能归还或没有到期却要提前归还的情况(一般统称为不适当还箱)。如是超期还箱,合同一般通过对超期天数加收租金的方式来解决;如果可能提前还箱,则要求事先订立提前终止条款(Early Termination Clause),订有该条款时,租箱人可提前还箱,如未订立此条款,即使是提前还箱,租箱人仍需补交提前日数的追加租金。

(2)还箱地点。租箱人应按合同规定的或租箱公司另用书面形式确认的具体地点还箱。在订立合同时,租箱人应尽量使还箱地点与箱子最终使用地点一致或接近,这样可以减少空箱运输费用。

(3)还箱时箱子状况。租箱人在还箱时应保证箱子外表状态良好,即保证使箱子保持提箱时双方签订的设备交接单上说明的状况。该条款一般规定如果还箱时外表有损坏,租箱人应承担修理责任与费用。在签订合同时,也可通过订立损害修理条款(见下述)租箱人按规定另付损害修理费用,则在一定范围内的损害由租箱公司负责。

租箱合同还箱条款中一般还规定还箱期满若干天(有的是30天)后,租箱人仍未还箱,租箱公司将作为箱子全损处理。租箱人应按合同规定的金额支付赔偿金,在租箱公司未收到赔偿金前,租箱人仍需按实际天数支付租金。

3. 损害修理责任条款

租箱人还箱时,应按设备交接单上记载的状况还箱,如有损坏,则应负责将箱子修理好后还箱或承担修理费用。

如租箱时在合同中订立损害修理条款(Damage Protection Plan,简称DPP条款)并按规定付费，则租箱人对租箱期内所造成的损坏在一定程度上不负修理责任，可将未修理的箱子退还租箱公司，避免一旦发生箱子损坏后所引起的有关修理安排、查核、检验、应付修理费等繁杂事务，并可节省将受损的箱子运至修理厂的额外费用。但应注意到，合同中一旦订有 DPP 条款，不论箱子在租赁期间实际上是否发生损坏，租箱人除支付租金外，还要支付 DPP 费用，而且，该费用一律不予退还。

DPP 条款从某种意义上讲，相当于租箱人对租箱期内集装箱损害进行了保险（但不是向保险公司）。但租箱人必须了解，DPP 费用一般只保箱子的部分损害，不承担全损和共同海损等责任。习惯上只负责比箱子当时价值低一些的一个固定限额（如 80%），损害修理实际费用在这个限额之内，由租箱公司承担；如超过此限额，则超过部分仍需租箱人承担。DPP 费用一般按租箱天数收取。

例如：20 英尺箱其价值 3 000 美元，而合同中的 DPP 条款只负责的最高费用可能只有 2 400美元。如箱子在租赁期间发生损坏，其修理费用和其他费用为 2 700 美元，租箱公司则根据合同条款规定只负责 2 400 美元，超出部分（300 美元）则由租箱人负责。

4. 租金及费用支付条款

租箱人应按时支付合同中规定承担的各种费用及租金，这是自由使用集装箱和具有某些权利和减少责任的前提。不按时支付费用和租金，则构成违约，租箱公司有权采取适当的行动直至收回集装箱。租箱合同的租金与费用支付条款主要包括下列内容：

（1）租期。租期一般理解为从交箱之日起至还箱之日止的一段时间。

（2）租金计算方法。租金按每箱每天计收。租用天数计算一般从交箱当日起算至租箱公司接受还箱之日为止。在超期还箱情况下，超期天数按合同规定的租金另行支付（通常比正常租金高一倍）。如合同中订有提前终止的条款，租箱人支付提前终止费用（一般相当于 5 ~ 7 天租金）后，租期到集装箱进入还箱堆场日终止。

（3）租金支付方式。一般租金支付方式有两种：按月支付或按季支付。租箱人应在收到租金支付通知单后，在规定时间内（一般为 30 天）支付。如延误则需按合同规定的费率加付利息。

（4）交、还箱手续费。租箱人应按合同规定支付交、还箱手续费，该费用主要用来抵偿因在堆场交、还箱所产生的费用（装卸车费、单证费等）。其数额由合同规定，或按交、还箱所在堆场的费用确定。

5. 设备标志更改条款

租箱人可以在租赁的集装箱箱体外表贴上自己的标志。但未经租箱公司同意，不得更改原有标志。在长期租赁情况下，租箱公司一般接受租箱人更改原有标志加上自己标志的要求，但还箱时租箱人必须除去更改加上的标志，恢复原来标志或承担恢复费用。

租箱合同中除上述条款外，一般还有其他有关租箱责任、义务、保险和转租等条款，这里不再一一说明。

对于各船公司及其他集装箱运输经营人来讲，租箱业务是较经常性的业务。在租箱业务中，租箱人除根据自己的需要租用合适类型的集装箱外，还应根据自己的实际情况，考虑各租箱公司的业务范围、信誉、费率和其他限制规定等做出比较，并根据各租箱公司租赁特点选择合适的公司订立合同。

## 专栏2-1　集装箱租赁合同主要条款

A租箱人与B租箱公司在租箱合同中订立:

租期:5年(1998.10.30~2003.10.30);

租金:每只20ft箱2美元/天,每只40ft箱3.5美元/天;

D.P.P费用:每只20ft箱0.5美元/天,每只40ft箱1美元/天;

提箱地点:中国沿海主要港口;

还箱地点:美国沿海主要港口;

还箱费:每只20ft箱50美元,每只40ft箱100美元;

租金支付方式:按月支付。

注:A租箱人每月必须做到至少租用20ft箱100只(40ft箱可作为两只20ft箱计算)。如在事实上每月租用未足100只20ft箱时,B租箱公司则仍按100只20ft箱计收租金。

## 案例2-1　集装箱租赁合同纠纷案

1.案情概况

原告:上海中海物流有限公司(以下简称中海物流)

被告:上海品圆贸易有限公司(以下简称品圆公司)

被告:上海科宁油脂化学品有限公司(以下简称科宁公司)

被告:南京林通水运有限责任公司(以下简称林通公司)

2001年8月,品圆公司受科宁公司的委托,为科宁公司运输24只20ft集装箱的货物,从上海运输到汕头。为此,品圆公司与中海物流签订协议,向中海物流租借24只20ft集装箱。因该货物装在原告上海中海物流的集装箱内,为桶装液体助剂,故品圆公司向原告续租这24只集装箱,并约定:每只集装箱用箱费为人民币500元,还箱至上海洋泾码头,使用时间为25天,超期使用费为每只集装箱3.50美元/天。品圆公司将24只集装箱装载在南京林通公司所有的"苏林立18"轮上。同年8月29日,"苏林立18"轮从上海港出发,开航当时船舶并无不适航情况。次日19时30分,船舶航行到浙江温州洞头沿海海面,遇到了雷雨大风,19时50分,船舶开始下沉,直至船舶及货物、集装箱一同沉没,其中包括涉案的24只集装箱。事故发生后,品圆公司将集装箱灭失的消息及时通知了原告,并称等海事报告出来之后再商处理意见。2001年12月18日,温州海事局制作《"苏林立18"轮沉船事故调查报告书》,对事故原因做出了分析,认为造成本次事故的主要原因是天气海况恶劣,次要原因是船员应变能力差、操作不当。由于涉案的24只集装箱是原告上海中海物流向中集公司租赁的,2002年10月8日,在向中集公司赔付了集装箱(按照干货箱的标准)灭失损失71 700美元及租金247.8美元后,原告要求品圆公司、科宁公司、林通公司赔偿损失。

2.法院裁判

海事法院经审理认为,本案诉由为违约之诉。

中海物流与品圆公司之间的集装箱租赁合同合法有效。

中海物流与科宁公司、林通公司无租箱合同关系，故科宁公司、林通公司无须承担赔偿责任。因温州海事局制作的事故调查报告书已对天气海况恶劣程度做出结论，且船员应变能力差、操作不当也是沉船事故的原因之一，故品圆公司等有关不可抗力的抗辩理由不能成立。中海物流未举证证明涉案集装箱价值，依据《国际集装箱超期使用费计收办法》的集装箱全损最低赔偿额标准计算损失为每只 20ft 干货箱 1 280 美元。品圆公司在集装箱灭失后及时通知中海物流，故无须支付超期使用费。据此，法院判决品圆公司向中海物流支付集装箱灭失赔偿金 30 720 美元、用箱费人民币 12 000 元及利息。

中海物流及品圆公司不服提起上诉。二审期间，几方当事人在高级人民法院主持下达成和解协议，法院据此制作了调解书。林通水运公司向中海物流支付人民币 20 万元，最终解决了本案纠纷。

## 四、集装箱租箱量的确定

集装箱船公司在配置航线所需集装箱时，不可能全部购置自备箱，因这需巨额投资。同时，若自备箱量过多，当市场欠佳时，则要支付大量闲置箱的费用；若自备箱数量过少，难以满足市场需求，如果大量租箱，耗资过大，亦不是良策。因而，合理确定航线自备箱量与租箱量，采用科学的计算方法，实现最优配置，这对船公司提高企业经济效益和市场的竞争能力，具有极其重要的意义。

从理论上讲，通过自备箱的用箱成本与租赁箱的用箱成本相比较，运用数学方法，在一定的约束条件下，根据成本最小化原则，就可以求出租箱量。但是，用这种属于静态规划一类的方法求出的租箱量一般难以适应市场的动态变化。为此，我们介绍一种既简便又实用的计算方法，即根据最小自备量原则来确定船公司的年度总租箱量，然后再进一步分别确定长期和短期的租箱量。现简介如下：

（1）求年度用箱总量 $S_T$：

$$S_T = \sum M_i = M_1 + M_2 + \cdots + M_{12}$$

式中：$M_i$——资料预测年的月用箱量数据（TEU），$i = 1, 2, \cdots, 12$。

（2）求年度最低自备箱量 $S_S$：

$$S_S = 12 \cdot \min(M_i)$$

式中：$\min(M_i)$——资料预测年的最低月用箱量数据（TEU）。

（3）求年度租箱量 $S_C$：

$$S_C = S_T - S_S$$

（4）求年度长期租箱量 $S_{LC}$：

先要计算出航线集装箱需配总箱量，再将其折算成平均月应备箱量，然后根据下式求得 $S_{LC}$：

$$S_{LC} = 1/2[S_C + 12 \cdot m - S_S - \sum|m - M_i|] = S_C - 1/2[\sum|m - M_i|]$$

式中：$m$——平均每月应备箱量（TEU），$m = S_T/12$。

（5）求年度短期租箱量 $S_{SC}$

$$S_{SC} = S_C - S_{LC}$$

**例 2-3** 某集装箱运输船公司预计下一年度每月用箱量如下。

| 月份 | 1 | 2 | 3 | 4 | 5 | 6 | 7 | 8 | 9 | 10 | 11 | 12 |
|---|---|---|---|---|---|---|---|---|---|---|---|---|
| 月用箱量（万 TEU） | 5.1 | 3.1 | 3.8 | 3.6 | 5.4 | 2.8 | 5.7 | 4.4 | 5.6 | 3.8 | 5.8 | 4.9 |

试确定公司年租箱总量、年长期租箱量和年短期租箱量。

**解**：①计算年总用箱量 $S_T$：

$$S_T=\sum M_i=M_1+M_2+\cdots+M_{12}=5.1+3.1+\cdots+4.9=54(\text{万 TEU})$$

②计算年最小自备量 $S_S$：

$$S_S=12\cdot\min(M_i)=12\times2.8=33.6(\text{万 TEU})$$

③计算年租箱量 $S_C$：

$$S_C=S_T-S_S=54-33.6=20.4(\text{万 TEU})$$

④计算年长期租箱量 $S_{LC}$：

$$m=S_T/12=54/12=4.5(\text{万 TEU})$$

$$\begin{aligned}S_{LC}&=1/2(S_C+12\cdot m-S_S-\sum|m-M_i|)\\&=1/2[20.4+12\cdot4.5-33.6-(|5.1-4.5|+|3.1-4.5|+\cdots+|4.9-4.5|)]\\&=1/2\ [20.4+54-33.6-11]\\&=14.9(\text{万 TEU})\end{aligned}$$

⑤计算年短期租箱量 $S_{SC}$：

$$S_{SC}=S_C-S_{LC}=20.4-14.9=5.5(\text{万 TEU})$$

以上关于确定租箱量、长期租箱量和短期租箱量的理由是：在一般情况下，由确定航线配备量计算公式所确定的用箱量，从理论上讲应能满足市场需求，其中以实际用箱量最小的月份为基数计算年最小自备量，这是为了将租箱投资压缩到最低限度。如果市场需求上升，月用箱量增加，则可采用长期租赁的办法来弥补箱量不足，这种方式由于租期长，租金较低，一般也不订立 DPP 条款，还箱费用也较低，在预见到租箱费率将较长时期上升时，尤为适用。然而，由于货源的突然变化或货源不平衡及市场需求的急增，按理论计算的航线集装箱配备量不足应付，就应采用短期租赁办法来调节箱量，这种方式较为灵活，租金较高，一般订立 DPP 条款，还箱费用也较高。

## 五、集装箱租箱量的调整

由于集装箱班轮航线上的货源变化多端，集装箱船公司随时需要根据实际用箱量的增减来调整租箱量，以降低用箱成本，提高集装箱的利用率。

租箱量的调整可以通过航线集装箱平均总周转天数以及月需求量的变化进行计算，方法如下：

1. 计算月需求量 $U$

航线上集装箱的月需求量可用下式求得：

$$U = 30 \cdot \frac{L}{I}$$

式中：$U$——航线集装箱月需求量(TEU)；

$L$——每套集装箱的数量(TEU)，如船舶满载则为船舶载箱量；

$I$——发船间隔(天)。

将该公式进行变换，可得到发船间隔与月需求量之间的关系式如下：

$$I = 30 \cdot \frac{L}{U}$$

2. 确定航线实际配箱总量 $S$ 与航线集装箱平均总周转天数 $T$、月需求箱量 $U$ 之间函数关系

将上式代入航线集装箱配备量 $S$ 的计算公式可得：

$$S = L \cdot K = L \cdot \frac{T}{I} = L \cdot T \Big/ \left(30 \cdot \frac{L}{U}\right) = T \cdot \frac{U}{30}$$

3. 租箱量调整方法

根据上式可归纳出租箱量的调整方法，如表 2-6 所示。其中第 5、6 种情况较为复杂一些，当集装箱周转率下降而需求量也下降时，不必立即采取停租或退租箱子的做法，应针对不同的情况，分别以等待需求恢复及提高周转率的办法予以解决。

集装箱租箱量的调整方法表　　表 2-6

| 集装箱平均总周转情况 | 集装箱需求变化情况 | 航线集装箱需配备箱量 | 因果关系 | 调整办法 |
|---|---|---|---|---|
| 1. $T_a = T$ | $U_a > U$ | $S_a > S$ | 需求上升，箱子需备量增加 | 短期租箱 |
| 2. $T_b = T$ | $U_b < U$ | $S_b < S$ | 需求下跌，箱子需备量减少 | 退还租赁箱 |
| 3. $T_c > T$ | $U_c = U$ | $S_c > S$ | 周转率下降，箱子需备量增加 | 短期租箱 |
| 4. $T_d < T$ | $U_d = U$ | $S_d < S$ | 周转率提高，箱子需备量减少 | 退还租赁箱 |
| 5. $T_e > T$ | $U_e < U$ | $S_e < S$ | 需求下跌，部分箱子闲置 | 等待需求恢复 |
| 6. $T_f > T$ | $U_f < U$ | $S_f < S$ | 周转率下降，月承运量也有所减少 | 提高周转率 |
| 7. $T_g < T$ | $U_g > U$ | $S_g = S$ | 周转率提高，月承运量也有所提高 | 改善周转率或扩大货源 |

显而易见，表 2-6 所列的各种租箱量的调整办法中，如何准确地预测航线集装箱月需求量的数字至关重要。因此，集装箱船公司应积极开发利用先进的计算技术，求助于科学的预测方法，为集装箱使用和管理效率的提高，提供可靠的数据信息。

# 第四节　集装箱箱务管理业务

箱务管理，即集装箱管理，是国际集装箱运输的一项十分重要的工作。做好箱务管理工作，对加快集装箱的周转，提高集装箱货物的装载质量，提高集装箱运输企业的经济效益均有重要的意义。

箱务管理的主要业务有集装箱的使用、租用、调运、保管、发放、交接、装卸、中转、堆存、装

箱、拆箱、运输、检验、修理、清洗、熏蒸、租赁、跟踪等;同时箱务管理中又涉及港、航、路、站、场等诸多部门,因此集装箱管理是一项十分复杂的系统工程,将直接影响国际集装箱运输业的发展。下面就集装箱管理中的调运、堆存和保管、发放和交接等主要业务内容做出介绍。

## 一、集装箱的调运

集装箱作为集装箱运输中的主要设备之一,及时为货方、内陆承运人提供足够数量、性能优良、类型齐备的集装箱,对航运公司提高服务质量,加快集装箱周转,提高企业经济效益和社会效益等,均具有重要的意义。

箱管部门(集装箱代理人)对于重箱的调运,应做的主要工作是重箱的跟踪和及时追还拆空的集装箱,而更多的业务是对于空箱的调运工作。由于货源不平衡及各航线货物流向不平衡等原因会造成各港的空箱数量的不平衡,因此,必须将某港的剩余空箱调运到空箱不足的港口以供使用。

### 案例 2-2　集装箱班轮公司产生空箱调运的原因

随着集装箱运输业持续快速发展,海运集装箱空箱调运问题日益受到关注。从成本来看,近年来集装箱管理成本已成为班轮公司各项营运成本中的第二大成本项目,约占班轮公司总成本的1/5,其中空箱调运成本约占集装箱管理成本的1/4;从运量来看,全球空箱运量居高不下,约占集装箱总运量的1/5。

1. 客观原因

(1)港口进出箱量不平衡。集装箱货物贸易的最大不平衡产生在以亚洲为一端的两大主干远洋贸易航线上,亚洲出口量远远超过进口量,就产生了空箱调运问题。

(2)港口进出箱型不平衡。在远东至欧洲航线上,由于进出口货物种类和性质上差异以及运费和装卸费收费标准不同,造成了进出口箱型的不平衡。

(3)集装箱的生产地到投入使用地之间的空箱运输。中国是全球制箱霸主,制造的干货箱几乎占90%,由此造成了由中国各集装箱制造厂向世界各地运输空箱的局面。

2. 主观原因

(1)空箱积压。内陆集疏运能力较低往往造成集装箱周转时间延长;集装箱流转环节也可能出现单证流转不畅、交接手续复杂等问题,导致货主无法及时提箱,造成港口内部压箱严重,降低集装箱周转速度。在这种情况下,为确保客户满意度,班轮公司不得不另行调运空箱或租赁空箱。

(2)管理水平。由于班轮公司及其与港口代理机构之间的集装箱管理信息系统尚不完善,管理水平落后,严重影响箱子周转速度及高度,为应对急需不得不调运空箱。

(3)租箱协议中有关退租地点的限制。租箱合同对还箱地点和还箱费用有严格规定,班轮公司在租箱期满时,必须按合同规定将集装箱调运至指定地点还箱。

(4)区域间个箱成本和修箱标准的差异。不同地区的修箱成本和修箱质量有所差别,出于经济上或质量上的考虑,班轮公司将空箱调运至修理成本较低或修理水平较高的地区进行修理。

空箱的调运涉及航运公司、场站、中转站、港口等部门。因此，箱管部门必须掌握集装箱的利用情况，做好集装箱调运计划，力求高效率、低成本地完成集装箱的调运。

空箱调运有下面几种方式：

1. 港到港之间的调运

(1) 国际调运。箱管部门应与货运部门配合，尽快掌握各港的空箱数量以及各港的空箱需求量，及时做好调运计划，通过在各港的船代部门（集装箱代理人）做好报关、装运等工作，及时根据调运计划安排的空箱按其类型、数量调运到指定的港口。

一般情况下尽可能安排本公司的船舶运载空箱，特殊情况下可委托其他船公司的船舶运输，但此时因为要支付大量的空箱运输费用，所以尽量不用其他船公司的船舶承运，以降低成本。

(2) 国内间调运。国内间调运时，不需海关报关手续，所以国内运输中箱管部门做好调运计划后，须安排船舶将空箱运至目的港。

通过水路运输空箱时，箱管部门一方面要与货运部门配合，掌握空箱的需求情况；另一方面必须与航运部门合作，了解船舶的配载情况，充分利用船舶的剩余舱位进行空箱的调运，尽量不影响重箱的载量，以降低运输成本，提高运输效率。

2. 港到堆场、货运站、中转站之间的调运

由前述可知，经常会出现空箱在某些港口的大量积压。因此，箱管部门必须及时将空箱调运到各堆场、货运站、中转站等地。箱管部门必须尽早掌握空箱的达到时间、数量，及时（提前）为各堆场、货运站、内陆运输部门签发《集装箱设备交接单》，联系运输单位，采用直取方式或尽早将空箱调运到使用空箱的地点。

此外，在港场间调运空箱时，经常是将各堆场的闲置集装箱调运至港口，所以箱管部门必须及时与集装箱代理人及各堆场进行联系，及时将调运计划安排的空箱运至港口。

3. 堆场、货运站之间的调运

空箱除少部分在港口堆存外，大量的空箱是在堆场和货运站堆存。因此各堆场和货运站之间由于使用的不平衡，箱管部门应根据各场站的空箱需求量，进行堆场、货运站等地之间的空箱调运。

场站之间调运时，箱管部门应制订调运计划，联系运输单位，签发《集装箱设备交接单》，将空箱从指定的提箱地点运至指定的收箱地点。

4. 临时租用箱的调运

在集装箱运输过程中，本公司某些地区的空箱储备量不足时，可以采用前述的方法进行调运。但由于调运需要时间，不能满足目前的需要，此时箱管部门必须向租箱公司或其他船公司临时租用集装箱。管箱部门应向租箱公司或其他船公司提出租用申请，经其同意并取得《集装箱设备交接单》后，联系运输公司，到租箱公司或其他船公司指定的场地，将空箱运至本公司的协议堆场或货运站等地，并做好设备交接手续。用毕后将空箱运至租箱公司或其他船公司指定的场地。

5. 还箱的调运

集装箱的成本是集装箱运输成本中的重要组成部分，所以船公司租用集装箱一般同时采用长期、短期和临时租箱等方式。在运输市场不景气或货源不足的情况下，及时返还部分租用

的集装箱是降低运输成本的重要手段。

箱管部门应与租箱公司联系还箱的手续,按租箱公司指定的地点将空箱运还并办理交接手续。

6. 其他调运

(1)拆空的集装箱一般由货方(或其代理)、内陆承运人负责还箱运输。箱管部门应及时掌握该集装箱的动态,使空箱及时使用。

(2)集装箱在修理、清洗、改装、熏蒸、检验时,箱管部门应做好调运计划,联系运输公司将集装箱运至指定地点,以使集装箱满足载货要求,加快集装箱的周转速度。

## 二、集装箱的堆存、保管

1. 重箱的堆存、保管

为避免港内集装箱大量积压现象的发生,港口一般规定各航班装运的出口重箱(或出口空箱)应在指定的入港开始时间和截止时间内将重箱运至港区内指定的场地堆存;规定各航班装运的进口重箱(或进口空箱)应在规定的免费堆存时间内将重箱提走。箱管部门应与箱管代理密切合作,通知货方、内陆运输人按时将重箱运入或运出港内,并做好集装箱设备交接工作。

2. 空箱的堆存、保管

集装箱所有人或其箱管部门所支配的空箱一般在堆场、货运站等地堆存和保管。集装箱的所有人一般委托箱管代理或各堆场经营人作为自己的代理人行使实际管理并须向有关堆场支付堆存、保管费用。这些费用也是集装箱运输成本的重要组成部分,所以加强空箱的堆存、保管的管理具有重要的意义。

箱管部门或其代理人在正确掌握各堆场的空箱类型、数量的前提下,应充分利用各堆场入场初期的免费条款,将堆存期较长的集装箱调运出该堆场,做出口载货用箱或调运至需要空箱的地方。

各堆场经营人在安排空箱堆存过程中,应将各航运公司的集装箱分别堆放,同公司的集装箱应按不同箱型分别堆放,便于提箱。在搬运过程中应注意安全,勿使本场地堆存的集装箱出现工残。在收箱时做好检查工作,出现集装箱损坏等现象时,及时通知箱主,安排修理等事宜。

我国的一些集装箱场站采用堆存费包干的形式,船公司可以充分利用这一条件将空箱运至该种场站堆存。

## 三、集装箱的发放和交接

1. 集装箱发放和交接的依据

集装箱的发放和交接,应依据出口《场站收据》、进口《提货单》以及这些文件内列明的集装箱交付条款,实行《集装箱设备交接单》制度。用箱人及其相关业务方必须凭箱管部门或其代理人签发的《集装箱设备交接单》办理集装箱的提箱(发箱)、交箱(还箱)、进场(港)、出场(港)等手续。

2. 交接责任的划分

(1)船方与港方交接以船边为界;

(2)港方与货方(或其代理人)、内陆(公路)承运人交接以港方检查桥为界;

(3)港方与内陆(铁路、水路)承运人交接以车皮、船边为界;

(4)堆场、中转站与货方、内陆(公路)承运人交接以堆场、中转站道口为界。

3. 进口重箱提箱(发箱)、出场的交接

进口重箱提离港区、堆场、中转站时,货方、内陆(水路、公路、铁路)承运人应持海关放行的进口《提货单》到箱管部门或其代理指定的现场办理处办理集装箱发放手续。

集装箱代理人依据进口《提货单》、集装箱交付条款和集装箱运输经营人有关集装箱及其设备使用和租用的规定,向货方、内陆承运人签发《出场集装箱设备交接单》和《进场集装箱设备交接单》。

货方、内陆承运人凭《出场集装箱设备交接单》到指定地点提取重箱,并办理出场集装箱设备交接;凭《进场集装箱设备交接单》将拆空后的集装箱及时交到集装箱代理人指定的地点,并办理进场集装箱设备交接。

4. 出口重箱交箱(收箱)、进场的交接

出口货箱进入港区,货方、内陆承运人凭出口《集装箱装箱单》或《场站收据》、《进场集装箱设备交接单》到指定的港区交付重箱,并办理进场集装箱设备交接。

指定的港区依据出口《集装箱预配清单》、《场站收据》、《进场集装箱设备交接单》收取重箱,并办理进场集装箱设备交接。

5. 空箱的发放和交接

空箱提离港区、堆场、中转站时,提箱人(货方或其代理、内陆承运人)应向箱管部门或其代理人提出书面申请。集装箱代理人依据出口《集装箱预配清单》、《场站收据》向提箱人签发《出场集装箱设备交接单》和《进场集装箱设备交接单》。

提箱人凭《出场集装箱交接单》到指定地点提取空箱,办理出场集装箱设备交接;凭《进场集装箱设备交接单》到指定地点交付集装箱,并办理进场集装箱设备交接。

6. 收、发箱地点应履行的手续

指定的收、发箱地点,凭箱管部门或其代理人签发的《集装箱设备交接单》受理集装箱的收、发手续。凭《出场集装箱设备交接单》发放集装箱,并办理出场集装箱交接;凭《进场集装箱设备交接单》收取集装箱,并办理进场集装箱交接。

集装箱交接地点应详细认真进行检查和记录,并将进出场集装箱的情况及时反馈给箱管部门或其代理,积极配合集装箱代理人的工作,使其能够及时、准确地掌握集装箱的利用情况,按时安排集装箱的调运、修理,追缴集装箱延期使用费以及集装箱的损坏、灭失赔偿费用等。

## 四、集装箱的损坏、灭失、逾期还箱处理

货方(或其代理)、内陆承运人或从事集装箱业务的有关单位不得将集装箱及其设备移作《集装箱设备交接单》规定之外的目的使用,必须按规定的时间、地点交还集装箱,而且应保持集装箱及其设备的完好性。

凡不按规定地点交还集装箱者,港区、堆场、中转站等地均应拒绝收箱。

集装箱损坏时,应根据前述的交接责任划分,确定责任者,根据损坏程度确定赔偿金额,责任者有义务向集装箱所有人或其代理人支付赔偿费用。

集装箱逾期使用时,依据集装箱超期使用费标准向集装箱代理人支付超期使用费,集装箱超期使用费、租箱费标准参见表2-7。

**集装箱超期使用费、租箱费标准**

表2-7

| 箱　型 | 尺寸(ft) | 1~4天(元/美元) | 5~14天(元/美元) | 15~40天(元/美元) | 41天以上(元/美元) |
|---|---|---|---|---|---|
| 干货箱 | 20<br>40 | 免费<br>免费 | 免费<br>免费 | 10.00/3.00<br>20.00/6.00 | 40.00/12.00<br>80.00/24.00 |
| 开顶箱<br>框架箱 | 20<br>40 | 免费<br>免费 | 免费<br>免费 | 15.00/4.50<br>30.00/9.00 | 60.00/18.00<br>120.00/36.00 |
| 冷藏箱<br>罐状箱 | 20<br>40 | 免费<br>免费 | 60.00/18.00<br>100.00/30.00 | 80.00/24.00<br>140.00/42.00 | 240.00/72.00<br>400.00/120.00 |

注:国内单位按日历日人民币计价;国外单位按日历日美元计价。

超过41天不交还集装箱者,可推定集装箱及其设备灭失,集装箱代理人有权要求责任方赔偿,集装箱灭失、推定灭失赔偿标准参见表2-8。

**集装箱灭失、推定灭失赔偿标准**

表2-8

| 箱　型 | 尺寸(ft) | 价格(美元) | 年折旧率(%) | 最低赔偿额(美元) |
|---|---|---|---|---|
| 干货箱 | 20<br>40 | 3 200.00<br>4 300.00 | 5<br>5 | 1 280.00<br>1 720.00 |
| 开顶箱 | 20<br>40 | 4 000.00<br>5 000.00 | 5<br>5 | 1 600.00<br>2 000.00 |
| 框架箱 | 20<br>40 | 4 500.00<br>6 000.00 | 5<br>5 | 1 800.00<br>2 400.00 |
| 冷藏箱<br>罐状箱 | 20<br>40 | 25 000.00<br>33 000.00 | 5<br>5 | 12 500.00<br>16 500.00 |

## 案例2-3　超期重箱的处理及相关问题

超期重箱是指在目的港超过规定期限仍无人提取的装载货物的集装箱。超期重箱的产生导致集装箱被长期占用,给承运人造成巨大损失。

1. 超期重箱产生的原因

(1)发货人利用承运人提供的集装箱装运废轮胎和废电器等废弃物品,谎报货物品名、件数,并虚拟目的港收货人,致使承运人在货物运抵目的港后根本无法联系到提单上显示的收货人。

(2)发货人在集装箱中夹带香烟、酒类、刀具、仿冒商品及目的港禁止进口的食品等违禁或走私物品,并谎报货物品名、件数,导致货物运抵目的港后被当地海关查扣。在这种情况下，发货人无法收回货款，收货人也无法提货，目的港海关还将因此对承运人处以高额罚款，或限制承运人的船舶离港。

(3)船舶在运输途中发生可能影响集装箱内货物品质的意外事件，收货人担心货物质量下降而拒绝提货；或由于季节性货物抵达目的港时错过销售季节，收货人认为货物丧失商业价值而拒绝提货。

(4)有关国家的法律法规、贸易政策或检验检疫制度发生变化，引起贸易纠纷，造成收货人无法查找货物或无法提货，最终导致货物长期无人提取。

(5)贸易合同中的买卖双方因货物质量、数量、包装、价格或信用证条款等发生争议，无法达成一致。为尽可能减少自身损失，买卖双方往往相互推诿责任，不向承运人明示何人何时提取货物，造成重箱超期堆存。

(6)收(发)货人涉案潜逃，致使货物到港后承运人无法联系到货方，造成已到港的集装箱长期无人提取，成为超期重箱。

2. 承运人的对策

实践中，超期重箱的货值往往较低，长期存放在堆场的结果是：一方面，货物本身的价值不断降低；另一方面，堆存费、集装箱超期使用费和冷箱插电费等费用不断增加，可能很快就接近甚至大大超过货物本身的价值。为避免损失进一步扩大，承运人应积极、谨慎地处理超期重箱，具体可采取以下措施：

(1)适当减免集装箱超期使用费，促使收货人提货；

(2)协助发货人在目的港联系新的买家，将货物转卖；

(3)将超期重箱退运回装货港；

(4)对于所有人已宣布弃货的超期重箱，尽快联系相关部门安排货物的销毁或转卖；

(5)对于没有明确的收货人或收货人置之不理的超期重箱，承运人应根据进口国的相关法律法规，申请当地海关或法院拍卖；

(6)对于因夹带违禁物品或瞒报危险品导致集装箱被目的港海关扣留，从而造成收货人无法提货的情况，承运人应主动配合海关，提供与货物有关的文件和单证，并积极联系发货人，要求其提供相应的现金担保或银行担保，促使海关尽快放行货物，并确保承运人能够追回因此产生的损失；

(7)对于在运输途中发生意外事故并有可能导致货损的情况，承运人应尽可能地向收货人说明事故发生的原因和货物可能遭受的损坏，并要求收货人尽快提取货物。

3. 有关超期重箱的司法实践

(1)超期重箱案件的责任主体。根据我国《海商法》第86条的规定，可认为提单上的收货人是超期重箱案件的首要责任主体。法院一般认为，收货人应当履行及时提货及按时向承运人返还集装箱的义务，并承担因未能及时返还集装箱产生的集装箱超期使用费。

在无法联系到收货人或收货人已倒闭或失踪的情况下，承运人可要求提单上的发货人承担超期重箱产生的责任与风险。法院通常认为，托运人(发货人)及用箱人应当对其所指定的收货人的真实存在及在目的港提货等事项向承运人承担默示担保义务。运输合

同下的义务与托运人(发货人)是否收回贸易合同下的货款及货物所有权是否转移无关。托运人(发货人)完成交付货物的义务本身不能对抗或取代其作为集装箱使用人应承担的还箱义务,其应当预见未能还箱将导致的法律后果并承担相应的法律责任。

(2)集装箱超期使用费的性质及金额的确定。在收(发)货人拒绝提货导致重箱超期堆存的情况下,集装箱超期使用费本质上属于特殊违约金,计算承运人因集装箱被超期占用而遭受的预期利润损失,不应以集装箱的价值为限。集装箱运输属增值服务,因此,超期使用集装箱需要支付相关费用,这在海运实务中已成为行业惯例。承运人可根据对外公布的费率,并结合当前的市场价格计算集装箱超期使用费,要求责任人予以支付或赔偿。

### 五、对箱管业务人员的要求

由于集装箱管理人员所管辖的集装箱数量多,使用频繁,业务众多,所以务须做到以下几点:

(1)签发《集装箱设备交接单》时,认真细致审核提箱申请。集装箱设备交接时,认真检查,及时登记进出场集装箱的情况,并尽快通知集装箱所有人,以使箱主及时掌握集装箱的动态。

(2)照顾全局。箱务管理是集装箱运输管理的一部分,必须与船方、货方等方面密切合作,保证空箱的供给、调运等工作顺利进行。

(3)加强联系。由于箱管业务涉及港、航、货、场等许多部门,有关箱务管理的单位应密切合作,加强联系,使集装箱的跟踪更准确、及时,以加快集装箱的周转。

(4)多下基层。在加强联系的基础上,箱管人员应经常到现场,发现问题并及时解决。

## 第五节　集装箱跟踪管理及箱务管理现代化

### 一、集装箱跟踪管理

随着集装箱运输的迅猛发展,集装箱的数量日益增多,尤其是国际多式联运的推广普及,“门到门”的运输活动使其流动的范围极广,给集装箱的使用和管理带来了新的课题。为了随时能够掌握和控制集装箱在周转使用过程中的各种状态,集装箱船公司必须建立高效率的集装箱跟踪管理系统,以提高集装箱的周转率,防止集装箱丢失,降低集装箱运输成本,发挥集装箱运输的优越性。

集装箱跟踪管理,是指集装箱经营者(集装箱船公司、租箱公司)为掌握和控制集装箱动态而采用的管理方式。一般分为手工跟踪管理方式和计算机跟踪管理方式两种。其中集装箱计算机跟踪管理方式是目前船公司普遍采用的高效率的方式,其基本原理如下:

1.集装箱跟踪管理系统的操作程序

集装箱跟踪管理系统是运用电子计算机技术建立起来的信息传输和数据处理的管理系

统,其操作程序是将有关集装箱的固定特征,如箱号、箱类、箱型、尺寸、购(租)箱地点及日期等资料,事先储存在计算机资料库中,而集装箱的日常动态信息则使用特定的代码随时输入计算机,并由专门的应用程序进行有效的管理,随时可以显示、输出或打印集装箱跟踪管理所需的各种资料、文件和报表。

2. 集装箱跟踪管理系统的传输方式

集装箱跟踪管理系统的传输方式主要有两种,即联机系统和脱机系统。

联机系统也称在线系统或联网系统,是指集装箱船公司将其用于集装箱运输管理的计算机中心与设置在有关各港代理处的终端机联网,使集装箱的各种动态信息随时可直接显示出来,或者根据需要可直接打印从计算机中心传输的各种处理结果或其他有关信息。

脱机系统又称离线系统或独立系统,它往往需要依赖其他通信手段传输来往信息。集装箱船公司与有关各港代理各自使用相互独立的计算机系统,对各种信息各自独立地进行处理和储存。这种方式对信息反馈的适时性较差,但对于长航线的远距离信息传输来说,基本上能满足集装箱跟踪管理在技术上和经济上的要求。

3. 集装箱跟踪管理的日常动态信息

(1)集装箱地理位置信息。集装箱地理位置信息主要是通过各港代理在码头堆场的四道关口所提供的单证中获得的,如图 2-18 所示。这四道关口是指“出门”、“进门”、“装船”,以及“卸船”。前两道关口的主要单证是设备交接单,后两道关口主要单证是装卸船清单。

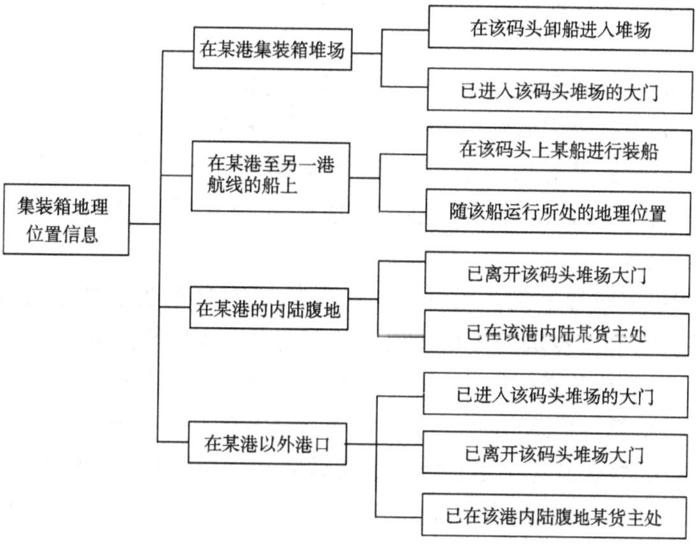


图 2-18 集装箱地理位置信息图

(2)集装箱使用状态信息。集装箱跟踪管理的使用状态信息,主要用于掌握集装箱使用状况和适用状况,以便提高集装箱的利用率和周转率。集装箱的状态信息主要表现为五种情况,如图 2-19 所示。

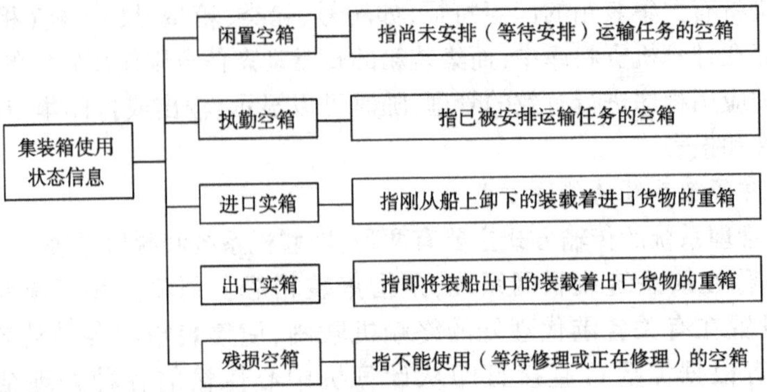


图 2-19　集装箱使用状态信息图

综上所述,尽管集装箱的流通范围及其使用状态复杂多变,但以任意一个港口的码头堆场为主控点,那么,对于任何一个集装箱的跟踪管理无非是掌握上述动态信息与状态信息的各种不同的组合信息而已,利用现代的计算机技术,集装箱跟踪管理已是一项不难解决的课题。

## 二、集装箱箱务管理现代化

利用先进的计算机技术和通信技术建立集装箱管理信息系统并实现科学化管理是实现箱务管理现代化的重要手段。

集装箱经营者(集装箱船公司、租箱公司)利用计算机联网技术建立大范围、多机种、远距离的计算机网络,为箱务管理的现代化提供了基础;同时,利用 GPS/GIS 通信技术实时跟踪集装箱、到底盘车、牵引车和其他设备,而 RFID 射频技术则可用来识别集装箱数据并确认箱封的完整性。

下面,以中国远洋运输(集团)总公司为例,说明集装箱箱务管理现代化的情况。

中远总公司先后引进美国通用电气公司(GE)和香港东方海外集装箱公司(OOCL)提供的集装箱管理系统(EMS)及通信网络,采用一级调度、三级管理体制对中远集装箱实行全球跟踪和管理,以发挥企业整体优势,开拓航运市场,确立其在国际航运界的地位。

1. 先进的管理技术

EMS 系统不仅拥有世界上最多用户的网络系统,还有分布在世界各地的生产厂和代表机构,其内部管理是应用 EDI 技术的成功典范。由其向中远集装箱运输管理有限公司(简称:中集公司)提供的 EMS 系统及通信网络,通过设在总公司的箱管中心与国内外 6 个箱管理分中心及航线经营人、港口箱管代理联网,不仅可以掌握和跟踪中集公司分布在国内外集装箱码头堆场、货运站、中转站、货主仓库或运输途中的集装箱地理位置和使用状况等动态信息,而且还可以对各个运输环节的集装箱需求情况做出预测,可以汇总、统计、分析箱务管理方面的各项经营指标,从而为公司的经营决策提供准确、可靠的辅助依据。

2. 科学的管理方法

建立庞大的、世界的集装箱管理系统,除依靠先进的计算机技术外,必须实行科学、严格的管理。其中包括建立健全严密、分工明确和高效率运转的各级组织管理机构;制订一系列完整的、切实可行的内部规章制度、工作标准和业务管理办法等。只有这样才能将分布于世界各地的整个管理系统形成一个紧密联系和高效率的网络化的有机系统，切实有效地对集装箱船公司或租箱公司的集装箱实施全球性的跟踪和管理。

(1)营运管理体制。中集公司集装箱实行统一管理制度。以总公司箱管中心为核心，下设集装箱管理分中心、中远各航线经营人和港口箱管代理，采用的是一级调度、三级管理体制，对中集公司集装箱集中控制、统一调度，由各航线经营人共同使用。中集公司集装箱营运管理体制见图2-20。

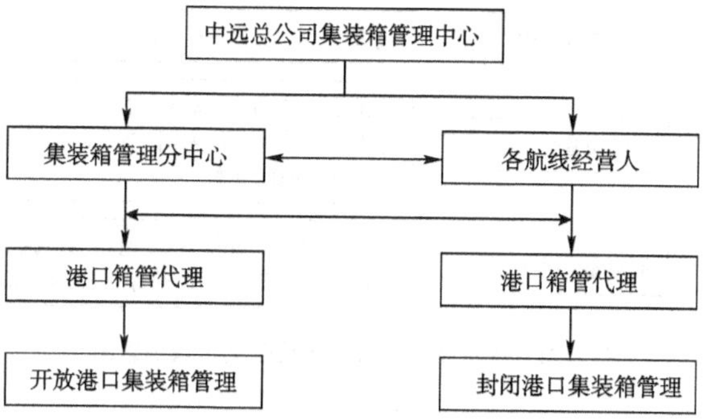


图2-20　中集公司集装箱管理体制图

箱管中心根据航线分布情况及货箱供求关系，将接受航线经营人提、还箱的港口指定为“开放”港口；将不接受航线经营人提、还箱的港口，指定为“封闭”港口。

箱管中心设有营运管理、信息管理、商务管理、财务结算四个职能部门，下设各分中心和航线经营人，也都设有相应的机构。

箱管中心主要职责是控制中远集装箱，统一管理，合理调配；确定和调整开放港口的集装箱合理存有量，并根据市场情况及时调整。

箱管分中心则是负责检查所管辖地区内的港口(开放港口和封闭港口)集装箱存有量；制定区域内港口间集装箱平衡及调运计划，并报箱管中心统筹调度解决。

航线经营人主要任务是负责海上空箱调运，即对于开放港口，应根据箱管中心发布的调箱指令，调运空箱；对于封闭港口，应做好封闭区域港口间的集装箱平衡工作和进、出封闭区的集装箱调运工作。

港口箱管代理，应对其进入到码头堆场、货运站、内陆场站、修箱场及货主处的集装箱实施跟踪管理并落实陆地空箱调运计划。

中远集装箱管理中心在国内外共设6个箱管分中心，即广州、上海、天津、美洲、香港和欧洲分中心，如图2-21所示。

(2)箱管业务程序。中远集装箱管理公司集装箱营运管理是由箱管中心通过EMS系统，与各箱管分中心、航线经营人之间进行信息交换完成的。其运转程序为：各箱管分中心、航线经营人每月25日分别向EMS输入各自下月的供箱预测和用箱预报，并根据所辖区域的实际情况，向EMS输入各自“开放”港口之间的调箱计划和“封闭”港口之间的调箱计划。以上信息由EMS传递到箱管中心，经箱管中心统一调度后，通知EMS向各箱管分中心、航线经营人发出调箱指令，并由EMS对调箱计划进行统一平衡，直至满足各方的用箱需求。最终由箱管中心正式发布调箱指令并落实用箱计划。中集公司集装箱管理业务流程如图2-22所示。

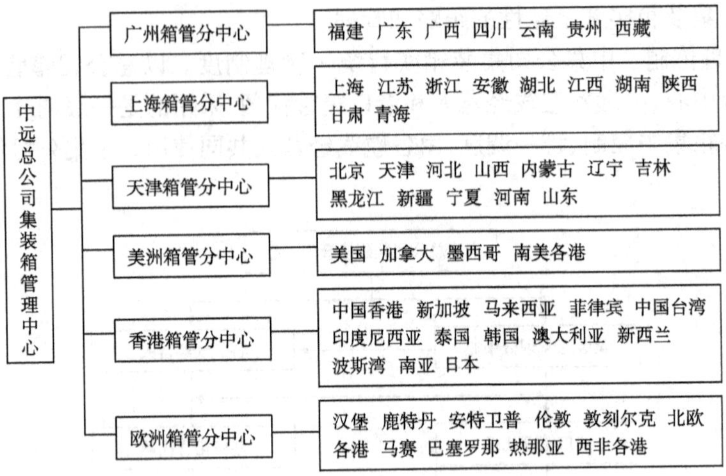


图 2-21　中远集装箱管理机构管辖区域示意图

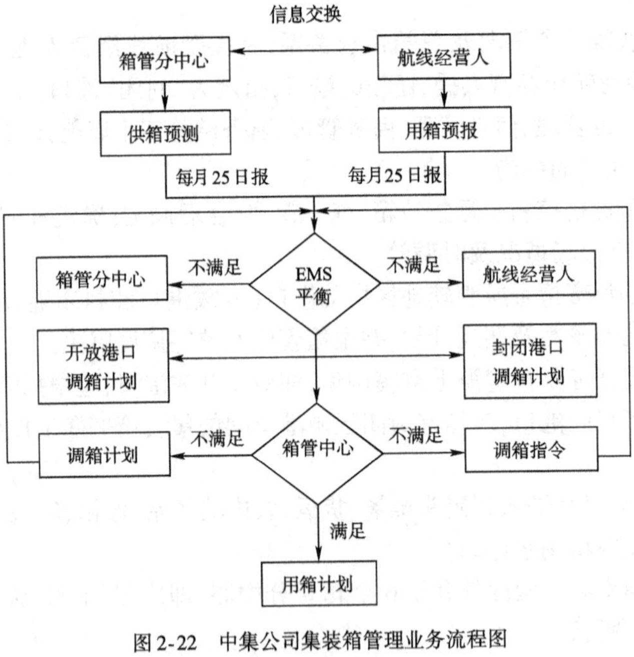


图 2-22　中集公司集装箱管理业务流程图

(3)健全的业务规章和办法。为使集装箱统一管理和各环节有章可循,中远集装箱运输管理有限公司制定了《集装箱统一管理手册》,明确了箱管中心、分中心、各航线经营人及各港口箱管代理之间的相互关系,营运管理业务程序,各环节的职能、职责和工作标准。另外还制定了《中集公司集装箱统一管理交接办法》、《中集公司集装箱使用办法》、《中集公司集装箱和空箱调运办法》、《中集公司集装箱箱管费、箱运费划分标准》、《中集公司集装箱箱天使用费率计划原则和办法》、《中集公司集装箱滞期费收取标准》、《中集公司集装箱灭失、丢失赔偿标准》等业务规章。

## 思考与练习

一、名词解释

1. 集装箱

2. 箱位比

3. 期租

4. 程租

5. 灵活租赁

6. ETC

7. DPP

8. 开放港口

9. 封闭港口

二、简答题

1. 集装箱的类型有哪些?

2. 集装箱有哪些主要标志?

3. 影响航线集装箱配备量的主要因素是什么? 如何减少航线集装箱配备量?

4. 集装箱班轮公司租赁的作用是什么? 集装箱租赁合同的主要条款有哪些?

5. 租箱人在租箱业务中应注意哪些事项?

6. 如何调整集装箱租箱量?

7. 如何保管和调运集装箱空箱?

8. 如何发放和交接集装箱?

9. 简述集装箱跟踪管理方式的操作程序。集装箱跟踪管理系统的传输方式有哪些?

三、讨论题

1. 集装箱班轮公司如何减少空箱调运?

2. 集装箱运输如何防止滞箱?

3. 讨论中集公司集装箱箱务管理现代化的内涵。

四、案例题

1. 在现有的班轮航线上,绝大多数的冷藏货物的流向是单向的,而干货箱也普遍存在着双向的数量差异。以中国—澳大利亚航线为例,南行(中国至澳大利亚)承运的货物以汽车、日用百货、服装、粮食等为主,轻工业产品居多;而北行(澳大利亚至中国)则以肉类等冷藏货物为主,从而形成了南北向的两个不平衡:即相对于澳大利亚而言,干货箱进口大于出口,而冷藏箱出口大于进口。为解决这两个不平衡,船公司必须依靠调运空箱解决,即南行调运冷藏空箱至澳大利亚,北行调运普通空箱至中国。调运空箱是不得已而为之的,所有的船公司都试图利用有限的舱位装满重箱,取得运费收入,而非“运送空气”。

问题讨论:冷箱干用(Non - Operating Reefer,简称 NOR),是指利用正常适货的冷箱,装运非冷藏货物出口的一种特殊业务操作。请问冷箱干用能否有效解决中国—澳大利亚航线空箱调运问题?

2. 2000 年 9 月,B 公路运输公司(以下简称“B 公司”)将一份载明特别保证提箱后及时将空箱归还到贵公司指定的堆场,且在10天内结清所有费用的进出口集装箱放箱申请(保函),交给A船舶代理有限公司(以下简称“A公司”),并在向A公司提交了3张进口集装箱发放申请单和3张限万元押箱支票后,分3次从A公司处共提走了55只集装箱(这些箱已堆存一段时间)。B公司在提箱后10天内将空箱归还给A公司并结清了修箱费。但A公司认为上述55只集装箱在B公司归还空箱时已共计产生集装箱超期使用费人民币200余万元,而B公司尚未履行其在保函中主动承诺的支付“所有费用”的义务,请求B公司支付集装箱超期使用费人民币200余万元及其利息损失。

问题讨论:你认为是B公司还是收货人负责支付集装箱超期使用费?为什么?

五、计算题

1. 某集装箱班轮航线配置3艘载箱量为3 000TEU的船舶。船舶往返航次时间为30天。集装箱内陆周转情况在始发港A,50%箱量在10天之内返抵港口待装船,30%箱量在10~20天内返抵港口待装船,20%箱量在20~30天内返抵港口待装船;在中途港卸(装)箱量为4 000TEU,中途港箱量系数为1.2;在终点港B,平均周转时间仅为8天。如船舶载箱量利用率为85%,全程周转期内港口内陆修箱总量为360TEU,不考虑特种箱量不平衡所需增加的箱量数,富裕系数取1.05,试求集装箱船公司在该航线上需配备的集装箱数量?

2. 某集装箱班轮公司预计下一年度每月用箱量如表2-9所示。

表2-9

| 月份 | 1 | 2 | 3 | 4 | 5 | 6 | 7 | 8 | 9 | 10 | 11 | 12 |
|---|---|---|---|---|---|---|---|---|---|---|---|---|
| 月用箱量(万TEU) | 7.2 | 8.1 | 8.5 | 6.0 | 6.6 | 7.7 | 8.3 | 8.0 | 7.6 | 7.3 | 7.8 | 8.1 |

试确定公司年租箱总量、年长期租箱量和年短期租箱量。

# 第三章 集装箱船舶及其航线组织

## 引导案例 Annabella轮集装箱倾倒事故引发的思考

2007年2月,集装箱船Annabella轮在波罗的海发生集装箱倾倒事故,英国船舶事故调查局(Marine Accident Investigation Branch,MAIB)随后对班轮公司展开问责。面对舱面集装箱在海运过程中移位、倾倒甚至被抛出舷外的事故屡屡发生的现象,海事安全部门和班轮公司有必要对此予以重视。

英国MAIB的事故调查报告将焦点集中在船员和船舶配载软件方面,认为船员的知识、技能和疲劳程度等因素会直接影响配载工具的使用效果。比如,负责配载工作的大副每天只睡几个小时,长期处于高压之下,必然影响其对集装箱绑扎问题的思考,尤其在配载非标准集装箱时。Annabella轮事故发生时,船上大副刚提拔上任不久,对集装箱配载系统并不熟悉,也没有人专门对他讲解操作系统。在集装箱配载预检查中,大副没有及时得到预配人员的有效支持。30ft箱配载在40ft箱的位置,设置参考的舱面堆箱限重和系固模式等必然发生变化,错误的原始数据导致的配载结果偏离没有得到及时修正。此外,30ft非标准箱的使用也是造成事故的原因之一。

### 问题

1. 集装箱船舶配积载涉及哪些业务?
2. 防止集装箱在海运过程中发生移位、倾倒等事故的对策有哪些?

### 本章知识点

集装箱船舶配积载和运行组织是集装箱船公司运营管理主要业务之一,既影响集装箱船公司的运输安全,又影响集装箱船公司的经营效益。

本章简要介绍了集装箱船舶的种类、集装箱船舶的结构特点、集装箱船舶的箱位容量表示方法、集装箱船舶航线类型;重点介绍了集装箱船舶箱位编号方法、集装箱配积载基本要求、集装箱船舶配积载图的类型以及集装箱船舶配积载图的编制过程,并对集装箱船舶运行组织的基本内容进行较多地阐述。

本章应重点掌握的内容:集装箱船舶箱位编号方法、集装箱船舶的箱位容量、集装箱船舶配积载图的类型、集装箱船舶配积载图的编制过程、集装箱船舶运行组织的基本内容。

## 第一节 集装箱船舶基础知识

### 一、集装箱船舶的类型

集装箱船舶是随着集装箱运输发展而产生的一种特殊船型,由于集装箱运输航线的货源情况变化、集装箱联运业务的发展以及船舶营运的需要,促使集装箱的装载方式发生了变化,由此产生了许多不同种类的集装箱船舶。就目前而言,集装箱船大致可分为以下三大类:

1. 吊装式集装箱船(Lift on/Lift off container ship)

这种船舶是采用船上装卸设备或码头前沿的岸臂集装箱装卸桥,将集装箱从船上卸下或从码头前沿装上船舶的一种运输船舶,也称为吊上吊下船。吊装式集装箱船可分为全集装箱船、半集装箱船和兼用集装箱船。

(1)全集装箱船(Full container ship)。这种船也称为集装箱专用型船。船舶的所有货舱是专门为装运集装箱而设计的,不能装载其他货物,人们通常所说的集装箱船就是指吊装式全集装箱船(图3-1)。

图3-1 吊装式全集装箱船图

(2)半集装箱船(Semi - container ship)。这种船也称为分载型船。船舶一部分货舱设计成专供装载集装箱,另一部分货舱可供装载一般件杂货。集装箱专用舱一般是选择在船体的中央部位。

(3)兼用集装箱船(Convertible container ship)。这种船又称为可变换的集装箱船。船舶在舱内备有简易可拆装的设备,当不装集装箱而装运一般杂货或其他散货时,可将其拆下。散/集两用船或多用途船都属于兼用集装箱船。

2. 滚装式集装箱船(Roll on/Roll off container ship)

这种船又可称为开上开下船。船舶在码头装卸集装箱不需要码头的装卸设备,而是利用船舷、船首或船尾处的开口跳板,将集装箱连同底盘车一起拖进(出)船舱(图3-2)。

3. 载驳式集装箱船(Barge carrier)

这种船又称子母船。船舶将驳船装入母船体内,集装箱则装在驳船上,而海上运输由母船完成。采用载驳船方式可以加快母船的周转,简化对码头设施的要求。载驳船比较适合于江海联运的情况(图3-3)。

图 3-2　滚装式集装箱船图

图 3-3　载驳式集装箱船

国际上一般还以集装箱船舶的装箱能力(以 TEU 为单位),将其分为第一代、第二代、第三代、第四代、第五代和第六代集装箱船舶。此外,还根据现代集装箱船舶船宽能否通过巴拿马运河将集装箱船舶分为亚巴拿马型船、巴拿马型船、巴拿马极限型船和超巴拿马型船;将载箱量大于 6 000TEU 以上的船舶进一步分为超大型集装箱船。这从另一侧面反映了集装箱船舶大型化发展的情况。

## 二、集装箱船舶的结构特点

集装箱船与普通杂货船在船体结构方面有明显的不同,其结构特点与集装箱的载运及装卸方式密切相关。现介绍吊装式全集装箱船舶的结构特点。

这种吊装式全集装箱船舶的装船、卸船是采取吊进、吊出的操作方式,在这种集装箱船舶上一般无配置起重设备,而是利用岸上专用的集装箱装卸桥进行装卸。吊装式全集装箱船舶的船型见图 3-4 所示,其结构特点如下。

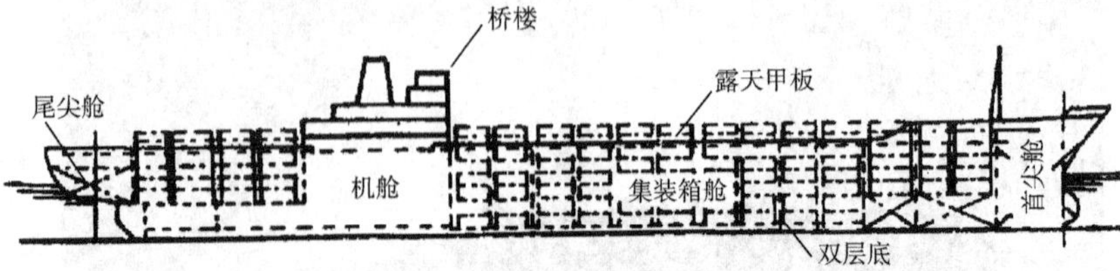


图 3-4　吊装式全集装箱船舶的船型结构图

(1)集装箱船的机舱基本上为尾机型或舯后机型。这样布置主要是为了使货舱尽可能方整,装载更多集装箱,提高船舶的舱位利用率。

(2)集装箱船船体线形较尖瘦,外形狭长,船宽及甲板面积较大。其目的是保证较高的航速和合理的甲板装载。为防止波浪对甲板上集装箱的直接冲击,设置较高的船舷或在船首部分设置挡浪壁。

(3)集装箱船为单层甲板,甲板舱口盖可直接堆放集装箱。目前,国际标准集装箱的强度设计要求能承受 8 层满载重箱的负荷,在货舱内没有必要设置多层甲板。在甲板上可堆放 2 ~5 层集装箱。并有专用的紧固件或捆扎装置,以利于固定货箱。

(4)船体货舱舱口大。货舱口宽度等于货舱宽度,可达船宽的 70% ~90%,以便于集装箱的装卸和充分利用货舱容积。宽舱口的设计能保证舱内装载的每一集装箱无须横向移动,只要通过装卸桥集装箱吊具的横向移动,就能被顺利地吊进或吊出货舱。

(5)货舱内装有固定箱格结构,甲板上有专用的紧固件或捆扎装置。箱格结构是为了便于集装箱的装卸和防止船舶摇摆时箱子移动。集装箱甲板上通常设有整套的系固设备。

(6)船体为双层结构,具有两重侧壁和双层底。一般船体两侧和船底部不能装载集装箱的部位设置边深舱和双层底舱,可装压载水以调整船舶的稳性。这种结构大大地增强了船舶的纵向强度,如图 3-5 所示。

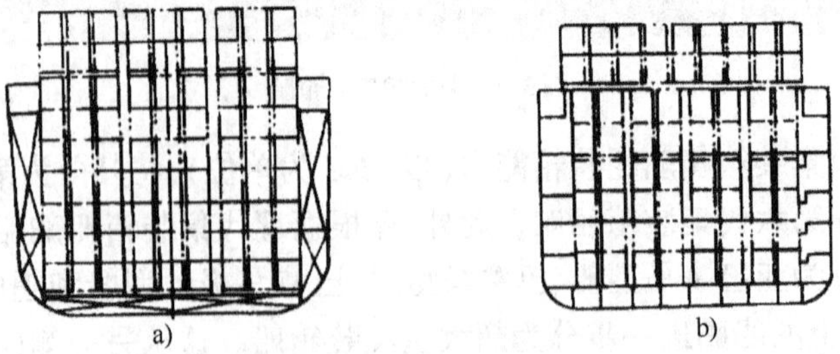


图 3-5　集装箱船中部横剖面图

## 三、集装箱船舶的箱位容量

1. 标准箱容量

这是指集装箱船舶所能承载最大标准集装箱(即 20ft 集装箱)的数量,如是 40ft 集装箱,则换算成两个 20ft 标准箱。标准箱容量是表示集装箱船舶规模大小的标志。

2. 20ft 集装箱容量

这是指集装箱船舶最多能装载 20ft 集装箱的数量。在一般情况下，集装箱船舶最大的 20ft 集装箱容量与集装箱船舶的标准箱容量相同。但是，在某些集装箱船舶上，由于船上的某些集装箱箱位是专为装载 40ft 集装箱设计的，不能装载 20ft 集装箱，因此会有一个 20ft 集装箱的最大箱容量的问题。

3. 40ft 集装箱容量

这是指集装箱船舶最多能承载 40ft 集装箱的数量，它并不等于船舶标准箱容量的一半。不论何种类型的集装箱船，由于船舶结构的原因，总有一些箱位只能装 20ft 集装箱，如靠近船首或船尾的部分舱室，因船体下部瘦削，只能装 20ft 集装箱。

4. 特殊箱容量

特殊箱容量是指集装箱船舶承运如危险货箱、冷藏箱、非标准箱等特殊箱数量的最大限额。

集装箱船的危险货箱装载容量有一定限制。同一船舶常常有些货舱的设计决定了不容许装载任何危险货箱，另一些货舱的设计则仅限于装载《国际海运危险货物规则》（简称《国际危规》）定义的几类危险货箱。因此，在为集装箱船选配大量仅限于舱内积载的危险货集装箱时，必须考虑船舶的这一限制条件。如“中河”轮的船舶资料规定，第 1、7、8 舱不容许装载任何危险货箱，第 2 和第 3 舱（舱内设有灭火或降温的喷水装置）容许装载除第 5.2 类以外的危险货箱，其余货舱容许装载除第 1 类（不包括 1.4S）和 5.2 类以外的危险货箱。

冷藏集装箱装船后多数需要船舶电站连续提供电源。受船舶电站容量和电源插座位置的限制，每一集装箱船所能承运的冷藏箱最大数量和装箱位置通常是固定的。如“中河”轮冷藏箱容量为 240TEU，其中有 20TEU 仅适合装 20ft 的冷藏箱，20FEU 仅适合装 40ft 的冷藏箱，以及 180TEU 既适合装 20ft 又适合装 40ft 的冷藏箱。

5. 巴拿马运河箱容量

巴拿马运河当局对通过运河船舶的盲区有特殊的要求，根据这一规定，集装箱船舶中不少的船舶，在舱面前部许多箱位上不能承载集装箱，因此集装箱船舶除有一般箱数量外，还有一个通过巴拿马运河的标准箱容量。

## 第二节　集装箱船舶配积载

集装箱船与普通货船一样，为了船舶的航行安全，减少中途港的倒箱，缩短船舶在港停泊时间，保证班期和提高经济效益，必须进行配积载。

集装箱船由于既要在舱内装载一定数量的集装箱，又要在甲板上堆放几层集装箱，因此在集装箱船舶配积载方面具有相应特点。

### 一、集装箱船舶箱位编号方法

为准确地表示每一集装箱在船上的装箱位置，以便于计算机管理和有关人员正确辨认，集装箱船上每一装箱位置应按国际统一的代码编号方法表示。目前，集装箱船箱位代码编号是采用 ISO/TC104 委员会规定的方法。它是以集装箱在船上呈纵向布置为前提，每一箱位坐标以六位数字表示的。其中最前两位表示行号,中间两位表示列号,最后两位表示层号。行号、列号和层号的每组代码不足10位者在前一位置添零。

1.行号

行号(Bay No.)为集装箱箱位的纵向坐标。自船首向船尾,装20ft箱的箱位上依次以01、03、05、07……奇数表示。当纵向两个连续20ft箱位上被用于装载40ft集装箱时,则该40ft集装箱箱位的行号以介于所占的两个20ft箱位奇数行号之间的一个偶数表示,见图3-6。

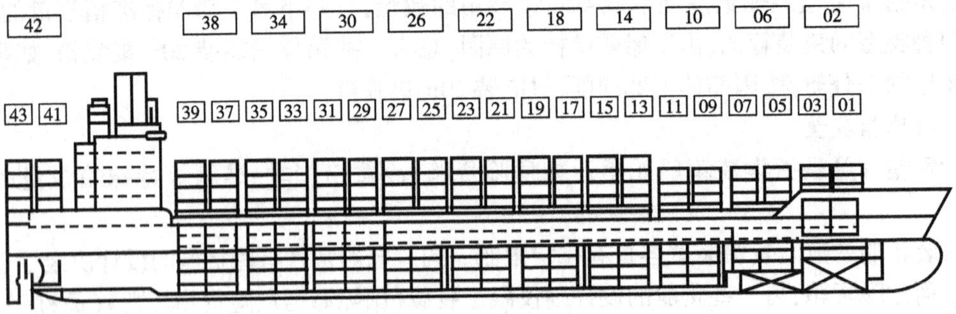


图3-6 集装箱船的行号编号

2.列号

列号(Row No. or Slot No.)为集装箱箱位的横向坐标。以船舶纵中剖面为基准,自船中向右舷以01、03、05、07……奇数表示,向左舷以02、04、06、08……偶数表示,见图3-7。若船舶纵中剖面上存在一列,则该列列号取为00。

3.层号

层号(Tier No.)为集装箱箱位的垂向坐标。舱内以全船舱内最低层作为起始层,自下而上以02、04、06、08……偶数表示。舱面也以全船舱面最低层作为起始层,自下而上以82、84、86、88……偶数表示,见图3-7。考虑到集装箱船舶的结构特点,对于舱内和舱面不是处于全船最低层的层号编号,一般是以距船舶基线高度相同层号相同的原则进行。

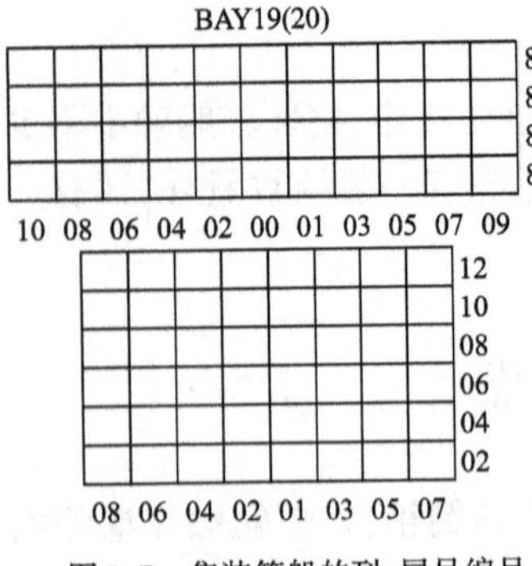


图3-7 集装箱船的列、层号编号

对集装箱船舶箱位按行、列、层编号后,全船每一装箱位置,都对应于唯一的以六位数字表示的箱位坐标;反之,一定范围内的某一箱位坐标,必定对应于船上一个特定而唯一的装箱位置。例如,某一集装箱的箱位号为"100584",根据集装箱箱位编号的方法,可以得出:该集装箱为40ft箱,纵向位于自船首起的第5(行号09)和第6(行号11)两个20ft箱位上,横向位于自船纵中剖面起向右舷的第3列上,垂向位于舱面的第二层。

## 二、集装箱船舶配积载基本要求

1.充分利用集装箱船舶的箱位容量

集装箱船舶箱位分布情况,主要是指集装箱船舶标准箱容量在甲板上和货舱内的分配量,在甲板上和货舱内各有多少标准箱箱位,以及存于甲板上和货舱内20ft和40ft集装箱箱位的分配情况。由于集装箱船货舱容积利用率比较低,为了充分利用集装箱的装载能力,需在甲板上堆装一定数量的集装箱,一般为总箱位数的20% ~50%,可堆装数层箱。但为了保证集装箱船舶稳性的要求,货舱内装载的集装箱的重量一般应大于全船装箱总重的60%左右。

2. 保证集装箱船舶具有适度的稳性

由于集装箱船舶有近一半箱位是配在甲板上,满载时重心高度较高,为保证航行时的稳性,需加一定数量的压载水,但是航行时集装箱船的初稳性高度又不能过大,否则船舶横摇周期过短,使甲板集装箱受到很大的加速度,将对集装箱本身的强度及坚固、绑扎设备带来不利的影响,甚至使集装箱移动,所以,初稳性高度应保持在一定合理的范围内。

为此,在配积载时,应把重箱装在舱底,轻箱及结构强的集装箱装在甲板上,以保证船舶的稳性及集装箱的稳固。

3. 保持集装箱船舶具有适当的吃水差

船舶是不允许有首倾的,因为这会造成螺旋桨产生空泡;但也不宜有过大的尾倾,因为这会增加船舶的吃水,减少装载量,而且还会影响航速。因此集装箱船应具有适当的吃水差,以保证具有良好的操纵性。在集装箱船舶积载时应注意集装箱重量在船舶纵向上的分配。在船首附近的箱位,由于船舶线形和驾驶视线良好的要求,应尽可能减少首部甲板上的装箱层数,形成首部箱位少,加上集装箱船一般采用尾机型,尾部较重,为防此尾吃水过大,或避免用较多的压载水来调整吃水差,预配时应将较重的集装箱配置在船首的箱位上。

在预配船舶进出吃水受限港口的船舶货载时,更应注意集装箱的纵向分布,以减少使用压载水来调整吃水差,从而减少船舶的总排水量和平均吃水,使船舶顺利进出吃水受限港口。

4. 保证集装箱船舶的纵向强度

集装箱船大多为尾机型船,且油舱、淡水舱一般也集中在尾部,所以船舶在开航时如首部箱量满载,容易产生中拱。而且集装箱船都是大舱口,船舶纵向强度本来就弱,如果配载不当,在风浪中容易断裂。为了使船舶具有良好的纵向强度,抵消船舶的中拱变形,配载时要适当地在船中多配重箱。

5. 保证集装箱船舶的局部强度

集装箱船舶积载时应注意堆积负荷,即集装箱船舶的舱底、甲板和舱盖上所允许集装箱堆积的最大重量,此数值可以从船舶资料中查取,要求在集装箱船舶的舱内、甲板和舱盖上,每列集装箱的重量均不应超过其允许的堆积负荷,否则将影响船舶的结构强度。近年来,集装箱装货后的总重量愈来愈大,容易出现超负荷现象,尤其在甲板和舱盖上更易超负荷,因此,必要时应减少集装箱的堆积层数,以防损伤船体结构。

6. 尽量满足装卸要求,避免中途港倒箱

集装箱船一般途中均需要靠多个中途港,箱位配置应满足卸箱的先后顺序,避免中途港倒箱,影响装卸效率及延长船舶在港停留时间,甚至延误船期;箱位配置还应考虑便于装卸作业,避免同一卸港的集装箱过分集中,以提高装卸效率。因此配载时必须注意港序,避免中途港倒箱。

7. 满足特殊集装箱的积载要求

对于冷藏箱,应根据其冷却方式选择适合的位置,要考虑冷藏箱电源插座和临近插座的位置,不能随意配置;对于危险货物箱,应配置远离热源、机舱及船员生活区,严格按照《国际危规》执行;对于超长和超宽箱,预配甲板上,为了减少箱位浪费,应充分考虑集装箱在横向或纵

向的间距,相对集中,合理安排箱位;对于超高箱,预配时,不论配置在甲板上还是在舱内,均应配在最上层。超高箱如配在舱内,其超高的尺寸应小于该舱内舱盖底与最高一层集装箱的间隙,否则,应减少集装箱的层数。此外,对于动物集装箱及装运水果、蔬菜的通风集装箱,均应配置在甲板上,平台箱只能配于舱内最高一层或甲板上最高一层,它的上面不能堆装任何集装箱。

8. 装卸作业中要保持船舶左右平衡

全集装箱船都采用箱格结构,故在装卸中不能产生过大的横倾,一般如横倾大于 3°,集装箱进出箱格时就会产生困难。因此,在配载时要注意不要把同一港口的集装箱集中配于一侧,应左右对称,以免在装卸过程中使船舶出现过大的横倾,影响船舶作业。

9. 注意平衡舱时,消灭重点舱

对于箱量特别多的港口的集装箱,应分舱装载,不要集中装在一个舱内,以免造成重点舱,延长船舶在港装卸时间。在分舱配载时还要注意到几台装卸桥同时作业的可能性。

## 三、集装箱船舶的配积载过程

集装箱船舶的配积载过程,一般情况下,首先由集装箱船公司配载中心根据船舶航次订舱情况,编制船舶某航次在某挂靠港的集装箱预配图(此图也可由船上大副编制),然后将此图直接送给码头集装箱装卸公司,或者用传真、电传或 EDI 等方式发送给船舶代理,再由船舶代理转交给集装箱装卸公司。码头集装箱装卸公司根据船公司(或其代理人)提供的出口集装箱装货清单及预配清单、集装箱预配图,结合码头实际进箱堆存情况,编制出口集装箱实配图,再将实配图经船方审核确认后,复印若干份于装船开工前交有关职能部门实施,最后按此对船舶进行装卸作业。集装箱装船完毕后,再由理货公司的理货员按船舶实际装箱情况,编制最终积载图。

1. 预配过程

集装箱的预配是集装箱船舶配积载的重要环节,它关系到船舶航行安全和货运质量,关系到船舶装载能力的充分利用,关系到运输效率和经济效益。为了保证集装箱预配的科学和合理,应按上述配积载基本要求和原则编制集装箱预配图。

集装箱的预配图是由船公司(或其代理人)编制的,是船公司依据船舶积载能力和航行条件等,按不同卸货港到达顺序以及集装箱装货清单上拟配的集装箱数量,编制而成的全船行箱位总图,是将集装箱船上每一装 20ft 箱的行箱位横剖面图自船首到船尾按顺序排列而成的总剖面图。图 3-8 为集装箱预配图,包括预配字母图、预配重量图和特殊箱图。

(1)预配字母图。见图 3-8a),为不同卸货港采用不同的颜色标绘。卸港的标色,则在图上给予说明,若有困难,可在排号下面或箱位内用符号标注。图 3-8a)上每个箱位内用一个英文字母(如 K、L、N、H)表示该箱的卸箱港,如第 5 排舱内去长滩 30 个箱。

(2)预配重量图。见图 3-8b),图中每个小方格代表一个 20ft 集装箱,小方格中所标的数字是以吨表示的集装箱总重。如图 3-8b)第 5 排舱内共装 30 个箱,其中 10 个箱每箱总重为 20t,6 个箱每箱总重为 19t,6 个箱每箱总重为 17t,5 个箱每箱总重为 16t,3 个箱每箱总重为 15t。有时为了便于区分,20ft 箱通常只在小方格中涂一半颜色(◣)。40ft 集装箱是用相邻在同一舱的前后两个小方格表示,集装箱的总重和卸港的着色均标绘在前一小方格上,将小方格全部着色(■),后一小方格用☒表示此箱位已被 40ft 集装箱占用。

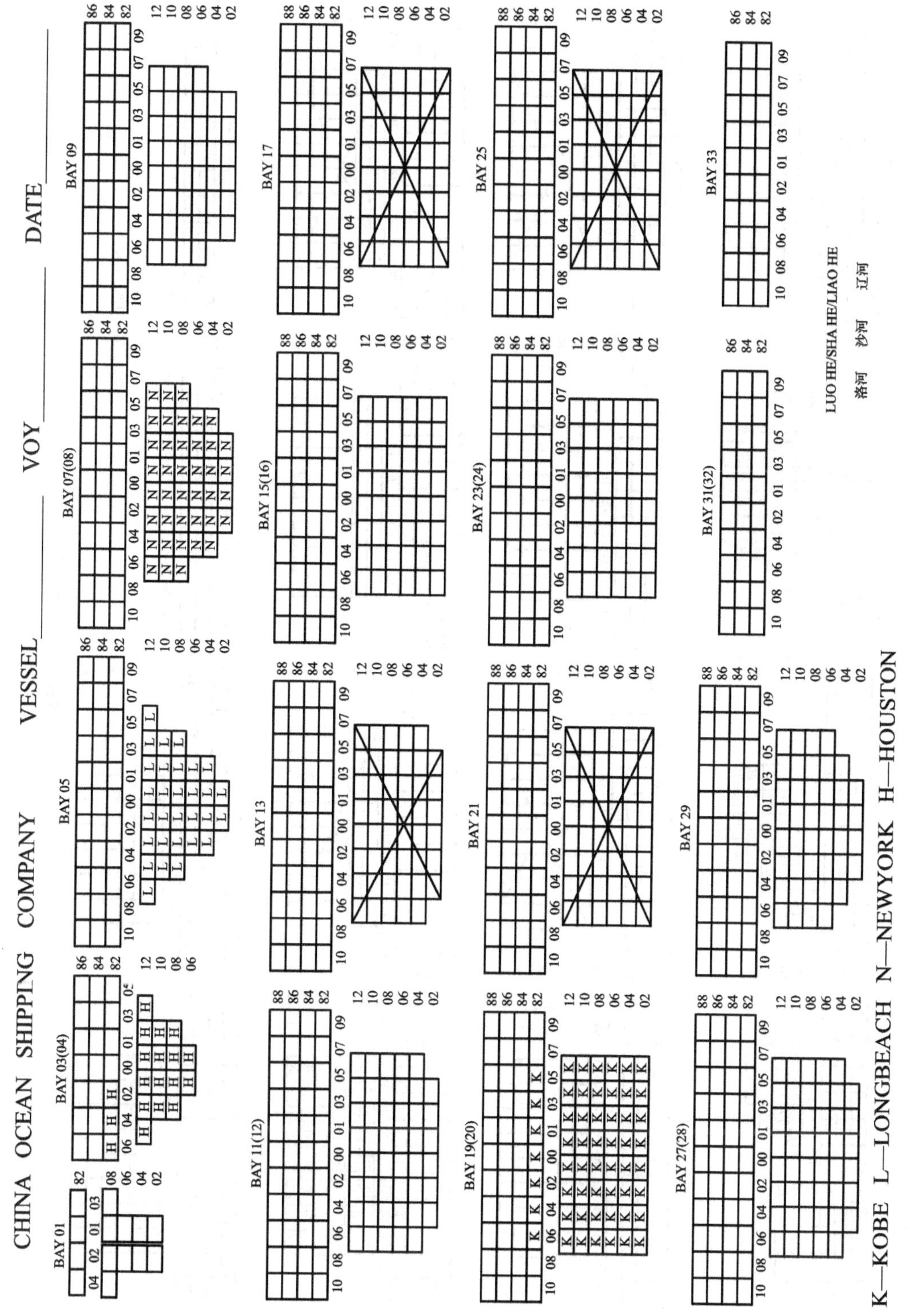


a)集装箱预配图(字母图)

图 3-8

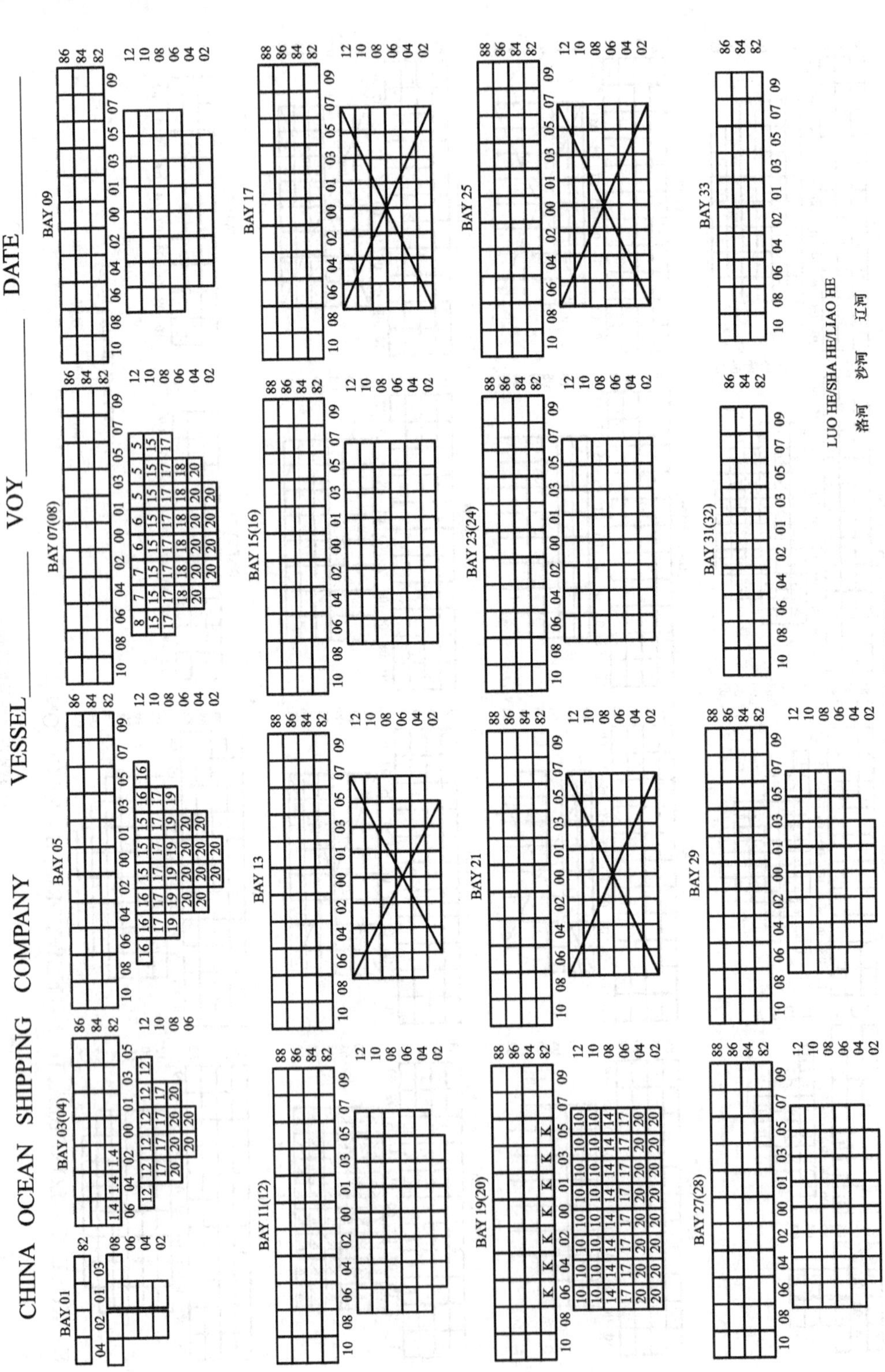


b)集装箱预配图(重量图)

图 3-8

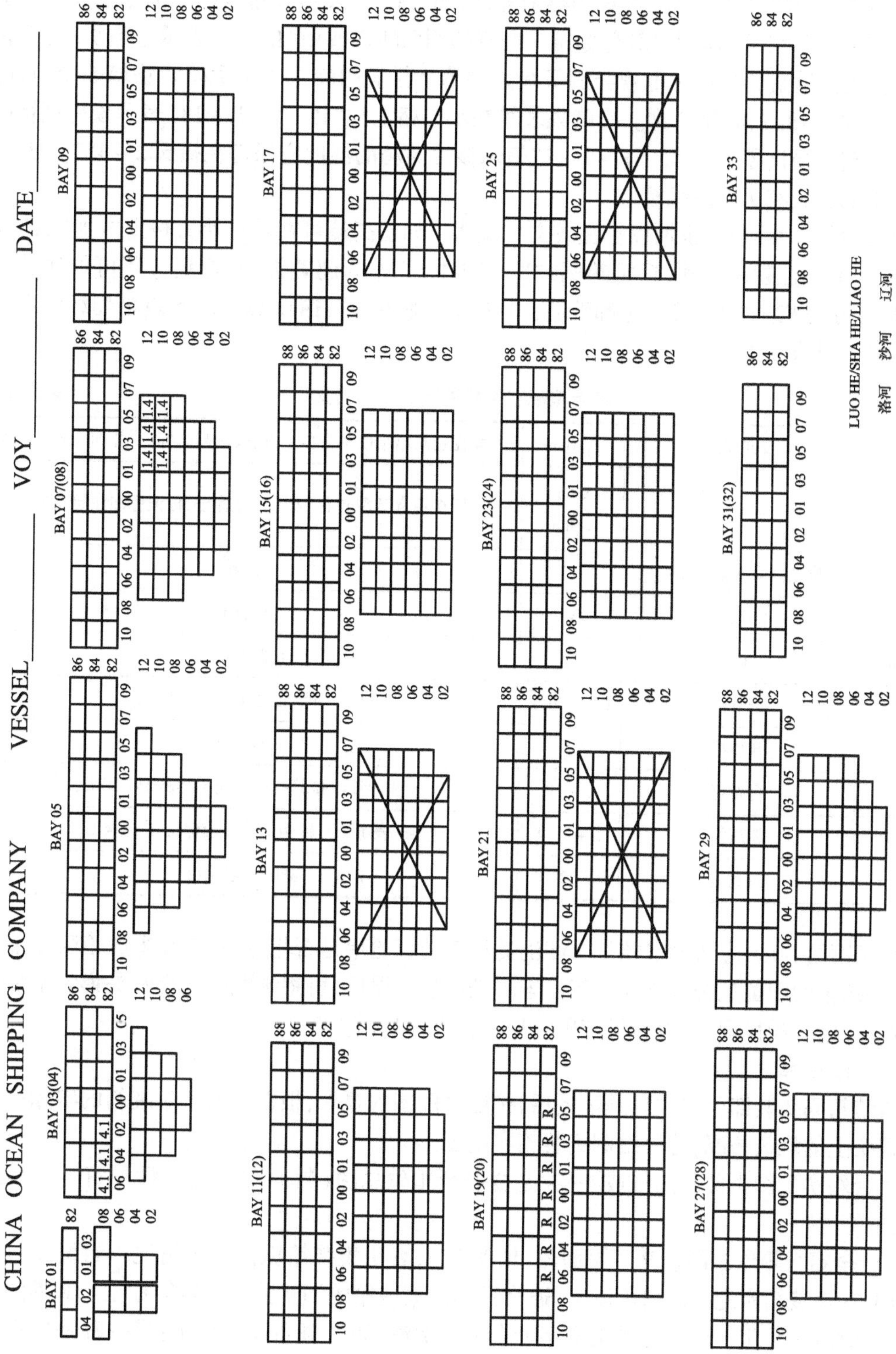


c) 集装箱预配图(特殊箱图)

图 3-8

(3)危险货箱及冷藏箱预配图。见图3-8c),危险货箱用“○”圈在所配箱位的小方格上,旁边用“D”加上数字表示国际危规的类别等级,如“D6.1”表示该箱装的是国际危规6.1类危险品。有些不用“○”,而用深颜色标绘。也有的用“IMO”或用“IMCO”表示危险货箱,但在其后仍需注上危险货物的国际危规类别等级。如第7排舱内装1.4级危险货物箱6个,其卸箱港、重量见图3-8a)、b)第7排。冷藏集装箱在小方格上注“R”,如“R-18”表示该冷藏箱的温度应不得高于摄氏零下18℃,“F+2+4”表示该冷藏箱的温度应保持在摄氏2~4℃。如第19排甲板上底层装有7个冷藏箱。

对其他特殊集装箱,也加以标注或文字说明。如超高箱可在箱位小方格上方加“∧”作为超高标记,并加注超高尺寸;超宽箱则加“<”或“>”作为超宽标记,标记旁还可加注超宽尺寸;空箱在小方格上标注“E”;选卸港箱,可在箱位加注,如HAM/LON。集装箱配载图标注和文字的意义见表3-1。

**集装箱配载图标注和文字的含义** 表3-1

| | | | |
|---|---|---|---|
| ◣ | 20ft 箱 | ∧10cm | 标在超高箱箱位小方格上方,表示超高标记,并加注超高尺寸 |
| ▣ | 40ft 箱 | <9cm<br>>9cm | 标在超宽箱左或右,表示超宽标记,标记旁加注超宽尺寸 |
| ⊠ | 箱位已被40ft集装箱占用 | E | 空箱 |
| T、20ft | 20ft 箱 | M | 邮件箱 |
| F、40ft | 40ft 箱 | ○ | 危险货物箱 |
| GP | 普通箱 | IMO、D6.1 | 《国际危规》6.1类危险品 |
| O/T | 开顶箱 | R | 冷藏箱 |
| F/R | 台架箱 | R-18 | 表示该冷藏箱的温度应不得高于-18℃, |
| O/H | 超高箱 | F+2+4 | 表示该冷藏箱的温度应保持在2~4℃ |
| O/W | 超宽箱 | 20 | 集装箱总重(t) |

预配图绘制后,应认真审核每个卸港的箱量与订舱单是否相符,每个卸港的箱区分布是否合理,特殊箱的配位是否符合要求等内容。经审核无误后,可将预配图送交码头集装箱装卸公司,或发送给船舶代理,再由船代交码头集装箱装卸公司。

2.实配过程

集装箱码头装卸公司收到预配图后,按照预配图的要求,根据码头上集装箱的实际进箱量及在码头上的堆放情况,着手编制集装箱实配图。

集装箱实配图由两种图组成:一种是全船行箱位总图(封面图);另一种是每行一张的行箱位图。

(1)全船行箱位总图。又叫封面图,见图3-9,表明集装箱纵向积载情况。封面图与预配图不同,在集装箱实配图的封面图上,通常只标注集装箱的卸货港和特殊箱标记。卸港的标注方法有两种:一是用一个大写的英文字母表示卸货港,如上海港以S表示;另一种是用不同颜色表示不同卸货港。特殊箱的标注方法同预配图一样。

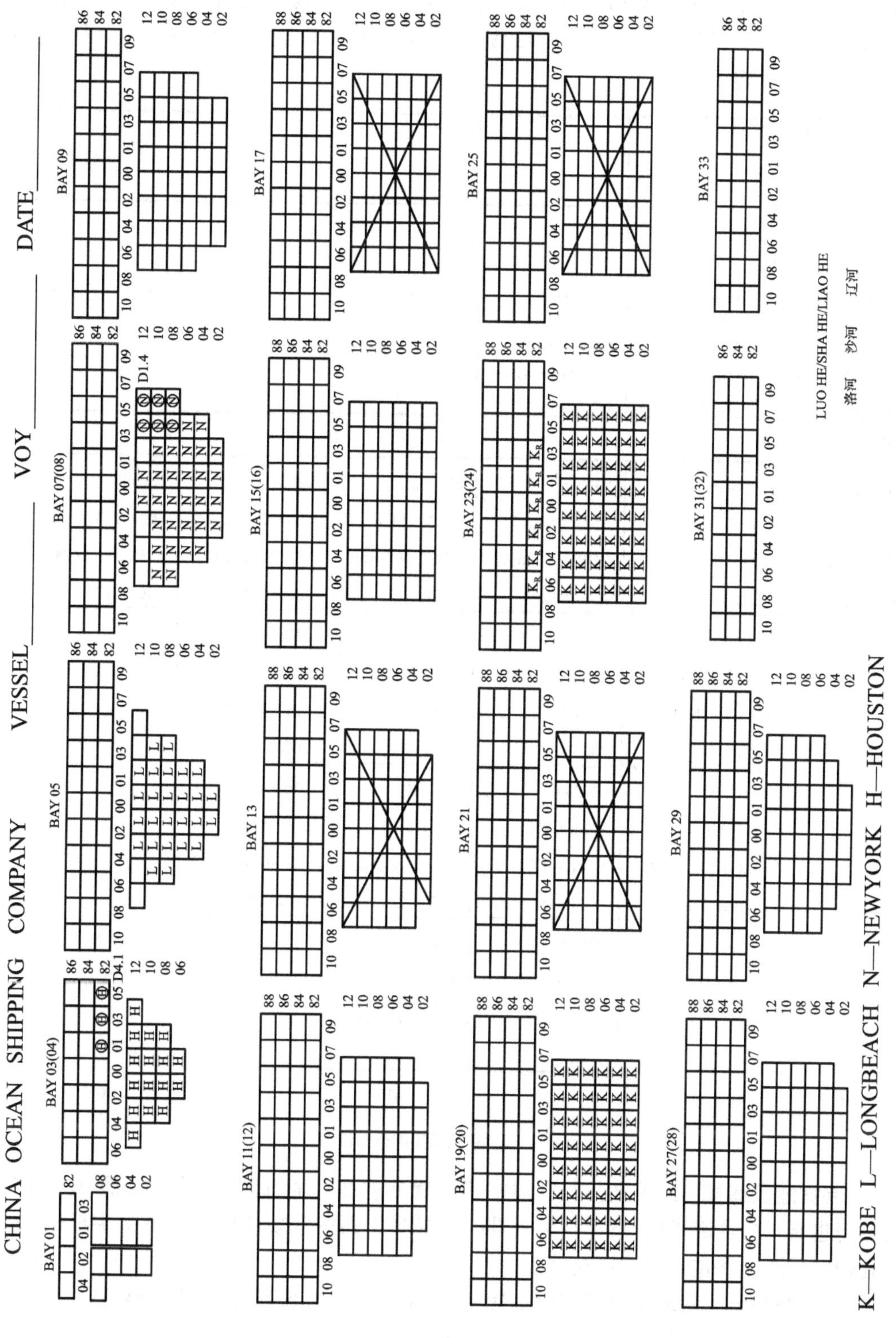
CHINA OCEAN SHIPPING COMPANY VESSEL VOY DATE
BAY 01
BAY 03(04)
BAY 05
BAY 07(08)
BAY 09
BAY 11(12)
BAY 13
BAY 15(16)
BAY 17
BAY 19(20)
BAY 21
BAY 23(24)
BAY 25
BAY 27(28)
BAY 29
BAY 31(32)
BAY 33
LUO HE/SHA HE/LIAO HE
洛河 沙河 辽河
K—KOBE L—LONGBEACH N—NEWYORK H—HOUSTON

图3-9 集装箱实配船图

（2）行箱位图。行箱位图是船舶某一装20ft箱的行箱位横剖面图，表明集装箱横向积载情况，见图3-10。它是对集装箱船行箱位总图上某一行箱位横剖面图的放大。在该图上可以标注和查取某一特定行所装每一集装箱的详细数据。该图每行位一张，在每一个行箱位的方格内，标注以下内容：

| 06 | 04 | 02 | 00 | 01 | 03 | 05 | |
|---|---|---|---|---|---|---|---|
| | | | | | | | 86 |
| | | | | | | | 84 |
| 030682<br>HSO X SHA<br>MSKU 6536038<br>D4.1 2.3 | 030482<br>HSO X SHA<br>MAEU 8154798<br>D4.1 2.3 | 030282<br>HSO X SHA<br>MAEU 6098186<br>D4.1 2.3 | | | | | 82 |

| 06 | 04 | 02 | 01 | 03 | 05 | |
|---|---|---|---|---|---|---|
| 030608<br>HSO X SHA<br>COSU 5000154<br>20GP 12 | 030408<br>HSO X SHA<br>COSU 8131754<br>20GP 12 | 030208<br>HSO X SHA<br>COSU 2189037<br>20GP 12 | 030108<br>HSO X SHA<br>COSU 5000160<br>20GP 12 | 030308<br>HSO X SHA<br>MAEU 6138864<br>20GP 12 | 030508<br>HSO X SHA<br>MSKU 6909200<br>20GP 12 | 08 |
| | 030406<br>HSO X SHA<br>OCLU 7021251<br>20GP 17 | 030206<br>HSO X SH A<br>PONU 1721012<br>20GP 17 | 030106<br>HSO X SHA<br>PONU 0055082<br>20GP 17 | 030306<br>HSO X SHA<br>MSKU 2707240<br>20GP 17 | | 06 |
| | 030404<br>HSO X SHA<br>MSKU 2221644<br>20GP 20 | 030204<br>HSO X SHA<br>PONU 0884843<br>20GP 20 | 030104<br>HSO X SHA<br>MSKU 6344884<br>20GP 20 | 030304<br>HSO X SHA<br>MAEU 839 9933<br>20GP 20 | | 04 |
| | | 030202<br>HSO X SHA<br>CAXU 9235571<br>20GP 20 | 030102<br>HSO X SHA<br>TEXU 7486064<br>20GP 20 | | | 02 |

图3-10 集装箱实配行箱位图

①装货港及卸货港的英文代码。通常将装货港放在后面，卸货港放在前面，中间用“×”连接；但也有只标注卸货港，不标注装货港的。港名代码按常规应标三个英文字母，如休斯敦以“HSO”标注，上海港以“SHA”标注。

②集装箱箱号。集装箱箱号按箱主代号、顺序号和核对数字共11位代码组成。

③集装箱总重。包括货物重量和空箱重量。

④特殊箱的标注。特殊箱标注,参考表3-1。

⑤集装箱箱位号。开始时先填上在集装箱堆场中的场箱位号,待集装箱装船后改为集装箱箱位号。

图3-11为第03行中箱位号“030282”的箱位图,图中字符含义如下:

030282:集装箱箱位号

HSO:卸货港休斯敦

SHA:装货港上海

MAEU:集装箱箱主代号

6098186:集装箱箱号和核对数字

D4.1:特殊箱标注,为4.1类危险货物

2.3:集装箱总重为2.3t

| | | |
|---|---|---|
| 030282 | | |
| HSO | × | SHA |
| MAEU | | 6098186 |
| D4.1 | | 2.3 |

图3-11　箱位号030282的箱位图

3. 审核过程

集装箱船舶的船长和大副了解航线状况、本船航次油水的配置与消耗、船舶的装载特性、途中各挂靠港的作业特点等细节内容,并对船舶和集装箱的运输安全负责。因此,集装箱实配图编制完毕后,集装箱装卸公司在装船前应送交船长或大副作全面审核。经船方审核确认后,即可按实配图进行装船作业。

船长或大副收到集装箱实配图后,应认真审核以下内容:

(1)集装箱每个卸港的数量是否正确;

(2)核对每列集装箱的堆积负荷是否超过船舶允许的负荷,否则应调整到允许值范围;

(3)核对特殊箱的配位是否符合要求,否则,应予调整;

(4)审查各卸港的箱位安排是否合理,是否便于中途挂靠港加载或卸箱,否则,应予调整;

(5)校核实配后的稳性、吃水差及纵向强度,确保航行安全及货物质量。

4. 编制最终配积载图

集装箱船实配积载计划在装箱过程中会因某些原因需要做一些修改。集装箱船现场理货员对每一装船集装箱箱号、所配箱位等均做记录。在集装箱装船结束后,由船舶理货员根据船舶实际装箱情况及每只集装箱在船上的箱位,编制最终配积载图(FINAL BAY PLAN),大副负责进行实际装载条件下船舶稳性、船体受力、吃水和吃水差的核算。

集装箱船最终配积载文件通常包括集装箱最终封面图、最终行箱位图、稳性及吃水差计算表及集装箱装船统计表等内容。

最终封面图和最终行箱位图标注格式及内容与实配封面图、实配行箱位图基本相同,只是实配行箱位图中场箱位号改为装船后集装箱箱位号。最终配积载文件中行箱位总图和各行箱位图应当由船舶代理通过某种通信手段送交船舶各有关的挂靠港。它是港口有关部门编制船舶中途卸箱或加载计划的主要依据。

集装箱装船统计表是用于统计实船装载的不同装货港和卸货港、不同箱状态(重箱、空箱、冷藏箱和危险货箱)、不同箱型(20ft箱和40ft箱)的数量和重量,以及各卸货港和航次装船集装箱的合计数量和重量,其形式如表3-2所示。

**集装箱装船统计表**

表 3-2

船名＿＿＿＿ 航次＿＿＿＿ 日期＿＿＿＿

| 装货港 | 卸货港 | | | | | | | | |
|---|---|---|---|---|---|---|---|---|---|
| | 箱类型 | 20ft | 40ft | 20ft | 40ft | 20ft | 40ft | 20ft | 40ft |
| | 重箱 | | | | | | | | |
| | 冷藏箱 | | | | | | | | |
| | 危险货箱 | | | | | | | | |
| | 空箱 | | | | | | | | |
| | 重箱 | | | | | | | | |
| | 冷藏箱 | | | | | | | | |
| | 危险货箱 | | | | | | | | |
| | 空箱 | | | | | | | | |
| … | … | … | … | … | … | … | … | … | … |
| 合计 | 箱数 | | | | | | | | |
| | 重量 | | | | | | | | |
| 总计 | | | | | | | | | |

## 案例 3-1　超大型集装箱船的配载要点

为降低船舶单箱运营成本,提高规模经济效益,近年来各大集装箱班轮公司纷纷采用载箱量在 8 000 TEU 以上的超大型集装箱船,目前投入运营的船型最大的集装箱船载箱量已达 18 000 TEU。超大型集装箱船在配载方面与中小型集装箱船存在明显差异。

1. 使船舶保持适当的稳性

中小型集装箱船在满载情况下经常面临稳心高度偏小的问题,为了在提高载箱率的同时使船舶保持适当的稳性,配载通常遵循“上轻下重”的原则。与中小型集装箱船相比,超大型集装箱船的船体宽大,船舶长宽相对较小,船宽吃水比相对较大。因此,船舶稳心高度较大,空载状态下可达 15 m 以上,导致船舶在风浪中摇摆周期短、频率高,不利于航行安全。为使超大型集装箱船保持适当的稳性,舱内集装箱配载应适当采取“上重下轻”的方式,甲板上第 1 层和第 2 层也应配载适量的重箱。远东—欧洲基本港和远东—美西航线的配载实践证明,采取这样的方法,超大型集装箱船满载状态下的稳心高度可降至 2 m 左右,在满足绑扎强度要求的情况下,甲板上可装载 7 层甚至 8 层集装箱。

2. 保证船舶纵强度安全

超大型集装箱船的船体较长,配载不当可能导致船舶弯矩超限,因此,配载时应注意:①靠近船中的 8 ~ 9 个 40ft 贝位应多配载重箱,且越靠近船中,配载的重箱应越多;②靠近船尾及船首的 3 ~ 4 个 40ft 贝位应配载轻箱,且越靠近船尾和船首,配载的集装箱应越轻。

3. 在确保绑扎强度的前提下提高载箱率

甲板上配载集装箱必须考虑堆重限制和绑扎强度两大因素，其中，绑扎强度对集装箱堆高层数的影响较大。理论上，超大型集装箱船甲板上可装载 8 层集装箱，但如果箱型、箱重搭配不合理，可能连 7 层都无法装载，导致船舶载箱率下降。经研究，要在 8 500 TEU 和 9 600 TEU 集装箱船的甲板上装载 7 层甚至 8 层集装箱，可采取以下方法：①甲板上最外档全部配置平箱；②甲板上第 1 层和第 2 层配载较重的重箱，并严格遵循"上轻下重"的原则。

# 第三节 集装箱船舶运输航线

## 一、集装箱运输航线发展概况

自 1956 年 4 月美国海陆公司开辟纽约—休斯敦集装箱航线至今，海上集装箱船舶运输航线已经有近 50 年的历史。由于国际集装箱运输的迅速发展，集装箱运输航线也逐渐成为全球性的国际航线，世界上主要的集装箱运输航线已达 40 多条，既有干线运输航线，如世界著名的三大集装箱航线：远东—北美航线，远东—欧洲、地中海航线，北美—欧洲、地中海航线；也有形成网络化的支线运输航线；还有环球运输的环球航线。此外，还有与之相关的陆桥运输等。

1966 年以前的集装箱运输航线，主要是利用普通货船或油轮的甲板，稍加改装后进行捎带运输，其航线均为国内沿海航线，开展的地区为美国和澳大利亚沿岸。每次的运量也比较少。这一阶段是集装箱航线的最初时期。

1966 年海陆联运公司最先使用改装的全集装箱船"费尔兰德（Fairland）"号在北大西洋开辟了国际集装箱航线，该船的载箱量为 220TEU，主要航行于北美、西欧、日本、澳大利亚等地区的发达国家之间的航线上，通常称为"北—北航线"。

1967 年美国的麦逊航运公司用两艘改装的全集装箱船开辟了日本—加利福尼亚航线以后，日本和欧洲的航运公司便开始陆续订造载箱量为 750 ~ 1 100TEU 箱位的中速、中型集装箱船。

到 1970 年底，日本—加利福尼亚航线（1968 年开辟）、日本—澳大利亚航线（1969 年开辟）、日本—西雅图、温哥华航线（1970 年开辟）等几条航线的集装箱运输体制已准备就绪。此外，在日本地区以外的欧洲—澳大利亚航线，已在 1969 年开辟；北美—欧洲航线的集装箱运输也正在走上正轨；一部分美国船公司则利用半集装箱船在远东、北美和欧洲之间也开展了集装箱运输，从而使集装箱运输全面地向全世界推广。

1971 年开始，特别是在 70 年代后期到 80 年代初，主要开辟了许多发达国家与发展中国家之间的集装箱航线，例如美国、日本、西欧到东亚、东南亚、南亚、中东、南美、东非、西非、东欧等地区的国家间的航线，通称为"北—南航线"。

从 1971 年到 1973 年下半年，即中东石油危机出现之前，这是 2 000 ~ 3 000TEU 箱位第三代集装箱船相继投入营运的时期，也是集装箱船高速化达到顶峰的时期。

在 1971 年到 1978 年间，世界集装箱航线发展很快，集装箱船的艘数和运量，增加数倍。

到此时为止,欧洲—北美洲沿岸发达国家之间的贸易航线,基本上都实现了集装箱化,而且远东—地中海航线也实现了集装箱化。世界班轮航线的集装箱化体制已初步形成。

在此同时,开始发展集装箱支线运输和陆桥运输。特别是欧洲航线上的西伯利亚大陆桥运输和北美航线的小陆桥运输的发展,使传统的从远东到欧洲和北美的货物运输发生了根本的变化。在多式联运系统内,集装箱运输起了越来越大的影响。

一直到80年代初,集装箱运输在全世界各地的发展已达到不可控制的地步,各国航运公司纷纷在非主要航线或发展中国家的贸易航线上,开办集装箱运输业务,并开始筹建集装箱支线运输网。

1984年以后,主要开辟了发展中国家和地区之间的集装箱航线,通称为“南—南航线”,并开始发展环球集装箱运输航线。

进入80年代,集装箱运输得到大发展以后,新兴的各国国营轮船公司相继投入集装箱航运市场,再加上世界经济形势发生了变化,燃料费的高涨等,使航运成本急剧提高,加重了船公司的负担。正当船公司要扩充船舶、整顿集装箱运输网的时候,初期使用的集装箱船的船龄已超过20年,需要更换新的船型了。由于航运市场不景气,竞争激烈,促使了集装箱运输航线出现了动荡。

在这经营困难、竞争激烈的时期,于1984年由台湾长荣公司率先开辟了环球集装箱运输航线,并获得了巨大的成功,公司1985年的利润比1984年增加了150%,从而促使了一些大的集装箱船公司也相继开辟了环球航线。

在这一阶段中航线发展的另一特征是支线运输在世界范围内已形成网络化、系统化。随着集装箱船的大型化,也带动了支线船向大型化方向发展,从而使支线运输的环境也相应地发生了变化,并使支线运输的运量不断增加,到目前为止,集装箱支线运输网已基本形成。

## 二、集装箱运输航线的类型

集装箱运输是一种资金密集型的运输系统,为了最大限度地发挥运输系统的运输效率和经济效益,就必须要积极地促进集装箱主要航线的稳定,并进一步扩大支线运输网,完善和加速多式联运的运输体制。

为了适应多种集装箱运输的需要,集装箱航线的类型也变得多样化,按航线的作用可分为干线运输、支线运输、陆桥运输和环球运输。

1. 干线运输(Main line)

干线运输指用大型集装箱船舶,在各设有集装箱码头的枢纽港之间载运集装箱的远距离(跨越海洋)运输,如图3-12所示。这种干线运输是海上集装箱的主体,其主要特点是:运程长,船舶大型化、高速化,适箱货源量大且较稳定,航线上的集装箱港口码头配备有数量足够的大型集装箱装卸桥及其他配套的高效机械设施,集装箱码头管理现代化。

目前世界主要集装箱运输干线有远东—北美、远东—地中海和欧洲、北美—欧洲和地中海三大航线,它是构成全球范围的集装箱运输网络的主干线。

(1)远东—北美航线。该航线实际上可分为两条航线,即一条为远东—北美西岸航线,另一条为远东—北美东岸、海湾航线。该航线是战后集装箱货运量增长最快和货运量最大的航线之一,也是太平洋集装箱货运量最大的航线。

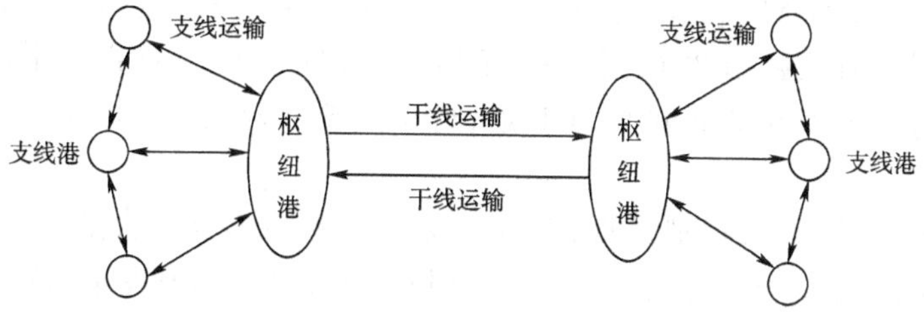


图 3-12　集装箱运输干支航线示意图

远东—北美西岸航线指东南亚国家、中国、东北亚国家各港，沿大圆航线横渡北太平洋至美、加西海岸各港。

远东—北美东岸、海湾航线不仅要横渡北太平洋，还越过巴拿马运河，因此一般偏南，横渡大洋的距离也较长。

(2)远东—地中海和欧洲航线。该航线大多是经马六甲海峡往西，经苏伊士运河至地中海、西北欧的运输，也可分为远东—欧洲和远东—地中海两条航线。该航线是一条远程航线，多数采用大型高速集装箱船运营，航线货运量也较大。

(3)北美—欧洲和地中海航线。该航线实际包括了北美东岸、海湾—欧洲、地中海和北美西岸—欧洲、地中海两条航线。该航线是大西洋集装箱货运量最大的航线。

2. 支线运输(Feeder service)

支线运输指用小型集装箱船，在内河、沿海等地小港口之间以及与枢纽港之间载运集装箱的短程运输方式，如图 3-12 所示。

对于集装箱支线运输，它起到集装箱集散运输的作用，可节约港口投资和开支，保证干线运输有充足的货源，可减少大型船舶的挂港次数，节省了运输时间。因此，在全球集装箱化的进程中，发展支线运输网络，建设配套的支线船队，也是极为重要的环节。我们不难发现，目前世界很多船东在订造超巴拿马型干线船的同时，还纷纷建造配套的中小型支线船，如长荣公司已在 2006 年建造 30 艘 1 500 ~ 2 500TEU 的集装箱船。

目前世界二大支线运输网络为亚洲区域和欧洲区域。

3. 陆桥运输(Land bridge service)

陆桥运输是一种利用横跨大陆的铁路，把海与海连接起来的一种集装箱运输方式，也是多式联运中的一种方式。陆桥运输的主要优点在于缩短了运输距离，节省运输时间，因而具有较大的吸引力。

大陆桥运输起始于 20 世纪 50 年代初期。世界著名的陆桥运输线有北美大陆桥、北美小陆桥、北美微陆桥、西伯利亚大陆桥、新亚欧大陆桥、南亚大陆桥以及南美大陆桥等。

(1)北美大陆桥、北美小陆桥、北美微陆桥。北美大陆桥是世界上最早出现的陆桥运输方式。当时，一方面由于日本通向西方的海路受到严重威胁，一方面由于美国在战争以后需要加速发展西部地区经济，于是日美联合利用美国港口和铁路网，开辟了世界上第一条大陆桥运输通道。这条大陆桥全长 4 500km，东起纽约，西至旧金山，它西接太平洋，东连大西洋，缩短了两大水域之间的距离，省去了货物由水路绕道巴拿马运河的麻烦，对恢复和发展美、日经济发挥了重要作用。目前，从远东到美国中部及东部可有两种运输方式：一种利用海上运输将货物运到美国太平洋沿岸(西雅图、长滩等港)经北美陆桥利用铁路运输抵达中部及东部地区;另一种是利用全水路运输直接抵达美东港口。实践证明,从远东、日本以太平洋沿岸门户,利用北美陆桥到美国东岸与海湾地区的海陆联运,比采用全水路运输,可节省 10 ~ 13 天的运输时间。

由于美国国内铁路拥挤,特别是西伯利亚大陆桥的出现使这条大陆桥在运价、运期、服务等方面没有什么优势,因而衰落。后来利用其有利条件逐渐转向发展小路桥运输(Minibridge)和微陆桥运输(Microbridge),从而获得新的生机。美国小陆桥运输线路为远东、日本经美国西海岸至美国东海岸,这条小陆桥路线避免了绕道巴拿马运河,可以享受铁路集装箱专用列车优惠运价,从而减低了成本,缩短了路径,运输方式为海—铁。美国的微陆桥只利用大陆桥的一部分,故又称半陆桥运输。优点是可经美国西海岸直接将货物运到美国内陆,避免了不必要的迂回和在港口的中转换装,使船舶和火车直接衔接,缩短了到达时间。

(2)西伯利亚大陆桥。20 世纪 60 年代末,由于埃以战争爆发,苏伊士运河停运,航运中断。同时,由于石油危机的冲击,再加上原苏联东进开发西伯利亚,于是日、苏联合,利用原苏联纳霍德卡港及西伯利亚铁路和东西欧铁路开辟了世界上第二条大陆桥,也就是世界上极负盛名的西伯利亚大陆桥。因其主要利用了东起海参崴,西到车里亚宾斯克的西伯利亚大铁路,所以称其为西伯利亚大陆桥;又因其地跨亚、欧两个大陆,所以又称亚欧大陆桥。东端已由原来的日本发展到韩国、菲律宾、东南亚、中国香港地区和中国台湾省,西端已从英国发展到整个欧洲大陆和伊朗、中东各国。这条大陆桥东起纳霍德卡港、东方港等港口,西至荷兰鹿特丹,全长 13 000 公里。通过这条路线,比经过好望角和苏伊士运河的海上运输线缩短运距 1/3,运费便宜 20% ~25%,运期节省 35 天左右。

但是,西伯利亚大陆桥存在着一系列的问题,如港口装卸能力不足、铁路集装箱车辆不足、箱流的严重不平衡以及严寒气候等,在一定程度上阻碍了它的发展。尤其是随着我国兰新铁路与中哈边境的土西铁路的接轨,一条新的“亚欧大陆桥”形成,为远东至欧洲的国际集装箱多式联运提供了又一条便捷路线,使西伯利亚大陆桥面临严峻的竞争形势。

(3)新亚欧大陆桥。随着世界政治经济格局的变化和亚欧经济贸易交流的扩大,在亚欧大陆之间又架起了一条新的大陆桥,即新亚欧大陆桥。1990 年 9 月 12 日,我国北疆铁路与原苏联土西铁路顺利接轨,形成了继西伯利亚大陆桥之后,又一条横贯亚欧大陆的更为便捷的铁路通道。它把太平洋与大西洋沟通起来,实现海—陆(铁路)—海的连贯运输。这条大陆桥东起我国的连云港、日照等沿海港口城市,西行出境穿越哈萨克斯坦等中亚地区,经俄罗斯、白俄罗斯、乌克兰、波兰、德国等欧洲国家,抵达大西洋东岸荷兰的鹿特丹、比利时的安特卫普等欧洲口岸,全程长达 11 000km 左右。1992 年 12 月 1 日,新亚欧大陆桥过境集装箱运输开通,新亚欧大陆桥运输进入试运营阶段。

新亚欧大陆桥的开通使亚欧之间的货运距离比西伯利亚大陆桥缩短得更为显著,东亚与中亚、西亚的货运距离也大幅度减少。由于运距的缩短,它在运输时间和运费上更有吸引力。该线路所处地理位置适中,自然条件优越,东端桥头堡上海港、青岛港、连云港港,均为不冻港,一年四季可不间断地作业,这是西伯利亚大陆桥的东方港、纳霍德卡港所无法比拟的。由于东端桥头多,可综合发挥各港口的换装作业能力和各铁路通道的线路能力,不受一线、一港的限制,运输更具灵活性。

(4)南亚大陆桥。又称印度半岛陆桥，是把从东南亚各国到西亚的货物利用东印度的加尔各答到西印度的孟买的铁路作为陆桥的运输。优点是可以节约绕道印度半岛的航程。

(5)南美大陆桥。又称玻利维亚陆桥，是连接太平洋和大西洋的又一条大陆桥，这一条大陆桥始于大西洋沿岸的阿根廷首都布宜诺斯艾利斯，经过玻利维亚的拉巴斯，终于太平洋沿岸的秘鲁港口马塔腊尼，全长约 3 000km。

4. 环球运输

环球运输类似干线运输，即用大型集装箱船舶，在集装箱枢纽港之间载运集装箱的环绕地球运输方式。

环球航线分东行线和西行线两条航线，都从东亚开始出发。东行线为：太平洋—巴拿马运河—大西洋—地中海—苏伊士运河—印度洋—太平洋，西行线则反向而行。每隔 7 天对开一班，航次时间为 80 天。

## 案例 3-2 北冰洋航线的破冰之路

近年来，随着全球变暖的步伐不断加速，北冰洋海冰开始大面积消失。据科学家称，自 2002 年以来，北极地区海冰夏季最小覆盖面积逐年减小，平均每年减小 10% 以上。美国国家冰雪数据研究中心预测，如果这一趋势持续下去，北极地区很可能在未来 20 ~ 30 年内迎来“无冰”的夏季。在此背景下，北冰洋航线开始浮出水面，并日益受到各国关注。

1. 北冰洋航线概况

北冰洋航线由东北航道和西北航道组成。东北航道西起西欧，穿过西伯利亚与北冰洋毗邻海域，绕过白令海峡到达中国、日本、韩国等国港口，是连接欧洲与亚洲的重要通道；西北航道始于加拿大东北部戴维斯海峡，沿加拿大北部海岸到达美国阿拉斯加州，从北大西洋经加拿大北极群岛进入北冰洋，再进入太平洋，是连接大西洋与太平洋的捷径。随着北冰洋海冰不断融化，各国商船从 2007 年开始陆续在有破冰船开道的情况下尝试在该区域航行。2009 年，德国布鲁格航运公司的 2 艘货船在没有破冰船开道的情况下成功穿越东北航道，顺利抵达俄罗斯西伯利亚的扬堡港，并最终抵达荷兰鹿特丹港，完成贯穿整个东北航道的全部航程。这次航行翻开北冰洋航线的新篇章，具有重要的现实意义。

北冰洋航线具有的优势：

(1)环球航程大大缩短。目前环球航行通常取道巴拿马运河或苏伊士运河，有时甚至需要绕道非洲南部的好望角。相比之下，北冰洋航线的开通将大大缩短环球航程，带来巨大的商业利益和经济利益。例如，横滨港至鹿特丹港的航线取道非洲好望角需要 29 天，取道马六甲海峡和苏伊士运河需要 22 天，而取道北冰洋仅需 15 天。又如，在取道北冰洋的情况下，华盛顿港至莫斯科港的航程缩短 1 000 km 以上，伦敦港至东京港的航程由 2.8 万 km 缩短为 1.6 万 km。随着北冰洋海冰的消融和航海技术的进步，加拿大沿岸的西北航道和西伯利亚沿岸的东北航道将组成新的大西洋—太平洋轴心航线，使欧洲、亚洲与北美洲之间的航程缩短 6 000 ~ 8 000km。

(2)北极地区自然资源丰富。据估算：北极地区的原油储量约 2 500 亿桶，相当于目前被确认的世界原油储量的 1/4；天然气储量约 80 万亿 $m^3$，相当于世界天然气储量的 45%；

煤炭储量约 4 000 亿 t,相当于世界煤炭储量的 9%。

(3)能够有效防范海盗袭击。北冰洋航线的开通不仅能够缓解马六甲海峡和苏伊士运河日益严重的拥堵状况,还能有效防范海盗袭击。

2. 北冰洋航线开通的预期影响

(1)改变世界贸易格局,提速全球经济发展。北冰洋航线连通北美、西欧和东亚三大经济活跃区域。航线开通后,上述区域间的贸易往来将进一步增长,促使全球经济重心向北偏移,从而提升振兴俄罗斯和我国东北老工业基地经济发展。届时,南北经济发展失衡将加剧,加拿大和俄罗斯的石油、天然气和矿产资源出口将增长,北极其他地区的能源开采将加速。此外,随着国际贸易距离的缩短,商品流通周期也将有所缩短,预计全球化趋势将进一步加速。

(2)引发国际航运新变革。例如:货量北移可能促使东北亚区域的部分港口发展成为新的国际航运中心;运距缩短可能导致大型船舶过剩风险上升;北极地区恶劣的运输环境及未来可能制定的严格的排放标准对船舶制造业提出更高的技术要求。

(3)导致各国利益竞争加剧。俄罗斯援引《联合国海洋法公约》的规定,宣称对东北航道拥有管辖权,船舶进入该航道必须接受俄罗斯的引航和破冰服务并支付航道使用费;美国将破冰船驶入北极海域,并计划组建北极舰队;加拿大则在北极地区召开新闻发布会,明确宣布驶入西北航道的船舶必须在加拿大海岸警卫队登记备案;挪威和丹麦也积极争夺北极领土主权。

3. 开辟北冰洋航线面临的问题

(1)气象和水文资料及相关法律法规不健全。由于目前北冰洋地区的归属问题存在很多争议,加之北冰洋航线尚未实现持续通航,导致气象和水文资料较为缺乏,针对该区域的船舶保障、航行安全、船舶管辖权等法律法规尚不健全。

(2)适航船舶较少。目前北冰洋海域只能通行有加厚船壳的抗冰船舶,而此类船舶为数不多,因此,短期内该航线运量仍将处于较低水平。

(3)港口基础设施条件较差。目前在东北航道沿线的 50 多个港口中,有 41 个港口对航运开放,但其中有多达 40% 的港口存在功能不完善、基础设施条件较差的问题。

4. 我国应对未来北冰洋航线发展的措施

(1)推动北极问题国际化。目前我国在北极事务领域比较被动。中国海洋大学极地问题专家郭培清指出,北极的主体是一片由主权国家领土环绕的海洋,因此,北极问题实质上是海洋问题。我国应当加强与其他国家合作,寻找共同议题,推动北极问题国际化。

(2)加大对北极科考的投入。我国应当重视北极科考工作,加强北极科考人员队伍建设,加大科考经费投入,丰富科考形式和调研方式,并加强与其他国家科考队伍的交流与合作。

(3)扩大对罗津港的投资。罗津港位于朝鲜东北部,是东北亚地区重要的不冻港之一。该港目前拥有 5 个码头和 10 个泊位,总面积 38 万 $m^2$,露天货场面积 20 万 $m^2$,库房面积逾 2 万 $m^2$,年货物吞吐能力 300 万 t。目前我国已取得罗津港 1 号码头 10 年租用权。

罗津港是未来我国进入日本海以更多地参与北极事务的重要平台，也是我国振兴东北经济的重要通道。我国有必要加大对罗津港的研究和分析，扩大对罗津港的投资。

(4)研发北冰洋航线适航船舶。北冰洋特殊的自然条件和气候条件对船舶技术提出新的要求，加之未来国际社会可能针对北冰洋采取更为严格的低碳环保措施，尽早研发北冰洋航线适航船舶尤为重要。

(5)加强对策研究，参与国际合作。目前北冰洋航线市场仍然不成熟，业务操作尚不完善。例如，该航线保险费率混乱，缺乏市场标准。为此，我国应当积极参与国际合作，加强对现有政策的研究，参与制定相关政策和标准，从而掌握市场主动权。

## 第四节　集装箱航线运行组织

经过对集装箱运输市场的分析研究并决定开辟新航线后，应进一步研究如何开展集装箱运输航线运行组织。由于集装箱运输投资大，固定成本高，市场竞争激烈，投资风险大，因此船公司应做好集装箱船舶运行组织工作，进行投资风险分析，做好市场预测，做到精心组织、科学调配船舶和管理，以提高船舶运输效率和企业经济效益。

集装箱航线运行组织主要内容包括航线配船、航线配箱、确定基本港和编制船期表等。由于航线配箱的内容在第二章第二节已经介绍，因此本节主要介绍以下三方面的内容。

### 一、线航配船

航线配船就是研究集装箱船舶在各航线上的合理配置问题，即在集装箱运输航线上如何最合理地配置船型、船舶规模及其数量，使其不仅满足每条航线的技术和营运方面的要求，而且能使船公司获得良好的经济效益。

在进行航线配船之前，船公司应对与航线有关的情况进行经济调查和运输市场分析，了解适箱货源及市场竞争情况，掌握挂靠港口的泊位水深、泊位长度、装卸效率以及集疏运情况等，并遵循以下基本原则：

(1)船舶与航行条件相适应。船舶的尺度性能应与航线水深、船闸尺度、桥梁或过江电线净空高度等相适应；船舶的航行性能应与航线航行条件相适应。

(2)船舶与港口条件相适应。集装箱船舶的尺度性能要适应航道水深、泊位水深；集装箱船舶的结构性能、装卸性能及船舶设备等应满足港口装卸条件的要求等。

(3)船舶与货源状况相适应。所配备的集装箱船舶的技术性能和营运性能应与航线上的货源种类、流向、流量相适应。因此，在进行航线配船之前，船公司应对与航线有关的情况进行经济调查和运输市场分析，了解和掌握适箱货源及市场竞争情况。

(4)遵循“大线配大船”的原则。在适箱货源充足，且港口现代化水平高的集装箱航线上，配置大吨位全集装箱船是最经济合理的；而在集装箱箱化程度不高，集装箱货源较少，或处于集装箱运输发展初期的航线上，则宜使用中小型半集装箱船或多用途船。

(5)处理好船舶规模、船舶数量与航行班次、航线货运量、挂靠港数目以及船舶航速之间的关系。在航行条件允许的情况下，船舶规模的大小与适箱货源的多少及航行班次有关。在货运量一定的情况下,发船间隔越大,航行班次越少,船舶数越少,船舶规模则越大;在发船间隔或航行班次一定的情况下,船舶规模与货运量成正比,即货运量越大,船舶规模也越大;在货运量和发船间隔一定的情况下,船舶规模与往返航次的时间和船舶数有关,即船舶规模与往返航次时间成正比,与船舶数成反比;当船舶数和挂靠港数目不变时,航线上船舶航速越高,往返航次时间将减少,船舶规模可减少。

在以上各种因素中,船舶航速、航行班次、挂靠港数目以及航线货运量是自变量,船舶规模与船舶数是因变量,两者之间呈函数关系,这就存在着一定条件下满足航线运输需求的各种最低限度的数量组合。在航行条件一定的情况下,通过改变船舶航速及船舶数量,都可具有相同的运输能力,均可完成相同的货运量。应该看到,由于船舶航速的提高,可以减少船舶需要量,从而减少船舶投资。但是,由于船舶航速的提高,必然大大增加船舶航行燃料费用,将明显提高船舶运输成本,因而影响企业经济效益。所以,应通过航线经济论证后,确定最佳的船舶航速及船舶数量。

应该指出,以上的分析是在假定其他条件不变的情况下,船舶数量与航速之间的函数关系,如果条件变化,情况就更复杂了。当船舶载箱量增加时,则船舶单位运输成本降低,这必须在航线适箱货源充足及港口装卸效率能满足的条件下才能实现。否则,增加船舶载箱量,即船舶大型化反而造成箱位利用率大幅度降低,其结果反而使单位运输成本提高。可见,在航线配船时,应综合分析论证后确定。

对于规模较小的班轮公司来讲,航线、船型比较单一,基本上无须考虑运用系统分析模型进行航线运行组织优化。然而,如果班轮公司经营的航线较多,船队规模也较大,航线决策所需考虑的因素较多,也较复杂时,就需要借助系统分析模型进行优化决策,这是因为在航线和船型较多的情况下,可行方案作为配选的数量很多,欲确定最佳方案比较困难,通过优化模型则可在复杂情况下获得正确的结论。

## 二、确定基本港

集装箱航线基本港,也称为基本港口,是指国际大型班轮公司定期挂靠,进出口贸易量及海运需求较大,具有相当规模的港口。基本港因进出口货物运输需求量大,班轮直接挂靠,相对成本较低。

航线基本港的选择和确定,是集装箱船舶运行组织的重要问题。航线挂港数的确定,关系到承揽航线港口货运量的多少及船舶往返航次时间的长短。对于货源充足的航线,船舶规模越大,挂靠港数目应越少;当货源不是很充足时,为了提高船舶载箱量利用率,也可适当增加挂靠港口,以提高船公司经济效益。即在确定基本港时,应考虑以下因素:

1. 地理因素

基本港的地理位置应处于集装箱航线之上或离航线不远处。同时,为了便于开展支线运输,还应考虑基本港与其附近港口之间的地理位置,便于与内陆运输相连接,有利于开展国际集装箱多式联运。

2. 货源因素

货源是否充足和稳定,是选择和确定航线基本港的前提条件和重要因素。因此,航线基本港理所当然地设置在货源较集中的港口,可减少集装箱的转运成本,提高发船密度,有利于加速船舶周转，提高运输效率。同时，基本港要有大城市作依托，优先考虑货源集中的沿海大城市作为基本港。

3.港口因素

港口因素主要是指港口的自然条件、装卸设施及装卸效率、港口的集疏运条件等。

港口的自然条件是一个极其重要的因素。港口必须具备和满足大型集装箱船舶靠泊及装卸作业的要求，即应具备船舶吃水所必需的泊位水深及船舶靠泊所需的泊位长度；应具备集装箱船舶所必需的进港航道的水深和尺度；应具备足够的集装箱堆存保管陆域等。

港口装卸设施及装卸效率应能满足集装箱船舶装卸作业的要求，应具有高效率的集装箱装卸工艺系统和装卸机械。同时港口应具有满足集装箱进、出口需要堆存的堆场容量和堆存能力。

港口的集疏运条件主要是指支线和内陆的集疏运能力。一个良好功能的基本港，应拥有多渠道的集疏运系统，包括铁路、公路、水路和航空运输。依靠这些集疏运系统，可与内陆广大腹地相连，实现集装箱集疏运的高速化，有效地解决港口堵塞，加速车、船、箱的周转，提高集装箱运输系统的综合效率和经济效益。

4.其他因素

一个良好的基本港应具有高度发达的金融、保险、服务设施等行业和部门，以满足集装箱运输的要求。

根据以上各个基本因素，经综合分析和论证后确定航线基本港。

## 三、拟制船期表

编制船期表是集装箱航线运行组织的一项重要工作。制定一个周密的集装箱航线运行船期表，首先可满足货主的托运需要，体现集装箱运输的服务质量；其次可提高营运管理水平，有利于船舶、港口和货物及时交接，提高工作效率和航线经营计划质量。

一般来说，集装箱班轮航线的发船密度比传统班轮大。航行班次的增加，在相当程度上意味着船公司竞争能力的提高和运输服务质量的提高，同时也是防止其他船公司在同港口参与竞争的一种有效手段，这些都有利于提高船公司的营运经济效益。

船期表的内容一般有航线编号、船舶名称、航次编号、挂靠港名（始发港、中途港、终点港）、到达和驶离各港时间等，如表3-3所示。船期表以每月为周期发布，本月底发布下月船期表。

**班轮船期表** 表3-3

| 中国至地中海、欧洲直达航线 | | | | | | | | |
|---|---|---|---|---|---|---|---|---|
| 03CME（CHINA－MEDITERRANEAN－EUROPE SERVICE）上海/宁波/盐田至地中海/欧洲 | | | | | | | | |
| VESSEL VOY | ETD NINGBO | ETD SHANGHAI | ETD YANTIAN | ETD HONGKONG | ETA TARANTO | ETA HAMBURG | ETA ROTTERDAM | ETA THAMESPORT |
| LT CORTESIA 0383－011W | 04－11 | 06－11 | 08－11 | 09－11 | 24－11 | 30－11 | 02－12 | 04－12 |
| EVER CHIVALRY 0384－006W | 11－11 | 13－11 | 15－11 | 16－11 | 01－12 | 07－12 | 09－12 | 11－12 |

拟制船期表除了考虑上述因素外,还应考虑船舶数量、船舶规模、航速、挂港数量、港口工班工作制度以及与其他运输方式运行时刻表的衔接配合等因素。

集装箱船期表的班期、航线配船数和发船间隔可按以下公式计算确定。

1. 集装箱航线班期的计算

确定班期即拟定往返航次周转时间,此时间应满足定班运行组织的要求。

$$t_{往返}=t_{航}+t_{港装卸}+t_{港其他}$$

式中:$t_{往返}$——航线往返航次时间(天);

$t_{航}$——航线往返航行时间(天):

$$t_{航}=L_{往返}/(24\cdot V)$$

其中:$L_{往返}$——航线往返航次总航程(n mile);

$V$——平均航速(n mile/h);

$t_{港装卸}$——航线往返航次各港总装卸停泊时间(天):

$$t_{港装卸}=Q/(24\cdot M)$$

其中:$Q$——航线往返航次各港装卸总量(TEU);

$M$——航线往返航次各港装卸平均效率(TEU/h);

$t_{港其他}$——航线往返航次船舶在各港其他停泊时间(天)。

2. 集装箱航线配船数的计算

$$N=t_{往返}\cdot Q_{max}/(f\cdot D\cdot T_{营})$$

式中:$N$——集装箱航线配船数(艘);

$Q_{max}$——航线两端点港之间运量较大航向之年最大运箱量(TEU);

$D$——集装箱船箱位容量(TEU);

$f$——船舶载箱量利用率(%);

$T_{营}$——集装箱船年营运时间(天)。

3. 集装箱航线发船间隔的计算

$$t_{间}=t_{往返}/N=f\cdot D\cdot T_{营}/Q_{max}$$

式中:$t_{间}$——航线发船间隔(天)。

必须提出,为了保证班轮有规律地运行,要求集装箱船舶的往返航次时间要为航线发船间隔时间的整倍数;要求航线的发船间隔时间为昼夜的整倍数。集装箱班轮航线船舶往返航次时间与航线发船间隔时间的整倍数关系,这个"倍数"即为航线配船数:

$$N=t_{往返}/t_{间}$$

---

**例3-1** 某集装箱班轮航线航次集装箱装卸总量为4 320TEU,港口装卸效率60TEU/h,往返航次总航行距离6 720n mile,平均航速20kn,船舶在港其他停泊时间为1天。航线端点港A年集装箱发运量$10.8\times10^4$ TEU,另一端点港B年集装箱发运量$8.8\times10^4$ TEU,航线配置集装箱船箱位容量为2 500TEU,假设箱位利用率为85%,年营运时间340天,试求船公司在该航线上需配备的集装箱船艘数和航班发船间隔。

**解**:①求往返航次时间$t_{往返}$:

$$t_{航}=L_{往返}/(24\cdot V)=6\,720/(24\cdot 20)=14(天)$$

$$t_{港装卸} = Q/(24 \cdot M) = 4\,320/(24 \cdot 60) = 3(天)$$

$$t_{港其他} = 1(天)$$

$$t_{往返} = t_{航} + t_{港装卸} + t_{港其他} = 14 + 3 + 1 = 18(天)$$

②求集装箱航线配船数 $N$：

$$N = t_{往返} \cdot Q_{max}/(f \cdot D \cdot T_{营})$$

$$= 18 \cdot 108\,000/(2\,500 \cdot 0.85 \cdot 340) = 2.6 \approx 3(艘)$$

③求集装箱航线发船间隔 $t_{间}$：

$$t_{间} = t_{往返}/N = 18/3 = 6(天)$$

## 思考与练习

一、名词解释

1. 箱位容量
2. 箱位号
3. 行箱位总图
4. 行箱位图
5. 干线运输
6. 支线运输
7. 陆桥运输

二、简答题

1. 集装箱船舶的类型有哪些？
2. 简述吊装式全集装箱船舶的结构特点。
3. 简述集装箱船舶三大干线和三大陆桥运输。
4. 简述集装箱船舶箱位编号方法。
5. 集装箱船舶配积载的基本要求有哪些？
6. 简述集装箱船舶配积载图的种类和作用。
7. 简述集装箱船舶配积载过程。
8. 集装箱船舶运行组织包括哪些主要内容？
9. 航线配船的基本原则是什么？
10. 确定基本港时需考虑哪些因素？

三、讨论题

1. 为什么要在集装箱配积载过程中使用不同配积载图？它们之间有何区别与联系？
2. 防止集装箱在海运过程中发生移位、倾倒等事故的对策有哪些？

四、案例题

1. 2004年春天，某轮0012E航次停靠在比利时的安特卫普港装货，欧控操作部负责公司船舶在欧洲地区的集装箱配载工作。做预配时，欧控德籍配载员将五个8类危险品小柜配在39BAY舱内，根据该轮《危险品适装证书》记载规定，第五货舱内不允许积载危险品箱，而

39BAY 属于第五货舱的前半部分,显然是配借了地方。在装箱前,该轮船长、大副没有认真检查码头提供的预装船图,没有及时发现问题。船航行到下一港西班牙的瓦伦西亚,被港口当局检查发现,造成倒箱 73 个,损失两天船期和被迫出具 10 万欧元的担保,给该公司造成很大的经济损失,并损害了该船公司的声誉。

问题讨论:请分析事故的原因及实践中如何防止此类事情发生。

2. 2011 年 10 月 24 日,马士基航运正式宣布在亚欧航线推出新服务"天天马士基",实现每日截关/截港,并承诺运输时间:如果实际运输时间超出承诺运输时间 1 ~ 3 天,每个集装箱获赔 100 美元;如果实际运输时间超出承诺运输时间 4 天以上,每个集装箱获赔 300 美元。"天天马士基"服务推出 1 年后,马士基航运对外表示,该服务的平均准班率达到 98%。凭借连贯、密集、可靠的航运服务,马士基航运期望在贸易活动最繁忙的亚欧航线打造优质的远洋运输带。

据 Alphaliner 预测,2013 ~ 2015 年全球每年将交付运力超过 130 万 TEU,运力年增长率维持在 8% 左右,呈现持续过剩的趋势。亚欧航线是全球最繁忙的航线,激烈的竞争使航运企业的多次提价最终都以失败告终。受市场持续低迷的影响,部分小型航运企业可能陷入严重亏损甚至破产的境地。

运价低迷导致市场竞争日益残酷,航运企业进一步分化,行业洗牌加速。马士基航运凭借"天天马士基"服务的庞大规模和高准班率抢占市场份额,捍卫其在亚欧航线的"巨无霸"地位;其他大型航运企业纷纷抱团取暖,掀起运力共享的高潮,通过舱位共享、船队联合、信息资源共享等措施提高竞争力,共同应对"天天马士基"服务带来的冲击。

集装箱航运市场的集中度不断提高使大型航运企业逐渐恢复盈利水平;同时,亚欧航线的集装箱船舶运力格局发生重大变化,以马士基航运和地中海航运为代表的航运巨头加速订造新船,推动市场向垄断化方向发展,使中小型集装箱航运企业面临被边缘化的危险,受此影响,中小型航运企业或将逐步退出市场。

问题讨论:"天天马士基"服务对我国集装箱航运企业的影响及应对策略?

五、计算题

某集装箱班轮航线航次集装箱装卸总量为 3 240TEU,港口装卸效率 30TEU/h,往返航次总航行距离 11 520n mile,平均航速 20kn,船舶在港其他停泊时间为 1.5 天。航线端点港 A 年集装箱发运量 $7.8\times10^4$ TEU,另一端点港 B 年集装箱发运量 $7.0\times10^4$ TEU,航线配置集装箱船箱位容量为 2 500TEU,假设箱位利用率为 92%,年营运时间 345 天,试求船公司在该航线上需配备的集装箱船艘数和航班发船间隔。

假设集装箱内陆周转情况在端点港(始发港)A。60% 箱量在 10 天之内返抵港口待装船,30% 箱量在 10 ~ 20 天内返抵港口待装船,10% 箱量在 20 ~ 30 天内返抵港口待装船;在中途港卸(装)箱量为 2 000TEU,中途港箱量系数为 1.2;在端点港(终点港)B,平均周转时间仅为 8 天。如全程周转期内港口内陆修箱总量为 400TEU,不考虑特种箱量不平衡所须增加的箱量数,富裕系数取 1.05,试求集装箱船公司在该航线上需配备的集装箱数量。

# 第四章　集装箱码头及其场站管理

## 引导案例　集装箱码头运营管理信息化趋势

“十二五”期间，转型将成为我国社会经济发展的主题。当前集装箱码头企业面临全球宏观经济增长不确定、营业成本高涨、操作用工紧张等多重压力，转型发展势在必行，计算机信息系统将成为集装箱码头转型发展的重要管理载体和优化工具。在推进集装箱码头转型发展的过程中，信息化建设在提高口岸服务能力、港口集疏运能力、客户服务能力和企业管理能力等四大转型战略任务中均发挥着举足轻重的作用。典型集装箱码头参见图4-1。

图4-1　典型集装箱码头图

1.硬件自动化

集装箱码头的硬件自动化主要包括：①场桥自动化，要求场桥能够自动移动和追踪集装箱位置，一般指自动化轨道吊，这是衡量集装箱码头自动化水平的主要标准；②运输设备自动化，要求在岸桥与场桥间实现集装箱运输自动化，自动化运输设备主要包括自动跨运车和自动导引车；③岸桥自动化，难度较大，一般指通过光学字符识别技术自动生成岸桥装卸记录；④道口自动化，目前我国港口已基本实现。

按照场桥和运输设备自动化程度的不同，自动化集装箱码头分为全自动化集装箱码头和半自动化集装箱码头：全自动化集装箱码头多采用“自动堆垛起重机＋自动导引车”的搭配方式，如鹿特丹港的集装箱码头；半自动化集装箱码头多采用“收发轨道吊＋集卡”或者“自动堆垛起重机＋集卡或跨运车”的搭配方式，如川崎港和汉堡港的集装箱码头。

集装箱码头是否实行自动化,应主要考虑以下几个方面:①面对较高的投资成本,从经济和技术角度充分衡量投资价值能否实现;②预估码头吞吐量的变化趋势,在预期较好的情况下投资码头自动化建设;③对比码头实行自动化前后成本结构的变化,以确定码头从非自动化到自动化的切换基线;④充分预计自动化和非自动化设备混用带来的生产组织变革,调整相应的作业管理体系和信息系统;⑤制定详细的实施计划,选择合适的实施时点,实现码头从非自动化到自动化的平稳切换。

2. 软环境便利化

集装箱码头的软环境主要指口岸环境和商务环境。从口岸环境看,相关口岸单位应加强实施风险管理体系下的企业自主管理,强化电子数据的使用和共享,为集装箱码头信息化建设提供良好的口岸信息自由流动环境;从商务环境看,船公司和货主应积极参与集装箱码头服务的预约体系,自觉对集装箱码头的优质服务给予高对价,为集装箱码头不断提高服务质量和效率提供充分的信息互通和经济驱动力。

要实现口岸环境的便利化,监管单位应着力推进监管体系的创新变革,使当前的特殊监管区域逐步向自由贸易港区迈进,进而为口岸整体效率提升和信息互通共享奠定政策基础。要实现商务环境的便利化,港口企业应着力提升资源使用效率,积极借鉴国际大港的先进经验,建立靠离泊、进提箱网上预约系统,实施高准班率获得高收益、超时进提箱受惩罚等措施,为集装箱码头有效调配资源提供全面、及时的商务信息,从而减少集装箱码头短时间内处理大量信息的资源浪费。

3. 运营操作智能化

(1)集装箱船自动配载。在满足集装箱船箱位约束和稳性要求的前提下,将集装箱船箱位与堆场集装箱一一对应起来。尤其是在出口装船的作业过程中,场桥应与岸桥联动起来,通过合适的配箱减少场桥的无谓运动,提高机械的联合效率,并在一定程度上降低耦合性,以保证岸桥作业正常进行。

(2)智能预翻箱。要实现智能预翻箱必须考虑集装箱的航次、港口、载质量、箱型、装船码头等基本属性,在预翻箱方案的指导下进行预翻箱操作,使集装箱堆场符合堆放规范,以提高装船速度,缩短船舶靠港时间。

(3)作业机械使用规划。随着双 40ft 岸桥的规模化使用,作业路捆绑集卡的作业模式受到极大挑战,公共集卡池和场桥的作业、调度都需要资源和任务信息的及时更新和匹配。同时,随着集装箱码头吞吐量的大幅增长,作业机械数量增多,业务交错性导致作业复杂性增加,而且在相应的机械设备并行作业的情况下,人工调度方式很难适应运营要求,因此迫切需要发挥计算机批量并行处理和复杂运算的能力,为资源调配和现场作业提供及时准确、有效的预判和指导。

总之,集装箱码头运营操作智能化需要重新梳理集装箱码头运营管理体系,以宏观计划(包括泊位计划、堆场战略计划等)指导码头作业,根据信息变化结合资源使用情况,及时排出、调整微观计划(包括岸桥作业计划,堆场战术计划,集卡、场桥和进出门计划等),或者给出相应提示,对现场作业的执行进行监督和纠偏。

4. 经营管理精益化

对于集装箱码头生产经营而言,大规模的集装箱装卸作业犹如流程紧密衔接的生产线,周而复始;但实际上任何一个环节都充斥随机变量,如集卡的行驶速度、箱区的机械分布会随时导致作业顺序的改变,从而对整个生产线的效率产生影响。信息化的作用在于:通过对运营生产数据进行统计分析,得出诸如集卡的平均空驶距离和周转时间,轮胎吊大车移动距离和有效翻箱数等数据,继而通过将这些数据转化为油耗、机耗、人耗的关键绩效指标,发现成本重点和成本改善杠杆点,以达到通过改善宏观和微观作业计划来预控、降低实际运营成本的目的。因此,运用计算机进行数学建模求解是未来集装箱码头信息化发展的重要方向。

从更广泛的意义来讲,集装箱码头的精益化生产指集装箱码头企业打造一体化的业绩管理体系,以显著改善企业的战略执行效果。为此,集装箱码头企业必须从以下方面加强成本管理能力:①在运营支出(油耗、机耗、人耗)计划中引进战略导向、驱动因素、标准成本等,使得运营支出计划成为连接企业战略与预算的桥梁;②通过建立和应用作业成本管理模型,对业务计划相应的成本费用做出较为准确的预估,为预算控制、管理分析、成本节省打下良好基础;③开展绩效考核,基于内外部驱动因素,自上而下地将企业整体经营目标有效分解到部门层面和运营专业领域,采用客户、航线、业务类型、业务活动等多维度成本经营分析视角,加强竞争对手对标分析,有效指导执行,确保预算目标的实现。

### 问题

1. 集装箱码头运营管理涉及哪些业务?
2. 未来集装箱码头运营管理信息化趋势如何?

### 本章知识点

集装箱码头是现代物流系统的重要节点,众多物流功能可在此节点开展服务。

本章介绍了集装箱码头的概念、特点和要求,对集装箱码头布局设施和需配备的机械设备进行了描述,重点对集装箱码头主要设施——集装箱堆场和货运站的管理进行了详细的阐述,并对集装箱码头装卸工艺系统和具体作业流程进行介绍。

本章应重点掌握的内容:集装箱码头布局及其设施;集装箱码头机械设备;堆场箱区划分及箱位编码方式;集装箱码头堆场堆存管理;集装箱码头货运站管理;集装箱码头装卸工艺系统。

## 第一节 集装箱码头概述

集装箱码头(Container Terminal)是集装箱运输的枢纽,它向外延伸国际的远洋运输航线,向内连接国内的铁路、公路、水路等运输线路。因此,集装箱码头是各种运输方式衔接的换装点和集散地。集装箱码头在整个集装箱运输过程中具有重要的地位,做好集装箱码头的建设和管理工作对于加速集装箱及其运载工具的周转,降低运输成本,提高经济效益和社会效益具有极其重要的意义。

### 一、集装箱码头的特点和要求

随着集装箱运输的迅速发展,集装箱运量不断上升,集装箱船舶日趋大型化和高速化。

因而,要求集装箱码头实现装卸作业高效化、自动化,管理工作现代化、标准化和规范化,以加速车、船、箱的周转,降低运输成本,提高整个集装箱运输系统的营运效益和综合社会效益。

为满足集装箱运输对集装箱码头的要求,世界各国港口快速发展集装箱专用码头,设置了现代化的硬件及软件系统。集装箱码头应满足以下要求:

(1)具备设计船型所需的泊位、岸线及前沿水深和足够的水域,保证船舶安全靠、离港;

(2)具备码头前沿所必需的宽度、码头纵深及堆场所必需的面积,具有可供目前及发展所需的广阔的陆域,保证集装箱堆存、堆场作业及车辆通道的需要;

(3)具备有适应集装箱装卸船作业、水平运输作业及堆场作业所必需的各种装卸机械及设施,以实现各项作业的高效化;

(4)具有足够的集疏运能力及多渠道的集疏运系统,以保证集装箱及时集中和疏散,防止港口堵塞及快速船舶装卸作业;

(5)具有维修保养的设施及相应的人员,以保证正常作业的需要;

(6)由于集装箱码头高科技及现代化的装卸作业和管理工作,要求具有较高素质的管理人员和机械司机;

(7)为满足作业及管理的需要,应具有现代管理和作业的必需手段,采用电子计算机及数据交换系统。

鉴于集装箱船舶大型化带来的对集装箱码头设施和装卸服务的新要求,集装箱码头未来发展趋势将是泊位深水化、装卸设备大型化、装卸工艺系统化、集疏运设施现代化、生产信息化、码头泊位高效化、港口生产组织合理化。

## 二、集装箱码头布局及其设施

集装箱码头装卸作业是采用机械化、规模化生产方式进行的,要求各项作业密切配合实现装卸工艺系统的高效化。这就要求集装箱码头布局合理,使码头上各项设施合理配置,并使它们有机地联系起来,形成一个各项作业协调一致、相互配合的有机整体,形成高效率的、完善的流水作业线,以缩短车、船、箱在港口码头的停泊时间,加速车、船、箱的周转,降低装卸成本和运输成本,实现最佳的经济效益。

图4-2为吊装式全集装箱船专用码头平面布局简图。对于集装箱专用码头,在码头布局上主要要求集装箱泊位岸线长为300m以上;集装箱码头陆域纵深一般为350m以上,有的集装箱码头已高达500m;码头前沿宽度一般为40m左右;每一集装箱专用泊位,配置2~3台岸壁集装箱起重机;集装箱堆场面积达105 000$m^2$,甚至更大;集装箱货运站可布置在集装箱码头大门与堆场之间的地方,也可布置在集装箱码头以外的地方;所有通道的布置应根据装卸工艺与机械要求而定。

根据集装箱码头装卸作业和业务管理的需要,集装箱码头应配置以下主要设施。

1. 码头前沿

码头前沿(Frontier)是指沿码头岸壁到集装箱编排场之间的区域,设置有岸壁集装箱起重机及其运行轨道,一般不设铁路线。码头前沿的宽度可根据岸壁边集装箱起重机的跨距和使用的其他装卸机械种类而定,一般为40m左右。

码头前沿水深应满足设计船型的吃水要求，一般为12m以上。岸壁上设有系船缆桩，用于船靠码头时通过缆绳将船拴住。为保持岸壁不受损坏，岸壁上设置预防碰撞装置，通常为橡胶材料制作。

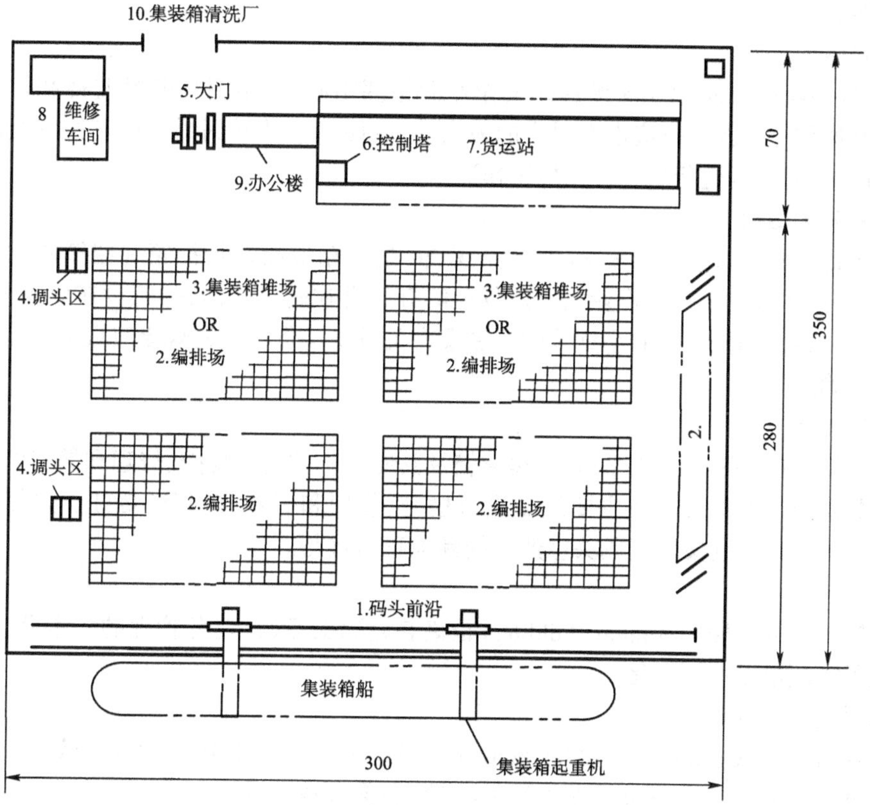


图4-2　集装箱码头的标准布局图(单位:m)

### 2. 集装箱编排场

集装箱编排场(Container Marshalling Yard)又称前方堆场，是指为即将装船的集装箱排列待装及即将卸下的集装箱备好的堆放区域。集装箱编排场通常布置在码头前沿与集装箱后方堆场之间，其主要作用是保证船舶装卸作业快速而不间断地进行。编排场面积的确定主要与集装箱码头吞吐量、设计船型的载箱量、到港船舶密度及装卸工艺系统有关。

### 3. 集装箱堆场

集装箱堆场(Container Yard，CY)又称后方堆场，是指进行集装箱交接、保管重箱和安全检查箱的场所，有的还包括存放底盘车的场地。由于进出码头的集装箱基本上均需要在堆场上存放，因此堆场面积的大小必须适应集装箱吞吐量的要求，应根据设计船型的装载能力及到港的船舶密度、装卸工艺系统、集装箱在堆场上的排列形式等因素分析确定。

### 4. 调头区

调头区(Returning Zone)按需要设置在集装箱堆场周围，供集装箱运输车辆及作业机械调头使用。调头区大小依集装箱码头面积富裕程度而定。

5. 大门

大门(Gate)是集装箱码头的出入口,也是划分集装箱码头与其他部门责任的地方。集装箱码头门卫工作十分重要,所有进出集装箱码头的集装箱均在门房进行检查,办理交接手续并制作有关单据,这些单据不仅作为划分责任的依据,也是实行集装箱码头电子计算机管理的主要数据来源。

6. 控制塔

控制塔(Control Tower)是集装箱码头作业的指挥中心,其主要任务是监视和指挥船舶装卸作业及堆场作业。控制搭应设在码头的最高处,以便能清楚看到码头所有集装箱的箱位及全部作业情况,有效地进行监视和指挥工作。

7. 集装箱货运站

集装箱货运站(Container Freight Station,CFS)是拼箱货物进行拆箱和装箱并对这些货物进行贮存、防护和收发交接的作业场所。货运站有的设在码头之内,也有设在码头外面的,一般应配备拆装箱及场地堆码的小型装卸机械及有关设备。货运站的规模应根据拆装箱量及不平衡性综合确定。

8. 维修车间

维修车间(Maintenance Shop)是对集装箱及其专用机械进行检查、修理和保养的场所。它的主要任务是及时对集装箱及主要机械进行检查、修理和保养,使其经常处于完好的技术状态,提高完好率,以保证集装箱码头生产不间断地正常进行。

9. 办公楼

集装箱码头办公楼(Terminal Building)是集装箱码头行政、业务管理的大本营,目前已基本上实现了管理电子计算机化。

10. 集装箱清洗场

集装箱清洗场(Container Washing Station)主要任务是对集装箱污物进行清扫、冲洗,以保证空箱符合使用要求。清洗场一般设在后方并配备多种清洗设施。

## 专栏 4-1　海关特殊监管区

1. 定义

海关特殊监管区域是经国务院批准设立并由海关实行封闭监管的特定区域。为了满足加工贸易下的保税原料和保税成品的流转,我国海关确立了保税货物的概念,即专门针对未经实质性加工并处于保税状态下的货物进行监管。这样,以保税为基础和前提,保税加工与保税物流共同组成了我国海关保税监管的基本内容。

2. 类型与功能

海关特殊监管区域十几年的发展历程,从保税区到出口加工区,再到保税物流园区、保税物流中心和保税港区,是对特殊监管区域功能认识的不断深化和监管手段的不断更新。到目前为止,我国海关已经发展成为三个层次、七种模式的现代海关监管体系,即以保税港和区港联动的保税物流园区为龙头,以保税区、保税物流中心和出口加工区为枢纽,以优化的保税仓库和出口监管仓库为网点的结构化体系。

目前我国主要的海关特殊监管区域包括保税仓、出口监管仓,保税区、出口加工区、保税物流中心(A型和B型)、保税物流园区、跨境经济合作区、保税港区和综合保税区。

(1)保税仓是指经海关批准设立的专门存放保税货物及其他未办结海关手续的货物的仓库。它分为公共型保税仓库(向社会提供保税仓储服务)以及仅储存本企业自用保税货物的自用型保税仓库。

(2)出口监管仓是指经海关批准设立,对已办结海关出口手续的货物进行储存、保税物流配送、提供流通性增值服务的海关专用监管仓库。按功能分为出口配送型出口监管仓和国内结转型出口监管仓。

(3)保税区是指经国务院批准设立的、海关实施特殊监管的经济区域。保税区的四大功能包括保税加工、转口贸易、保税仓储、商品展示,并免征、免税、保税。随着我国加入WTO所做承诺的逐步兑现,外贸经营权的放开、关税的逐步下调,保税区在政策和功能上的优势相对弱化。

(4)出口加工区是指海关监管的特定区域,特别适合以出口为主的加工企业进入。可以进入出口加工区的企业:一是出口加工企业;二是专为出口加工企业提供服务的仓储企业;三是经海关核准专门从事加工区内货物进出的运输企业。

(5)保税物流中心是对两仓(出口监管仓和保税仓)的整合、优化和提升。保税物流中心的发展方向是国际采购中心、国际分拨中心和国际配送中心。保税物流中心分为A型和B型,两者的功能是相通的,只是监管模式不同。简而言之,A型是指经海关批准,由中国境内企业法人经营、专门从事保税仓储物流业务的海关监管场所。B型是指经海关批准,由中国境内一家企业法人经营,多家企业进入并从事保税仓储物流业务的海关集中监管场所。

(6)保税物流园区(区港联动)是指在保税区与港区之间划出专门的区域,并赋予特殊的功能政策,专门发展仓储和物流产业,达到吸引外资,推动区域经济发展、增强国际竞争力和扩大外贸出口的目的。保税区的地理限制,导致了进出口货物的二次报关问题,即货物由两个海关进行监管、需两次报关、两次查验、两次放行,与港口无联动,降低了通关的效率,增加了企业的物流成本。为此,2003年提出了区港联动的政策,即利用保税区的政策优势和港口的区位优势,在两者之间建立起一个通道,即保税物流园区。保税物流园区除继续执行现在的保税区政策外,还享受以下三条配套政策:进区退税,给予区内企业在税费政策和市场准入方面的国民待遇,适度放宽外汇管理。

(7)跨境经济合作区是指通过两国中央政府谈判和签署协议,在两国边境附近划定特定区域,赋予该区域特殊的财政税收、投资贸易以及配套的产业政策,并对区内部分地区进行跨境海关特殊监管,吸引人流、物流、资金流、技术流、信息流等各种生产要素在此聚集,使该区域加快发展,进而通过辐射效应带动周边地区发展。目前,我国的霍尔果斯边境合作中心和珠澳跨境工业区就是以此形式建立起来的跨境经济合作区。

(8)保税港区是指经国务院批准,设立在国家对外开放的口岸港区和与之相连的特定区域内,具有口岸、物流、加工等功能的海关特殊监管区域。保税港区作为一种新型监管模式,既不同于“港”也不同于“区”,而是兼有“港”和“区”的双重特性。

保税港区是集港口、保税区、出口加工区、保税物流园区等优势于一体,享受国家经济贸易优惠政策的海关特殊监管区域。保税港区与传统海关特殊监管区域相比,增加了港口作业功能,实现了真正意义上的区港联动,保税港区还整合了保税区、保税物流园区、出口加工区等海关特殊监管区域的各种功能和享受税收、监管、外汇等各项优惠政策,包括国外货物入港区保税;国内货物入港区视同出口,实行退税;港区内企业之间的货物交易不征增值税和消费税等,它是目前我国对外开放层次最高、政策最优惠、功能最齐全、区位优势最大的特殊功能区。保税港区具有口岸、物流、加工三大主要功能,具体包括仓储,对外贸易,国际采购、分销和配送,国际中转,检测和售后服务维修,商品展示,研发、加工、制造,港口作业等功能。

(9)综合保税区是指设立在内陆地区的具有保税港区功能的海关特殊监管区域,由海关参照有关规定对综合保税区进行管理,执行保税港区的税收和外汇政策。与保税港区一样,它集保税区、出口加工区、保税物流园区、港口的功能于一身,是中国目前开放层次最高、优惠政策最多、功能最齐全、手续最简化的特殊开放区域。

## 三、集装箱码头机械设备

为了有效地提高集装箱码头的装卸效率,加速船、车、箱的周转,缩短其在港停留时间,集装箱码头必须配备高效专用机械设备,以实现装卸作业机械化。整个集装箱码头机械化系统包括装卸船机械、搬运机械、堆码机械及拆装箱机械等。

1. 岸壁集装箱装卸桥

岸壁集装箱装卸桥(Quayside Container Crane)是码头前沿机械,承担集装箱装、卸船作业,机械结构形式见图4-3。该机是现代化集装箱码头高效专业化装卸机械,其装卸效率一般为20~35TEU/h,起重量为35~45t,外伸距为35~45m,内伸距一般为8~16m,轨距一般为16m。

2. 跨运车

跨运车(Straddle Carrier)是一种专用于集装箱码头短途搬运和堆码的机械,其结构见图4-4。跨运车在作业时,以门形车架跨在集装箱上,并由装有集装箱吊具的液压升降系统吊起集装箱进行搬运和堆码,能堆码或跨越2~3层集装箱。

该机的最大特点是机动性好,可一机多用,既可作码头前沿至堆场的水平运输,又可作堆场的堆码、搬运和装卸车作业。主要缺点是价格昂贵,维修费用较高,驾驶员的视野有待改善。

3. 集装箱叉车

集装箱叉车(Container Forklift)是集装箱码头常用的专门机械,可用于集装箱码头装卸、搬运及堆码作业,也可用于拆装箱作业,见图4-5。根据货叉设置的位置不同,可分为正面集装箱叉车和侧向集装箱叉车两种。为了方便装卸集装箱,配有标准货叉及顶部起吊和侧面起吊的专用属具。

该机主要优点是机动灵活,可一机多用,既可作水平运输,又可作堆场堆码、搬运及装卸底盘车作业;造价较低,使用方便,性能可靠。缺点是轮压较大,要求场地承载能力高,因而场地土建投资较多。

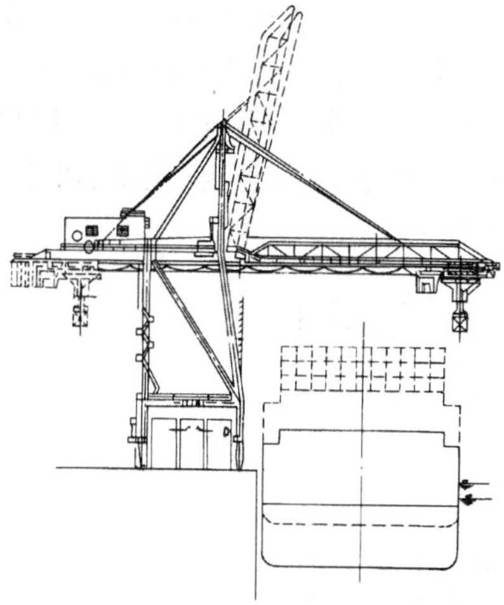

图 4-3 岸壁集装箱装卸桥

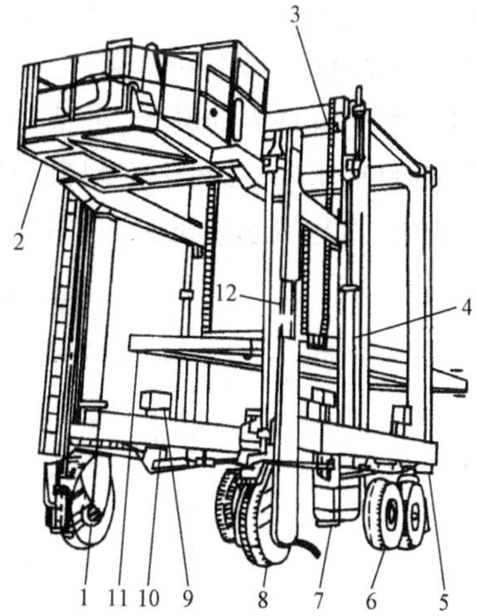


图 4-4 跨运车组成图

1-制动器;2-平台;3-起升链;4-升降油缸;5-底架;6-从动轮;7-燃油柜;8-驱动轮;9-保持水平装置;10-转向装置;11-集装箱吊具;12-驱动链

4. 集装箱正面吊运机

集装箱正面吊运机(Front-handling Mobile Crane)是一种目前在集装箱码头堆场上得到越来越频繁使用的专用机械,其外形结构如图 4-6 所示。正面吊运机的结构特点表现在设置有可伸缩和左右共旋转 120°的吊具,便于在堆场作吊装和搬运。

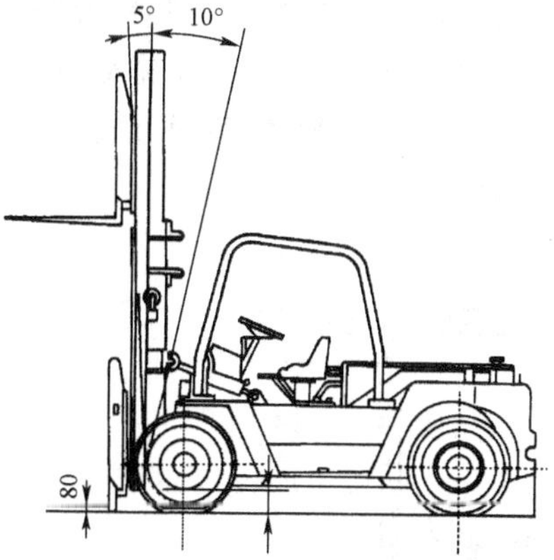


图 4-5 集装箱叉车

图 4-6 集装箱正面吊运机

该机主要优点是机动性强,可一机多用,既可作吊装作业,又可作短距离搬运,一般可吊装 4 层箱高,并且稳性好,轮压也不高,因此是一种比较理想的堆场装卸搬运机械。

5. 龙门起重机

龙门起重机(Transtainer)简称龙门吊,是一种在集装箱堆场上进行集装箱堆垛和车辆装卸的机械。龙门起重机有轮胎式和轨道式两种形式。

(1)轮胎式龙门起重机(Rubber - Tired Transtainer)。轮胎式龙门起重机是最常见的集装箱堆场作业机械,它主要用于集装箱码头堆场的堆码及装卸底盘车作业,见图 4-7。它由前后两片门框和底梁组成的门架,支承在充气轮胎上,可在堆场上行走,并通过装有集装箱吊具的行走小车沿着门框横梁上的轨道行走,可从底盘车上装卸集装箱和进行堆码作业。

该机主要优点是机动灵活,可从一个堆场转移到另一个堆场作业,可堆 3 ~4 层集装箱,提高了堆场面积利用率,并易于实现自动化作业。主要缺点是自重大、轮压大、轮胎易磨损、造价也较高。轮胎式龙门起重机适用于吞吐量较大的集装箱码头。

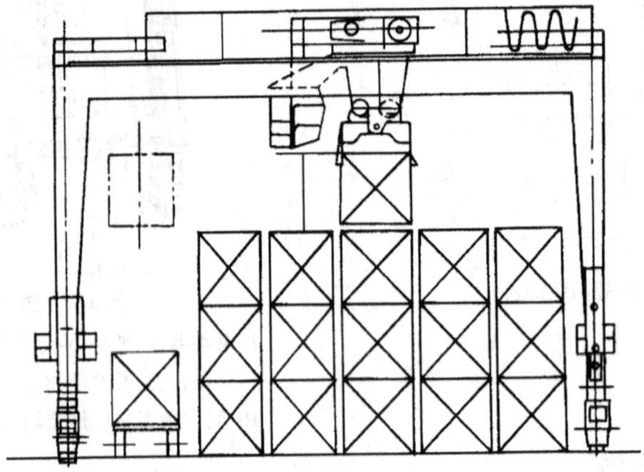

图 4-7 轮胎式龙门起重机

(2)轨道式龙门起重机(Rail Mounted Transtainer)。该机是集装箱码头堆场进行堆码和装卸集装箱的专用机械。它由两片双悬臂的门架组成,两侧门腿用下横梁连接,支承在行走轮台上行走,可在轨道上行走。该机主要优点是可堆 4 ~5 层集装箱,可跨多列集装箱及跨一个车道,因而,堆存能力高,堆场面积利用率高;由于结构简单,因此操作容易,便于维修保养,易于实现自动化。主要缺点是因为要沿轨道运行,故灵活性较差;由于跨距大,对底层箱提取困难。常用于陆域不足且吞吐量大的集装箱码头,其结构见图 4-8。

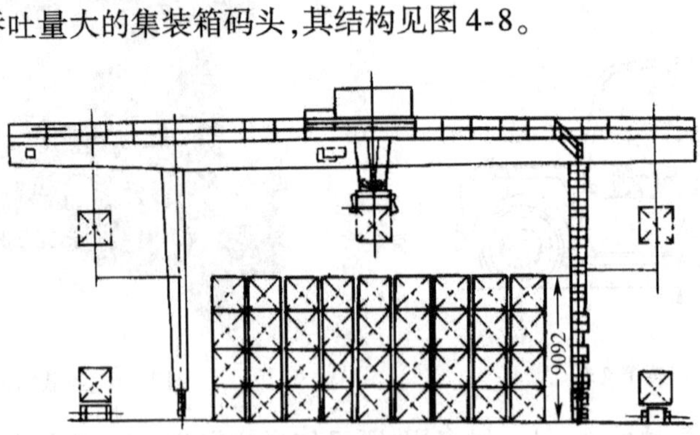


图 4-8 轨道式龙门起重机

6. 空箱堆高机

集装箱空箱堆高机是集装箱堆场常用的专门机械,可用于空箱堆场进行空箱堆码及搬运作业(图 4-9)。空箱堆高机操作方式类似集装箱叉车,但其起吊集装箱采用抓夹方式,一般可抓取 8t 重的空箱,可堆高 8 层空箱。

空箱堆高机设置宽视野门架,堆高作业具有较高的速度和灵活机动性。

7. 集装箱牵引车—底盘车

集装箱牵引车(Semi－Traller Traitor)是专门用于牵引集装箱底盘车的运输车辆。其本身没有装货平台,不能装载集装箱,通过连接器与底盘车连接,牵引底盘车运输,从而实现搬运作业的目的。

底盘车是一种骨架式拖车,是装有轮胎的车架,前面有支架,后面有单轴一组轮胎或双轴两组轮胎两种,车上装有扭锁插头,能与集装箱的角件相互锁紧。

牵引车及底盘车结构见图4-10。该车特点是运行速度快,拖运量大,设备价格较低,营运成本较低,我国集装箱码头大多采用它。

8. 集装箱吊具

集装箱吊具(Container Spreader)是用于起吊集装箱的属具,主要有:固定式、伸缩式和组合式三种类型。

图4-9　空箱堆高机

(1)固定式吊具。是一种只能起吊一种集装箱的吊具,其特点是结构简单、自重轻、价格便宜,但是对箱体类型的适应性较差,更换吊具往往要占用较多时间。

(2)伸缩式吊具。通过伸缩臂,可以改变吊具的臂长,以达到起吊不同尺寸集装箱的要求。其特点是,变换起吊不同集装箱所需时间较少,使用灵活性较强,但是自重较大,一般可达9～10t。这是目前在集装箱装卸桥上使用最为普遍的一种集装箱专用吊具。

(3)组合式吊具。将起吊不同尺寸的集装箱的吊具组合使用的一种专用吊具。其特点是结构简单、自重较自动式要小(一般为4～7t)。这种吊具多用于跨运车和正面吊上。

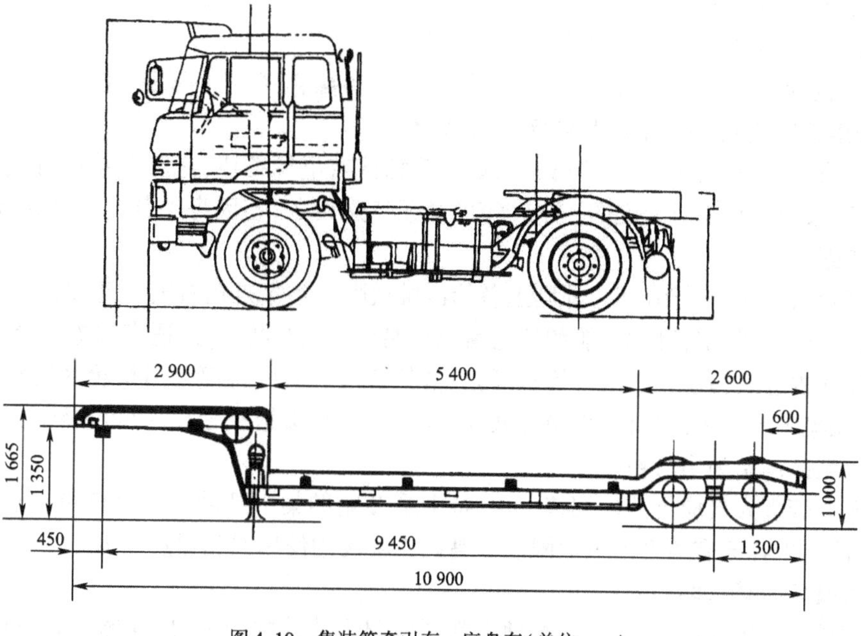


图4-10　集装箱牵引车—底盘车(单位:mm)

9. 拆装箱机械

集装箱码头的拆装箱作业一般采用1.5～3.0t低门架叉车、手推搬运车等。

# 第二节　集装箱码头堆场管理

无论是发货人的待装集装箱,还是卸船后待发给收货人的集装箱,都必须经过集装箱码头堆场进行交接。集装箱码头堆场,不仅起到集装箱装卸场地作用,同时还起着集装箱储存、保管、交接和集疏运作用。堆场管理及运作效率直接影响着码头的装卸效率和经营成果。集装箱化的优越性能否发挥,其关键之一,就在于集装箱码头堆场的标准化管理和运作效率。

堆场管理是集装箱码头现场生产管理的中心环节之一,涉及码头堆场的分类和箱位的安排、堆垛规则及集装箱的保管、发放、交接、装卸、中转、堆存、装箱、拆箱等诸多生产业务。由于场地上的集装箱变化频繁,各港口堆场大都已实行计算机管理。

## 一、堆场箱区划分及箱位编码方式

码头要保证船舶如期开船,就必须提高码头装卸速度,而装卸速度的提高很大程度上取决于码头堆场箱区、箱位安排的合理性。合理安排箱区和箱位,不仅能减少翻箱率,减少桥吊等箱的时间,提高码头装卸速度,而且还能最大限度地提高码头堆场利用率和通过能力,降低码头生产成本。

### 1. 堆场箱区的划分

堆场管理的最基本要求,是针对本码头的具体情况,划分出不同箱区。堆场箱区可按不同的分类方法分出不同的箱区:

(1)按进出口业务可分为进口箱区和出口箱区;

(2)按集装箱货种可分为普通箱区、危险品箱区、冷藏箱区、特种箱区和中转箱区;

(3)按集装箱装载状态可分为空箱区、重箱区。

危险品箱区、冷藏箱区因有特殊设备,如冷藏箱区有电源插座,危险品箱区有喷淋装置及隔离栏,所以该箱区是相对固定的。中转箱区虽无特殊设备,但因海关部门有特殊要求,因此该箱区也是固定的。

码头箱管人员在安排箱区时,原则上各箱区堆放哪一类箱是相对固定,但也可以根据码头进出口箱的情况、实际堆存情况、船舶到港情况和船公司用箱情况等,适当调整各箱区的比例。如当某一期间内进口箱量大于出口箱量,码头箱务管理人员可将部分出口箱区调整为进口箱区;而当船舶集中到码头,出口重箱箱量又大大增加时,码头箱务管理人员可将部分进口箱区或部分空箱箱区调整为出口箱区。

码头箱务管理人员应灵活使用该办法,特别是在船舶集中到港,进、出口箱有较大的不平衡时,该办法可以在原有条件下最大限度提高码头堆场的使用率和通过能力。

### 2. 堆场箱区的箱位编码方式

集装箱堆放在码头堆场,一般在场地上都要按照集装箱的箱型、尺寸预先划出标准区域,并用一组代码来表示其在堆场内的物理位置,这个位置就是堆场位置,即称“场箱位”,它是组成集装箱堆场的最小单元。在场箱位线端部标出编号,这种号码称作“场箱位号”,又简称为“场位号”。场位与场位之间留出适当间距,作为场地装卸机械和运输车辆通道。

场箱位由箱区、位(贝)、排、层组成,如图 4-11、图 4-12 所示。

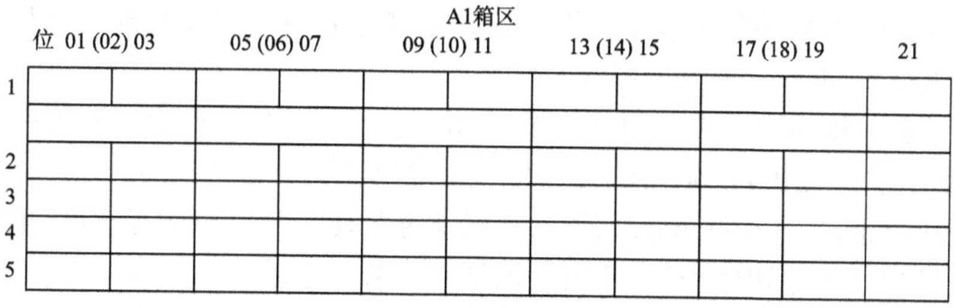


图 4-11　码头堆场平面箱区、位(贝)、排示意图

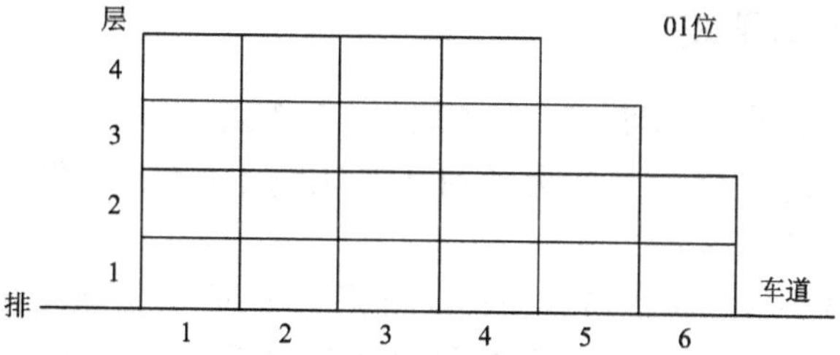


图 4-12　码头堆场平面位(贝)、排、层示意图

(1)箱区。箱区的编码分为两种:一种是用一个英文字母表示;另一种是由一个英文字母和一位阿拉伯数字组成,其中第一个英文字母表示码头的泊位号,第二位阿拉伯数字表示堆场从海侧到陆侧后方堆场的顺序号。国内码头普遍采用一位字母和一位数字组合作为箱区的编码,图 4-13 为国内某集装箱码头箱区平面布局图。

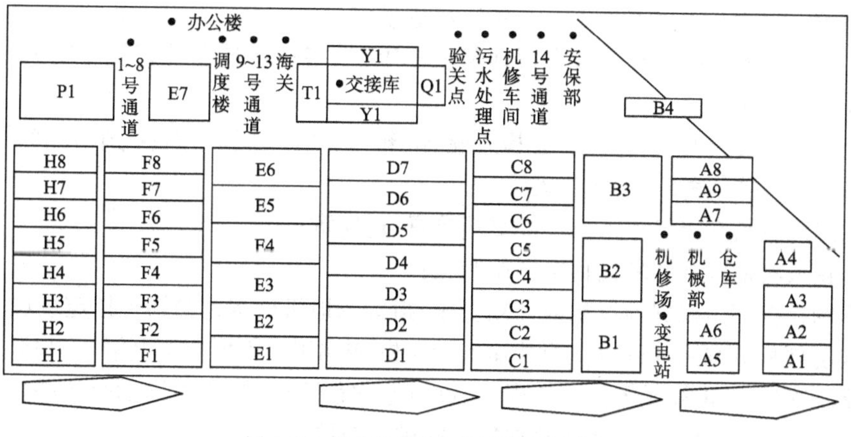


图 4-13　某集装箱码头箱区平面布局图

(2)位(贝)。一个箱区由若干个位组成,位(贝)的编码一般用两位阿拉伯数字表示,与集装箱船舶箱位(行)号表示类同,用奇数 01,03,05,07……表示 20ft 箱的位(贝),用偶数 02,06,10,14……表示 40ft 箱或 45ft 箱的位(贝)。位(贝)数与堆场箱区的长度有关,而箱区的长度往往与泊位的长度或纵深相对应。

(3)排。用一位阿拉伯数字表示。排数宽度应视轮胎吊的跨度而定,一般轮胎吊的跨度为23.47m,这样箱区的排数就是六排。

(4)层。用一位阿拉伯数字表示。堆箱层数是视轮胎吊的高度而定,不同类型的轮胎吊系统,堆垛高度也不相同,一般是四层或五层。

因此,集装箱的场箱位一般由“五位”或“六位”表示,如“A0111”表示该箱在A箱区01位(贝)第一排第一层;“A10111”则表示A1箱区01位(贝)第一排第一层。

当船舶装卸及陆域收发箱作业时,码头堆场业务员便可根据船舶配载图、堆场积载图、装卸船顺序表、场地收提箱顺序表等,并根据堆场箱位号上集装箱的堆存情况,编制生产计划。而堆场理货和场地机械司机,也可以根据这些编号,按照生产指令,到达指定的场位和箱位,有序地进行生产作业。

## 二、堆场收箱、提箱管理

集装箱码头堆场的收箱、提箱管理,是码头除装卸船以外的主要日常业务和生产活动。收箱业务是出口装船业务的前奏,而提箱业务则是进口卸船业务的延续。

1. 码头堆场收箱管理

码头堆场收箱业务一般是指出口重箱集港收箱交接;码头货运站装箱后重箱返回堆场交接以及受船公司委托返空箱的交接。前两种重箱,在堆场出口区域内进行交接,而返空箱的交接则在堆场专门设置的空箱堆存区域内进行。出口重箱收箱管理见图4-14,具体业务流程如下。

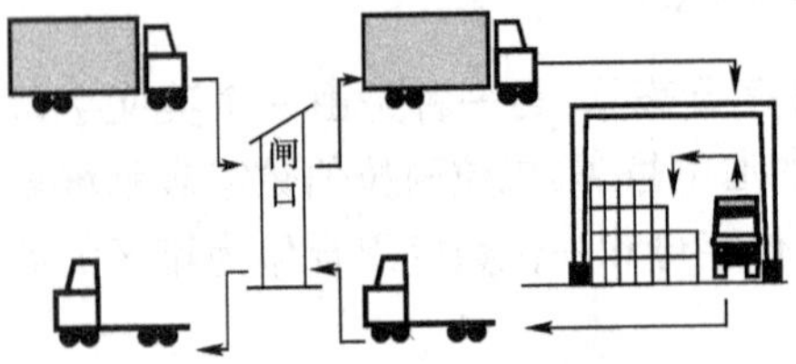

图4-14　码头堆场收箱示意图

(1)公路承运人凭设备交接单和其他相应业务单证,在码头大门(检查桥)进场通道与大门理货员办理集装箱进场交接;

(2)公路承运人将拖车开到检查桥地磅上称重,过磅理货员在计算机上输入箱号、箱型、车号,打印过磅计量单;

(3)大门理货员核对设备交接单,检查箱体、箱号、铅封、船名、航次、车队、车号后双方签字,理货员留下两联存底,第三联交运箱人;

(4)大门理货员在出口箱入场单加盖箱检章、过磅章;

(5)运箱人将拖车开到堆场指定场位卸箱;

(6)堆场箱控部门根据堆场积载计划安排,指挥场地机械将重箱卸到指定场位、箱位;

(7)堆场理货员编制堆场箱位图并输入计算机,供调度(策划)部门编制出口装船计划。

货运站装箱出口重箱返场作业流程,大致与上述程序相同,所不同的是码头内部交接,交接双方是在码头堆场理货员与货运站理货员间进行交接。

空箱返回进场业务是码头堆场受船公司委托而进行的,其进场交接程序与出口重箱交接相同。码头堆场对进场空箱,按照不同船公司分别堆码。

2. 码头堆场提箱管理

码头堆场提箱作业,涉及以下几个方面业务:一是进口重箱出场交接;二是货运站交货重箱出场交接;三是进口超期箱转栈出场交接;四是调运空箱出场交接。提箱作业在码头堆场进口区域内进行，考虑货主提箱的方便与快捷，堆场进口区域一般设置在码头堆场靠近公路一侧。进口重箱提箱管理见图4-15，具体业务流程如下。

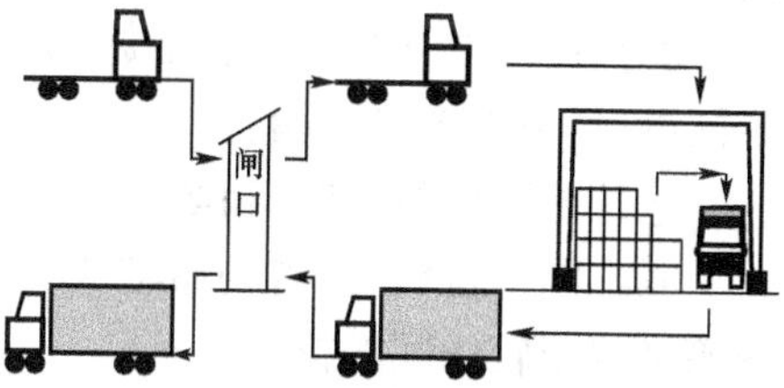

图4-15　码头堆场提箱示意图

（1）公路承运人凭集装箱提货单、设备交接单、交货记录，在大门（检查桥）出场通道与大门理货员办理出场交接；

（2）大门理货员核对运箱人所持集装箱提货单、设备交接单、交货记录、费用结算单证、有效放行单证，并经双方检查箱体、铅封后在设备交接单上签字、交接；

（3）运箱人凭大门理货员开具的出门证，从检查桥出场通道运箱出场；

（4）堆场理货员将提箱信息及时输入计算机，及时变更堆场箱位图。

货运站交货自堆场提重箱，需向调度（策划）部门提出"摆重计划"，由货运站与堆场办理重箱提离手续并进行交接后，运至货运站拆箱作业场地，进行拆箱作业。

## 三、堆场堆存管理

集装箱货物在进出码头堆场进行换装的过程中，需在码头堆场停留一段时间，因此就产生了集装箱的堆存保管业务。集装箱码头堆场保管业务，是码头堆场部门的主要职能，也是加强箱务管理的重要场所。

1. 集装箱堆垛的基本要求

堆场堆垛的基本原则就是保证集装箱堆放安全，减少翻箱率，充分利用堆场面积。集装箱箱型不同，工艺不同，箱内装载货种不同，其堆垛方式均不相同。堆场堆垛的基本要求是：

（1）根据集装箱的不同箱型状态分开堆垛。即出口箱和进口箱分开堆放；重箱、空箱分开堆放；20ft、40ft和45ft集装箱分开堆放；污箱、坏箱分开堆垛；中转箱按海关指定的中转箱区堆放。

（2）根据集装箱箱内装载货种不同分开堆垛。即危险货物箱应堆存于专设的危险货物堆场，并按货物不同类别分开堆码，堆码高度一般不超两层高；冷藏箱应堆存于专设的冷藏箱堆场，堆码高度一般不超过两层高，对于现代化设施齐全的冷藏箱堆场，其堆码高度可视设备条件而适当增加；特种箱应堆放在相应的专用箱区，超限箱超宽超过30cm，相邻排不得堆放集装箱，超限箱超长超过50cm，相邻位不得堆放集装箱，超高箱、敞顶箱上严禁堆放集装箱。

（3）满足堆场作业机械的工艺要求。即按箱位线堆码，箱子不压线、不出线，上下角件部位对齐，四面见线；堆垛层数不能超过机械的最高起吊点的高度；各箱区之间要留有合适的通道，使集卡、铲车等机械在堆场内安全行驶；相邻列孤立的层高之差不得大于三层，以充分考虑堆放的安全系数。

（4）堆码层高应视本码头具体条件及载荷而定。我国集装箱码头堆场，一般堆码4层高。

（5）合理安排出口箱进场堆放。出口箱进码头堆场堆放时，必须遵循一定的原则，使出口箱在配载装船时，能减少翻箱，提高装船效率。一般有以下几个原则：

①按排堆放：同一排内，堆放同一港口、同一吨级的箱；但同一位内不同的排，可以堆放不

同港口、不同吨级的箱;

②按位堆放:同一位内,堆放同一港口、同一吨级的箱;但同一箱区内不同的位,可以堆放不同港口、不同吨级的箱;

③按箱区堆放:同一箱区内,堆放同一港口、同一吨级的箱;

④在同一位中,较重的箱堆放于靠近车道的二排,较轻的箱堆放在最里面二排,中间等级的箱堆放于较中间的排。

(6)合理安排进口箱进场堆放。同一位中相同的提单号,进同一排;一个位结束后,再选另一个位。

(7)合理安排空箱进场堆放。根据持箱人不同、箱型尺码不同,选相应进场位置。

2. 集装箱堆场堆存管理

集装箱堆场堆存业务管理基础工作包括:

(1)堆场配载室业务。根据船公司或其代理人提供的出口集装箱装货清单及预配清单、集装箱预配图,结合码头进箱堆存实际情况,编制出口集装箱实配图,具体操作业务详见第三章第二节。

(2)堆场调度(策划)室业务。集装箱码头堆场调度(策划)室是堆场管理的重要部门,其主要职责有:

①根据船舶靠离泊计划和堆场实际堆存能力,规划重箱、空箱进出口箱区。

②根据门卫整理的门票,为接收的集装箱指定堆场箱位,并编制堆场箱位图和堆场作业计划图。

堆场箱位图类似集装箱船舶积载箱位图,图上应包括船名、目的港地、箱号等。

堆场作业计划图是在船期表和船舶积载图基础上预先编制的计划图表,用来安排集装箱在堆场上存贮与作业的计划,目的在于能充分利用集装箱堆场的有限场地存贮集装箱,方便把集装箱顺利交付收货人或者装上船舶。

③根据靠泊船舶的积载图,编制装卸顺序单(装卸船计划)。装卸顺序单内卸船时应注明:顺序号、装船港、箱号、堆场箱位、拖头编号(如有)等。装船时应注明堆场箱位、集装箱编号、目的地、船上箱位等。

(3)堆场箱控室业务。箱控室主要业务是执行装卸作业计划和堆场作业计划,具体操作包括进出场作业、验关移箱作业和装卸船作业。

①进场作业:

A. 根据出口备箱堆场计划,结合堆场作业动态,设定出口重箱进场应卸场区;

B. 集装箱进场后,据电脑显示的箱号及相关资料,通知相应机械司机;

C. 机械到位,由机械司机报箱号,据箱号查看船名、卸港、箱型等,找出合理卸箱位置报给机械司机;

D. 机械司机完成卸箱操作;

E. 获机械司机确认后,将正确的箱号、卸箱位置等输入电脑,完成进场作业。

②出场作业:

A. 根据电脑显示的申请内容(箱号、场区、拖车号码、数量),指示机械司机做好提箱作业准备,通知机械到位;

B. 由机械司机报车号，箱控室将具体场位、箱号报给司机；

C. 机械司机核对箱号，完成装车操作，并将必要的移箱情况报箱控室；

D. 获机械司机确认后，将相关移箱情况输入电脑，完成提箱作业。

③验关移箱作业：

A. 根据移箱作业计划的时间、场位、质量要求，结合堆场作业动态，确定各项移箱计划合理的作业顺序，保证按时完成；

B. 据电脑显示的验关移箱内容（箱号、场位、移出的时间及移出后所卸的场位），通知作业机械司机（需用移箱拖头时，及时联系移箱拖头）到位；

C. 机械司机到位后，将要移出验关的场位、集装箱箱号报给司机；

D. 机械司机核实后，直接移出或吊给移箱拖头，并将必要的移箱情况报箱控室；

E. 获机械司机确认后，将相应的移箱情况输入电脑；

F. 拖头将待移箱拖往计划场区，箱控室同时通知计划场区机械司机到位；

G. 移到验关场后，由机械司机报箱号，箱控室告知计划卸箱场位；

H. 机械司机核对箱号，明确计划场位后，完成卸箱作业；

I. 获机械司机确认后，将新场位输入电脑，完成移箱作业。

④装船作业：

A. 接到配载总图、装船顺序单；

B. 查看各舱所配卸港，计算箱量；

C. 接到调度室的装船通知，联系船边交接员和工班指导员，明确作业意图、发箱顺序、场区和注意事项；

D. 通知相应机械到位，同时船边员通知装船拖头到场；

E. 将电脑显示待装的箱号、场位报给机械司机；

F. 机械司机完成装车操作；

G. 获机械司机确认后，将已装船的箱号及操作司机代码输入电脑，完成装船发箱作业。

⑤卸船作业：

A. 根据卸船堆场计划场区安排，箱控室联系船边交接员，确定卸船作业顺序，通知各接箱场区机械司机做好卸船接箱准备，同时注意各卸船接箱场区机械作业的协调进行；

B. 箱控室接到卸船清单；

C. 调度员通知卸船作业，箱控室接到船边员通知后，通知相应机械到位；

D. 拖车根据船边交接员的指示将卸船箱拖往相应的卸箱区后，机械司机将箱号报箱控室，箱控室根据电脑给出的计划卸箱场位，确认符合计划要求后，指导司机卸箱；

E. 机械司机完成卸箱操作；

F. 获机械司机确认后，箱控室将箱号、实际卸箱场位、司机代码等输入电脑，完成卸船作业。

## 四、堆场清场作业

集装箱在堆场上的位置，随着装船、卸船作业不间断地进行，随时发生变化。特别是当堆场比较紧张，而进口或出口核心班轮集中到达之时，堆场的合理运用，就成为至关重要的问题。

为保证核心班轮进出口作业正常进行,保证核心班轮班期,根据船期预报,提前做好场地安排计划,是堆场管理中不可缺少的工作。而清场作业,又是堆场计划中的主要内容之一。清场作业的程序是:

(1)堆场箱控部门根据调度策划室下达的清场单中明确的箱位、箱量,对需要清理的进口场地,通知调度员组织作业;

(2)调度员视清场作业的倒箱量,配备场地及水平搬运机械,按照清场单进行倒箱作业;

(3)清场作业后,堆场理货员将发生移动的集装箱箱号、场位号重新输入计算机并通知相关部门可以卸箱的场位。

## 五、堆场中转箱管理

集装箱码头的中转箱主要包括国内中转箱和国际中转箱。国内中转箱是指在境外装货港装船后,经国内中转卸船后转运到境内其他港口的集装箱,以及在国内装货港已办理结关手续,船公司出具全程提单,经国内中转港转运至国外目的港的集装箱。国际中转箱是指由境外启运,经中转港换装国际航线船舶后,继续运往第三国或地区指运口岸的集装箱。

集装箱码头设有专职中转业务员,负责码头内中转箱的箱务管理,掌握中转箱的动态,做好中转箱单证的流转管理工作。

### 1. 一程船卸船

国际海运中的"一程船"是指对某一中转箱而言将该箱从起运港运至中转港的船舶。码头配载计划员在收到船公司资料后,将其中的中转资料交中转业务员处理。中转业务员将中转资料输入电脑。在船舶卸船后,应将中转资料与实卸情况进行核对,发现问题立即通知有关方面协调解决。对于一程船卸船后超过一定时间(14 天)还没有出运的中转箱,码头中转业务员要主动与代理联系,及时安排二程船转运。

### 2. 二程船装船

国际海运中的"二程船"是指对某一中转箱而言将该箱从中转港载运至目的港的船舶。中转业务员收到中转通知书后,将中转通知书(需有海关放行章)连同外区拖进本码头的中转箱的动态表一起交配载员处理。在装船结束后,中转业务员将经由配载员注明中转箱实际装箱情况和卸船时间的中转通知书与已装船的动态表等单证一起交收费部门。外区拖进本码头的中转箱因故未能装上船的,中转业务员要妥善保管好动态表,以备使用。

### 3. 中转箱跨区拖运

如果中转箱一程船卸船与二程船装船不在同一码头,则在卸船后,该中转箱必须跨区拖运。拖出地码头的中转业务员在安排出场计划的同时开具中转动态表(一式三联),附在作业申请单上交出场检查口。司机拖箱时与检查口人员办理设备交接,检查口人员自留动态表一联,附在出场报表上交收费部门,其余交司机。在拖进地码头,检查口业务员和司机办理设备交接,同时收下两联动态表,一联交中转业务员,另一联附在进场报表上交收费部门。其后的工作与卸船进场的中转箱作业类同。

### 4. 危险品中转箱转存

凡不宜在码头堆存的危险品中转箱,码头中转业务员应严格把关,及时通知代理安排转运,确保码头生产的安全。危险品中转箱出场,中转业务员填写作业申请单和动态表(一式三联)交检查口。检查口自留一联,附在出场报表上交费收部门,其余交司机。司机进场将动态表交堆场业务员,堆场业务员保留以备日后进场之用。

5. 中转箱倒箱

国际中转箱如因箱体损坏、用错箱等原因需要倒箱的,船舶代理应出具联系单给码头和海关。如在码头外倒箱,码头应根据海关许可证,安排出场计划和进场计划;如在码头内倒箱,则在倒箱时,要有海关、船舶代理、理货员在场。倒箱结束后,由海关加铅封。

## 第三节 集装箱货运站管理

在集装箱运输中,常有一些货主发出和收到的货物数量较少,不足以装满一个集装箱,而又要求用集装箱运输。在这种情况下,为了降低运输费用,需要集装箱运输经营人按相同的流向把多个货主的货物安排装入一个箱中运输,这在集装箱运输中一般称为拼箱货。拼箱货的交接是在货物原来的形态下进行的。因此,在出口时,运输经营人需要把货物在原来的形态下接受过来,并组织不同货主的货物装箱;在进口时,需要把货物从箱中取出,按收货人分开(一般称为拆箱)并交付给不同的货主。集装箱货运站(Container Freight Station,CFS)是供拼箱货物装箱和拆箱的场所,各种类型的集装箱运输经营人经常委托码头集装箱货运站作为自己的代表接受和交付货物。

集装箱货运站是把货物装进集装箱内或从集装箱内取出,并对这些货物进行贮存、防护和收发交接的作业场所。它是国际集装箱运输及多式联运中极其重要的环节,通过集装箱货运站,可形成一个有机的深入内陆的运输网络,有效地进行集装箱货物的集合和疏运,实现集装箱的"门到门"运输。

### 一、集装箱货运站的种类及其作用

目前,集装箱货运站主要有以下两种类型:

1. 码头货运站

这类集装箱货运站设在码头内或码头附近,是整个集装箱码头的有机组成部分,它所处的位置、实际工作和业务隶属关系都与集装箱码头无法分割。

集装箱货运站除了要有完整的仓库、配备拆装箱和堆码用的装卸和搬运设备,还需有一定面积的拆箱区,以堆放所需拆箱的集装箱及方便客户提货车辆的行走。

在20世纪70~80年代中期,集装箱货运站主要布局在集装箱码头堆场内。实践证明,设在码头内的集装箱货运站影响了集装箱码头整箱货的作业。从80年代后期,国内大多数集装箱码头将集装箱货运站设置在靠近集装箱码头的地区,处于集装箱码头外面,它承担的业务没有改变,同时又避免了与集装箱堆场作业产生相互干扰,促进了集装箱运输的发展。

2. 内陆货运站

集装箱内陆货运站的主要特点是设置于运输经济腹地,深入内陆主要城市及外贸进出口货物较多的地方。主要承担将货物预先集中,进行装箱,装箱完毕后,再通过内陆运输将集装箱运至码头堆场;反之,由港口进口的集装箱货物卸船后通过内陆运输疏运到分布在内陆腹地的货运站。

内陆货运站具有集装箱货运站和集装箱码头堆场的双重功能。它既接受托运人交付托运的整箱货与拼箱货,也负责办理空箱的发放和回收。如托运人以整箱货托运出口,则可向内陆货运站提取空箱;如整箱进口,收货人也可以在自己的工厂或仓库卸空集装箱后,随即将空箱送回内陆货运站;它还办理集装箱拆装箱业务及代办有关海关手续等业务。

内陆货运站是联系经济腹地的纽带和桥梁。货运站作为集装箱货物的集散点,起到了与内陆联系的纽带和桥梁的作用。同时,在空箱的发放、存储、回收、调运等箱务管理中,内陆货站也发挥了重要作用。各集装箱运输经营人(特别是船公司)和集装箱租赁公司,可以像对待集装箱码头堆场一样,委托内陆货运站作为集装箱代理人,通过集装箱内陆货运站,则可对发往内陆地区的集装箱进行跟踪、查询,实行有效管理和调节使用,不仅可解决空箱在内陆地区长期积压,缩短集装箱在内陆的周转时间,而且还可提高空箱利用率和运输经济效益,促进集装箱运输的发展,为国际集装箱多式联运创造条件。

## 二、集装箱货运站的主要功能

集装箱码头货运站的主要功能有:

(1)集装箱货物的承运、验收、保管和交付。包括出口拼箱货的积载与装箱,进口拼箱集装箱的拆箱与保管;

(2)对库存的货物进行堆存保管及有关统计管理;

(3)重箱和空箱的堆存和保管,整箱货的中转;

(4)货运单证的交接及签证处理;

(5)运费、堆存费的结算;

(6)集装箱的检验、修理、清洗、熏蒸等业务,集装箱车辆的维修、保养;

(7)其他服务,如为办理海关手续提供条件,代办海关业务等。

集装箱内陆货运站除具备上述码头货运站基本功能外还须负责接受托运人托运的整箱货及其暂存、装车并集中组织向码头堆场的运输或集中组织港口码头向该站的疏运、暂存及交付;受各类箱主的委托承担集装箱代理人业务,对集装箱及集装箱设备的使用、租用、调运、保管、回收、交接等行使管理权。

## 三、集装箱货运站的基本设施

大型集装箱货运站为了有效地开展工作,需要有完成上述工作的机械和设施:

(1)办理集装箱货物交接和其他手续的门房及营业办公用房;

(2)接受、发放和堆存拼箱货物及进行装拆箱作业的场地、库房与相应的机械设备;

(3)集装箱堆存及堆场作业的机械设备;

(4)开展集装箱检验、修理、清洗等业务的车间和条件;

(5)拖挂车和汽车停车场及装卸汽车的场地和机械设备;

(6)铁路运输装卸车作业的装卸线及装卸车的机械设备;

(7)能与港口码头、铁路车站及业务所涉及各货主、运输经营人等方便、快速、准确进行信息、数据、单证传输、交换的条件与设备;

(8)为海关派员及办理海关手续所需的各种条件及设施等。

## 四、集装箱货运站的管理要求

集装箱货运站的经营人是指对货运站进行投资建设、经营管理的机构。一般来说可以是海上运输的集装箱公司、铁路运输经营人或公路运输经营人,也可以是开展集装箱多式联运的多式联运经营人、无船承运人和较有实力的货运代理人。从我国集装箱运输的发展来看,一些港口企业或地方主管机构也在其本地和内陆腹地采用独资和合作方式建立和经营码头货运站或内陆货运站。

为了加强集装箱货运站的管理,促进我国集装箱运输事业的发展,我国有关部门出台了一系列的政策法规,如《港口法》、《国际海运条例》、《港口经营管理规定(交通部令 2004 年第 4 号)》、《道路货物运输及站场管理规定(交通部令 2005 年第 6 号)》等,对集装箱货运站的经营管理都做了相应的规定。作为集装箱货运站经营者,应该严格遵守国家的政策法规,在集装箱货运站日常管理过程中,注意做到如下几点:

(1)内陆集装箱货运站经营者和码头集装箱货运站经营者都应当根据各自企业所经营的业务范围,按照相关政策法规,向各自的主管部门申请,取得经营许可证。

(2)取得经营许可证的申请人,应持证到工商、税务部门办理营业执照、税务登记手续,向海关申请办理有关登记手续后,方可开展经营业务。

(3)集装箱货运站应保证场站设施、装卸机械、车辆及工具处于良好的技术状况,确保集装箱及其附属设备和集装箱内的货物安全。

(4)集装箱货运站应与海上承运人和发货人或其代理人签订有关业务协议,及时接、发、拆装、堆存指定的集装箱和集装箱货物。未经海上承运人和发货人或其代理人同意,集装箱货运站不得擅自将其堆存的集装箱占有、改装、出租或运出场站外。

(5)集装箱货运站进行集装箱作业,应严格执行国家规定的有关技术规范和规定。

(6)集装箱货运站应按有关规定堆放集装箱。企业应及时向海上承运人提供进出场站的集装箱装、拆箱和堆存情况。

(7)集装箱货运站应按海上承运人的要求及时向检验、检疫机关申请,备好出口货载用箱,并认真做好集装箱检查。装箱完毕后,必须编制集装箱装箱单,并按有关规定施加铅封,在有关单证上做好货物装载的记录。

(8)集装箱货运站应按国家规定或海上承运人的要求,修理、清洗指定的集装箱。其中,装载危险品货物的集装箱应到有专门设施的场站清洗。

(9)集装箱货运站与承运人或其代理人应凭双方共同签发的“设备交接单”交接集装箱。

(10)集装箱货运站应建立信息管理系统,进行箱务管理。

(11)集装箱货运站必须严格执行经物价管理部门核定的各项收费标准,各项收费应实行明码标价。结算费用必须使用集装箱货运站专用结算发票,按规定的费目和费率结算。

(12)因集装箱货运站责任造成集装箱及其附属设备和集装箱内的货物损失或延误的,集装箱货运站应赔偿损失。

**专栏4-2　集装箱货运站服务费标**

集装箱货运站主要办理拼箱、装箱和拆箱业务，一般的物流公司场站也经营该业务，作为港区作业的补充，拼箱、装箱和拆箱业务也是典型的流通加工。港区货运站的业务主要有拼箱业务和整箱业务、堆场服务、报关报检服务、国内配送等。

货运站处理拆装箱业务需要配备仓库作为作业场所，以妥善保管货物。根据仓库的规模大小划分仓库形式，主要有以箱代库、平房仓库、主体仓库等。

货运站主要业务的参考收费标准如下：

1.拼箱/拆箱/装箱收费参考标准

(1)仓库保管费：2元/(d·$m^2$)。

(2)装箱拆箱费：60～100元/($m^3$·t)或者20元/$m^3$。

2.整箱服务收费参考标准

(1)空箱的堆存：通常免费。

(2)重箱的堆存：20ft箱200元/(d·箱)，40ft箱400元/(d·箱)。

3.集装箱装卸搬运服务收费参考标准

(1)空箱：20ft箱或40ft箱，20元/次。

(2)重箱：20ft箱80元/次，40ft箱120元/次。

4.报关报检服务收费参考标准

此服务参考标准为200元/票。

以上收费标准是2005年延续到2009年的市场平均价，该标准随市场的波动而波动，特别是针对客户级别，有不同程度的优惠。

## 第四节　集装箱码头大门管理

集装箱码头大门，是进出口集装箱和各种运输机械的出入口，区分码头内外责任和交接集装箱相关资料的地点。集装箱码头的大门，不同于普通码头的大门，无论是其布局还是功能，都与后者有很大差异。在我国有的一些港口称之为检查桥，也有的称之为闸口。

### 一、集装箱码头大门的设置

集装箱码头大门肩负着集装箱进出口的操作业务，任务重大。因此对其设置和管理要求较高。无论称谓有何变化，它的基本要求应该是：

(1)集装箱码头检查桥，是集装箱码头的重要设施之一，其位置一般设在面向公路、背靠港池的适当地点；

(2)检查桥的建筑结构，一般是钢结构框架两层通道式建筑，下层设有检查桥工作人员工作室若干间，上层为通道式走廊，便于检查桥人员从地面、空中实施箱体检查；

(3)检查桥建筑应符合国家标准，检查桥上方应安装电子显示屏和其他标识牌，为公路集疏港车辆及时提供有关进港装卸箱信息；

(4)为方便进出港区车辆和作业机械通行,检查桥的跨度(即设置几条通道),应视港区地域条件而决定。但其基本通道的设置,要考虑以下因素:一是进港通道;二是出港通道;三是超高箱和港口装卸机械通道;四是码头工作人员通道;

(5)检查桥面向公路一侧门前,应建有一定面积较为宽敞,并与公路网相连接的场地,作为进港集卡车辆等候、箱体检查、办理交接手续的停车场所;

(6)进港通道上应装有先进的地衡设施,以便随时对集装箱实施计量;

(7)设有电子计算机终端并与业务主管部门联网,对进出箱货实施计算机管理。

由于集装箱码头进出集装箱频繁,所以门口设置的目的是为进出大门的集装箱快速、方便的通行而又不出差错。大门口设置的要求是办理集装箱进出口的手续方便、高效、安全畅通无阻。大门口的设置如图4-16所示。门口是集装箱码头港口区与外界的分界处。集装箱码头大门共有两个门口,一个门口负责载箱拖挂车和空车挂车进门;另一个门口负责载箱拖挂车以及空车拖挂车出门。

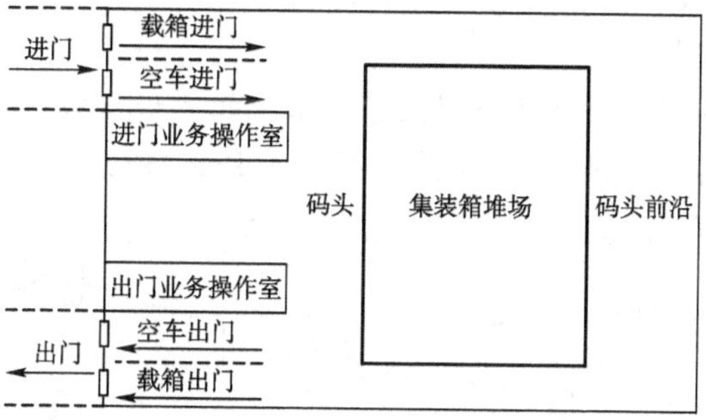


图4-16 集装箱码头大门设置示意图

## 二、集装箱码头大门主要业务

从集装箱船上卸下的进口集装箱和需要装船的出口集装箱都应在堆场入口处接受检查,以确认交接正确。集装箱的交接是集装箱码头的主要业务之一,也是承运人与收货人、发货人责任划分的分界点,其主要业务:

(1)集装箱(空箱或重箱)在接收、交付时的检查与交接,检查集装箱箱号、铅封号、箱体外表状况是否完整、有无破损,如有破损即应做记录;

(2)接收出口箱有关单证(场站收据、关单、集装箱装箱单),并输入电脑系统;

(3)编制整理门票(门票应包括船名、箱号、发货人、转运人、箱型、目的港地、关单、重量、堆场箱位等),并为进场集装箱指定场箱位;

(4)接收货主提货时出具的提货单,并核对交货记录记载内容是否正确;

(5)集装箱出入大门时,备妥设备交接单,并会同驾驶员签字。设备交接单内应包括船名、箱号、底盘车或卡车号、交箱地点、交箱日期、发货人、目的港地等;

(6)填写门卫值班记录。值班记录内应包括集装箱编号、空箱或实箱、箱型、目的港地、发货人、收货人等;

(7)编制堆场报告,以便对堆存的集装箱进行检查,并将进出堆场的集装箱交接单输入电脑系统。

## 案例4-1 现代集装箱码头智能闸口的建设

集装箱码头的闸口是集装箱车辆进出集装箱作业区的必经之处,被喻为港区的“咽喉”。它不仅仅是港区的大门,还直接影响码头的运作能力,同时也是港区的形象代表。因此,好的闸口对码头来说十分重要。

一般来说,闸口大小以及通道数量在设计之初就已确定。随着集装箱码头货物吞吐量的增长,一些闸口逐渐成为码头作业的瓶颈,但在码头投入使用后又很难通过基础建设对闸口进行扩容,因此建立高效、完善、安全、可靠的智能化集装箱闸口系统就成为闸口发展的必然趋势。

智能闸口的实施可以帮助集装箱闸口实现由人工管理方式向无人监管方式的革命性转变。目前,国外智能闸口建设比较成熟的有鹿特丹港、温哥华港、新加坡港、名古屋港等,国内智能闸口建设较好的有大连港、宁波港、盐田港2期、上海港等。

1. 智能闸口系统架构

智能闸口不仅要实现各个系统与码头营运系统的良好衔接,同时要实现和后台数据库的良好衔接以及与海关数据的共享(图4-17),其系统架构如下:

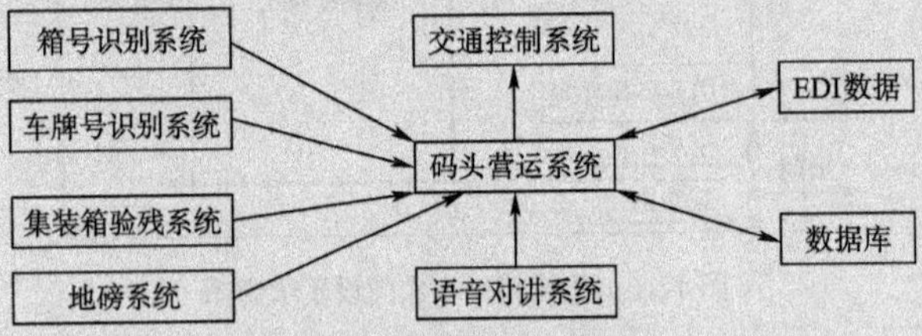


图4-17 智能闸口系统架构

(1)箱号识别系统。箱号识别系统由高分辨率摄像机组成,一般每个车道配备4台摄像机,对进出大门的集装箱箱号进行自动图像采集,然后通过后台智能分析软件,提取集装箱的ISO编码,获得集装箱箱号。

(2)集装箱验残系统。操作员通过现场的高分辨率摄像机远程观察集装箱箱体情况,同时通过数字硬盘录像机记录现场影像。

(3)车牌号识别系统。车牌号识别系统由RFID接收器和集卡上的RFID卡组成。司机持有的IC卡记录车牌、自重等信息,还可以嵌入司机信息,通过RFID技术对车牌号进行识别。

(4)地磅系统。地磅系统与码头营运系统互联,将集装箱重量信息直接录入码头营运系统,实现集装箱重量信息的自动采集和远程处理。

(5)语音对讲系统。语音对讲系统安装在安全岛的设备箱内,有特殊情况时,司机可直接与控制室管理人员进行双向语音交流。

(6)交通控制系统。交通控制系统包括车道挡车器和车道信号灯。车道挡车器采用自动工作模式,配合计算机联网触发信号及车道感应线圈协同工作,同时还可人工干预控制模式。各车道安装LED信号灯,与码头营运系统互联,接收系统发出的指令,引导车辆进出集装箱场区。

2. 智能闸口工作方式

集卡驶入道口时，识别系统侦测有无集装箱进入车道，判断是否需要进行箱号识别，如果有集装箱进入，则进行识别并将识别结果送到闸口应用服务器。此时集卡停在一体化人机交互机柜旁，地磅系统自动获得集卡重量信息，司机通过人机交互系统进行提箱和进箱操作，同时操作人员通过验残监测系统检查进港集装箱箱体，将验残结果送到闸口应用服务器内。综合以上信息，闸口应用服务器从数据库中提取相应箱号的作业计划，将此信息送到人机交互系统输出，集卡根据打印出的小票信息进入相应场区进行进箱、提箱操作。

智能闸口建设作为集装箱码头建设的重要组成部分，需要在我国的各大码头陆续推广。未来我国的闸口智能化还有很大的发展空间，与发达国家相比还有很大差距，要实现真正的无人化闸口还需要各方面的共同努力。

# 第五节　集装箱码头装卸工艺及作业流程

## 一、集装箱码头装卸工艺系统

集装箱码头装卸工艺是指装卸集装箱的方法。集装箱装卸工艺决定码头装卸机械配备、码头装卸生产作业组织、劳动定额和劳动生产率，也影响码头装卸作业综合经济效益。

目前采用的集装箱码头装卸工艺主要有底盘车装卸工艺、跨运车装卸工艺、正面吊运机装卸工艺、龙门起重机装卸工艺等系统，其中以龙门起重机工艺系统应用最为广泛。

1. 底盘车工艺系统

本系统码头前沿由集装箱装卸桥进行装卸船作业。卸船时由岸桥直接将集装箱卸到底盘车上，由牵引车拖至堆场停放；装船时由牵引车把装有集装箱的底盘车拖至堆场，装船时再拖至码头前沿装船；底盘车也可进行陆上水平运输，见图4-18。

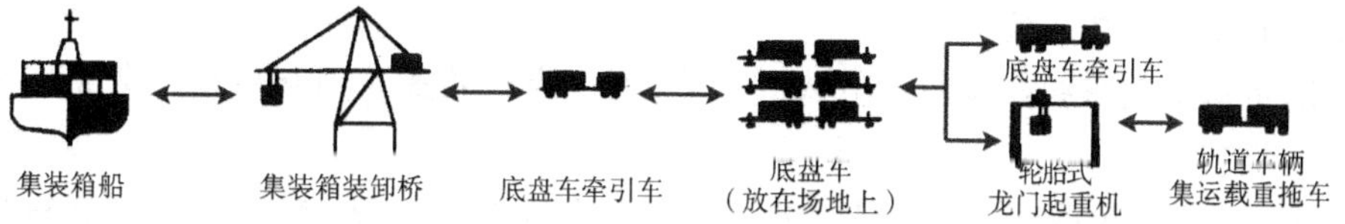


图4-18　底盘车工艺系统示意图

这种方式在堆场上不需要其他辅助装卸机械，并把水平搬运与堆场堆码作业合二为一，最适合“门到门”运输。但这种方式要求较大堆场，所需底盘车数量大，投资大。

2. 跨运车工艺系统

本系统是一综合系统，码头前沿由集装箱装卸桥装卸船，水平运输、堆场堆码及装卸车均由跨运车完成，见图4-19。

跨运车系统的主要优点是：跨运车一机可以完成多项作业，减少机械配备，便于现场生产组织管理；跨运车机动灵活，作业中箱角对位快，可充分发挥装卸桥效率；跨运车可搬运又可堆码,减少作业环节,作业效率高;相对底盘车系统,由于跨运车可堆码2~3个箱高,堆场利用较好。

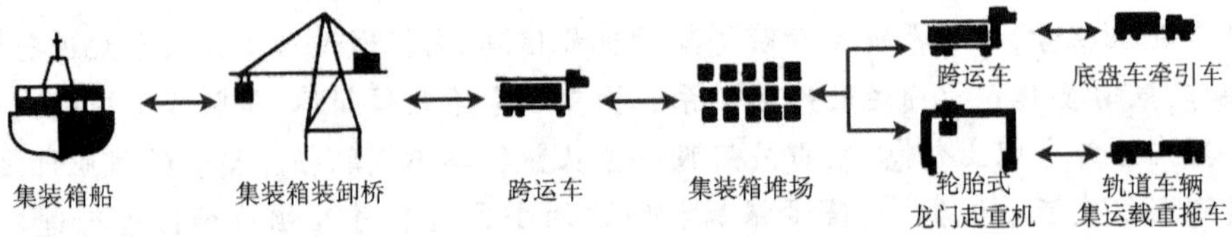


图4-19　跨运车工艺系统示意图

该系统的主要缺点是:机械结构复杂,液压部件多,且易损坏漏油,维护工作量大且技术要求高;初始投资大,堆场建造费用高。

3. 正面吊运机工艺系统

本系统码头前沿采用岸桥装卸船舶,码头前沿与堆场之间水平搬运、堆场堆码箱及装卸车作业由正面吊运机完成,见图4-20。

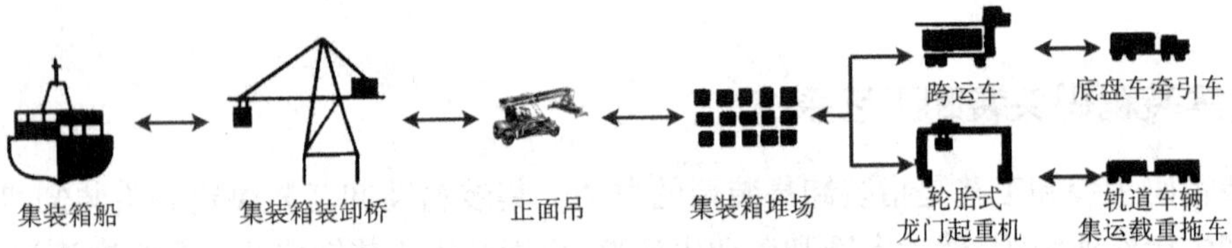


图4-20　跨运车工艺系统示意图

该系统的主要优点是:正面吊运机可一机多用,减少码头机械配备,便于机械维修保养;一般可吊装4层箱高,有的可达5层箱高;堆场利用率高,且作业灵活、方便。

该系统的主要缺点是:正面吊运机只能跨越1~2个集装箱作业,作业范围小;作业中需较宽敞通道,堆场利用率较低,且对堆场、路面要求较高;单机作业效率低,需配备的机械台数较多,多台机械同时作业,互相干扰,影响作业效率。

4. 龙门起重机工艺系统

龙门起重机工艺系统按其行走方式的不同,可分为轮胎式龙门起重机工艺系统和轨道式龙门起重机工艺系统。

(1)轮胎式龙门起重机工艺系统。本系统装卸船由岸桥完成,轮胎式龙门起重机承担堆场堆码和装卸车作业,水平搬运则由集装箱底盘车完成,见图4-21。轮胎式龙门起重机可堆码集装箱3~4层高,一般可横跨6列集装箱和1列火车,它可以从一个堆存区移到另一个堆存区。

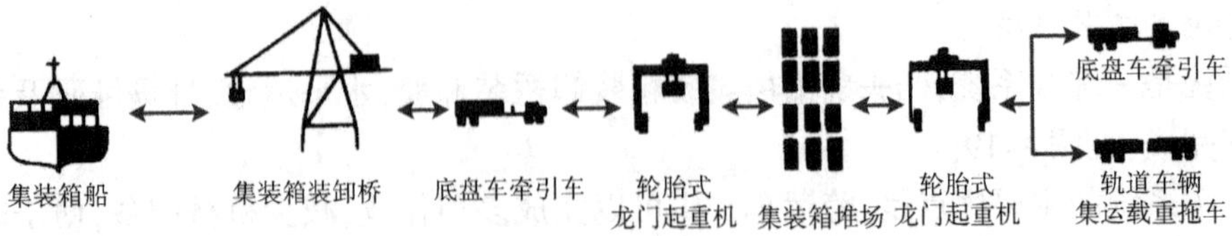


图4-21　轮胎式龙门起重机工艺系统示意图

该系统的优点是:可以有效地利用堆场,堆场建设费用相对较低,设备操作相对简单,设备维修和管理技术成熟;可采用直线行走自动控制装置实现行走轨迹自动控制,与计算机系统相连接,易于实现堆场作业自动化。

该系统的主要缺点是:相对跨运车系统,灵活性不够,提箱作业比较困难,有时需倒箱作业;采用内燃动力系统,设备维修量及能源消耗较大。

(2)轨道式龙门起重机工艺系统。轨道式龙门起重机工艺系统,跨距比轮胎式工艺系统更大,可横跨14列集装箱或更多,可堆码4~5层高集装箱,见图4-22。

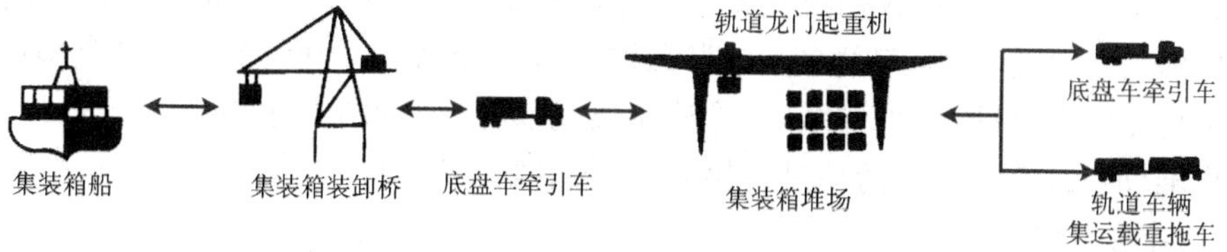


图4-22　轨道式龙门起重机工艺系统示意图

此系统的优点是:堆场利用率高,机械结构相对简单,较易维修,作业可靠,电力驱动,节约能源,减少污染;可采用计算机控制,易于实现堆场作业自动化。

该系统的主要缺点是:由于只能沿轨道运行,作业范围受限制,机动性差;由于跨度大,装卸车、倒箱作业较困难。

轨道式龙门起重机工艺系统,适用于堆场面积有限、集装箱吞吐量较大的码头。

一些码头从经济性和装卸效能的角度出发,针对上述各系统存在的优缺点,结合自身情况,采用现代化程度较高的装卸工艺,如图4-23所示。

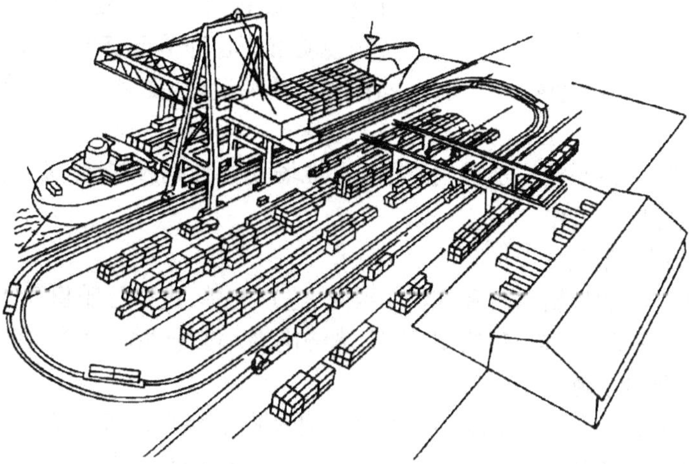

图4-23　现代化的装卸工艺系统图

## 二、集装箱码头装卸作业流程

装卸船作业是指从堆场把集装箱装上船或从船上把集装箱卸下来的作业过程,包括出口装船作业、进口卸船作业、倒载作业等。

1. 出口装船作业

根据船期预、确报,在船舶抵港前,预先做出堆场配置计划、船舶配载计划以及泊位、场地、机械、人力配置计划。在具体操作上,应认真做好以下工作:

1)出口作业计划的编制

出口作业计划编制的依据和需要参考的货运资料是:集装箱装载清单、场站收据、堆场积载图、预配船图、危险货物说明书、特种箱的有关要求、船舶规范等。

码头调度室业务员应根据上述有关货运资料进行如下核对与统计:

(1)收箱结关后,将场站收据有关联于装船前一定时间内送外轮理货并签证交接;

(2)接到船舶代理送交或转送的出口装载清单后,按箱型尺寸统计到港的各类型集装箱数;

(3)将场站收据、危险货物说明书、冷藏箱温度情况与舱单进行核对;

(4)将堆场积载图与装载清单进行核对,并编制实配船图。

2)出口作业计划的实施

调度室业务员在出口装船前,应将实配船图送船长或大副审核,经船方签字确认后,方可根据实配图编制集装箱装船顺序表并由业务员签字,连同其他装船单证送交码头堆场箱控室,由堆场箱控室下达指令,按实配图及装船顺序表组织装船作业(具体步骤见本章第二节中的介绍),如图4-24所示。

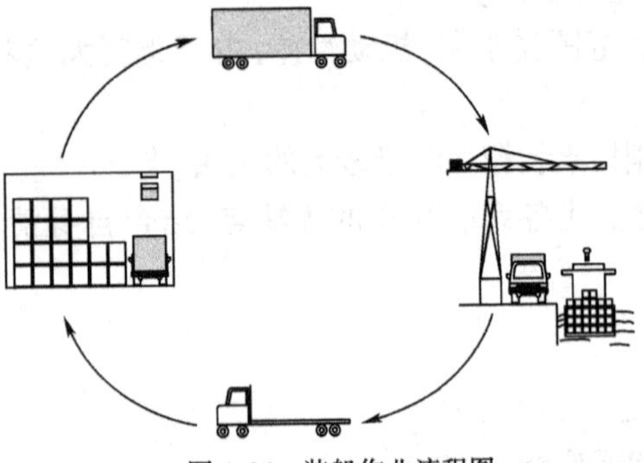

图4-24 装船作业流程图

3)资料管理

出口装船作业完毕,调度室业务员应将场站收据相关联及装载清单等有关资料送交业务主管签字后,分别转交船舶代理、海关以及码头收费部门。

调度室业务员应将场站收据相关联打印清单及退关通知书、船图、装载清单、场地积载图、危险货物说明书等各种单证资料装入资料盒,并填写单船计划员单船记录,妥为保管,以备查询。

2. 进口卸船作业

根据船期预、确报,在船舶抵港前,预先做出堆场配置计划及场地、机械、人力配置计划。在具体操作上要做好以下工作。

1)进口作业计划的编制

编制进口作业计划的依据和参考资料主要是:进口舱单、进口船舶积载图(BAY图)、离港报告、特种箱货有关货运单证资料、船型、潮汐、船舶性能、堆场情况、生产计划安排等。

2)进口作业计划的实施

(1)码头调度室业务员,接到船公司、货代公司及货主转来的进口货运单证及资料后,应进行以下内容的核对和统计工作:①核对进口舱单和进口船舶积载图,分清本港卸箱和过境箱;②以空、重箱为内容,核实20ft、40ft和其他规格的箱型,在本港卸箱总数以及中转箱、特种箱、冷藏箱、危险货物箱等有特殊装卸、堆存要求的箱数;③核实堆场部门提供的卸箱场地及箱位。

(2)根据作业线、机械出勤、堆场场地、船舶技术要求、进口箱装载以及出口箱预配等情况,合理分配各条作业线的卸箱量并打印卸船顺序表。

(3)根据堆场堆存条件，空箱、重箱分开堆码，重箱分票堆码，冷藏箱、危险货物箱、超限箱、中转箱专用堆场堆码，特种箱直提作业等各项作业要求，分别在卸船顺序表上编制卸箱场位。

(4)在卸船顺序表封面注明各种箱型的箱数以及总箱数。

(5)进口单船作业计划编制完毕签字后，连同其他有关卸船资料送交码头堆场箱控室，由堆场箱控室下达指令，组织卸船作业(具体步骤见本章第二节中的介绍)，如图4-25所示。

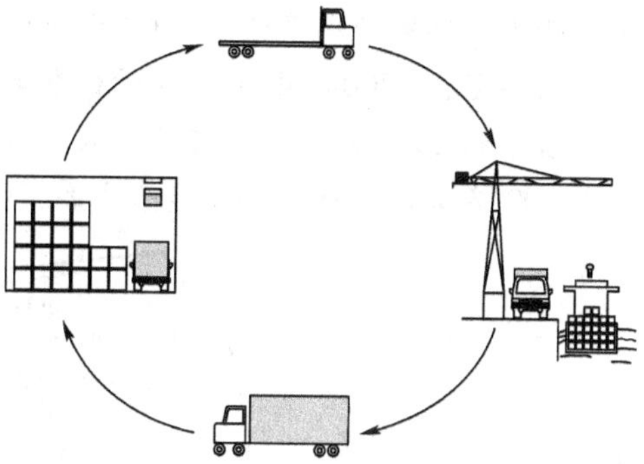

图4-25　卸船作业流程图

3. 倒载作业

船舶倒载作业是指已经装上船的集装箱，需要改变装载位置所进行的作业。虽然积载船图是经过计算而编制的，但由于船舶挂靠港口和装卸箱量的增加或发生变更；或为了保证船舶航行安全的需要，已经装上船的集装箱，仍然可能改变其装载位置。这种作业会造成不必要的浪费，但有时却不可避免。码头调度计划员以及现场调度员应通过周密、细致的工作，尽量减少倒载作业的发生。

4. 紧固作业

集装箱的紧固作业是指为防止已经装上船甲板的集装箱倒塌、移位，必须用拴固杆件和螺栓扣件进行交叉紧固，使集装箱上下左右牢固定位的作业(码头作业中称之为打加固，如卸船则相反，称之为拆加固)。尽管集装箱船装卸作业已经实现机械化，但紧固作业(包括拆加固作业)仍需人力完成。

## 案例4-2　汉堡港的自动化集装箱码头

当前，全球集装箱运输量大幅度提高，集装箱运输船舶大型化趋势明显，基于先进科技发展成果集装箱码头的自动化运转技术、设备和控制软件得到了重视和发展，达到了实用的程度。本案例综合有关资料介绍汉堡港Container Terminal of Altenwerder(CTA)自动化运转集装箱码头，特别介绍了计算机模拟技术在该码头规划设计和营运管理中的应用情况。

1. CTA码头建设概况

德国汉堡HHLA集团于1999年决定投资7亿欧元，采用最先进的技术和设备规划建设CTA。码头占地76万$m^2$，岸线总长1 400m，设计年通过能力190万TEU。计划分二期建成，2002年6月一期工程建成投产，二期工程同时开始，2004年完成。CTA码头前沿水深16.7m，配置14台岸边集装箱起重机，其中13台为用于作业干线船舶的大型起重机，1台为服务于支线船舶的小型岸边集装箱起重机。堆场面积22.5万$m^2$，集装箱堆存区按码头岸线垂直方向布置，共设置22个堆存区(其中3个为冷藏箱堆存区)；每个堆存区可以存放10列、4层、37排集装箱，总堆存能力达30 000TEU；每个集装箱堆存区配置一对轨距不同并运行在不同轨道上，可以相互穿越运行的轨道式集装箱门式起重机(RMG)。

码头内的集装箱水平运输由60台自动导引车(AGV)完成。火车装卸区有6条火车装卸作业车道,长700m,配置4台跨6条车道的RMG完成火车装卸作业。另外还配置200台底盘车和20台拖挂车。进门设置10车道,出门设置6车道。预计整个码头大约需要配置700名工作人员。CTA码头平面布置见图4-26。

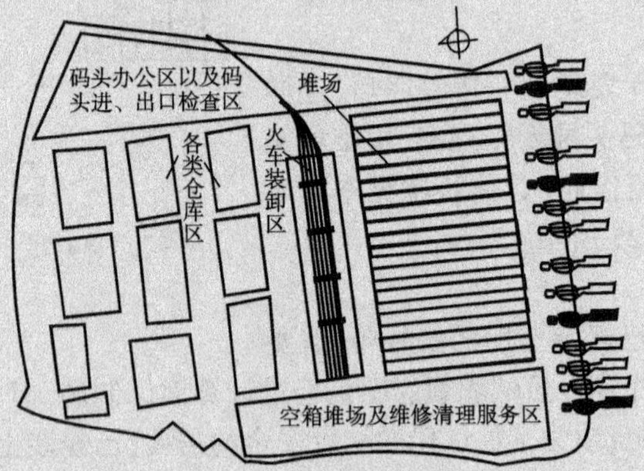


图4-26　CTA平面布置示意图

为保证整个码头可以满足同时作业3艘大型干线集装箱船舶和2艘支线船舶的高峰需要,要求作业设备的能力如下:

(1)每台岸边集装箱起重机作业效率达到35箱/h,码头前沿高峰装卸作业总效率达到500箱/h;

(2)AGV高峰水平运输总效率达到600箱/h,岸边集装箱起重机作业过程中不出现等待AGV的情况;

(3)堆场RMG高峰作业总效率达到700箱/h。AGV完成水平运输过程中要求不出现在堆场等待RMG作业的情况,集卡等待RMG作业的时间不能太长;

(4)火车装卸区RMG高峰作业总效率达到110箱/h;

(5)堆场总堆存能力达到30 000TEU,满足集装箱平均堆存5d的要求。

2. CTA自动化集装箱码头的运转

与常规集装箱码头不同,自动化运转集装箱码头需要将码头内的集装箱水平运输和到港送箱或提箱的集装箱卡车的运行有效隔开。CTA码头前沿采用了双小车式岸边集装箱起重机。堆场的每个堆存区采用的是一对可相互穿越运行的RMG,与欧洲已有的自动运转集装箱码头有所不同,其内部的运转方式说明如下:

(1)岸边集装箱起重机的运转。岸边集装箱起重机海侧小车负责船舶和设在起重机门架高处的转载平台之间的集装箱的作业,集装箱在转载平台上进行转锁的固定或脱开操作。陆侧小车在起重机后伸距范围内工作,负责预先定位的AGV与转载平台之间的集装箱转接。起重机的海侧操作除了吊具在船上吊起或落置集装箱的操作由人工完成外,其他操作可以自动完成,陆侧操作实现了完全自动化运转。

(2)AGV的运转。AGV负责完成码头内的集装箱水平运输。CTA的岸边集装箱起重机陆侧轨道与堆场海侧端线之间的距离为100m,AGV以此两线之间的区域为其循环运行区。

CTA 在岸边集装箱起重机后伸距范围内沿码头岸线方向布置了 4 条车道,AGV 在这些车道上完成与岸边集装箱起重机的集装箱交接,即使 14 台岸边集装箱起重机全部工作。由于 AGV 有横向运行的功能,也能够保证各台岸边集装箱起重机能够顺利地与相应的 AGV 在这 4 条车道上进行集装箱的交接操作。

在每个集装箱堆存区的海侧端部并排设有 4 个与码头岸线方向垂直的 AGV 车位,AGV 在这些车位上与堆场 RMG 自动完成集装箱的交接。

所有堆放于堆场的集装箱,箱门端朝向海侧 AGV,完成从船上卸下的集装箱的水平运输,在交接区是头朝堆场还是头朝海侧,视集装箱的箱门方向而定。

AGV 的运行,利用嵌在码头 AGV 循环运行区面层下的无源异频雷达收发装置网络,通过导引系统进行。当 AGV 从一个异频雷达收发装置上运行时,异频雷达收发装置对该 AGV 的编码进行认读,并输入到计算机处理系统中进行处理,从而确定该 AGV 在循环运行区坐标系中的实际位置,导引系统将该 AGV 的实际位置与其预先定义的参考位置进行比较,据此调整和控制 AGV 的速度和方向。

AGV 运行顺序由码头 AGV 管理系统指定。AGV 管理系统是中央控制室处理系统的一部分,负责处理 AGV 的运行顺序。通过交通控制系统保证 AGV 能够按照指定的时间运行到达预先指定的位置。在岸边集装箱起重机相距很近,AGV 的交通密度很高的情况下,AGV 管理系统需要保证预先确定的 AGV 运行时间不会导致 AGV 到达岸边集装箱起重机的顺序不当。

此外,为使 AGV 的运行控制有更大的灵活性和更高的可靠性,AGV 管理系统还会设法优化 AGV 的运行路线。

(3)堆场 RMG 的运转。1 个堆存区配置大小成对的 2 台 RMG。目的是:一方面,当有 1 台 RMG 故障时,相应堆存区的转载作业能够继续进行,只是效率降低而已;另一方面,2 台 RMG 均既可以在海侧端完成与 AGV 的转载作业,又可以在陆侧端完成与送箱或提箱的集装箱卡车或为装卸火车服务的码头内拖挂车的转载作业,与使用单台 RMG 相比较,可以提高堆存区转载作业的效率,避免 AGV 在堆存区等待,减少集装箱卡车在港时间。

但是只有当外侧轨道上的 RMG 的小车处于图 4-27 所示最右侧位置时,2 台 RMG 才能相互穿越运行。因此,为发挥 1 个堆存区配置 2 台 RMG 的高效率,避免 2 台 RMG 的碰撞以及不必要的穿越运行,RMC 的联动控制策略很重要。RMC 的运行速度参数见表 4-1。

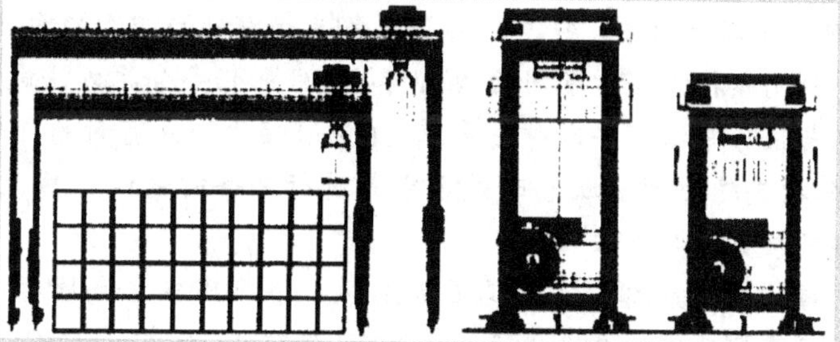

图 4-27 CTA 堆场 RMG 布置示意图

堆场 RMG 速度参数　　表4-1

| 速度参数 | 最大速度(m/s) | 加速度($m/s^2$) | 减速度($m/s^2$) |
|---|---|---|---|
| 大车运行 | 外侧 RMG:3.5<br>内侧 RMG:4.0 | 0.35 | <0.35 |
| 小车运行 | 1.0 | 0.35 | <0.30 |
| 吊具起升 | 1.0 | 0.45 | <0.35 |

(4)集疏运卡车的运转。在每个集装箱堆存区的陆侧端部并排设有7个与码头岸线方向垂直的集卡车位,其中3个固定为码头内部拖挂车完成铁路装卸,另外4个作为外部送箱或提箱的集卡车位。

在码头堆场和火车装卸区之间设有一条与码头线平行,宽75m的4车道行车道。外部送箱或提箱的集卡进入码头后,通过该道路直接运行到其送箱或提箱所在的堆存区陆侧端部,倒车进入集卡车位之一,堆场 RMG 自动完成集装箱的操作,集装箱的交接由中央控制室通过摄像机与卡车司机进行信息交换完成。

(5)火车装卸的运转。码头配置的拖挂车用于完成堆场与火车装卸区之间的集装箱水平运输。拖挂车在每个堆存区陆侧端设置的3个固定车位与堆场 RMG 自动完成集装箱的转载;在火车装卸区,通过火车装卸区司机操作的 RMG 完成与火车之间的集装箱转载。

3. 计算机模拟技术在 CTA 码头应用

计算机模拟是评估和比较不同操作方式和管理方法对码头运作效果影响的可行方法。CTA 码头在规划设计以及营运管理阶段,应用计算机模拟辅助解决了一系列问题。

(1)集装箱堆存方法。当一个集装箱到达码头时,其在堆场的位置应该通过集装箱堆存策略和优先级别确定可能堆存位置,不同的堆存策略和优先级别确定的可能堆存位置控制值导致的堆存效果不同。

CTA 在规划设计阶段应用计算机模拟方法,借助于 CTB 码头的营运统计数据,考察了不同的集装箱堆存策略以及评估可能堆存位置通过优先级别参数取值确定。对堆场倒箱量和堆场 RMG 把到港集装箱置于堆场的行程的影响,选择了合适的集装箱堆存策略,达到了使堆场倒箱量最少以及堆场 RMG 将到港集装箱置于堆场的行程最短的目的。

(2)AGV 和 RMG 的任务分派方法。CTA 在规划设计阶段,为研究不同的 AGV 和 RMG 的任务分派方法以及 RMG、AGV 和岸边集装箱起重机的相互影响,开发了一系列计算机模拟系统。利用模拟方法对不同的 AGV 和 RMG 的任务分派方法进行测试的结果表明。码头的性能与任务分派方法本身关系不大(但依赖于一旦有新的任务进入任务排队或者 AGV 由工作状态转为闲置状态时是否重新进行任务的分派),因此,在码头控制系统中应用了简单的任务分派方法。

(3)RMG 的操作控制策略。CTA 是国际上第一个采用在1个堆存区上配置大小成对的2台可以相互穿越运行的自动化运转的 RMG 的码头,而2台 RMG 又不是任何情况下均能相互穿越运行。为确定2台 RMC 的联动控制策略,比较其与在同一轨道上配置

2台性能相同的RMG(1台RMG只负责堆存区一端的转载作业)情形的运行效果,开发了相应的计算机模拟系统。

模拟结果表明,一定的条件下,在1个堆存区上配置大小成对的2台可以相互穿越运行的自动化运转的RMG与在同一轨道上配置2台性能相同的RMG相比较,前者堆场作业效率略低于后者,但是码头前沿的作业效率却高于后者。

# 第六节 集装箱码头经营组织与市场开发

## 一、集装箱码头的经营类型与经营形式

1.集装箱码头的经营类型

20世纪90年代以来国际集装箱运输迅速发展,其中国际集装箱码头经营业发展最快。全球越来越多的公司致力于经营国际集装箱码头,据预测,全球国际集装箱码头经营业的发展前景是比较乐观的。目前,全球国际集装箱码头经营主要有三大类型:

(1)专业的码头经营公司。这类公司主要经营和管理集装箱码头,如和记黄埔港口控股港务公司(Hutchison Port Holdings)、美洲装卸服务公司(SSA)等。

(2)国有的码头经营机构。由港务局以各种形式直接控制集装箱码头的经营管理,如我国广州港务局、印尼港务公司、迪拜港务局等。

(3)航运公司自行经营的码头。航运公司自行经营管理自建或租赁的集装箱码头,如中国远洋运输(集团)总公司(COSCO)、海陆联运公司(Sea－land Service Inc.)、马士基轮船有限公司(Maersk Line)、长荣海运股份有限公司(EMC)等。

此外,还有兼备两种性质的码头经营者。如新加坡港务集团(SPA),它既是独立经营的国际码头公司,又是新加坡国有的码头经营机构。

2.集装箱码头的经营形式

就我国集装箱码头经营现状而言,主要有以下几种经营管理形式:

(1)自主经营。由国有港务局或港务集团公司或国有投资主体独立经营管理集装箱码头。

(2)合资经营。由国有投资主体或国有港务局与国内外公司,按约定的控股比例合资经营管理集装箱码头。

(3)租赁经营。由航运公司或码头经营公司,或由合资后的公司通过与集装箱码头资产主管机构签订租赁合同经营管理集装箱码头。

## 二、集装箱码头的经营组织结构

集装箱码头生产经营管理组织结构,随码头经营类型和形式不同而不同,多数采用总经理领导下的事业部制。一般是总经理下设副总经理若干名(或一名副总经理和总会计师、总经济师、总工程师)和若干事业部。事业部主要有:

(1)市场部。主要职能是:市场调研;企业经营发展战略研究;箱源开发与组织;综合信息

管理;质量征询与反馈等。

(2)作业部。是集装箱码头的主要业务部门,主要职能是:办理商务货运手续;组织集装箱装卸车船作业及拆拼箱作业;处理理赔事项等,分设商务室、配载室、策划室、箱控室、单证室、拆拼箱室。

(3)作业监督部。主要职能是:监督管理集装箱码头作业现场的安全、质量事项,并负责处理相关事故。

(4)技术部。主要职能是:对码头的装卸作业设备从验收开始,包括使用、维护、修理,乃至报废的全过程管理。

(5)人事部。主要职能是:负责人力资源的合理配置;职工的再培训;劳动工资管理。

(6)财务部。主要职能是:负责财务管理和会计核算。

(7)总务部。主要职能是:负责燃、物料供应;港务设施维护、修理管理。

有的集装箱码头还设有总经理办公室或综合办公室。

## 三、集装箱码头货源市场的开发

多年来,我国港口是在计划经济体制下运行的,港口装卸的对象——货物由国家进行调配。但是,随着我国改革开放不断深入,原有的计划经济体制已逐步向市场经济体制转变,在这一转变过程中,原来由国家计划调配货源的方式已转变为由企业自身承揽货源。各货主也有权选择货物的出海、登陆口岸。因此,港口经营者纷纷改变坐等货主上门的做法,努力加强货源市场的营销力度,以争取到更多的货源。

### 1. 集装箱港口腹地的定位

集装箱港口腹地的大小和经济发展状况,是港口吞吐量、港口规划与发展的重要影响因素。因此,对港口腹地的合理定位,搞清港口目前和将来的腹地范围,是集装箱码头经营者营销工作的一项重要内容。

港口腹地是指经由港口货物的生产、消费及转运的地区,该地区由陆域和海域两部分组成。因此,港口腹地可分为陆域腹地和海域腹地。

陆域腹地是指港口在陆地上吸纳货物的区域范围,陆域腹地是每个港口发源、兴起的基础。就世界上绝大多数港口而言,是否依托于一定范围的并具有一定经济发展潜力的陆域腹地,是一个港口能否兴旺并保持长盛不衰的首要条件。海域腹地是指港口依靠优越的地理位置或依靠自身航线多、航班密、功能齐全的优势,而在海外的吸引辐射范围。

### 2. 集装箱码头货源市场的营销方式

传统意义上的集装箱揽货是指班轮公司为使自己所经营的班轮能在载重和舱容上得到充分利用,尽量做到满载或接近满载,以取得最大的收益,而从货主那里争取货源的行为。集装箱货源揽货的主体是班轮公司或其货运代理人,码头仅仅是货物换装和货物水陆转运的场所。

随着我国改革开放的深入发展,交通运输特别是国际集装箱运输,正在由计划经济体制向市场经济体制过渡,集装箱码头赖以生存和发展的货源市场,也随之发生变化,传统的各港经济腹地已演变为相邻港口间相互渗透、交叉的共同腹地,并成为各港间争取货源的焦点。因此,集装箱码头对集装箱货源的开发与组织工作需有新的认识。目前大多集装箱码头采取灵活有效的方式,与船公司及其货运代理人、相关单位紧密配合,深入腹地开发组织集装箱货源,共同参与集装箱货源市场的竞争。

船舶大型化后，船舶经营人为追求航运规模效益，航线调整是必然要采取的措施，大型集装箱船舶只能挂靠一些主要港口。那些具有充足的货源，并且能够及时、高效地进行集疏运的深水港口便成为首选目标。因此，集装箱码头货源开发组织工作的另一重要内容，是吸引班轮公司多开航线和航班，这一点对于枢纽港尤为重要。没有一定数量的航线和航班作支撑，枢纽港的地位是难以巩固和发展的。

集装箱码头揽货与班轮公司揽货在性质上既有相同的一面，也有不同的一面。相同的一面为：两者都是为获取最大收益，而从货主那里争取货源的行为。班轮公司揽货，是为使船舶舱位利用率达到较高水平，以降低单位运输成本，获取最大运输收益；集装箱码头揽货，是为使尽可能多的集装箱货物经过码头装卸，增加港口吞吐量，获得最大的装卸收益。集装箱码头揽货与班轮公司揽货的不同点表现为：两者对同一过程中不同阶段的侧重点不同。集装箱码头揽货是以货物经过本码头装卸力最终目的，至于集装箱由哪家船公司承运，则是选择合作伙伴的问题；班轮公司揽货与此正好相反，班轮公司揽货是以货物由本公司船舶承运为最高目标，至于货物在哪个集装箱码头装卸，除托运人指定外，则需要选定。即集装箱码头揽货关心的是货物经陆路运输或经海上运输后的出海、登陆地点，船公司揽货关心的是货物在海上运输中由谁来承运。

由此可见，集装箱码头揽货与班轮公司揽货不仅不存在竞争的关系，而且还是相互合作、取长补短的伙伴关系。对于一个特定的集装箱码头和一个特定班轮公司而言，集装箱码头将揽到的货物交付给班轮公司运输，可增加班轮公司的货运量；而班轮公司将所载运的集装箱委托该集装箱码头装卸，也可增加该集装箱码头的装卸量（吞吐量）。因此，在实践中，往往是集装箱码头与班轮公司共同开发集装箱码头腹地货源市场。

由于集装箱码头揽货与班轮公司揽货对集装箱运输过程中的侧重点不同，因此，在腹地货源市场开发上的指导思想也存在着不同。一般情况下，集装箱码头侧重于各腹地至集装箱码头间的“通道”建设，着重于疏通运输渠道，理顺运输环节，建立良好的“环境”，并立足于协调服务，解决货主（托运人）或班轮公司在陆路运输中及与码头交接时遇到的困难和问题，辅助以揽货的职能，多渠道、多方面地扩大市场占有率。班轮公司则侧重于货物的直接招揽。了解、掌握集装箱码头与班轮公司在招揽集装箱货源过程中各自利益所在，可以进一步密切港航伙伴关系，为集装箱码头的招揽货源，增加货运量，开创新局面。

综上所述，集装箱码头对腹地货源市场加强营销活动的方式主要有以下几种。

（1）对陆域腹地货源市场的营销方式：

①建立集装箱码头的营销网络。集装箱码头营销网络的建设主要是通过在不同地区建立办事机构来实现的。办事机构的建设应根据腹地货源分布状况以及集装箱码头对腹地货源的吸引强度而定。办事机构履行的主要职能有：宣传本集装箱码头的优势；建立与主要货主和班轮公司驻腹地办事处的联系，协调货主与班轮公司之间的关系；利用掌握的有关费用资料，帮助货主测算有关费用，选择陆路运输方式；解决货主在陆路运输、码头交付等方面遇到的困难和问题；定期走访货主，征求对集装箱码头在服务方面的意见和建议，并及时反馈给码头经营者以便进行整改；收集腹地货源分布等信息，据此采取适当的行动；代理货主完成相关的货运业务，等等。

②加强与腹地交通主管部门的合作,建立腹地内“无水港”或“公路港”。集装箱码头在腹地内建立“无水港”的目的是将港口的功能向内陆延伸,方便货主托运货物,增强集装箱码头对腹地货物的吸引强度。货主在“无水港”交付货物即可视为货物已交付集装箱码头,货物装船后货主可从班轮公司驻当地办事机构直接获取提单。“无水港”在接收货主交付的托运货物后,可通过“公路班车”及时安全地将货物运抵集装箱码头。

③加强与铁路部门的合作,开辟直达快运班列和成组运输,建立位于集装箱码头公司内部的“铁路港站”。开辟直达快运班列和成组运输的目的在于解决目前铁路运输时间无法与班轮衔接的问题,充分发挥铁路费用低、运量大的优势,建立位于集装箱码头内部的“港站”则主要解决铁路运输环节多、内陆集装箱空箱紧张以及班轮公司向内陆调运空箱费用高等问题,通过建立集装箱码头内部“港站”可实现内陆出口集装箱直接集港、海上进口集装箱直接疏港,从而大大减少短途倒运等中间环节,既节省时间、简化手续,又降低总体运输费用。

④加强与腹地货运代理机构和班轮公司办事处的合作,建立腹地集装箱中转站,开展直接揽货业务。

⑤定期召开新闻发布会,宣传集装箱码头的优势,通报有关政策与信息。

⑥定期走访腹地用户或邀请用户考察集装箱码头,开展调查和征询意见活动,并进行整改,提高集装箱码头的服务质量,等等。

⑦开展陆桥运输与过境运输,扩大对集装箱码头腹地以外地区集装箱货源的吸引强度,增加集装箱码头的货运量。

此外,如集装箱码头腹地内有适于航行的江河,还可通过与有关内河运输公司合作,开展集装箱内河通道运输,扩大集装箱码头的货源量。

(2)对海域腹地货源市场的营销方式

①加强与班轮公司的合作,在保证充足出口货源的基础上,增加集装箱码头的航线数量,增加航班密度,扩大对海域腹地的覆盖广度和深度,增强对进口货量的招揽,促进陆域腹地出口货源的开发。

②加强与班轮公司的合作,开辟支线运输和国际中转运输。

③加强与内贸船公司的合作,开辟沿海内贸集装箱运输和沿海空箱调运。

④定期召开港航联席会,及时沟通信息,解决船公司在集装箱码头、口岸遇到的困难和问题。

⑤定期走访支线港口,征求服务意见,并对支线港加大在人力、物力、财力上的投入(可以参股等形式实现),提高支线港的管理水平,增加支线港对其腹地货源市场的吸引强度,进而增加集装箱码头海域腹地货源量。

## 思考与练习

一、名词解释

1. 集装箱码头

2. 集装箱堆场(CY)

3. 集装箱货运站(CFS)

4. 前方堆场

5. 后方堆场
6. 场箱位号
7. “无水港”

二、简答题

1. 集装箱码头应具备哪些基本条件？
2. 集装箱码头应布置哪些基本设施？
3. 集装箱码头应配备哪些作业机械？
4. 集装箱码头堆场的堆码原则和要求是什么？
5. 集装箱码头堆场堆存管理主要有哪些业务？
6. 集装箱货运站的主要功能是什么？
7. 简述集装箱货运站管理的基本要求。
8. 集装箱码头大门主要有哪些业务？
9. 简述龙门起重机装卸工艺系统的作业流程。该工艺系统有何特点？
10. 简述集装箱码头装卸作业具体操作流程。
11. 集装箱码头的经营类型与经营形式有哪些？
12. 简述集装箱码头的经营组织结构。

三、讨论题

1. 如何规划和管理现代化集装箱码头？
2. 集装箱码头货源市场如何开发营销？

四、案例题

1. 港口集装箱残损案例：

案例1：船舶靠泊南方某大型港口卸进口箱，其中1个40ft集装箱表面凹陷破损，本属于原残或船残，不属于工残，但装卸工未发现该残损，集装箱进入堆场后也未及时采取相应措施。在堆场存放期间，天气阴雨连绵，集装箱内部进水，导致价值近百万元的精密电子元件受损。货主向港方提出高额索赔，并要求办理退关手续。由于无法提供原残和船残证据，货物残损单和作业报告中也没有相应记录，港方被迫承担事故责任，赔偿近百万元。此案中，码头装卸人员、机械司机、堆场作业人员等均未对集装箱进行仔细检查和核对，导致港方承担不应有的损失。

案例2：某集卡办理提箱手续后，至北方某港口提取特殊大件货物，货物在装车过程中发生滚落并损坏。经分析，事故原因是绑扎不牢以及附件存在锈蚀变形，导致作业时受力不均，绑扎断裂，发生脱落。由于港方事先并未发现货物残损单，最终被迫向货主赔付逾100万元。

此外，港口还存在一些常见的集装箱残损索赔案例：在拼箱作业中，由于货物或箱体受损，造成货物出口滞期；在待装船作业中，港方由于未能识别受损集装箱而面临船公司和货主的索赔；在保温集装箱检查中，由于未核对重要参数，导致货物变质。

问题讨论：

(1)试分析港口集装箱残损原因。
(2)港口集装箱残损的预防措施有哪些？

2. 2000年12月28日，买方华虹公司与卖方港富公司签订一份买卖合同，约定由华虹公司向港富公司购买美国特灵公司生产的 TRANE 2 250USRT 冷冻机组一套,包括两台冷冻机和相应配件,两台冷冻机的价值为 600 300 美元,配件价值为 29 700 美元,总价值为 630 000 美元。2001 年 4 月 19 日,中银集团保险有限公司就前述货物向港富公司签发了编号为 MCG/01 – M0139080 的海运货物保险单,该保险单正面记载的被保险人为港富公司,船名航次为"川河"070WO,开航日期为 2001 年 4 月 20 日,航程为从美国西雅图港至中国上海港,保险金额为 693 000 美元的定值保险,险别为海洋货物运输一切险、战争险,索赔支付地为中国上海,如发生货损,检验代理为华泰保险咨询有限公司,保险单还约定了保证货物装载在舱内或者集装箱内等其他条款。2001 年 4 月 20 日,中远公司作为承运人签发了编号为 COSU250C63431 指示提单,该提单记载的托运人为特灵公司,通知方为华虹公司,承运船舶为"川河"轮,装货港为美国西雅图港,卸货港为中国上海港,货物分别装在三个集装箱内,两台冷冻机分别装在两个 20ft 框架集装箱内,相应配件装在一个 40ft 集装箱内。同年 5 月 8 日,上述货物被运至上海集装箱码头有限公司张华浜码头,卸入该码头堆场 19 箱区 51 位 61 号的位置。同月 14 日 8:30 时左右,上海交运集装箱发展有限公司的驾驶员许国亮驾驶的车号为"沪 A50443"集装箱卡车将箱号为 CBHU9200573 的 20ft 框架集装箱撞坏,箱内冷冻机受损,受损冷冻机的实际价值为 300 150 美元。

问题讨论:

(1)上海交运集装箱发展有限公司对该次事故是否负全部责任?

(2)简述买方华虹公司的索赔程序。

3. 2006 年 12 月 31 日,深圳赤湾港航股份有限公司(原告)与山东省烟台国际海运公司(被告)签订《集装箱堆存、维修合同》,约定原告为被告提供集装箱空箱的堆存服务,被告按约定的维修费标准支付维修费、材料费,并于账单确认后 45 日支付给原告。自 2007 年 7 月开始,被告山东省烟台国际海运公司开始拖欠原告修理费,至 2008 年 8 月底,共欠原告维修费 651 536. 05 元,堆存费 856 800 元(自 2008 年 8 月 21 日起计至 2008 年 10 月 21 日)、堆场转堆吊柜费(按每柜 200 元)为 85 600 元、逾期付款利息暂计到 2008 年 9 月 31 日为 21 898. 17 元,合计 1 615 834. 22 元。2008 年 8 月 21 日,被告指示原告停止向任何人放柜,导致为被告修理的 428 个空箱滞留在原告修箱场内。

原告深圳赤湾港航股份有限公司请求法院判令:①被告支付原告以上修箱费、堆存费、吊柜费及其从 2008 年 8 月 21 日起按照一年期流动资金贷款利率计算的利息(暂计至 2008 年 9 月 31 日)共计 1 615 834. 22 元;②原告对被告存放于原告修箱场内的集装箱享有留置权,留置权数额与第一项请求金额一致;③被告承担本案全部诉讼费用和财产保全费用。

问题讨论:

(1)集装箱空箱堆场一般能提供哪些服务?

(2)本案例中集装箱空箱堆存所涉及的所有费用中应该各由谁承担?

# 第五章 集装箱货物及其组织管理

## 引导案例 冷藏箱故障造成箱内温度上升导致货损

某船公司承运1个40ft冷藏高箱(内装保鲜荷兰豆),装货港为青岛港,卸货港为东京港。在东京港卸船时,该冷藏箱温度约为10℃,远高于设定温度(1℃)。收货人拒绝收货,并与船公司各自申请检验,检验结论:冷藏箱故障造成箱内温度上升,进而导致货损。船公司将集装箱回运至厦门港后,货主再次申请检验,检验结论:正常通电,设定温度为1℃,实际温度为28.7℃,货物全损。货主因此向船公司索赔4.5万美元,船公司以3.5万美元与货主达成和解。事后调查,发现如下情况:

(1)货物性质特殊。温度刻度盘的记录表明,自船公司收箱之日起,冷藏箱的温度虽然始终未达到设定值1℃,但一直保持在10℃左右,说明冷藏箱工作正常。由此判断,货物在装箱时未经充分预冷,加上新鲜荷兰豆的呼吸作用释放大量热量,导致冷藏箱温度无法下降到设定值。此外,新鲜蔬菜所含水分较多,造成冷机频繁除霜,也是冷藏箱温度无法下降的重要原因之一。

(2)货物积载不当。本案中,冷藏箱底部和货物层间均放有木板,导致箱内空气流动不畅。温度记录显示,冷机送出的冷风温度为1℃,但回风温度约为11℃,由此也可推断箱内空气流动不畅。根据提单条款的规定,因冷藏货物积载不当造成的货损,船公司不承担赔偿责任。建议船公司向货主申明提单条款的相关规定,并加强冷藏箱积载知识的宣传。

(3)船方在温度检查记录方面存在过失。本案中,温度刻度盘显示冷藏箱在船期间的温度约为10℃,但船上温度记录表记录的温度约为1℃,由此可见,船方在冷藏箱的温度检查记录方面存在重大过失。如果船员能够及时发现并报告温度异常,船公司的技术人员就能尽早确认冷藏箱没有故障(船舶在日本港口停留期间,技术人员已对该箱进行检查,结论是冷藏箱本身没有问题),并确定货损的真正原因,从而为船公司争取主动权,协助检验机构得出正确结论,最终避免赔偿责任。

### 问题

1. 冷藏集装箱货物的装载要求有哪些?
2. 货主向船公司索赔的依据是什么?理由是否充足?
3. 根据上述情况,船公司应该从几个方面防止冷藏箱装运新鲜蔬菜货损?

### 本章知识点

随着全球集装箱运输不断普及与发展,集装箱货物适箱比率不断上升,越来越多货物采用集装箱运输。做好集装箱货物的装载是保证集装箱安全、保质、高效运输的基础。

本章介绍了集装箱货物的概念、种类、交接形态、交接地点、交接方式、集装箱选择和检查的方法,并详细阐述集装箱货物装载的一般要求和特殊货物的装载方法。

本章应重点掌握的内容:集装箱货物的分类;集装箱货物交接的形态、地点和方式;特殊集装箱货物的装载方法。

# 第一节　集装箱货物概述

## 一、集装箱货物的概念

集装箱运输的出现改变了传统件杂货运输的货运单位,从而有效地克服了传统方式所存在的各种不同的缺陷,但这并不意味着所有的货物都可以成为集装箱货物。因此,这里所指的集装箱货物是指以集装箱为单元积载设备而投入运输的货物。通常适宜用集装箱装运的货物具有两个基本特点:一是能较好地利用集装箱载货重量和(或)载货容积;二是价格较高。但实际上集装箱货物是多种多样的。

## 二、集装箱货物的分类

对集装箱货物进行分类是为了反映和研究国民经济发展过程中各类货物使用运力情况,合理安排集装箱运输组织工作,优化使用各种不同的集装箱运输方式,消除和避免各种不合理运输,使运输能力得到有效、合理的使用,充分满足国民经济各方面的运输需要,保证货物运输的安全和货物运输质量的提高。

1. 按货物性质分类

集装箱货物按货物性质分可分为普通货物和特殊货物。

(1)普通货物。可称为件杂货或杂货,按货物性质不需要特殊方法保管和装卸的货物。其特点是货物批量不大,品种较多。包括各种轻工业品、车床、纺织机械、衣服类货物等。普通货物按有无污染又可分为清洁货物和污货物两种。

①清洁货物:是指货物本身清洁干燥,在保管和运输时没有特殊要求,和其他货物混载时不易损坏或污染其他货物的货物。如纺织品、棉、麻、纤维制品、橡胶制品、玩具等。

②污货物:是指货物本身的性质和状态容易发潮、发热、发臭等,容易对其他货物造成严重湿损、污损或熏染臭气的货物。如水泥、石墨、油脂、沥青、樟脑、胡椒等。

(2)特殊货物。是指在货物形态上具有特殊性,运输时需要用特殊集装箱装载的货物。包括超高、超长、超宽、超重货物以及液体或气体货物、散件货、散货、动植物检疫货、冷藏货、贵重货物、易腐货物等。

①超尺度和超重货物(Over Size Cargo & Heavy Cargo):这两类货物是指货物的尺度超过了国际标准集装箱的尺寸而装不下的货物,或单件货物重量超过了国际标准集装箱的最大载重量的货物,如大型机械设备、动力电缆等。

②冷藏货物(Refrigerating Cargo):是指需要保持在常温以下进行运输的货物,如肉类食品、鸡蛋、水果、蔬菜、奶类制品等。

③液体、气体货物(Liquid & Gas Bulk Cargo):是指无包装需装在容器内进行运输的散装

液体或气体货物，如酒精、酱油、葡萄糖、食用油、胶乳、天然气、液化气等。

④干散货物（Bulk Cargo）：是指散装在舱内无包装的货物，包括盐、谷物、麦芽、树脂、粘土等。

⑤活动植物（Live Stock and Plants）：是指需提供维持正常生命活动环境的货物，如猪、羊、牛、马等家禽家畜，花卉、树苗、苗木等植物。

⑥危险货物（Dangerous Cargo）：指具有易燃、易爆、毒害、腐蚀和放射性危害而需要安全防护的货物。

⑦贵重货物（Valuable Cargo）：是指单件货物价格比较昂贵的货物，如精密仪器、家用电器、手工艺品、珠宝首饰、出土文物等。

2. 按货物是否适合装箱分类

根据货物是否适于集装箱运输，一般把各类货物分为四个类别：

（1）最适合装箱货物（Prime Suitable Containerizable Cargoes）。一般指本身价值较高，运价也比较高；其外包装形状、尺度及重量等属性，可以有效地装载于集装箱内进行运输。最适于集装箱运输的货物有医药品、小型电器、仪器、小五金、针纺织品、烟、酒、包装食品等。

（2）适合装箱货物（Suitable Containerizable Cargoes）。一般指本身价值和运价低于最适箱货物，但其属性与最适箱货物类似，包括金属制品、纸浆（板）、某些装饰材料、白粉、皮张、电线等。

（3）临界装箱货物（Marginal Containerizable Cargoes）。一般指可用集装箱装载，但由于其本身价值和运价都较低，使用集装箱运输不够经济，而且从该类货物的外形尺度、包装形式及重量等属性来看，使用集装箱运输也较为困难，如钢锭、钢材、木材（原木）、生铁、小型构件等。

（4）不适合装箱货物（Unsuitable Containerizable Cargoes）。指由于其本身属性，一般不能用集装箱运输，如废钢铁、大型构件、机械设备、大型卡车等。这些货物中有一部分如采用专用运输设施和工具来运输更为合适。

在以上四类货物中，前两类构成了集装箱运输的主体，是各运输经营人竞争的对象。适箱货物是集装箱运输系统的运输对象，适箱货物的位移构成了集装箱运输系统中的主物流。

3. 按货运形态分类

在集装箱货物运输中，按货流组织不同的形态可把集装箱货物分为整箱货和拼箱货两种。

（1）整箱货（Full Container Load　FCL）：指发货人一次托运的货物数量较多，足以装满一个或多个集装箱的货载。一般由发货人自行装箱，负责填写装箱单、场站收据，并加铅封。整箱货又习惯理解为一个发货人、一个收货人。

（2）拼箱货（Less then Container Load　LCL）：指发货人一次托运的货物数量较少，不足以装满一个集装箱，即需要一个或多个发货人少量货物同装一个集装箱进行运输的货载。一般由集装箱货运站负责装箱，负责填写装箱单，并加铅封。拼箱货又习惯理解为几个发货人、几个收货人。

表5-1为集装箱货物分类汇总简明表，供参考。

集装箱货物分类简明表　　表5-1

| 分类方法 | 类别 | | 货物举例或说明 |
|---|---|---|---|
| 货物性质 | 普通货物 | 清洁货物 | 纺织品、棉、麻、纤维制品、橡胶制品、玩具等 |
| | | 污染货物 | 水泥、石墨、油脂、沥青、樟脑、胡椒等 |
| | 特殊货物 | 超尺度和超重货物 | 动力电缆、大型机械设备 |
| | | 冷藏货物 | 肉类食品、鸡蛋、水果、蔬菜、奶类制品等 |
| | | 液体、气体货物 | 酱油、葡萄糖、食用油、胶乳等 |
| | | 干散货物 | 盐、谷物、麦芽、树脂、黏土等 |
| | | 活的动植物 | 猪、羊、牛、马、花卉、树苗、苗木 |
| | | 危险货物 | 黄磷、工业酒精、天然气、液化气、碳化钙等 |
| | | 贵重货物 | 精密仪器、家用电器、手工艺品、珠宝首饰等 |
| 适箱状况 | 最适合装箱货物 | | 医药品、小型电器、针纺织品、烟、酒、包装食品等 |
| | 最适合装箱货物 | | 金属制品、纸浆(板)、某些装饰材料、皮张、电线等 |
| | 临界装箱货物 | | 钢锭、钢材、木材(原木)、生铁、小型构件等 |
| | 不适合装箱货物 | | 废钢铁、大型构件、机械设备、大型卡车等 |
| 货运形态 | 整箱货 | | 一个发货人、一个收货人 |
| | 拼箱货 | | 几个发货人、几个收货人 |

## 三、集装箱货源的特点

随着世界经济的发展,集装箱适箱货的生成量也随之增加,就总的发展趋势来看,货物集装箱化的比率越来越高。从这类货物的生成及运输性质来看,其主要表现出以下几个特点:

(1)单位产品的货物价值较高,单位产品承受运价的能力较强;

(2)运输质量要求高,运输时间性要求高;

(3)货物批量小,呈零星分散状存在。

集装箱运输是随着国际贸易和社会经济不断发展而产生的,是服务于国际贸易和社会经济发展的。因此,一个国家或地区的集装箱货源生成量,主要取决于该国家或地区的国际贸易和经济发展状况。

发达国家或地区的产品技术含量高,适合集装箱运输,因此,该国该地区的集装箱货源量就十分充足。反之,欠发达地区的产品主要是初级产品如煤炭、矿石、工业原料、农产品等,产品附加值低,承受各项费用的能力较差,又不适合集装箱运输,因此,该地区的集装箱货源量就相对贫乏。

国家的外贸政策如何,将直接影响到国际贸易量的增减。当国家鼓励外贸出口时,出口的货运量就会显著地增加,集装箱货源也随之增加;而国家鼓励进口时,出口贸易量就会相对减少,出口集装箱货源会随之发生变化。

国际市场的供求关系在一定程度上也影响着集装箱货源量。当某种商品在国际市场供大于求时,该种产品的出口贸易量就会明显下降;而供小于求时,该种产品的出口贸易量又会显著地增加，在这种情况下，集装箱货源量也会随之而产生变化。

## 第二节　集装箱货物交接与流转方式

集装箱运输的产生和发展在运输领域引起了革命性的变化，这些变化有多方面的表现，其中包括货物基本运输单元和全程运输组织的变化。

在传统的件杂货运输中是以货物作为产品出厂时的运输包装为运输单元的，在集装箱运输中，通过箱成组，标准化的集装箱成为基本运输单元。

在全程运输的组织方面，传统的件杂货运输是通过多次托运、分段运输的方式完成的，各方式各段的运输经营人独立完成自己承担区段的运输。而在集装箱运输中，随着集装箱运输系统的不断完善，使全程运输出现了统一组织的变化，实现了“门到门”的运输。

这些变化自然要引起集装箱运输系统中货物的交接和流转方式发生的极大变化，集装箱货物的交接和流转方式都具有鲜明的特点。

### 一、集装箱货物的交接形态

在集装箱运输中，货方(发、收货人)与承运方货物的交接形态有两种，整箱货交接与拼箱货交接。

整箱货(FCL)交接是指发货人、收货人与承运人交接的货物是一个(或多个)装满货物的集装箱。发货人自行装箱并办好加封等手续，承运人接受的货物是外表状态良好、铅封完整的集装箱；货物运抵目的地时，承运人将同样的集装箱交付收货人，收货人自行将货物从箱中掏出。

拼箱货(LCL)交接一般发生在发货人一次托运的货物数量较少，不足以装满一个集装箱，而针对这些货物的贸易合同又要求使用集装箱运输，为了减少运费，承运人根据流向相同的原则将一个或多个发货人少量货物装入同一个集装箱进行运输。这一般意味着承运人以货物原来的形态从各发货人手中接受货物，由承运人组织装箱运输，运到合适的地点时，承运人将货物从箱中掏出后，以原来的形态向各收货人交付。拼箱货的交接、装拆箱可在码头集装箱货运站、内陆货运站或中转站等地进行。

在集装箱运输中，有时也会出现这两种交接形态结合的情况，即承运人从发货人处以整箱形态接受货物，而以拼箱形态交付货物(针对每个箱中的货物只有一个发货人，多个收货人的情况)或相反(针对每个箱中的货物有多个发货人，而只有一个收货人的情况)。

### 二、集装箱货物的交接地点

货物运输中的交接地点是指根据运输合同，承运人与货方(发货人、收货人)交接货物、划分责任风险和费用的地点。在集装箱运输中，集装箱货物的交接地点一般有三类，即发货人、收货人的工厂和仓库(Door)、集装箱码头堆场(CY)和集装箱货运站(CFS)。

1. 发货人或收货人的工厂或仓库交接(Door 交接)

发货人或收货人的工厂或仓库(门)交接是指集装箱运输经营人在发货人的工厂或仓库接受货物或在收货人的工厂或仓库交付货物。门交接的集装箱货物都是整箱交接。一般意味着发货人或收货人自行装(拆)箱。集装箱运输经营人负责自接受货物地点到交付货物地点的全程运输。

2. 集装箱码头堆场交接(CY 交接)

集装箱运输中的集装箱货物码头堆场交接,一般意味着发货人应自行负责装箱及集装箱到装货港码头堆场的运输,承运人或其代理人在码头堆场接受货物,责任开始。货物运达卸货港后,承运人在码头堆场上向收货人交付货物,责任终止。由收货人自行负责集装箱货物到最终目的地的运输和掏箱。

在集装箱码头堆场交接的货物都是整箱交接。在有些资料中和有些情况下,“CY 交接”一词的含义要更广泛一些。除在码头堆场交接外,还包括在内陆地区的集装箱内陆货运站的堆场的交接(即内陆 CY 交接)。在内陆 CY 交接情况下与货主交接货物的集装箱运输经营人一般是联运经营人,他还要负责从接受货物的堆场到码头堆场间的运输。集装箱货物内陆 CY 交接也是整箱交接。

3. 集装箱货运站交接(CFS 交接)

集装箱运输中的货运站(CFS)一般包括集装箱码头的货运站、集装箱内陆货运站或中转站。货运站货物交接一般是拼箱交接。因此,货运站交接一般意味着发货人自行负责将货物送到集装箱货运站,集装箱运输经营人或其代理人在货运站以原来形态接受货物并负责安排装箱,然后组织海上运输或陆海联运。货物运到目的地货运站后,集装箱运输经营人或其代理人负责拆箱并以货物原来形态向收货人交付。收货人自行负责提货后的事宜。

## 三、集装箱货物的交接方式

在集装箱运输中,根据实际交接地点不同,集装箱货物的交接有多种方式,在不同的交接方式中,集装箱运输经营人与货方承担的责任、义务不同,集装箱运输经营人的运输组织的内容、范围也不同。集装箱货物的交接方式有以下几种:

1. 门到门(Door to Door)交接方式

门到门交接方式是指集装箱运输经营人由发货人的工厂或仓库接受货物,负责将货物运至收货人的工厂或仓库交付。在这种交付方式下,货物的交接形态都是整箱交接。

2. 门到场(Door to CY)交接方式

该方式是指集装箱运输经营人在发货人的工厂或仓库接受货物,并负责将货物运至卸货港码头堆场或其内陆堆场,在 CY 处向收货人交付。在这种交接方式下,货物也都是整箱交接。

3. 门到站(Door to CFS)交接方式

该方式是指集装箱运输经营人在发货人的工厂或仓库接受货物,并负责将货物运至卸货港码头的集装箱货运站或其在内陆地区的货运站,经拆箱后向各收货人交付。在这种交接方式下,运输经营人一般是以整箱形态接受货物,以拼箱形态交付货物。

4. 场到门(CY to Door)交接方式

该交接方式是指集装箱运输经营人在码头堆场或其内陆堆场接受发货人的货物(整箱货),并负责把货物运至收货人的工厂或仓库向收货人交付。

5. 场到场(CY to CY)交接方式

指集装箱运输经营人在装货港的码头堆场或其内陆堆场接受货物(整箱货),并负责运至卸货港码头堆场或其内陆堆场,在堆场向收货人交付整箱货。

6. 场到站(CY to CFS)交接方式

指集装箱运输经营人在装货港的码头堆场或其内陆堆场接受货物(整箱货)并负责运至卸货港码头集装箱货运站或其在内陆地区的集装箱货运站,一般经拆箱后向收货人交付。

7. 站到门(CFS to Door)交接方式

指集装箱运输经营人在装货港码头的集装箱货运站及其内陆的集装箱货运站接受货物(经拼箱后),负责运至收货人的工厂或仓库交付。在这种交接方式下,运输经营人一般是以拼箱形态接受货物,以整箱形态交付货物。

8. 站到场(CFS to CY)交接方式

指集装箱运输经营人在装货港码头或其内陆的货运站接受货物(经拼箱后)负责运至卸货港码头或内陆地区的堆场交付。在这种方式下货物的交接形态同站到门交接方式。

9. 站到站(CFS to CFS)交接方式

指集装箱运输经营人在装货港码头或内陆地区的集装箱货运站接受货物(经拼箱后)负责运至卸货港码关或其内陆地区的集装箱货运站,(经拆箱后)向收货人交付。在这种方式下,货物的交接形态一般都是拼箱交接。

以上九种交接方式是集装箱运输中集装箱货物基本的交接方式。除装货海港码头堆场(或海港码头集装箱货运站)到卸货海港码头堆场(或卸货海港码头集装箱货运站)交接方式适用于海运单一方式运输(包括海上转运和海海联运)外,其他交接方式都是集装箱货物多式联运下的交接方式。

## 四、集装箱货物的流转途径及运输组织

在传统的国际货物运输中,托运人要从内陆各地用铁路、公路等运输方式将货物集中到出口港,再通过与船公司的运输合同装船出运。货物运到目的港卸船后,再通过铁路、公路等运输方式将货物运到交货地点。在货物运输的全过程中,各运输区段的运输批量、运输线路和实际承运人的选择、各段之间的衔接等运输组织工作都是由众多的托运人独立进行的。从总体来看,运输组织是混乱的。

随着集装箱运输的发展和集装箱运输系统的建立和完善,与传统的国际运输相比较,集装箱货物的运输无论在全程流通过程还是在运输组织上都发生了革命性的变化。图 5-1 对系统中货物流通途径做了概括说明。

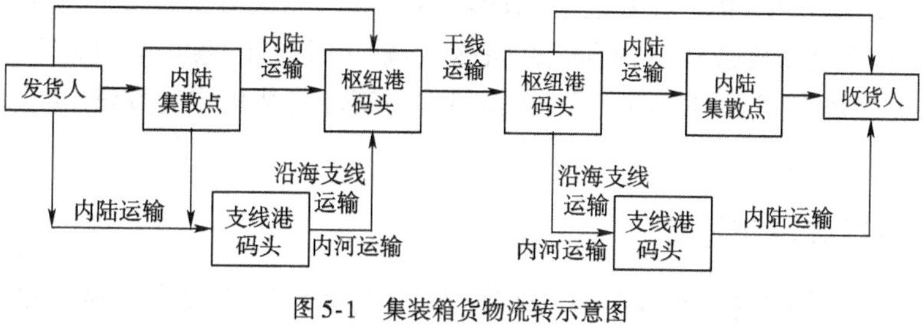


图 5-1 集装箱货物流转示意图

从图 5-1 可以看出,在起运港内陆广大地区的货物,如是整箱货,托运人可在自己的工厂和仓库交给运输经营人(门交接),再由经营人负责运抵内陆集散站堆场;也可直接运到内陆堆场(内陆货运站、中转站)交给运输经营人(内陆 CY 交接)。如是拼箱货,托运人将货物运到各集散站的集装箱货运站,交给运输经营人或其代理人,装箱后转到各内陆堆场。从内陆堆场到装船港码头堆场的运输,一般由各内陆集散点(站)统一组织。由于围绕各集装箱港口建立的集疏网络具有多级结构,不同托运人托运的货物,不同运输经营人承运的货物从货物交接点到港口码头堆场的集装箱运输过程是多次集中,不断扩大运输批量的过程。这从根本上改变了传统运输中内陆运输是零星、小批量和由各托运人独立组织的局面,实现了统一组织,使内陆运输达到经济规模的效果。

在装运港附近的货物,如是整箱货,托运人可在自己的工厂和仓库交给运输经营人,再由经营人负责运至港口码头堆场;也可由托运人直接运到码头堆场。如是拼箱货,则由托运人将货物运到码头 CFS 交运输经营人,经运输经营人组织装箱后转到码头堆场。在集装箱枢纽港周边地区的卫星港,也可通过支线运输将集装箱运抵枢纽港码头堆场。这些货物和内陆地区集运的货物,在港口码头堆场上进一步集中,保证了海上干线运输的规模经济效果。

货物经海上运输到达卸货港口,可以通过相反的过程疏运到最终交付货物的地点。

从以上说明的集装箱货物流通与运输组织过程来看,集装箱运输与传统的货物运输有本质区别。首先在货物集(疏)运过程中,分散在世界各地的小批量货物应预先在内陆地区的集散点集中,组成一定批量后通过内陆、内河或支线运输,采用集装箱专列、船舶等大型的运输工具,将其运往集装箱码头堆场(或相反),使集装箱货物运输建立在大规模生产的基础上。其次是集装箱货物的流通过程体现了集装箱运输系统高度的整体性与组织性。通过上述组织形式的运输,把集装箱系统的各要素,把运输全程中所涉及的不同运输方式及服务环节紧密地联系为一个整体。在国际集装箱运输(多式联运)过程中,从接受货物地点到交付货物地点的全程运输都是由集装箱运输经营人(多式联运经营人)负责组织的,这也为集装箱运输高度的整体性与组织性打下了基础。这种组织形式将使集装箱运输产生规模效益,最终保证了运输总成本的降低。

## 第三节 集装箱货物装载

随着集装箱运输的发展及其优越性被人们所认识和承认,大量的货物采用集装箱进行运输,这些货物种类繁多,在性质、包装形式及强度、单件重量和体积等方面都有很大差异。为了保证货运质量和运输安全,货物在集装箱内的堆装、系固、隔垫等工作是很重要的。由于货物在箱内积载、装箱不当常常造成货损和装卸机械、运输工具损坏,甚至造成人身伤亡。

由于集装箱运输大多采用包箱费率,装箱技术与箱内装载货物的数量,也会直接影响运输费用、效果和服务水平。

### 一、集装箱的选择与检查

目前投入国际运输使用的集装箱有很多种类,各种类集装箱又有多种规格尺度。在货物装箱前,针对所运货物的实际情况、运输要求、运输线路和港口、内陆场站条件及经济合理等因素选择合适的集装箱,对保证运输质量、提高运输效率、减少运输时间、降低运输成本都有重要意义。

1. 集装箱的选择

集装箱货物装箱前,用箱人首先应当选择合适的集装箱。对集装箱的选择主要是指集装箱种类的选择和集装箱规格尺度的选择。

(1)对集装箱种类(箱型)的选择。国际标准集装箱有多种不同箱型,如干货箱、通风箱、散货箱、冷藏箱、开顶箱、台架、平台箱和各类特种集装箱等。这些不同种类的集装箱是根据不同类型货物及运输的实际要求而设计制造的。

对集装箱箱型种类的选择主要应根据货物的种类、性质、包装形式和运输要求来进行,这是保证运输质量的基本条件,必须给予充分重视。如对运输没有什么特殊要求的普通干、散货物,可选择使用最普通的干货、散货集装箱;含水量较大的货物或不需要保温运输的鲜货等可选择使用通风集装箱;在运输途中对温度有一定要求的货物可选择使用冷藏集装箱;超高、超长、超宽或必须用机械(吊车、叉车等)装箱的货物可选择使用开顶、台架式、平台式集装箱;散装流体货物可选择罐式集装箱;牲畜、汽车等货物可选择相应的特种箱等。表5-2 列出了各类货物适用的箱型供参考。

**各类货物适用的集装箱种类**　　表5-2

| 主要货种 | 集装箱种类 |
|---|---|
| 普通货物 | 干货集装箱、通风集装箱 |
| 超尺度和超重货物 | 开顶集装箱、台架式、平台式集装箱 |
| 冷冻、冷藏货物 | 冷藏集装箱、通风集装箱 |
| 散装货物 | 罐式集装箱 |
| 贵重货物 | 干货集装箱 |
| 动植物 | 动物集装箱、通风集装箱 |
| 危险货物 | 适合于危险货物及有关法规集装箱 |

(2)对集装箱规格尺寸的选择。对集装箱规格尺寸的选择一般需要综合考虑多种因素,这些因素主要包括:

①与国内外船公司、货主的合作问题。在集装箱货物多式联运中,经常发生与国外船公司进行箱子互换、互用,因此应选用便于互换使用的集装箱。目前国际上使用最多的是1AA(40ft×8ft×8.5ft)、1AAA(40ft×8ft×9.5ft)和1CC(20ft×8ft×8.5ft)三种规格的集装箱。

②货物的数量、运输批量和货物的密度。一般来说,在货物数量大时,应尽量选用大规格箱;某航线上货运批量较小时,配用的集装箱规格不宜过大;货物密度较大时,选用规格不宜过大;轻泡货较多时应采用规格较大的集装箱。

③全程(特别是内陆)运输的条件。在集装箱货物国际运输中,全程可能涉及多种运输方式。一般来说,海上运输各环节(装卸、船舶)可以满足各种规格集装箱货物运输需要,但在内陆运输中却很不平衡,可能存在道路、桥涵承载能力不足,装卸设备不能适应大型集箱装卸需

要;集装箱内陆货运站不能办理大型箱(20ft、40ft)业务;库场运输工具不符合运输要求等问题。在选用集装箱规格尺度时,应给予充分考虑,在允许情况下,采用子母箱形式是一种可以选择的方案。

④经济合理性。对于特定数量的货物选择集装箱规格和数量时,首先应保证能装下这些货物。由于集装箱运输中大多采用包箱费率,对各种规格集装箱总重的规定(单位尺度平均值)有较大差别,所以对特定数量的货物选择规格时,存在通过规格数量的不同组合使全程总费用最小的经济合理性问题。

2. 集装箱的检查

经过选择的集装箱,必须经过严格检查,包括外部、内部、箱门、清洁状况、附属件及设备等的检查。一只有缺陷的集装箱,轻则导致货损,重则在运输、装卸过程中造成箱毁人亡事故。所以,对集装箱的检查是货物安全运输的基本条件之一。

通常发货人(用箱人)和承运人(供箱人)在箱子交接时,共同对箱子进行检查,并以《设备交接单》确认箱子交接时的状态。

无论由托运人、承运人或站场负责装箱,都应使选择的集装箱符合下列条件:

(1)符合集装箱国际标准(ISO)和国际安全公约标准(CSC),具有合格检验证书;

(2)集装箱的四个角柱、六个壁、八个角要外表状态良好,没有明显损伤、变形、破口等不正常现象。板壁凹损应不大于30mm,任何部件凸损不得超过角配件外端面;

(3)箱门应完好、水密,能开启270°,栓锁完好;

(4)箱子内部清洁、干燥、无异味、无尘污或残留物,衬板、涂料完好;

(5)箱子所有焊接部位牢固,封闭好,不漏水,不漏光;

(6)附属件的强度、数量满足有关规定和运输需要;

(7)箱子本身的机械设备(冷冻、通风等)完好,能正常使用。

## 二、集装箱货物装载的一般要求

为了保证运输质量和运输安全,做好箱内货物的积载和装箱工作是十分重要的。集装箱货物在运输全过程中,在各环节(装卸、运输、存储、装拆箱等)的实际操作中,经常会发生振动、碰撞、摇摆等情况,如果装载不当,不仅可能造成货损,还可能引起运输工具、装卸机械的损坏和人身伤亡。

集装箱货物在积载和堆箱时的一般要求及应注意的事项主要有以下几个方面:

1. 合理积载

这里所说的积载是指各集装箱具体装载哪些货物和怎样装载的计划安排。无论是发货人(整箱交接情况下)还是运输经营人(拼箱交接情况下)在货物装箱前都要做好货物积载工作,即当不同种类的货物拼装同一箱时,应根据货物的性质、包装形态、单件重量及强度、卸箱顺序等分区、分层堆放。如不同性质的货物拼装在同一箱内时,应保证它们的物理、化学性质不发生冲突和气味污染,以防止货损;将包装牢固、重件货物装在箱子底部,包装不牢、轻货装在上部;不同发货人(或收货人)的货物拼箱时,应考虑货物的流向要一致,如需分几次掏箱时,应根据货物在运输途中交货的先后顺序安排箱内堆放位置(先交的货放在靠箱门位置),以防止反复掏装箱。

2. 均衡分布货物重量

货物在箱子内的重量分布应均衡。一般要求沿高度方向重量分布应均衡或下重上轻;沿长度和宽度方向应均衡,如箱子的某一部位、某一端或某一侧负荷过重,易引起吊运过程中箱子倾斜、装卸机械及运输工具(特别是拖车)等事故。

3. 做好货物的堆码、衬垫和系固

在货物多层堆码时,堆码的层数应根据货物包装强度及箱底承载能力规定(单位面积承重量)来决定。为使下层货物不被压坏和防止装箱、运输过程中引起的撞击损失,应适当考虑在各层之间垫入缓冲器材。

货物的装载应严密、整齐。货区之间,货物与货物之间,货物与箱体之间的空隙应加适当的隔垫以防止货物的移动、撞击、沾湿和污损。

对靠近箱门附近的货物要采取系固措施,以防止开箱和关箱时货物倒塌造成货物损坏和人身伤亡事故。

4. 其他应注意的事项

装载箱内的货物总重量不得超过箱子允许的额定载重量,包括箱子本身的毛重绝不允许超过 ISO 规定的各种规格尺度集装箱的总重量标准。由于货物超重而造成的运输过程中的一切损失均由装箱人负责,装箱时使用的隔垫料(胶合板、草席、缓冲器材、隔垫板等)和系固所用材料应清洁、干燥,以防止水渍、汗渍等货损事故。

## 三、特殊货物的装载要求

对一些特殊货物和特种集装箱进行货物装载时,除上述一般要求与方法外,还有一些特殊的要求。这些货物和集装箱装载时,必须充分保证满足这些特殊要求。

1. 超尺度和超重货物装载要求

超尺度货物是指单件长、宽、高的实际尺度超过国际标准集装箱规定尺度的货物;超重货物指单件重量超过国际标准集装箱最大载货量的货物。国际标准集装箱是有统一标准的,特别在尺度、总重量方面都有严格的限制。集装箱运输系统中使用的装卸机械设备、运输工具也都是根据这一标准设计制造的。如果货物的尺寸、重量超出这些标准规定值,对装载和运输各环节来说都会带来一些困难和问题。

(1)超高货。一般干货箱箱门有效高度是有一定范围的(20ft 箱为 2 135 ~ 2 154mm;40ft 箱为 2 265 ~ 2 284mm)。如货物高度超过这一范围,则为超高货。超高货物必须选择开顶箱或板架箱装载。

集装箱装载超高货物时,应充分考虑运输全程中给内陆运输车站、码头、装卸机械、船舶装载带来的问题。内陆运输线对通过高度都有一定的限制(各国规定不甚一致),运输时集装箱联同运输车辆的总高度一般不能超过这一限制。

集装箱船舶装载超高货箱时,只能装在舱内或甲板上的最上层。

(2)超宽货物。超宽货物一般应采用板架箱或平台箱运输。集装箱运输下允许货物横向突出(箱子)的尺度要受到集装箱船舶结构(箱格)、陆上运输线路(特别是铁路)允许宽度限制,受到使用装卸机械种类的限制(如跨运车对每边超宽量大于 10cm 以上的集装箱无法作业),超宽货物装载时应给予充分考虑。

集装箱船舶装载超宽货箱时,如超宽量在150mm以内,则可以与普通集装箱一样装在舱内或甲板上;如超宽量150mm以上,只能在舱面上装载,且相邻列位必须留出。

(3)超长货物。超长货物一般应采用板架箱装载,装载时需将集装箱两端的插板取下,并铺在货物下部。超长货物的超长量有一定限制,最大不得超过306mm(即1ft左右)。

集装箱船舶装载超长货箱时,一般装于甲板上(排与排之间间隔较大);装在舱内时,相邻排位须留出。

(4)超重货物。集装箱标准(ISO)对集装箱(包括货物)总重量是有明确限制的,20ft箱为24.00t,40ft箱为30.48t,所有的运输工具和装卸机械都是根据这一总重量设计的。货物装入集装箱后,总重量不能超过上述规定值,超重是绝对不允许的。

*2.冷藏(冻)货装载要求*

装载冷藏(冻)货的集装箱应具有供箱人提供的该箱子的检验合格证书。

货物装箱前,箱体应根据使用规定的温度进行预冷,货物装箱时的温度应达到规定的装箱温度。温度要求不同或气味不同的冷藏货物绝不能配入一箱。运往一些宗教(特别是伊斯兰教)国家的集装箱货,不能把猪肉与家禽、牛羊肉配装在同一箱内。

货物装载过程中,制冷装置应停止运转;注意货物不要堵塞冷气通道和泄水通道;装货高度不能超过箱中的货物积载线。装货完毕关门后,应立即使通风孔处于要求的位置,并按货主对温度的要求及操作要求控制好箱内温度。

*3.危险货物装载要求*

集装箱内装载的每一票危险货物必须具备危险货物申报单。装箱前应对货物及应办的手续、单证进行审查,不符合《国际危规》规定的包装要求或未经商检、海事等部门认可或已发生货损的危险货物一律不得装箱。

危险货物一般应使用封闭箱运输,箱内装载的危险货物任何部分不得凸出箱容。装箱完毕后应立即关门封锁。

不得将危险货物与其他性质与之不相容的货物拼装在同一集装箱内。当危险货物仅占箱内部分容积时,应把危险品装载在箱门附近,以便做到"最后装,最先卸",减少发生事故的可能,以及在发生事故后能及时得到应急处理。

装入集装箱的每一危险货物,均应按照《国际危规》的要求进行标记和标志。装载危险品货物的集装箱上,至少应有4幅尺度不小于250mm×250mm的危险品类别标牌贴在箱体外部4个侧面的明显位置上。装载危险货物的集装箱卸完后,应采取措施使集装箱不具备危险性并去掉危险品标志。

危险货物在装箱前,装箱单位应事先通知海事主管机关装箱作业计划安排,何时装箱,在何地装箱;在装箱时,应有集装箱装箱单位的装箱现场检查员现场监装,装箱现场检查员应持有海事部门签发的《装箱现场检查员证书》。装箱现场检查员应根据《国际危规》的要求,对集装箱和集装箱内所装危险货物及货物在箱内的积载情况进行检查;装箱完毕后,装箱现场检查员除提供装箱单外,还应签署《集装箱装运危险货物装箱证明书》(Container Packing Certificate,以下简称《集装箱装箱证明书》),以证明已正确装箱并符合有关规定,并呈交海事部门查验。海事部门会根据装箱单位的装箱计划,安排人员进行检查,必要时,海事部门可对拟装船的集装箱进行抽样开箱监督检查。出口危险品货物集装箱进入码头检查口时,须附送经海事部门审核同意后盖章的《集装箱装箱证明书》。

4. 干散货物装载要求

用散货集装箱运输干散货可节约劳动力、包装费、装卸费。散货集装箱的箱顶上一般都设有2~3个装货口，装货时利用圆筒仓或仓库的漏斗或使用带有铲斗的起重机进行装载。散货集装箱一般采用将集装箱倾斜的方式使散货产生自流的方法卸货。在选定装载散货的集装箱时，必须考虑装货地点和卸货地点的装载和卸载的设备条件。

运输散装的化学制品时，首先要判明其是否属于危险货物。在运输谷物、饲料等散货时，应注意该货物是否有熏蒸要求。因此，在装货前应查阅进口国的动植物检疫规则。对需要进行熏蒸的货物应选用有熏蒸设备的集装箱装运。

在装运谷类和饲料等货物时，为了防止水湿而损坏货物，应选用有箱顶内衬板的集装箱装运。在装载容易飞扬的粉状散货时，应采取措施进行围圈作业。

5. 液体货物装载要求

液体货物采用集装箱运输有两种情况。一是装入其他容器（如桶）后再装入集装箱运输，在这种情况下货物装载应注意的事项与一般货物或危险货物（属危品）类似；二是散装液体货物，一般需用罐式箱运输。在这种情况下货物散装前应检查罐式集装箱本身的结构、性能和箱内能否满足货物运输要求；检查应具备必要的排空设备、管道及阀门，其安全阀应处于有效状态。装载时应注意货物的比重（密度）要和集装箱允许载重量与容量比值一致或接近。在装卸时如需要加温，则应考虑装货卸货地点要有必需的热源（蒸汽源或电源）。

6. 动、植物及食品装载要求

运输该类货物的集装箱一般有两类：密闭和非密封式（通风）。装载这类货物时应注意，货物应根据进口国要求经过检疫并得到进口国许可。一般要求托运人（或其代理人）事先向港监、商检、卫检、动植物检疫等管理部门申请检验并出具合格证明后方可装箱。需做动植物检疫的货物不能同普通货装在同一箱内，以免熏蒸时造成货损。

各类特殊货物装箱完毕后，应采取合适的方法进行固定并关闭箱门。如加固时使用木材，且进口国对木材有熏蒸要求（如澳大利亚、新西兰等），则必须经过熏蒸处理并在箱体外表明显处标上有关部门出具的证明。

需要理货的集装箱在装箱全过程中，应由理货公司派员在场记载装入货物的名称、件数、包装标志等内容，做好理货单据，并施加理货封志。

国际运输的集装箱装载时，应请海关派员监装，装箱完毕后应施加海关封志。

装箱完毕后，装箱人应制作装箱单（一箱一份），如实说明箱内装载货物的名称、件数、包装及标志等内容。在集装箱运输中，装箱单是唯一说明箱内货物情况的单据，必须准确、可靠。

**案例5-1　集装箱及其货物防损措施**

集装箱运输旨在提高货运质量和效率，但在实际运输过程中，集装箱及其货物损坏事故时有发生。究其原因，主要是集装箱运输的防损工作未得到足够重视，还未建立起切实可行的防损措施。对于集装箱及其货物的防损，集装箱承运人或经营人可能会认为既然已经投保，防损工作应由保险人负责；但事实上，保险费率与赔付率之间有密切关系，赔付率越高,保险费率就越高,投保人所支付的保险费也越高。可见,防损工作与投保人的利益关系密切。

1.集装箱货物的受损及预防

(1)水渍损及预防。虽然集装箱具有一定水密性,但在长期受到雨水、海水侵蚀又得不到及时维修保养的情况下,集装箱容易发生配件锈蚀、箱门水密橡胶老化等现象,导致箱顶或箱底破损。此外,在运输途中,装载于甲板上的集装箱在风浪的强大冲击下,面临因渗水造成箱内货物湿损的风险;超期服役的集装箱船则可能因管路泄漏造成大舱积水,使箱内货物遭受水渍损。鉴于此,在将集装箱装船运输之前,不仅应保证集装箱完好并达到一定水密要求,还应保证集装箱船舱内管路无破损和无泄漏。

(2)汗湿损及预防。集装箱船上集装箱货物发生汗湿损的原因与散杂货船上散杂货发生汗湿损的原因一样,但不同的是:散杂货船可根据外界天气条件适时采取自然通风、机械通风或者开舱晾晒等方法来调节货物湿度,以免货物汗湿,而集装箱船因受多重因素限制无法采取上述通风措施。由于集装箱船上集装箱之间的距离较小,无法开箱通风,加之箱门上装有铅封,一般不允许在运输途中打开,若箱内货物的含水量超过一定水平导致箱内空气湿度增加,当船舶驶入寒冷海域时,箱内两侧和箱顶就会凝聚汗水,滴落到货物表面则会造成货物汗湿损。同样,当船舶从低温地区驶往温暖地区时,由于外界温度逐渐升高,而货物温度较低,也易使货物表面产生汗水。此外,箱内衬垫物和货物外包装所含水分也会使箱内湿度升高,从而造成箱内货物汗湿损。

为降低货物水渍损和汗湿损风险,近年来新造的集装箱都带有排水装置,以便将外部渗入的雨水、海水及内部汗水排出箱外;因此,容易发生水渍损和汗湿损的货物应选用装有排水装置的集装箱进行运输。

(3)温度变化造成的货损及预防。对于温度控制要求较严的货物,应根据其特性选择适当的运输方法、合适的存放地点及与其要求相适应的集装箱来运输,以免货物因温度变化而受损。例如,某集装箱船装载南瓜从新西兰到日本,由于南瓜装在密封的集装箱内,船舶到港后,南瓜出现不同程度的腐烂;又如,某集装箱船冬季从青岛装运罐装和瓶装啤酒横渡太平洋到美国,到港后发现啤酒冻结,瓶子冻裂,罐头发生变形。鉴于此,在货物装箱和集装箱装船时,遇热会熔化或产生可燃气体的货物不宜装在机舱附近或需要加温的重油集装箱上方;遇冷会冻损的货物不宜装在甲板上;容易腐烂的货物(如蔬菜)不宜装在密封集装箱内,如果没有合适的集装箱,可以将普通集装箱的箱门改装成木栅门,并加装排风扇,在装船时将之放置在不易上浪的甲板上或舱内;需要保鲜的货物(如虾等)在装入冷藏集装箱后,还需派专人巡回检查、测量和记录箱内温度。此外,冷藏集装箱在装货前或运输途中,需要对其冷冻机进行检查和维护保养。

(4)污损及预防。集装箱在装货前应进行清洗和检验,符合装货规范要求后才能投运。在部分港口和装箱点,装箱人为贪图方便,在装货前未对集装箱进行彻底清洗、晾干、烤干和严格检验,从而引发货物污损。鉴于此,装箱人除应规范洗箱、验箱外,还应采取适当措施,避免集装箱内壁被货物污染,一旦发现应及时用蒸汽清洗;对于拼箱货,应严格按照货物互抵性要求拼装,否则会造成货物污染或串味,例如,若将樟脑丸与茶叶混装,茶叶便不能饮用。

(5)盗损及预防。集装箱货物盗损多发生在集装箱堆存期间,因此,堆放集装箱时应采取门对门堆放方式,以使窃贼不能轻易打开箱门。除此之外,可以将三角形铁板对准门锁方向插在箱底,利用集装箱的自重把箱门牢牢挡住,这样既能防止窃贼打开箱门,又能避免门锁等遭受意外损坏。另外,还可以采用号码卡集装箱防盗系统等新技术来避免货物盗损。

(6)火损及预防。近年来,集装箱越来越多地被应用于化工品、危险品运输。某些化工品、危险品会释放可燃气体,在静电作用下可能发生爆炸并起火。由于集装箱的密封性较好,采用二氧化碳和水在外部灭火往往无济于事。为迅速有效地扑灭箱内火苗,可使用一种外形像气割枪的灭火枪,尾部接上灭火管,一人将枪嘴顶在集装箱上,另一人用长柄榔头敲打灭火枪,在集装箱上凿洞,如此便可释放二氧化碳和水至箱内,将火苗扑灭。

2. 集装箱的受损及预防

(1)拖运不当造成的箱损及预防。集装箱车辆驾驶员在拖运集装箱时,往往只注意箱内是否装有危险品,而对集装箱本身的稳性了解不够。由于集装箱的重心较高,车辆在急转弯时容易造成箱内货物移位,从而可能引发翻车事故,导致集装箱破损。鉴于此,驾驶员应谨慎驾车,特别是在转弯时应放慢车速。

(2)衬垫不当造成的箱损及预防。某船舶用普通集装箱装运火车车轮,由于衬垫不当,船舶遭遇大风浪时,车轮发生移位,不仅砸坏装载车轮的集装箱,还砸坏其附近集装箱;若大量这样的集装箱装在甲板上,甚至可能使船舶倾覆。在箱内货物衬垫不当的情况下,即使移位、倾倒的货物没有砸坏集装箱,在集装箱到港后启封开箱时,箱内货物倾倒仍可能造成货损及人员伤亡。可见,装箱时一定要将货物衬垫妥当,并在箱门处采取适当稳固措施。

(3)积载不当造成的箱损及预防。集装箱货物积载不当、超载会造成箱底严重变形,因此,积载时不但要考虑货物总质量,还要考虑集装箱的局部强度。

(4)绑扎不当造成的箱损及预防。部分港口码头在拖运集装箱时未使用集装箱专用卡车,而使用普通货运卡车,绑扎集装箱也多采用钢丝绳或链条,在车辆震动、颠簸时,绑扎绳容易松动。鉴于此,当用普通货运卡车拖运集装箱且缺少专门绑扎器具(如扭锁)时,可采用集装箱夹板来稳固货物。具体方法为,将带有螺栓的夹板插在集装箱左右两侧底端的叉槽里,并拧紧螺栓加以固定,如此装载货物既方便又安全。

总之,为防止集装箱受损以及便于明确责任,集装箱承运人应遵守以下原则:①租箱时对集装箱进行检验,并将检验结果记录在案,转租或交接集装箱时也应安排检验,并将相关情况记录在案;②投保人委托的集装箱修理站必须具有按国际惯例进行修理的能力;③装卸集装箱应采用专门的集装箱吊具,尽量不采用钢丝绳或链条,以免集装箱变形。

3. 集装箱码头的防损措施

(1)强化码头保安工作。集装箱码头的保安工作十分重要。保安人员的工作范围包括巡查码头围墙和大门、查看建筑物、核对离开码头集装箱的编号及数量等。为便于保安人员夜间巡逻,码头区域内的照明须达到一定亮度。另外,为防止巡逻人员敷衍了事,可在码头大门处安装自动考勤机;为便于保安人员之间相互传递信息,可为其配备对讲机,并规定巡逻人员之间须每15min呼叫1次,如果呼叫方未及时收到被呼叫方的回应,应立即报警。除巡逻人员之间保持联系外,保安负责人员也应保持与巡逻人员的通话联系,以便及时、全面地了解巡逻过程中发生的情况。

(2)加强铅封管理。在集装箱进出码头、集装箱进入或变换堆场、装卸集装箱以及开启箱门时,均应对集装箱铅封进行检查,并将检查的时间、地点及铅封编号等记录在案,以便发生货损货差时明确事故责任;在海关开箱检查完毕后,应及时安装新铅封,并指派专人将更换铅封的原因、时间和地点记录在案。对于暂时不用的铅封,应由专人保管和签发;签发铅封时,应将签发日期和地点、集装箱编号及领铅封人姓名等记录在案;铅封必须由专业监装人员安装,并确保铅封上锁。

(3)加强码头围墙和大门管理。应确保集装箱码头围墙的坚固性,同时应加强对码头大门的管理。为保险起见,可将水泥块放置在大门内侧,这样即使大门被非正常打开,集装箱车辆也无法自由进出,从而在一定程度上保障码头安全。

## 思考与练习

一、名词解释

1. 集装箱货物

2. 整箱货(FCL)

3. 拼箱货(LCL)

二、简答题

1. 简述集装箱货物的分类方法。

2. 集装箱货物的交接形态、交接地点、交接方式有哪些?

3. 如何选择和检查集装箱?

4. 集装箱货物装载的一般要求有哪些?

5. 特殊货物的装载要求有哪些?

三、讨论题

1. 通常适宜用集装箱装运的货物具有哪些基本特点?集装箱货物运输与传统件杂货运输有哪些区别?

2. 结合本地区的经济发展状况,介绍适宜集装箱运输的货物种类。

四、案例题

1. 2004年2月,中国服装进出口公司委托远东贸易运输公司(简称E公司)办理600只纸箱的男士服装出口手续。E公司将货装上MSC(地中海航运有限公司)所属的“红海”轮,并签发了远东贸易运输公司的联运提单,提单上标明货物数量600只纸箱,分装6只40ft集装箱。2004年2月27日,该轮抵达目的港日本神户,同日,集装箱驳卸到岸。2004年3月4日,日方收货人Fast Co.,Ltd.在港口开箱,由日本诚信公司出具的“拆箱报告”称,箱号为MSCU3784217的集装箱中,有15只纸箱严重湿损,30只纸箱轻微湿损。2004年3月6日,6只集装箱由卡车运至东京某仓库,同日由新日本商检协会检验。该协会于同月11日出具商检报告称:51

只纸箱有不同程度的湿损，将湿损衣物的残值冲抵后，实际货损约为32 000美元，湿损系集装箱里档左侧顶部有裂痕所致。

问题讨论：

(1)你认为造成集装箱箱体裂痕的可能性是什么?

(2)有关方在办理集装箱交接手续时需注意哪些问题?

2. 1987年10月，浙江省茶叶进出口公司委托浙江省钱塘对外贸易运输公司(以下简称“钱塘外运”)将750箱红茶从上海出口运往德国汉堡港。钱塘外运又转委托上海对外贸易运输公司(以下简称“货代”)代理出口。货代委托广州远洋运输公司(以下简称“实际承运人”)所属的船舶进行海上运输，货主自行办理了货物保险。货代从实际承运人处提取了三只20ft的集装箱，在上海将红茶装入集装箱，以整箱货(FCL)形态交给实际承运人。货物到达目的地后，收货人发现其中一个20ft集装箱内的250箱红茶串味变质，经中国保险公司在汉堡的代理人出具了有关检验机构的检验报告，确定这250箱红茶受精萘气味污染。事后经过调查，该集装箱前一航次所载货物为精萘，致使茶叶受精萘污染，为此，该货物保险人浙江省保险公司按保单赔偿了收货人损失××××英镑和×××原西德马克，并取得了收货人签署的权益转让书。浙江人保凭权益转让书先后向货物承运人广州远洋及上海外运追偿，但这两个公司均拒绝履行其赔偿责任。于是，浙江人保便向上海海事法院提起诉讼。

问题讨论：

(1)为什么会造成茶叶串味变质?是否可以避免?

(2)此案例中，货代和实际承运人之间的交接方式是什么?两者之间的责任是如何划分的?

(3)货物实际承运人(广州远洋)及货代(上海外运)是否有赔偿责任?为什么?

# 第六章 集装箱运输进出口业务及单证

## 引导案例 集拼箱运输条款(L/C CFS—CFS、B/L CY—CY)应用

(L/C CFS—CFS、B/L CY—CY)在集装箱运输业务中通常称之为集拼箱运输条款，即对货主是拼箱交接形式，而对船公司却是整箱交接形式。其运输条款本身而言，前者系指几个托运人与几个收货人，而后者系指一个发货人与一个收货人，尽管箱内货物事实上属几个货主所有，参见图6-1。

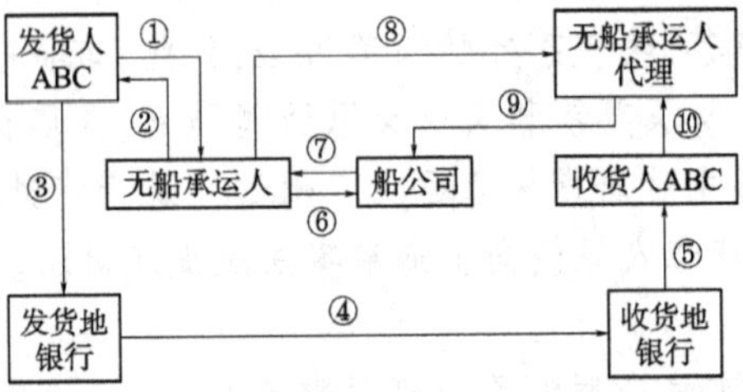


注：图中数字①~⑩是操作流程的顺序号。

图6-1 L/C CFS—CFS、B/L CY—CY运输条款操作流程图

集拼箱运输条款是因国际贸易、国际运输方式的变化而产生，主要原因是货运市场、航运市场的发展所致。集拼箱条款不仅可满足信用证结汇要求，而且可按实际托运的货物尺码支付运费。对签发House-B/L(简称H-B/L)的无船承运人来说，在收取货主支付的运费和支付给船公司的运费之中赚取运费差价；对签发Sea-B/L(简称S-B/L)的船公司来说，因签发整箱货提单而减少了诸多业务细节，减少了不应承担的责任，参见图6-2。

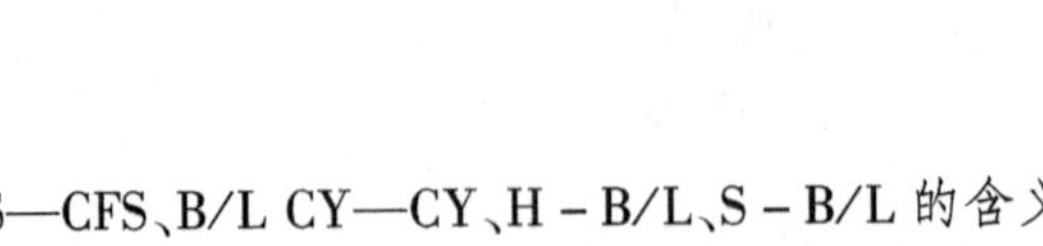


图6-2 H-B/L和S-B/L操作流程图

因此，当今集拼箱业务的发展可以说是方兴未艾，特别是进入国际多式联运与物流时代的今天。集拼箱运输是一个巨大的市场，其利润也为从事该项业务的人们所关注。

### 问题

1. 案例中L/C CFS—CFS、B/L CY—CY、H-B/L、S-B/L的含义是什么？
2. 本案例对国际集装箱运输进出口业务操作有什么启发？

### 本章知识点

集装箱运输进出口业务是本书的重要内容，也是学生学习集装箱运输管理必须掌握的业

务知识。

本章重点对集装箱运输进出口货运程序及场站收据、交货记录、设备交接单、装箱单、集装箱提单等集装箱运输主要进出口单证的内容、作用和使用进行了详细的阐述，并对集装箱运输主要业务主体——集装箱船公司、集装箱码头堆场、集装箱货运站、发货人和收货人的进出口货运业务进行叙述。

本章应重点掌握的内容：集装箱出口货运程序；集装箱进口货运程序；场站收据的内容和使用；交货记录的内容和使用；设备交接单的内容和使用；装箱单的内容和使用；集装箱提单的内容和使用。

# 第一节 集装箱进出口货运程序

## 一、集装箱出口货运程序

集装箱运输出口货运程序包括订舱、确认、发放空箱、拼箱货装运、整箱货装运、集装箱交接签证、换取提单、装船运出等环节，具体操作业务流程如图 6-3 所示。

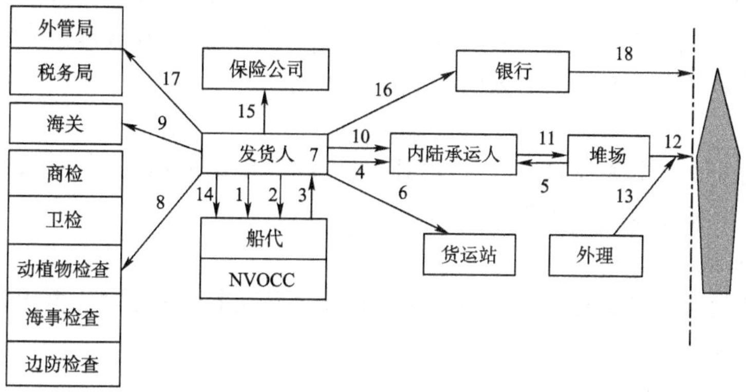


注：图中数字1~18为操作流程的顺序号。

图 6-3 集装箱出口货运操作流程图

1. 订舱托运

发货人或其代理人应根据贸易合同或信用证条款规定，在货物托运前一定时间以口头或书面形式向船公司或其代理人（或经营运输的其他人）申请订舱。

2. 用箱申请

除货主使用自备箱外，通常运输使用的空箱由承运人提供。发货人或其代理人应根据所托运货物特征向承运人申请所需集装箱种类、规格尺寸及用箱数量。

3. 接受托运申请，发放空箱

船公司或其代理人根据自己的运力、航线等具体情况决定是否接受。如船公司或其代理人接受发货人或其代理人的订舱申请，则在双方议定船名、航次等信息后，以发给货方的场站收据副本（海关联）上盖章表示确认，并编制订舱清单、签发提箱单发放空箱。通常整箱货使用的空箱由发货人凭船方签署的提箱单到指定的码头堆场(或内陆场站)领取空箱,拼箱货使用的空箱由双方议定交接货物的集装箱货运站负责领取。

4. 委托空箱拖运

发货人或其代理人以委托书和内陆承运人签署内陆空箱拖运协议,并把提箱单和设备交接单随交内陆承运人以便提取空箱。

5. 空箱出场交接

内陆承运人凭船方签署的提箱单到集装箱空箱堆场提取空箱,并办理设备交接手续。

6. 拼箱货交付装箱

发货人将不足一整箱且以原来形态托运的货物交至集装箱货运站,由货运站根据订舱清单、场站收据和船方的其他指示负责装箱、加海关封志并制作装箱单,然后将重箱运至码头堆场。

7. 整箱货装箱

内陆承运人把空箱运至发货人装箱地,由发货人自行负责装箱,加海关封志并制作装箱单。

8. 出口报检

发货人凭商品检验证书、产地证明书、报验单等向检验检疫部门申报出口查验;凭集装箱装箱证明书向海事部门申报危险货物出口查验;凭边检单向边防检查部门申报出口查验。检验部门同意放行后在相关单证上加盖放行章。

9. 出口报关

发货人凭场站收据报关单联、出口许可证、报关单等单证向海关申报出口查验,海关同意放行后在场站收据报关单联上加盖放行章。

10. 委托重箱拖运

发货人或其代理人以委托书和内陆承运人签署内陆重箱拖运协议,由内陆承运人负责把整箱货运至码头堆场(或内陆场站)。

11. 整箱货进场交接

集装箱码头堆场在验收货箱后,即在场站收据正本联上签字,并将签署的场站收据交还给内陆承运人,由发货人据以换取提单。

12. 装船运出

集装箱码头装卸部门根据装船计划,将出运的集装箱调整到前方堆场,待船舶到港后装船出运。在集装箱货物装船离港后,出口港船公司或其代理人即行缮制有关装船货运单据(如提单副本、装箱单、货物舱单、配积载图等),并从速寄至卸货港船公司或其代理人。

13. 装船理箱

外轮理货公司理货员依据现场记录填写装船理箱单并负责绘制集装箱船实装积载图及相应文件。

14. 换取提单

发货人在支付部运费后凭签署的场站收据正本联向船公司或其代理人换取提单,然后到银行结汇。

15. 办理保险

出口货物若以 CIF 或 CIP 或类似的价格条件成交,发货人应负责办理投保手续并支付保险费用。

16. 出口结汇

发货人取得正本提单后,附上贸易合同及信用证上规定的必要单据,即可与出口地卖方银行办理结汇。

17. 外汇核销与出口退税

集装箱装船离港后,发货人凭出口收汇核销单到外汇管理局进行外汇核销,凭出口退税报关单到税务局申报出口退税。

18. 提单转送买方银行

卖方所在地银行收到发货人递交结汇提单后,迅速将提单转交国外买方所在地银行以便结汇。

## 二、集装箱进口货运程序

集装箱运输进口货运程序包括卸船准备、付费换单、卸船拆箱、交付货物、空箱回运等环节,具体操作业务流程如图 6-4 所示。

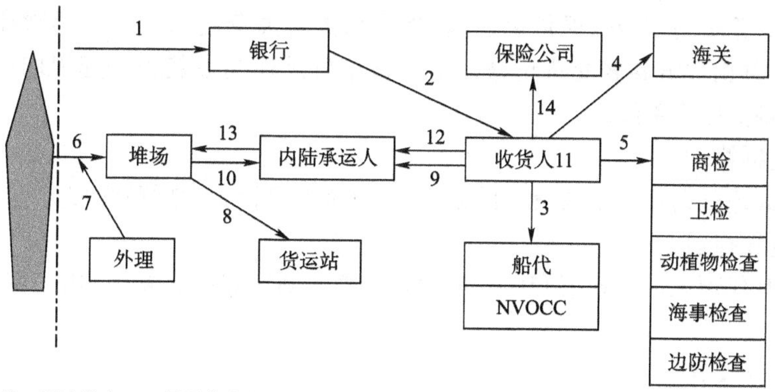


注：图中数字1~14是操作流程的顺序号。

图 6-4 集装箱进口货运操作流程图

1. 买方银行接收提单

买方所在地银行收到卖方所在地银行寄来提单后,通知收货人前来付款赎单。

2. 付款取单

收货人在信用证贸易下应及时向银行付清所有应付款项后,取得正本提单等有关单证。

3. 换取提货单

收货人凭正本提单及到货通知书向承运人或其代理换取提货单并付清相关费用。

4. 进口报关

收货人凭提货单、装箱单和其他报关所必需的商务和运输单证向海关办理进口报关和纳税手续。

5. 进口报检

收货人凭提货单、装箱单和其他报检所必需的单证分别向检验检疫部门、海事部门和边检部门办理进口报检手续。

6. 卸船进场

卸货港码头堆场根据装货港代理寄送的有关货运单证,制定卸船计划,待船舶靠泊后即行卸船。一般集装箱从船上卸下后,要先放在码头堆场,或由集装箱运输经营人办理保税手续后继续运至内陆场站。

7. 卸船理箱

外轮理货公司理货员依据现场记录填写卸船理箱单。

8. 拼箱货交付

拼箱货由堆场转到集装箱货运站拆箱,并于拆箱后将空箱退回码头堆场。货运站应凭海关放行的提货单,与收货人结清有关费用(如拆箱费、保管费、滞期费等)后交付货物并由双方签署交货记录。

9. 委托重箱拖运

收货人或其代理人以委托书和内陆承运人签署内陆重箱拖运协议,并由内陆承运人负责把整箱货自码头堆场(或内陆场站)运至收货人拆箱地。

10. 整箱货交付

码头堆场应凭海关放行的提货单,与收货人结清有关费用(保管费、再次搬运费、滞期费等)后交付货物并由双方签署交货记录。由于整箱货是连同集装箱一起提取的,故整箱货提货时应办理设备交接单手续。

11. 整箱货拆箱

内陆承运人把整箱货运至收货人拆箱地,由收货人自行负责拆箱卸货。

12. 委托空箱拖运

收货人或其代理人以委托书和内陆承运人签署内陆空箱拖运协议,由内陆承运人负责把空箱运回堆场。

13. 空箱回运交接

收货人在自己的仓库拆箱后,由内陆承运人将空箱尽快运回堆场,并凭设备交接单办理还箱手续。

14. 投保索赔

对以 FOB、CFR、FCA、CPT 等价格条件成交的货物,收货人有责任投保和支付保险费用。收货人在提货时发现货物与提货单不符时,应分清责任及时向有关责任方(发货人、承运人、保险公司等)提出索赔,并提供有效单据和证明。

实务操作中进出口货运业务程序不一定按上述说明的顺序进行,有时可以交替进行。各国、各港也可能有不同的习惯。

## 第二节 集装箱进出口货运单证

集装箱运输单证是集装箱运输过程中船方、港方、货方、监管部门等有关各方责任、权利、义务转移的凭证和证明,它与集装箱货物的交接、责任划分、保险、索赔等问题有着十分密切的关系。随着集装箱业务的发展,经过不断地修改和完善,目前已形成了一套完整的、行之有效的适于国际运输使用的集装箱运输单证系统。

国际集装箱运输单证系统由出口运输单证、进口运输单证及向口岸各监管部门申报所用的单证三大类组成。其中,进出口运输单证主要有:场站收据、装箱单、设备交接单、集装箱提单、集装箱装载清单、集装箱预配清单、集装箱实装船图、货物舱单、运费舱单、理货报告、到货通知、提货单、交货记录等;向海关、商检、动植物检疫、卫检、海事、边防等口岸监管部门申报所用的相关单证主要有:报关单、合同副本、信用证副本、商业发票、进出口许可证、产地证明书、免税证明书、商品检验证书、药物/动植物报验单、危险品清单、危险品包装证书、危险品装箱说明书、边检单等。

国际集装箱运输单证中,有些是沿用传统件杂货物国际运输中使用的单证,有些是传统件杂货物国际运输中未曾使用过的新单证。集装箱运输中使用的新单证主要有:场站收据、交货记录、设备交接单、装箱单和集装箱提单,下面对这些新单证的内容、作用和使用情况作简要说明。

## 一、场站收据(Dock Receipt,D/R)

场站收据是国际集装箱运输专用出口货运单证,它是由承运人签发的证明已收到托运货物并对货物开始负有责任的凭证。场站收据一般是在托运人口头或书面订舱,船代确认订舱后由船代交托运人或货代填制,在承运人委托的码头堆场、货运站或内陆货站收到整箱货或拼箱货后签署生效。托运人或其代理人可凭场站收据向船代换取已装船或待装船提单。场站收据联式内容如表 6-1 所示。

### 1. 场站收据的作用

与传统件杂货运输使用托运单证比较,场站收据是一份综合性单证,它把货物托运单(订舱单)、装货单(关单)、大副收据、理货单、配舱回单、运费通知等单证汇成一份,这对于提高集装箱货物托运效率和流转速度有很大意义。一般认为场站收据的功能作用有:

(1)船公司或船代确认订舱并在场站收据上加盖有报关资格的单证章后场站收据交给托运人或其代理人,意味着运输合同开始执行;

(2)是出口货物报关的凭证之一;

(3)是承运人已收到托运货物并对货物开始负有责任的证明;

(4)是换取海运提单或联运提单的凭证;

(5)是船公司、港口组织装卸、理货、配载的资料;

(6)是运费结算的依据;

(7)如信用证中有规定,可作为向银行结汇的单证。

### 2. 场站收据的组成

场站收据是集装箱运输重要出口单证,其组成格式在许多资料上说法不一。不同的港、站使用的也有所不同,其联数有 7 联、10 联、12 联不等。这里以 10 联单格式为例说明场站收据的组成情况:

**场 站 收 据**　　　　表6-1

▽

D/R NO.(编号)　上远货运

场 站 收 据
DOCK RECEIPT

第七联

Shipper(发货人)

Consignee(收货人)

Notify Party(通知人)

Pre - carriage by(前程运输)　　Place of Receipt(收货地点)

Ocean Vessel(船名) Voy. No.(航次)　Port of Loading(装货港)

Received by the Carrier the Total num - ber of containers or other packages or units stated be-low to be transported subject to the terms and conditions of the Carrier's regular form of Bill of Lading (for Combined Transport or Port to Port Shipment) which shall be deemed to be incorporated herein.

Date(日期):

场站章

Port of Discharge(卸货港)　　Place of Delivery(交货地点)　　Final Destination for the Merchant's Reference (目的地)

Particulars Furnished by Merchants (托运人提供详细情况)

| Container No. (集装箱号) | Seal No. (封志号) Marks & Nos. (标记与号码) | No. of containers or p'kgs (箱数或件数) | Kind of Packages; Description of Goods (包装种类与货名) | Gross Weight 毛重(公斤) | Measurement 尺码(立方米) |
|---|---|---|---|---|---|
| | | | | | |

TOTAL NUMBER OF CONTAINERS OR PACKAGES (IN WORDS)
集装箱数或件数合计(大写)

Container No.(箱号)　Seal No.(封志号)　Pkgs(件数)　Container No.(箱号)　Seal No.(封志号)　Pkgs.(件数)

Received(实收)　　By Terminal Clerk.(场站员签字)

| FREIGHT & CHARGES | Prepaid at(预付地点) | Payable at(到付地点) | Place of Issue(签发地点) |
|---|---|---|---|
| | Total Prepaid(预付总额) | No of Original B(S)/L(正本提单份数) | BOOKING APPROVED BY (订舱确认) |

| Service Type on Receiving ☐ - CY, ☐ - CFS, ☐ - DOOR | Service Type on Delivery ☐ - CY, ☐CFS, ☐DOOR | Reefer Temperature Required (冷藏温度) | °F | ℃ |
|---|---|---|---|---|

| TYPE OF GOODS(种类) | ☐ Ordinary (普通) | ☐ Reefer (冷藏) | ☐ Dangerous (危险品) | ☐ Auto (裸装车辆) | 危险品 | Class: Property: IMDG Code Page: UN No. |
|---|---|---|---|---|---|---|
| | ☐ Liquid (液舞衫歌扇) | ☐ Live Animal (活动物) | ☐ Bulk (散货) | ☐ ________ | | |

| | | |
|---|---|---|
| 第1联 | 集装箱货物托运单——货主留底 | 白色 |
| 第2联 | 集装箱货物托运单——船代留底 | 白色 |
| 第3联 | 运费通知(1) | 白色 |
| 第4联 | 运费通知(2) | 白色 |
| 第5联 | 场站收据副本——装货单(关单联) | 白色 |
| 第6联 | 场站收据副本——大副联 | 粉红色 |
| 第7联 | 场站收据(正本联) | 淡黄色 |
| 第8联 | 货代留底 | 白色 |
| 第9联 | 配舱回单(1) | 白色 |
| 第10联 | 配舱回单(2) | 白色 |

标准格式为12联的场站收据第11、12联供仓库收货及点数使用。标准格式为7联的场站收据无第1、3、4、10联,但增加集装箱理货留底联(第5联)。

3. 场站收据的流转程序

在集装箱货物出口托运过程中,场站收据要在多个机构和部门之间流转。在流转过程中涉及的有托运人、货代、船代、海关、堆场、理货公司、船长或大副等。现以10联单格式为例说明场站收据的流转过程及程序,如图6-5所示。

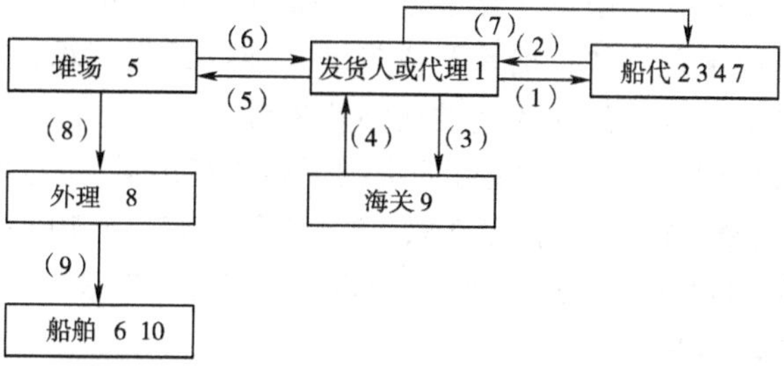


注:图中数字(1)~(9)是流转程序的顺序号;1~10是场站收据联号。

图6-5　场站收据流转程序图

(1)发货人或代理填制场站收据一式10联,留下第1联(发货人留底联),将其余9联送船代订舱。

发货人或代理填制场站收据时应注意:

①"场站收据"各栏目由托运人用电脑或打字机填制以求清晰。托运人应正确完整地填写和核对场站收据的各项目,尤其是下列栏目的内容:

A. 货物装卸港、交接地;

B. 运输条款、运输方式、运输要求;

C. 货物详细情况,如种类、唛头、性质、包装、标志等;

D. 装船期,能否分批出运;

E. 所需箱子规格、种类、数量等。

②场站收据的收货方式和交货方式应根据运输条款如实填写,同一单内不得出现两种收货方式或交货方式;

③冷藏货出运,应正确填报冷藏温度;

④危险品出运应正确填报类别、性能、危规页数和联合国编号(UN No.)。如国际危规规定主标以外还有副标,在性能项目栏用“主标/副标”方式填报;

⑤第2、3、4联和第8、9、10联右下角空白栏供托运人备注用;

⑥托运人对场站收据内容变更必须及时通知变更时已办好手续的各有关方,并在24h内出具书面通知,办理变更手续。

(2)船代接收场站收据第2~10联,经编号后自留第2联(船代留底)、第3联(运费通知)、第4联(运费通知),并在第5联(关单联)上盖章确认订舱,然后退回发货人或代理第5~10联。

船代订舱签单时,应将场站收据编号用打字机打上,在第5联上盖章签单时应仔细核对托运人所填项目是否完整,如有问题应及时联系托运人或其货运代理。应注意的栏目主要有:

①是否指定船公司、船名;

②是否规定货物运抵日期或期限;

③有无特殊运输要求;

④对发货人提出的运输要求能否做到;

⑤是否应收订舱押金。

(3)发货人或货代将第5~10联送海关报关,海关核对无误后在第5联(关单联)上盖章放行。

托运人或代理的出口货物一般要求在装箱前24h向海关申报,海关在场站收据上加盖放行章后方可装箱。如在海关盖章放行前装箱或先进入堆场的集装箱,必须经海关同意并在装船前24h将海关盖章的场站收据送交收货的场站业务员。

发货人和承运人应切记,未经海关放行的货物不能装箱出运,一旦发现则以走私货论处。

(4)海关在第5联盖章放行后,自留第9联,将其余联(第5~8、10联)退回发货人或代理。

(5)发货人或代理负责将箱号、封志号、件数等填入第5~7联,并将货物连同第5~8、10联在规定时间一并送堆场或货运站。

场站收据中出口重箱的箱号允许装箱后由货代或装箱单位正确填写,海关验放时允许无箱号。但进场完毕时必须填写所有箱号、封志号和箱数。

(6)堆场或货运站在接收货物时进行单、货核对。如果无误,则在第7联(场站收据正本)上填入实收箱数和进场完毕日期,并加盖场站公章签收,然后退回发货人或代理。堆场或货运站自留第5联(关单联)。

各承运人委托场站签发场站收据必须有书面协议,各场站与承运人签订委托协议后签发的场站收据可以向船代换取提单,已签出场站收据的集装箱货物在装船前的风险和责任由船公司承担。如采用CY交接条款,货主对箱内货物准确性负责;如采用CFS交接条款,装箱单位对货物负责。

堆场或货运站签发场站收据第7联时应注意:

①第5联(关单联)上有否海关放行章。没有海关放行,不得签发“场站收据”,并不得安排集装箱装船;

②进堆场或货运站的货物与单证记载内容是否相符;

③进堆场的箱号、关封号是否与单证记载相符;

④一起送交的单证,其内容是否单单相符;

⑤货箱未进堆场或货运站不能签收；

⑥船公司是否已给舱位；

⑦堆场内一旦发生捣箱，新箱号是否报海关；

⑧一批货分批进堆场，最后一箱进场完毕后签收场站收据；

⑨拼箱货物以箱为单位一票一单签发场站收据。

(7)发货人凭签收的第7联去船代处换取待装船提单，或在装船后换取已装船提单。

船代签发集装箱提单B/L时应注意：

①货物是否已实际装上船舶；

②货物是否在装运期内装船出运；

③如货物是预付运费，该运费是否已支付；

④B/L记载内容与装箱单、商检证、发票、信用证是否一致；

⑤D/R上运输条款与B/L记载内容是否一致；

⑥场站收据上对货物有无批注；

⑦货运代理人是否已先签发HOUSE－B/L；

⑧签发几份正本提单。

船代在货箱装船后，应核对单据与集装箱装船的情况是否一致。如不一致，应迅速与港方和理货联系，避免出现差错。凭场站收据正本船代应立即签发待装船提单。在船舶开航后24h内，船代应核对并签发已装船提单。

(8)货物装船时，堆场将第6、8、10联送外理，外理于货物实际装船后在第8联(外理联)上签收并自留。

(9)等货箱全部装上船舶，外理将第6联(大副联)和第10联(空白联)交船方留存。第10联也可供有关方使用。

堆场业务员必须在装船前24h，将场站收据第6联(大副联)分批送外轮理货人员，最后一批不得迟于开装前4h。外轮理货在港区的理货员收齐港区场站业务送来的场站收据大副联后，在装船时将装船集装箱与单据核对无误后交大副。

外轮理货人员应根据交接条款在承运人指定的场站和船边理箱，并在有关单证上加批注，提供理货报告和理箱单。如有变更，应及时更正"场站收据"，并在船开航后24h内通知船代。船舶开航后24h内，外轮理货人员将装船集装箱理箱单交船代。

港区场站业务员在船舶开航后立即将已签场站收据而未装上船出口箱信息通知船代，并在24h内开出工作联系单。港区场站受船公司委托签发场站收据，应对由于其工作中的过失而造成的后果负责。

## 二、交货记录(Delivery Record, D/R')

交货记录是集装箱运输承运人把货物交付给收货人或其代理人时，双方共同签署的证明货物已经交付及货物交付时情况的单证；同时，它也证明承运人对货物的责任已告终止。

### 1. 交货记录的作用

交货记录是国际集装箱进口货运业务中的主要单证，在实际进口业务中又称小提单或提货单，但实际应用中交货记录或提货单所起的作用及其对不同当事人的责任划分不尽相同。对承运人来说,交货记录业经签发即表明已同意交货,尽管事实上并没有交付货物。对收货人来说,只要拿到交货记录即表明已具备提货条件,尽管实际上并没有提货。从另一层意义上去理解,交货记录则是承运人、收货人的责任转移,即交货记录签发=承运人责任终止=收货人责任开始。

2. 交货记录的组成

集装箱运输下交货记录的较正规使用始于20世纪80年代初,现已在全国主要港口进口集装箱货物交付中使用。标准交货记录格式一套共5联,其联式内容如表6-2所示。

**交货记录表** 表6-2

| 收货人 | 名称 | 收货人开户银行与账号 |
|---|---|---|
| | 地址 | |

| 船名 | 航次 | 起运港 | 目的地 |
|---|---|---|---|
| 卸货地点 | 到达日期 | 进库场日期 | 第一程运输 |

| 标记集装箱 | 货名 | 集装箱数 | 件数 | 重量(DGS) | 体积($m^3$) |
|---|---|---|---|---|---|
| | | | | | |
| | | | | | |
| | | | | | |
| | | | | | |
| | | | | | |
| | | | | | |
| | | | | | |
| | | | | | |

交 货 记 录

| 日期 | 货名或集装箱号 | 出库数量 | | | 操作过程 | | | 人签名 | |
|---|---|---|---|---|---|---|---|---|---|
| | | 件数 | 包装 | 重量 | | 件数 | | 发货员 | 取货人 |
| | | | | | | | | | |
| | | | | | | | | | |
| | | | | | | | | | |
| | | | | | | | | | |
| | | | | | | | | | |
| | | | | | | | | | |
| | | | | | | | | | |
| | | | | | | | | | |
| | | | | | | | | | |
| | | | | | | | | | |
| | | | | | | | | | |

| 备 注 | 收货人章 | 储区场站章 |
|---|---|---|
| | | |

| | | |
|---|---|---|
| 第 1 联 | 到货通知书 | 白色 |
| 第 2 联 | 提货单 | 白色 |
| 第 3 联 | 费用账单(一) | 蓝色 |
| 第 4 联 | 费用账单(二) | 红色 |
| 第 5 联 | 交货记录 | 白色 |

3. 交货记录的流转程序

交货记录的流转程序如图 6-6 所示。

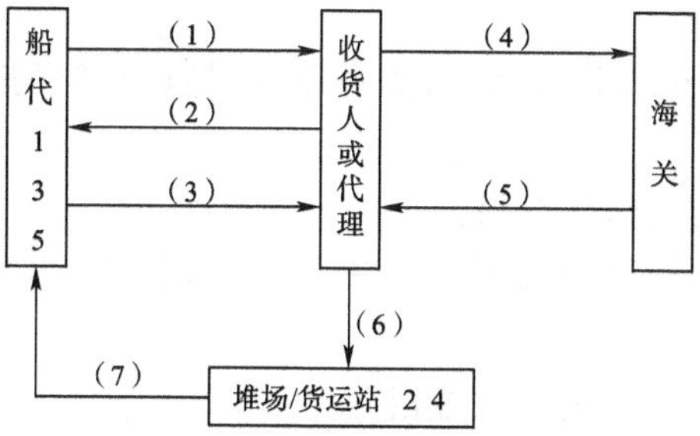


注：图中数字（1）~（7）是流转程序的顺序号；1~5是交货记录联号。

图 6-6　交货记录流转程序图

(1)船舶抵卸港前,船公司或其代理人根据装船港船代传送的舱单或提单副本制作交货记录一式 5 联,并向收货人或其代理人发出交货记录第 1 联(到货通知书)。

船公司代理人在发出到货通知书前,首先应查清收货人是谁。在实际进口业务中,提取货物的人有时并非收货人自己,如:

①在同一票货既由船公司签发提单,又有无船承运人签发提单时,到货通知书中的收货人通常是无船承运人的代理人;

②同一票货在由中间商做买卖时,即中间商既是第一买方,又是第二卖方时,中间商是收货人;

③如收货人委托货运代理人做进口业务时,货运代理人即是收货人。

(2)收货人或其代理人在收到第 1 联(到货通知书)后,凭正本提单和到货通知书到船代处换第 2 联(提货单)、第 4 联(费用账单)和第 5 联(交货记录)。

(3)船代在第 2 联(提货单)上盖章签发,并把第 2 联(提货单)、第 4 联(费用账单)、第 5 联(交货记录)退交收货人或代理,自留第 1 联(到货通知书)和第 3 联(费用账单)。

承运人的代理人在收回正本提单,签发提货单时应注意:

①收货人是否在提单记载之目的港地提货;

②在到付运费情况下,收货人是否已付清全部运费;

③承运货物的船舶是否属自己代理的船公司的船舶;

④是凭 HOUSE—B/L,还是 SEA—B/L 换提货单;

⑤如收货人没有交出正本提单,又要求签发提货单时,承运人是否已认可,或承运人对此有什么指示;

⑥如收货人要求凭副本提单换提货单时,承运人是否在副本提单上盖章,是否提供经承运人认可的担保;

⑦正本提单一共有多少份,变更提货地必须收回全套提单;

⑧记名 B/L 转让放货必须由记名收货人出具书面之交货通知书;

⑨指示 B/L 背书转让是否具有连续性;

⑩正本提单上对货物、箱子有无批注,对箱号、关封号有无说明。

(4)收货人或其代理人凭提货单、费用账单、交货记录共 3 联,随同进口货物报关单一起至海关报关。

(5)海关核准后在提货单上盖放行章,并将提货单、费用账单、交货记录共 3 联退回收货人或代理。

(6)收货人或其代理人凭承运人代理人、海关盖章的提货单和交货记录去堆场或货运站提货,凭费用账单结清场站费用。

堆场或货运站在凭提货单交货时应查核:

①应凭收货人 D/O 放货(不能凭 B/L 放货),并注意承运人代理人和海关是否已在 D/O 上盖章同意放行;

②单货是否相符,箱号/关封号与记载是否相符;

③提货时若有货损,是否已做货损交货记录并签收;

④因堆场或货运站经办交付货物而引起的费用(如再次搬运费,滞期费等),收货人是否已支付。

堆场或货运站核对货代提货单是否有效及有关放行章后,如无异议,将第 2 联(提货单)、第 4 联(费用账单)留下,作为放货、结算及收取费用的依据;在第 5 联(交货记录)上盖章,以示确认手续完备,受理作业申请,安排提货作业计划,并同意放货。

(7)堆场或货运站验单放货。在提货完毕后,会同收货人或其代理人共同签收第 5 联(交货记录),以示确认提取的货物无误,并把经双方签署的第 5 联(交货记录)送至船代处,留存第 2 联(提货单)、第 4 联(费用账单)归档备查。

提货时若有货损,做货损交货记录并经双方签署确认。凡交货时发生货物、集装箱状况与提货单据不一致的情况按理赔程序处理。

收货人或其代理无正本提单,凭保函换取提货单,在 30 天内应向船舶代理办理销保手续(凭正本提单换取保函)。逾期不办造成后果的,船公司或代理人有权向海事法院提起诉讼。

## 三、设备交接单(Equipment Interchange Receipt,EIR or E/R)

设备交接单是集装箱进出港口、场站时集装箱所有者(箱主或其代理人)与使用者(用箱人或运箱人)之间交接集装箱及设备的凭证,并兼有管箱人发放集装箱凭证的功能。在集装箱运输各环节交接时均应制作并签收设备交接单,以划分、明确双方各自对集装箱或相关机械设备应承担的责任。

### 1. 设备交接单的作用

设备交接单是集装箱运输三大基本单证之一,它既是管箱人发放/回收集装箱或用箱人提取/还回集装箱的凭证,也是证明双方交接时集装箱状态的凭证及划分双方责任、义务和权利的依据,又有集装箱所有者掌握集装箱分布动态,加强箱务管理的功能。此单证通常由箱主或其代理人签发给用箱人,用箱人据此向场站领取或送还集装箱及设备。

2. 设备交接单的组成

各类管箱人(集装箱船公司、租赁公司等)一般都印制自己的设备交接单,其内容大同小异。设备交接单的正面填写内容有:用箱人/运箱人、提箱地点、发往地点、返回/收箱地点、船名/航次、集装箱箱号、铅封号、提单号、进出场状态、进出场检查记录等。设备交接单的背面印有划分管箱人和用箱人之间责任的使用或租用集装箱合同条款,条款的主要内容有:使用方使用集装箱期间的费用、损坏或丢失时责任划分、对第三者造成损害时赔偿责任等。

设备交接单分出场(OUT)和进场(IN)两种,其联式内容如表 6-3、表 6-4 所示。这两种设备交接单除正面内容的个别项目外大致相同,都各有 3 联,分别为:

| | | |
|---|---|---|
| 第 1 联 | 箱主或箱管代理留底联 | 白色 |
| 第 2 联 | 码头或堆场联 | 红色 |
| 第 3 联 | 用箱人或运箱人联 | 橘黄色 |

3. 设备交接单的流转程序

不管是集装箱提箱出场还是还箱进场,设备交接单制作及流转程序见图 6-7。

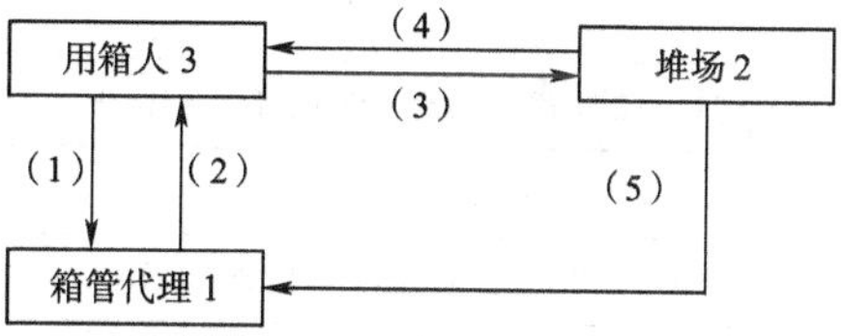


注:图中数字(1)~(15)是流转程序的顺序号;1~3是设备交接单联号。

图 6-7　设备交接单的流转程序图

(1)用箱人向箱主或其代理人提出用(还)箱申请。

(2)箱主或其代理人填制签发设备交接单(三联,每箱一份),并交用箱人。

(3)由用箱人或运箱人据此单证(三联)到码头或内陆堆场办理提(还)箱手续。

(4)在堆场经办人(作为箱主的代理人)核单、双方查验箱体签字后,用箱人或运箱人提走(或还回)集装箱及设备,堆场经办人同时将第 3 联(用箱人联)退还运箱人。

(5)堆场经办人自留第 2 联(码头堆场联),并将第 1 联(箱主联)退还箱主单位。

集装箱提走(或还回)码头堆场时,双方按单上条款及时查验损坏情况,分清责任。由于设备交接单是划分箱体责任的唯一单证,因此,交接双方一旦发现下述几种情况,则应在设备交接单上加批注,以明确箱子损害发生区段和责任方。

①集装箱箱号、关封号与单证记载不符,或有关封异常、脱落、无法辨认等情况;

②集装箱有漏水、漏光、擦伤、破洞;

③集装箱箱门无法关闭;

④集装箱四柱、六面、八角部位并不完整;

⑤凹损超内偏 3cm,凸损超角件外面;

⑥集装箱箱内有污、有异味;

⑦装载有毒物未经清洗、消毒;

⑧集装箱四周仍有前航次留存的启运品;

⑨集装箱附属部件损坏或灭失或异常;

设备交接单(OUT 出场)　　　　表 6-3

中国厦门外轮代理有限公司
CHINA OCEAN SHIPPING AGENCY XIAMEN

**OUT 出场**

集装箱发放/设备交接单
EQUIPMENT INTERCHANGE RECEIPT

No.

| 用箱人/运箱人(CONTAINER USER/HAULIER) | 提箱地点(PLACE OF DELIVERY) |
|---|---|
| | |

| 发往地点(DELIVERED TO) | 返回/收箱地点(PLACE OF RETURN) |
|---|---|
| | |

| 船名/航次(VESSEL/VOYAGE NO.) | 集装箱号(CONTAINER NO.) | 尺寸/类型(SIZE/TYPE) | 营运人(CNTR. OPTR.) |
|---|---|---|---|
| | | | |

| 提单号(B/L NO.) | 铅封号(SEAL NO.) | 免费期限(FREE TIME PERIOD) | 运载工具牌号(TRUCK, WAGON. BARGE NO.) |
|---|---|---|---|
| | | | |

| 出场目的/状态(PPS OF GATE - OUT/STATUS.) | 进场目的/状态(PPS OF GATE - IN/STATUS) | 出场日期(TIME - OUT) |
|---|---|---|
| | | 月　日　时 |

出场检查记录(INSPECTION AT THE TIME OF INTERCHANGE.)

| 普通集装箱(GP CONTAINER) | 冷藏集装箱(RF CONTAINER) | 特种集装箱(SPECIAL CONTAINER) | 发电机(GEN SET) |
|---|---|---|---|
| □正常(SOUND)<br>□异常(DEFECTIVE) | □正常(SOUND)<br>□异常(DEFECTIVE) | □正常(SOUND)<br>□异常(DEFECTIVE) | □正常(SOUND)<br>□异常(DEFECTIVE) |

| 损坏记录及代号(DAMAGE & CODE) | BR | D | M | DR | DL |
|---|---|---|---|---|---|
| | 破损<br>(BROKEN) | 凹损<br>(DENT) | 丢失<br>(MISSING) | 污箱<br>(DIRTY) | 危标<br>(DG LABEL) |

左侧(LEFT SIDE)

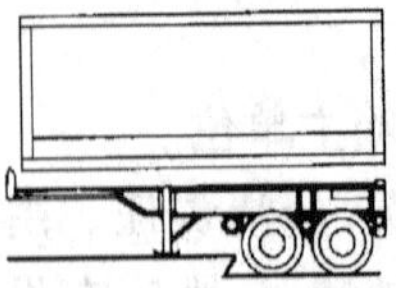

右侧(RIGHT SIDE)

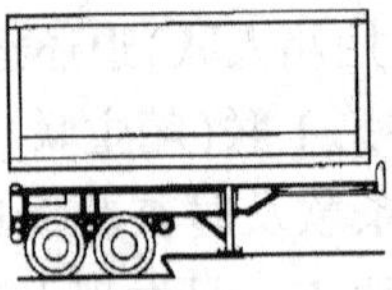

前部(FRONT)

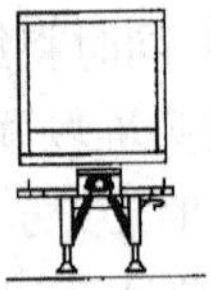

集装箱内部(CONTAINER INSIDE)

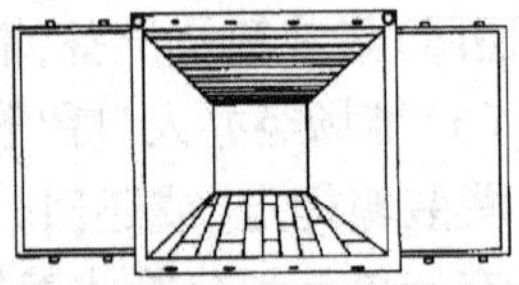

顶部(TOP)

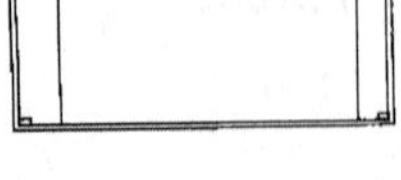

底部(FLOOR BASE)

箱门(REAR)

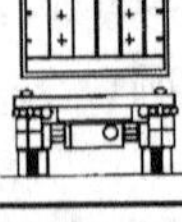

如有异状,请注明程度及尺寸
(REMARK)

除列明者外,集装箱及集装箱设备交接时完好无损,铅封完整无误
THE CONTAINER/ASSOCIATED EOUIPMENT INTERCHANGED IN SOUND CONDITION AND SEAL INTACT UNLESS OTHERWISE STATED

用箱人/运箱人签署
(CONTAINER USER/HAULIER'S SIGNATURE)

码头/堆值班员签署
(TERMINAL/DEPOT CLERK'S SIGNATURE)

NO:PENXMQR-EC-01　　　　格式版式:

日期:96-01-20　　　　更 改 次:

设备交接单(IN 进场)

表 6-4

中国厦门外轮代理有限公司

CHINA OCEAN SHIPPING AGENCY XIAMEN

**IN 进场**

集装箱发放/设备交接单

**EQUIPMENT INTERCHANGE RECEIPT**

No.

| 用箱人/运箱人(CONTAINER USER/HAULIER) | | | 提箱地点(PLACE OF DELIVERY) |
|---|---|---|---|
| | | | |
| 来自地点(WHERE FROM) | | 返回/收箱地点(PLACE OF RETURN) | |
| | | | |
| 船名/航次(VESSEL/VOYAGE NO.) | 集装箱号(CONTAINER NO.) | 尺寸/类型(SIZE/TYPE) | 营运人(CNTR. OPTR.) |
| | | | |
| 提单号(B/L NO.) | 铅封号(SEAL NO.) | 免费期限(FREE TIME PERIOD) | 运载工具牌号(TRUCK, WAGON. BARGE NO.) |
| | | | |

| 出场目的/状态(PPS OF GATE - OUT/STATUS.) | 进场目的/状态(PPS OF GATE - IN/STATUS) | 进场日期(TIME - OUT) |
|---|---|---|
| | | 月 日 时 |

进场检查记录(INSPECTION AT THE TIME OF INTERCHANGE.)

| 普通集装箱(GP CONTAINER) | 冷藏集装箱(RF CONTAINER) | 特种集装箱(SPECIAL CONTAINER) | 发电机(GEN. SET) |
|---|---|---|---|
| □正常(SOUND)<br>□异常(DEFECTIVE) | □正常(SOUND)<br>□异常(DEFECTIVE) | □正常(SOUND)<br>□异常(DEFECTIVE) | □正常(SOUND)<br>□异常(DEFECTIVE) |

| 损坏记录及代号(DAMAGE & CODE) | BR | D | M | DR | DL |
|---|---|---|---|---|---|
| | 破损(BROKEN) | 凹损(DENT) | 丢失(MISSING) | 污箱(DIRTY) | 危标(DG LABEL) |

左侧(LEFT SIDE)

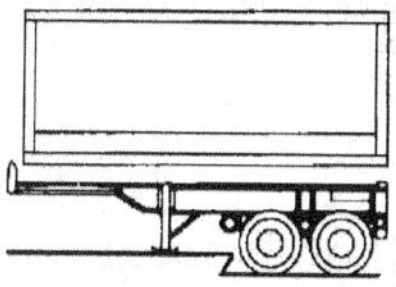

右侧(RIGHT SIDE)

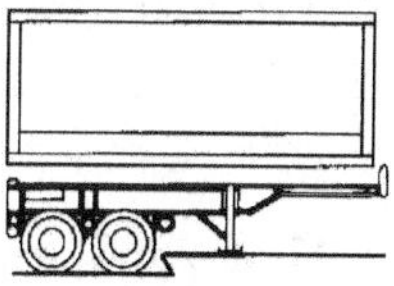

前部(FRONT)

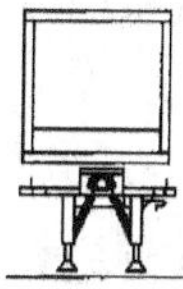

集装箱内部(CONTAINER INSIDE)

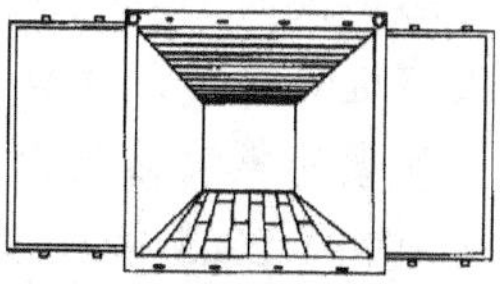

顶部(TOP)

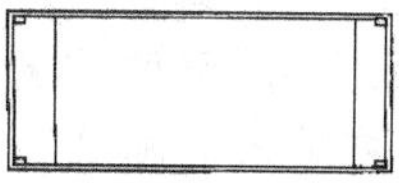

底部(FLOOR BASE)

箱门(REAR)

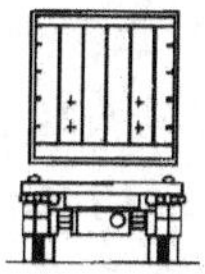

如有异状,请注明程度及尺寸

(REMARK)

除列明者外,集装箱及集装箱设备交接时完好无损,铅封完整无误

THE CONTAINER/ASSOCIATED EOUIPMENT INTERCHANGED IN SOUND CONDITION AND SEAL INTACT UNLESS OTHERWISE STATED

用箱人/运箱人签署 (CONTAINER USER/HAULIER'S SIGNATURE)

码头/堆值班员签署 (TERMINAL/DEPOT CLERK'S SIGNATURE)

NO:PENXMQR - EC - 01

日期:96 - 01 - 20

格式版式:

更 改 次:

⑩集装箱安全铭牌丢失等。

在实际业务中,对设备交接单主要当事人有三方:一是箱管代理(对集装箱进行管理);二是堆场(对集装箱进行交接);三是用箱人(对集装箱进行使用)。三方不仅业务不同,代表利益方也不同,因而对设备交接单审核内容也有区别。对箱管代理来说,其审核的主要内容有:用箱人、箱子来自地点、返回或收回地点、船名和航次、箱型和箱类、集装箱经营人、提单号、费用和期限、进出场目的或状态。对堆场来说,其审核的主要内容有:集装箱进出场时间、进出场集装箱外表状况、拖箱人是谁、拖车号是否与单证记载一致、提箱单是否有效等。对用箱人(运箱人)来说,其审核的主要内容有:拖车牌号、运箱人拖箱时间和地点、拖箱时箱子外表状况、所拖箱子种类和规格是否与单证记载一致。

特别应注意,设备交接单一经正式签收,任何一方不得随意涂改。如需要更改,则应办理更正手续,即由箱管代理在设备交接单上加盖更改章。

## 案例 6-1　集装箱交付纠纷案

1. 案情概况

原告:海口南青集装箱班轮公司

被告:广州市黄埔至发货运部

2002 年 11 月 25 日,原告委托被告承运 12 个 40ft 集装箱货物由广州港黄埔外运仓码头送往各收货人单位,并将卸完货的空集装箱送还至芳村内四码头堆场。12 个集装箱中包括箱号为“WSDU4804270”、“CLHU4203760”、“CLHU4202660”的 3 个。被告出具的《证明》记载,其接受原告的委托后,因其车辆周转不过来,将其中的 10 个集装箱,包括箱号为“WSDU4804270”、“CLHU4203760”、“CLHU4202660”的 3 个,又委托中原物流运输公司运输。中原物流运输公司出具的《证明》记载,其已将其为被告运输的 10 个集装箱的空箱交回芳村内四码头。该证据是被告提供给原告的。广州港务局河南港务公司第二港务站出具的《证明》记载,箱号“WSDU4804270”、“CLHU4203760”、“CLHU4202660”的 3 个没有进入芳村内四码头。

涉案的集装箱是原告租用的,不属其所有。

原告于 2003 年 10 月向省事法院起诉称:2002 年 11 月 25 日,原告委托被告承运 12 个 40ft 集装箱货物由广州港黄埔外运仓码头送往各收货人单位,并约定将卸完货的空箱送还至芳村内四码头堆场。然而,至今为止,原告仅收到被告返还的九只空箱,另 3 只空箱下落不明;经原告反复查询,负责芳村四码头经营管理的“广州港务局河南港务公司”证明:“其余 3 个箱,箱号为‘WSDU4804270’、‘CLHU4203760’、‘CLHU4202660’,没有进入我码头”。请求判令被告向原告返还 40ft 集装箱 3 个,偿付滞箱造成的损失 7 609.44 元。

被告辩称:被告在接受原告的委托时已经将这些集装箱转给中原物流运输公司承运,原告与被告并没有签订合同,也没有约定还箱的期限,实际上双方并没有合同关系;原告主张滞箱造成的损失和集装箱的价值均没有提供计算依据,请求驳回原告的诉讼请求。

2. 法院裁判

原告委托被告运输集装箱货物,被告接受原告的委托,双方之间成立了货物运输合同关系。被告出具的《证明》和中原物流运输公司出具的《证明》均可以证明被告接受原告的委托后,再委托中原物流运输公司从事部分运输,因此,被告应对全部运输负责。根据原告与被告的运输合同约定,被告应将空集装箱运回芳村内四码头,交还给原告。现双方对箱号为"WSDU4804270"、"CLHU4203760"、"HU4202660"的3个集装箱是否运回芳村内四码头产生争议,被告作为交付一方,应承担举证责任。中原物流运输公司出具的《证明》与广州港务局河南港务公司第二港务站出具的《证明》互相矛盾,均没有其他证据可以佐证,不能证明该3个集装箱是否已交回芳村内四码头。但因被告不能提交集装箱交付记录或其他关于集装箱交接的证据,应认定上述3个集装箱没有交回。原告与被告没有约定还箱的期限,被告应在合理的期间内将集装箱交还给原告。被告已将集装箱运出近一年,又不能做出不能还箱的合理解释,应认为已超过合理期限。

被告没有依照运输合同的约定交还集装箱属违约行为,应承担违约责任。但原告对其损失没有提供证据,故对其请求被告赔偿滞箱造成的损失7 609.44元的诉讼请求不予支持。

依照《中华人民共和国合同法》第六十条第一款、第一百零七条、第二百九十条的规定,判决:①被告应在本判决发生法律效力之日起10日内向原告交还箱号为"WSDU4804270"、"CLHU4203760"、"CLHU4202660"的3个集装箱;②驳回原告关于请求被告赔偿滞箱造成的损失的诉讼请求。

## 四、装箱单(Container Load Plan,CLP)

集装箱装箱单是详细记载每一个集装箱内所装货物的名称、数量及箱内货物积载情况的单证。每个载货集装箱都要制作这样的单证,它是根据已装进箱内的货物情况制作的,是集装箱运输的辅助货物舱单。由于集装箱装箱单是详细记载箱内所载货物情况的唯一单证,因此在国际集装箱运输中,集装箱装箱单是一张极为重要的单证。其作用主要体现在以下几个方面:

(1)是向承运人、收货人提供箱内货物明细的清单;

(2)是集装箱货物向海关申报的主要单证之一;

(3)是货方、港方、船方之间货、箱交接的凭证;

(4)是船方编制船舶积载计划的依据,单证上所记载的货箱重量是计算船舶积载性能数据的基本数据;

(5)是办理集装箱货物保税运输、安排拆箱作业的资料;

(6)是集装箱运输货物商务索赔的依据。

集装箱装箱单的主要内容包括:船名、航次、装卸港、发货地、交货地、集装箱箱号、集装箱规格、铅封号、场站收据或提单号、发货人、收货人、通知人及货物名称、件数、包装、标志、重量、尺码等。对特殊货物还需说明闪点(对危险品)、箱内温度要求(对保温或冷藏货)、是否检疫(需检疫货物及器材)等内容,其格式内容如表6-5所示。

集装箱装箱单以箱为单位制作,由装箱人填制并经装箱人签署后生效。装箱单一般一式数份,分别由货主、货运站、装箱人留存和交船代、海关、港方、理货公司使用,另外还需准备足够份数交船方随船带往卸货港以便交接货物、报关、拆箱等用。

**装箱单** 表6-5

| | |
|---|---|
| 集装箱号<br>Container No. | 集装箱规格<br>Type of Container. 20　40 |
| 铅封号<br>Seal No. | 冷藏温度<br>Reefer – temp. Required ℉ ℃ |

## 装箱单<br>CONTAINER LOAD PIAN

| | | | | |
|---|---|---|---|---|
| 船　名　　航　次<br>Ocean Vessel Voy. No. | 收货地点<br>Place of Receipt<br>□—场 CY　□—站 CFS　□—门 Door | 装货港<br>Port of Loadlng | 卸货港<br>Port of Discharging | 交货地点<br>Place of Delivery<br>□—场 CY　□—站 CFS　□—门 Door |

| | | | | | | | |
|---|---|---|---|---|---|---|---|
| 提单号码<br>B/L No | 1. 发货人 Shipper　2. 收货人 Consignee　3. 通知人 Notify | 标志和号码<br>Marks & Numbers | 件数及包装种类<br>No. & Kind of Pkgs. | 货名<br>Description of Doocls | 质量(公斤)<br>Weigh kg. | 尺码(立方米)<br>Measurement Cu. M. | 备注<br>Remarks |
| | | 底 Front<br>门 Door | | 总件数<br>Total Number of Packages<br>质量及尺码总计<br>Total Weight & Measurement | | | 危险品要注明危险品标志分类及闪点<br>In case of dangerous goo ds, please enter the label classification and flash point of the goods. |
| 重新铅封号<br>New Seal No. | 开封原因<br>Reason for breaking seal | 装箱日期 Date of vanning:＿＿＿＿<br>装箱地点 at:＿＿＿＿<br>(地点及国名 Place&Country) | | | | 皮重<br>Tare Weight | |
| | | | | | | 总毛重<br>Gross Weight | |

| | | | | |
|---|---|---|---|---|
| 出口<br>Export | 驾驶员签收<br>Received by Drayman | 堆场签收<br>Received by CY | 装箱人<br>Packed by: | |
| 进口<br>Import | 驾驶员签收<br>Received by Drayman | 货运站签收<br>Received by CFS | 发货人货运站<br>(Shipper/CFS)<br>(签署)Signed | 发货人或货运站留存<br>1. SHIPPER/CFS<br>(1) 一式十份　此栏每份不同 |

| | | |
|---|---|---|
| AUSIRALIAN DEPARTMENT OF HEALTR, QUARANTINE DECLARATION. | Cargo　1. Wooden crates. cases;<br>□not used(未用过),□treated(已处理),<br>□not treated(未处理)<br>2. Timber pallest, dunnage;<br>□not ued(未用过),□treated(已处理),<br>□not treated(未处理)<br>3. Straw packing and/or rice hulls and/or similar packing material;<br>□not used(未用过),□used(用过)<br>Container　Timber components;<br>□not Lised(未用过),口 treated(已处理),<br>□not treated(未处理)口 not' exposed(未外露) | Certificates and/or declaruation for treatment will be forwarded by the shipper to consignee with inyoice or shipping documents. We hereby certify that the container has been throughly cleaned prior to vanning and that all evidence of previous contents has been removed.<br>Packed by:<br><br>签署　Signed　签署　Signed |

制作装箱单时,装箱人负有装箱单内容与箱内货物一致的责任。如需理货公司对整箱货物理货时,装箱人应会同理货人员共同制作装箱单。

## 五、集装箱提单(Container,B/L)

集装箱提单是集装箱货物运输下主要的货运单据,是负责集装箱运输的经营人或其代理人在收到集装箱货物后而签发给托运人,证明货物已经收到,并保证在目的地凭以交付货物的书面凭证。适用于集装箱运输的提单有两类,一类是港—港的海运提单;另一类是内陆—内陆的多式联运提单。不论哪一类提单,其法律效力和作用与传统提单都是相同的。

为了适应集装箱运输的需要,其正面内容除了与传统海运提单相同外,还增加了收货地点、交货地点、交接方式、集装箱箱号、封志号等内容,如表6-6所示。由于集装箱货物的交接一般都不在船边,集装箱提单一般是待装船提单。为了与信用证要求(已装船提单)一致,集装箱提单一般增加装船备忘录栏,以便必要时加上"已装船"批注而使之转化为已装船提单。

集装箱提单制作填写时,应注意在箱数或件数栏内,既要填写集装箱数,又要填写箱内所装货物件数。否则发生灭失、损害时只能以箱作为一个理赔单位。对于拼箱货物件数表示方法与传统提单相同,但应填写交接方式(CFS/CY 、CY/CFS 或 CFS/CFS 等),使同一箱内的所有货物记载在同一箱号及封志号下。

集装箱提单签发的地点与集装箱运输中货物交接地点、交接方式是一致的,即发货人工厂和仓库(Door)、码头或内陆堆场(CY)及集装箱货运站(CFS)。一般是托运人在上述地点与集装箱运输承运人或其委托的堆场、货运站的业务人员交接货物后,用场站收据向承运人换取提单。承运人在货方出示场站收据后应立即签发待装船提单,集装箱装上船并开船24 h内应签发已装船提单。

各种类型的集装箱运输承运人大都有自己的集装箱提单,其种类、内容与格式允许有区别,但大同小异。也有几个国家、几家船公司共用一种提单和同一条船使用不同格式提单的情况。

与一般海运提单一样,集装箱提单正面和背面都印有提单条款,而且有相当多的内容和格式与一般海运提单相同,只是为了适应集装箱运输的实际需要,对某些条款的内容做了修改,增加了一些新的条款,本节仅对这些差别之处做简要说明。

集装箱提单的正面条款与一般提单的主要区别在于确认条款,即表明承运人是在箱子外表状况良好、铅封号码完整下接交货物并说明该提单是收货待运提单。

集装箱提单与海运提单背面条款主要区别有:

1. 承运人的责任期限

在集装箱运输下承运人接货、交货可以在货主仓库、内陆场站和码头堆场。这与传统运输货物交接在船边或港口有很大差别。普通提单对承运人规定的责任期限("钩到钩"、"舷到舷"或"港到港")已不再适用。因此,集装箱提单将承运人的责任期限规定为:从接受货物开始到交付货物为止,或采用前后条款形式表述为承运人对收货前、交货后的货物不负责任。

**集装箱提单** 表6-6

1. Shipper Insert Name. Address and Phone

2. Consignee Insert Name. Address and Phone

3. Notify Party Insert Name. Address and Phone( It is agreed that no responsibility shall attach to the Carrier or his agents for tailure TO notify)

| | |
|---|---|
| 4. Combined Transport* Pre carriage by | 5. Combined Transport* Place of Receipt |
| 6 Ocean Vessel Voy. No. | 7. Port of Loading |
| 8. Port of Discharge | 9. Combined Transport* Place of Delivery |

许可证号:JTT.0008

B/L NO

中远集装箱运输有限公司
COSCO CONTAINER LINES
TLX:33057 COSCO CN
FAX: -86(021) 6545 8984 **ORIGINAL**

**Port - to - Port or Combined Transport**
**BILL OF LADING**

RECEIVED In external apparent good order and condition except as other wise noted. The total number of packages or units stuffed in the container, the description of the goods and the weights shown in this Bill of Lading are furnished by the Merchants, and which the carrier has no reasonable means of checking and is not a part of this Bill of Lading contract. The carrier has issued the number of Bills of Lading stated below, all of this tenor and date. one of the original Bills of Lading must be surrendered and endorsed or signed against the delivery of the shipment and whereupon any other original Bills of Lading shall be void. The Merchants agree to be bound by the terms and conditions of this Bill of Ladinrj as if each had personally signed this Bill of Lading.
SEE clause 4 on the back of this Bill of Lading (Terms continued on the back hereot, please read carefully)
*Applicable Only When Document Used as a Combined Transport Bill of Ladind.

| Marks & Nos. Container/Seal No. | No. of Containers or Packages | Description of Goods(lf Danoerous Goods, See Clause 20) | Gross Weight Kgs | Measurement |
|---|---|---|---|---|
| | | | | |
| | | Description of Contents for Shipper's Use Only(Not part of This B/L Contract) | | |

10. Total Number of containers and/or packages(in words)
Subject to Clause 7 Limitation

| 11. Freight & Charges | Revenue Tons | Rate | Per | Prepaid | Collect |
|---|---|---|---|---|---|
| Declared Value Charge | | | | | |

| | | | |
|---|---|---|---|
| Ex. Rate: | Prepaid at | Prepaid at | Place and date of Issue |
| | Total Prepaid | No. of Original B(s)/L | Signed for the Carrier, COSCO CONTAINER LINES |

2. 舱面(甲板)货选择权条款

根据现行海上运输法规定,只有在根据航海习惯可装在甲板上运输或事先征得货主同意并在提单上加注"装载甲板运输"字样两种情况下,承运人可将货物装在甲板运输,否则将构成违反合同行为,各种法规、合同中给予承运人的一切抗辩理由、责任限制、免责事项等均无效,承运人必须承担由此造成的一切损失的赔偿责任。

在集装箱运输中,各类运输集装箱船舶在实际运输集装箱时,出于船舶构造的特殊性及经济性等要求,一般有相当一部分集装箱要装载在甲板上(舱面)运输(全集装箱船满载时约有30%货箱装载在甲板上),而各集装箱在船舶上装载的具体位置,一般是根据船舶配积载的需要和装卸船的先后次序等确定的。承运人在签发提单时无法确定哪些箱会装在舱内或甲板上,因此集装箱提单中规定了舱面(甲板)货选择权条款。尽管各公司提单中表述方式不同,但该条款包含的内容是:承运人有权将集装箱货物装载在甲板下(舱内)或甲板上(舱面)运输,而无须征得货方同意和通知货方。货物不论装载在甲板上或甲板下,对包括共同海损在内的所有情况,都视作甲板下(或舱内)装载。

3. 承运人的赔偿责任限制

承运人的赔偿责任限制一般是指承运人对每一件或每一货损单位负责赔偿的最高限额。在不同运输方式中,由于承运人运输中对货物承担的风险在程度上有区别,针对不同方式的国际与国内运输法规对最高赔偿限额的规定有较大差别。与普通提单一样,各公司的集装箱提单赔偿责任限制条款都明确规定了海上运输的最高赔偿限额,当运输全程中涉及陆上运输(联运提单)时,一般以包括海运(水运)及不包括海运(水运)两种情况规定限额。由于各公司的限额是根据不同的国际法或国内法规定的,其限额可能有差别。

针对集装箱运输整箱交接货物时承运人只能从有关单证上得知箱内货物的种类、数量的特点,集装箱提单的相应条款一般根据《维斯比规则》对集装箱、托盘或类似的装运工具或包装做如下规定:如在提单中已载明这种工具内的货物件数或单位数,则按载明的件数或单位数赔偿;如这种工具为货主所有,赔偿时也作为一件。

4. 制约托运人的责任条款

(1)发货人装箱、计数条款(或不知条款)。在整箱交接情况下,承运人接受的是外表状况良好、铅封完整的集装箱,对箱内所装货物数量、标志等只能根据装箱单得知。即使对其有适当理由怀疑也无适当方法进行检验。根据《海牙规则》规定,在这种情况下承运人可以拒绝在提单上载明箱内货物详细情况,这种做法势必会影响提单的流通性。但如果默认了货主提供的箱内货物件数,发生货损有可能对承运人赔偿方面带来不利。为了便于提单的流通和最大限度地达到免责目的,集装箱提单中在如实记载箱内货物详情的同时,背面条款中又保留了发货人装箱、计数条款或不知条款。其内容一般为:如本公司承运的集装箱是由发货人或其代理人装箱并加封的,则本提单正面所列有关货物的重量、尺码、件数、标志、数量等内容本公司均不知悉。

(2)铅封完整交货条款。集装箱提单中这一规定是指承运人在集装箱外表状况良好、铅封完整的情况下收货和交货,就可认为承运人已完成货物运输并解除其所有责任。

该条款与发货人装箱、计数或不知条款是有一定联系的,也是限于整箱交接。

(3)货物检查权条款。该条款是指承运人有权但没有义务在掌管货物期间的任何时候,将集装箱开箱检验、核对。如发现货物全部或部分不适于运输,承运人有权对该货物放弃运输或由托运人支付附加费用后继续完成运输,或存放在岸上或水上遮蔽或露天场所,而且这种存放可视为按提单交货,承运人责任终止。

该条款使承运人对箱内货物有所怀疑或发现积载不正常时有启封检查权利而不必征得托运人同意。但在实际操作中,对货主自装的集装箱启封检查时一般需征求货主同意并由货主支付费用。

(4)海关启封检查条款。《国际集装箱海关公约》规定,海关有权对集装箱货物开箱检查。因此集装箱提单中一般都规定:如海关当局因检查箱内货物对集装箱启封检查并重新加封,由此而造成或引起的任何货物灭失、损害及其他后果,承运人概不负责。但在实际操作中承运人对这种情况应做详细记录并保留证据以免除责任。

(5)发货人对货物内容正确性负责条款。集装箱提单中记载的货物内容,一般由发货人填写或由发货人代理根据发货人提供的托运文件(装箱单等)填写。提单一般规定承运人接受货物即可视为发货人已向承运人保证其在集装箱提单中提供的货物种类、标志、件数、重量、数量等内容准确无误。如属于危险货物,还应说明其危险性。如发货人提供内容不准确或不当造成货损或其他损害,发货人应对承运人负责,即使已发生提单转让也不例外。

5. 承运人的运价本

由于篇幅限制,集装箱提单上无法将有关集装箱运输的术语、交接办法、计费方法、费率、禁运规定等内容全部列出。各公司一般以承运人运价本形式将这些条款装订成册对外提供。在集装箱提单条款中规定,有关的承运人运价本是提单的组成部分,运价本与提单内容发生矛盾时,以提单为准。

### 案例 6-2　危险品托运自燃起火案

2000 年 5 月 8 日,山东中粮国际仓储运输公司(以下简称山东中粮)作为国际多式联运经营人以托运人的身份向韩进海运有限公司(以下简称韩进海运)订舱,由其经营的"韩进不来梅"(HANJIN BREMEN)集装箱船第 0 049W 航次,载运其托运的一个 20 英尺集装箱货物,从青岛港运往布达佩斯。山东中粮同时向韩进海运填报了场站收据,载明托运人为中化天津进出口公司,箱内货物为 840 袋漂白粉(LIME CHLORINATED),在韩进海运向山东中粮签发提单前,山东中粮又指示韩进海运将提单中的托运人记载为亚洲货运有限公司(以下简称亚洲货运),韩进海运即按此指示于 2000 年 5 月 10 日向山东中粮签发了已装船提单,单号为 CTA02TS5R596,货名 Lime chlorinated,托运人亚洲货运,收货人 TO THE ORDER OF HOLDER OF B/L NO. ASTGLY200 502 ISSUED BY ASTG CONTAINER LINE LIMITED AND HANJIN OF B/L,通知方 VINYL LTD,箱号 HJCU8 701 653,由托运人装箱计数,据说 840 袋 LIME CHLORINATED 装在 1 个 20ft 集装箱内,目的港代理 HANJIN SHIPPING KFT,装货港青岛,卸货港汉堡,交货地布达佩斯。而亚洲货运出借提单给山东中粮,于 2000 年 5 月 2 日签发了托运人为连云港市化工医药保健品进出口公司(以下简称连云港医保)的已装船提单,提单日期是倒签的。对作为承运人的韩进海运而言,山东中粮、亚洲货运是托运人,而连云港医保是实际托运人。

山东中粮、亚洲货运作为托运人，在向韩进海运托运货物时，只申报了货物的英文名称，LIME CHLORINATED，未明确说明是危险品，仅一般地要求将该货物装载舱内水线下，远离热源，温度不要高于50°C，事实上该货是5.1类危险品漂白粉，正确的英文名称为BEACHING POWDER，在联合国危规中的编号为2208。

连云港医保作为实际托运人，明知货物为危险品，但未按国际及中国的相关法律的要求，使用安全可靠的危险品包装。

2000年5月24日03:00时，当载有上述危险品的"韩进不来梅"轮在海上航行到荷兰鹿特丹附近时，载于船上第4舱的上述集装箱内危险品自燃起火，火热迅速蔓延，发生严重火灾事故，船员用水灭火成功。该船于2000年6月8日抵达汉堡港。

由于上述火灾事故造成货损，以及雇佣拖轮、救助船、进避难港、聘请检验人和律师、共同海损等相关费用，使韩进海运遭受了955 645.32美元的损失，而且韩进海运的损失、责任和费用，还在进一步扩大。

该船起火的原因是什么？火灾引起的损失应由哪一方负责？为什么？

火灾事故的造成，完全是由托运的上述危险品货物包装不符合《国际危规》及中国的相关法律规定造成的。山东中粮是货运代理，其职责和义务是代理货主订舱，虽与韩进海运直接发生订舱关系，但不是运输合同的当事方，其代理行为的法律结果由其委托人承担，不应负赔偿责任。亚洲货运的提单满足了连云港医保倒签的要求，这与火灾之间没有任何关系，亚洲货运不是托运人不承担任何责任。连云港医保是货物的实际托运人，未向承运人申报危险品，也未对危险品做出标志，导致韩进海运对该货物未给予应有的注意，造成火灾。连云港医保应赔偿韩进海运损失。

# 第三节　集装箱进出口货运业务

## 一、集装箱船公司进出口货运业务

集装箱船公司在国际集装箱进出口货运业务中起着主导作用，是集装箱运输能否顺利进行的关键。为此，在集装箱货物进出口货运中，集装箱船公司一般应做好下列各项运输业务工作。

1. 集装箱船公司出口货运业务

(1)掌握待运货源情况。集装箱船公司一般根据自己对船舶挂靠港货源预测，与各种无船承运人型的集装箱运输经营人签订的长期协议及订舱情况来掌握各港的货源情况。

各类无船承运人型的集装箱运输经营人都掌握一定数量的货源，在自己不具备运输船舶情况下，要保证货物顺利运输，一般都与集装箱船公司订立各种类型的较为长期的协议，其基本内容是保证为集装箱船公司的各航班(或某些航班)提供一定数量的集装箱货物，而集装箱船公司则接受订舱和给予某些优惠(包括运价、回扣等)，这种协议对无船承运人来讲有了稳定的运输工具和优惠条件，集装箱船公司则有了稳定的货源。这对于集装箱船公司掌握货源情况是十分有利的。

此外,集装箱船公司还可通过货主暂定订舱或确定订舱进程掌握待运的货源情况,并据以部署空箱的调配计划。所谓暂定订舱是在船舶到港前30天左右提出,由于掌握货源的时间较早,所以对这些货物能否装载到预定的船上,以及这些货物最终托运的数量是否准确,都难以确定;所谓确定订舱通常在船舶到港前7~10天提出,一般都能确定具体的船名,装船的日期。

(2)调配集装箱。集装箱运输中使用的集装箱,除少数是货主自有外,大多是由集装箱船公司提供的。为了有效利用船舶运力,集装箱船公司应配备一定数量、种类和规格的集装箱。为了便于货主使用和最大限度地提高箱子的利用率,各集装箱船公司必须在船舶挂靠的港口及其腹地内陆地区进行适当的部署和调配。集装箱的部署与调配一般根据货源情况、订舱情况和经济原则等进行。

(3)接受托运。发货人提出订舱申请后,集装箱船公司根据货物运输要求、船舶能力及集装箱配备情况等决定是否接受托运申请。如同意接受则在订舱单或场站收据上签章。集装箱船公司在接受货物托运时除应了解货物的详细情况(名称、数量、包装、特殊货物详情等)、装卸港、交接地点和运输要求等外,还应了解是否需要借用空箱及所需箱子的规格、种类和数量,并由双方商定领取空箱的时间和地点,具体装箱地点,交接货物的时间和地点及由谁来负责内陆运输等事项。

集装箱船公司或船代接受托运后,如发货人需借用空箱,船公司或船代应按时签发提箱单并通知集装箱堆场向发货人或其代表发放空箱(对发货人自装的整箱货)或通知有关集装箱货运站到堆场提箱。

(4)接受货物。集装箱船公司应根据场站收据上确定的交接方式接受货物,接受货物的地点一般是集装箱码头或内陆堆场(CY)、集装箱货运站(CFS)或货主的工厂和仓库(DOOR)。在CY接受整箱货一般由船公司委托堆场接受;在CFS接受拼箱货一般由集装箱货运站作为船公司的代理人接货;在DOOR接受货物一般由船公司或其代表(委托的代理人或陆运承运人)接货,并由船公司安排接货地至码头堆场的内陆运输。船公司的代表或委托的接货代理人接受货物后,起运港船公司或船代应及时签发提单。

(5)协助装船。通过各种方式接受的货物,到达集装箱码头堆场,按堆场计划堆放后,由集装箱码头堆场负责装船的一切工作,船公司或船代应随时与集装箱码头装卸部门协调联系。

(6)制送有关单证。为使目的港编制卸船计划和安排内陆运输、转运等工作,在集装箱货物装船离港后,集装箱船公司或代理应立即制作有关装船单证并尽快通过各种可能的方式(寄、电传或EDI网)将其送至各卸船港。一般由装船港船代制作、寄送的单据主要有:提单或场站收据副本、集装箱号码单、箱位积载图、货物舱单、集装箱装箱单、装船货物残损报告、特殊货物表等。

2. 集装箱船公司进口货运业务

(1)接受各装船港寄送的单据,做好卸船准备。为了有效地缩短船舶在港时间,提高运输效率,保证集装箱货物及时交付或继续运输,集装箱船公司在集装箱货物进口中首先应做好卸船的准备工作:

①从装船港代理处取得装船单证,并把有关单证送交集装箱码头业务部门;

②根据上述单证制定船舶预计到港计划,并协助集装箱码头制定完整的卸船计划;

③根据货物舱单、集装箱号码单、提单副本、特殊货物表等向海关及有关方面办理进口卸货申请、集装箱暂时进口、保税运输、危险品申报等手续。

(2)制作和寄送有关单证。接到有关单证后,集装箱船公司或代理应尽快制作和寄送下述单证:

①船舶预计到港通知书。该单证是向提单副本记载的收货人或通知人寄送的说明货物情况和运载这些货物的船舶预计到港日期的单据,以使收货人在船舶抵港前做好提货准备;

②到货通知书(交货记录第1联)。到货通知书是船舶抵港时间、卸船计划和时间确定后,船公司或代理通知收货人具体交付货物时间的单据。一般先用电话通知,然后寄送书面通知。

(3)协助卸船。集装箱货物卸船一般由码头堆场按卸船计划进行。卸下的集装箱按堆存计划堆放或转到集装箱货运站,船公司或船代应随时与集装箱码头装卸部门协调联系。

(4)签发提货单(交货记录第2联)。集装箱船公司或代理根据收货人出具的交货通知和正本提单,并在结清到付运费和其他费用后,签发提货单。

在签发提货单时,首先要核对正本提单签发人的签署、签发的年月日、背书的连贯性,判断提单持有人是否合法,然后再签发提货单。提货单应具有提单所记载的内容,如船名、交货地点、集装箱号码、铅封号、货物名称、收货人名称等交货所必须具备的内容,在到付运费和其他有关费用未付清情况下,原则上,则应收讫后再签发提货单。在正本提单尚未到达,而收货人要求提货时,可采用与银行共同向船公司出具担保书(即保函 Letter of guarantee)的办法,担保书应保证:

①待正本提单一到,收货人即将正本提单交船公司或其代理人;

②由于在没有正本提单下发生的提货,对船公司由此遭受的任何损失,收货人应负一切责任。

此外,如收货人要求更改提单上原指定的交货地点,船公司或其代理人应收回全部的正本提单后,才能签发提货单。

## 二、集装箱码头堆场进出口货运业务

在集装箱运输中,码头堆场的主要业务是办理集装箱(空箱)和集装箱货物(重箱)的装卸、转运、收发、交接、保管、堆存、掏箱、搬运等工作,并办理集装箱的修理、清洗、蒸熏和衡量等工作。

### 1.码头堆场出口货运业务

(1)发放空箱。集装箱运输中使用的集装箱,除极少数是货主自有外,绝大多数是属于船公司或集装箱租赁公司所有的。船公司或集装箱租赁公司不可能在世界各地都设有堆场来堆存、管理这些集装箱。因此,它们的集装箱一般都通过委托关系存放在各码头和内陆场站的堆场上,这些堆场则作为集装箱代理人对存放的箱子行使管理权。

在发货人自装箱情况下,码头或内陆堆场凭集装箱所有人签发的提箱单向发货人或其代表发放空箱,并办理设备交接单手续。对于需在集装箱货运站装箱的货物使用的空箱,堆场根据承运人的指示将空箱发给集装箱货运站,并办理设备交接单手续。

(2)制定堆场作业计划、船舶积载图与装船计划。为了尽量缩短集装箱船舶在港停留时间,码头堆场应在船舶受载前根据订舱单、卸港先后顺序及船舶配载要求制定船舶的积载图和装船计划。

为了经济合理地使用码头堆场和保证装船计划的顺利实施,码头堆场在接受货物之前要制定堆场作业计划,即根据码头装、卸船舶情况对集装箱在堆场内装卸、搬运、储存、保管等做出全面安排。

(3)接受重箱。发货人或集装箱货运站将已装箱的集装箱货物运至码头堆场时,堆场大门要对其核对订舱单、场站收据、装箱单、出口许可证、设备交接单等单据,检查集装箱数量、号码、铅封号等是否与场站收据一致,箱子外表状态与铅封是否有异常等,然后堆场业务人员将代表运输经营人接受货物,并在场站收据上签章退还给发货人。如发现异常情况,应在场站收据上说明或与有关方面联系是否接受。

(4)组织装船。集装箱货物出口装船一般是由码头堆场装卸部门组织实施的。在装船过程中,堆场装卸部门的主要业务工作有:

①在开装前(一般是24h,最后一批不迟于4h前)将场站收据大副联和理货联送交理货公司;

②根据船公司的船期提供合适的泊位,并及时做好装卸船的全部准备工作;

③按装船计划组织装船,装船过程中,理货员应在船边理货;

④通过理货人员与船方办理货物交接;

⑤制作装船清单及积载图,并连同接受货物时货主提供的其他单证一并送船代。

(5)对特殊集装箱的处理。对堆存在场内的冷藏集装箱应及时接通电源,每天还应定时检查冷藏集装箱的冷冻机的工作情况是否正常,箱内温度是否保持在要求限度内,在装卸和出入场内时,应及时解除电源。

对于危险集装箱,应根据可暂时存放和不能暂时存放两种情况分别处理。能暂存的箱子应堆放在有保护设施的场所,而且,堆放的箱子数量不能超过许可的限度。对于不能暂存的箱子应在装船预定时间,进场后即装上船舶。

*2. 码头堆场进口货运业务*

(1)做好卸船准备工作。码头堆场应根据船公司提供的船期在船舶抵港前做好全部卸船准备工作,包括:

①接受船代交送的有关单证;

②根据单证安排卸货准备,并制定卸船计划、堆场作业计划及交货计划。

(2)组织卸船与堆放。堆场根据卸船计划组织完成集装箱卸船工作,并将卸下的集装箱按堆场作业计划从码头前沿运往堆场堆放。

(3)交付重箱。对已卸船的集装箱货物由码头堆场负责办理货物交接工作。交货的对象主要有收货人(CY条款)、集装箱货运站(CFS条款)或内陆承运人(内陆CY、CFS、DOOR条款)三类。在向不同对象交货时堆场应办理的业务分别为:

①交给收货人。收货人或其代理人到堆场提货时,应出具船公司或船代签发并由海关放行的提货单。经核对无误后,堆场将集装箱交收货人。交货时堆场与收货人双方在交货记录上签字交接,如交接的货物有问题或运输途中有批注,应把问题及批注记入交货记录。

②交给集装箱货运站。这种情况一般是拼箱货。由集装箱货运站到堆场提取集装箱运到货运站拆箱后交给收货人。如果码头堆场和货运站是各自独立的机构,交接时应制作交接记录,否则可由双方在装箱单上签字作为交接的依据。

③交给内陆承运人。这种情况一般是集装箱货物要继续运往内陆地区的最终交货地点(内陆场站或收货人的工厂、仓库)。如果海上承运人的责任在码头堆场终止,堆场与内陆承运人以交货记录进行交接;如海上承运人承担全程运输责任,内陆承运人或是海上承运人的分包承运人时,码头堆场取得船公司的指示后,只需与内陆承运人办理内部交接手续即可,待运至最终交货地后再办理交货记录。

交货时,堆场应与收货人办理设备交接单(OUT)手续。

(4)收取有关费用。堆场交货时应核对所交货物是否发生保管费、再次搬运费、集装箱超过免费使用期的滞期费或其他费用。如有,则应向收货人收取这些费用后交付货物。

(5)制作交货报告与未交货报告。在交货工作结束后,码头堆场应根据实际交货情况制作交货报告送交船公司或代理。如收货人未能提货,应制作末交货报告送交船公司或代理。

(6)回收空箱。收货人在堆场提货时一般连同货箱一起提取。提货后收货人应尽可能在免费用箱期内拆箱、卸货,并将空箱运回码头堆场。堆场应负责集装箱回收工作,并办理设备交接单手续。如发生滞期费,则回收时应加收这些费用。

## 三、集装箱货运站进出口货运业务

集装箱货运站是集装箱运输系统的重要组成部分,在集装箱货物的集、疏运过程中发挥着重要作用。

### 1. 集装箱货运站出口货运业务

(1)做好接受货前的准备工作。根据船舶代理提供的订舱清单,计划所需空箱规格、种类和数量,码头货运站将上述信息通知船公司或其代理人,并和发货人联系堆场,提取空箱。

(2)制定装箱作业计划。码头货运站应编制装箱作业计划,安排作业场地。联系发货人,使其按计划依次发货集港。

(3)办理并接受托运人的出口拼箱货物交接。对照订舱单,清点货物件数,检查货物包装外表状况。如有异状在场站收据相应栏目加以批注。遇有批注,则必须与船方联系,由船方决定是否接受装箱。同时还应查核出口许可证。全部核查无误后,即签发场站收据,交还给发货人。

(4)拼箱货装箱。应根据货物的积载因数和集装箱的箱容系数,尽可能充分利用集装箱的容积,并确保箱内货物的安全无损。装箱时由货运站、外轮理货、发货人、海关共同监装,外轮理货编制理货单证。

(5)制作装箱单。货运站在进行货物装箱时,应制作集装箱装箱单。装箱单的主要内容包括:船公司、船名、航次、装箱时间、装箱港、目的港、场站收据编号及备注等,制单应准确无误。

(6)将拼装的集装箱运至码头堆场。货运站在装箱完毕后,在海关监管下,对集装箱加海关封志,并签发场站收据。同时,应尽快联系码头堆场,将拼装的集装箱运至码头堆场,货运站与码头堆场办理内部交接手续。

2. 集装箱货运站进口货运业务

(1)做好交货前的准备工作。集装箱货运站在船舶到港前几天,从船公司或其代理人处取到以下单证:

①提单副本或场站收据副本;

②货物舱单;

③集装箱装箱单;

④装船货物残损报告;

⑤特殊货物表。

货运站根据以上单据做好拆箱交货准备工作。

(2)发出交货通知。货运站根据船舶进港时间及卸船计划等情况,联系码头堆场决定提取拼箱集装箱的时间,制定拆箱交货计划,并对收货人发出交货日期的通知。

(3)从码头堆场领取重箱。货运站经与码头堆场联系办妥后,即可从码头堆场领取重箱,双方应在集装箱装箱单上签字,对出堆场的集装箱应办理设备交接手续。

(4)拆箱交货。货运站从堆场取回重箱后,即开始拆箱作业,拆箱后,应将空箱退回码头堆场。

收货人前来提货时,货运站应要求收货人出具船公司签发的提货单,经单货核对无误后,即可交货,双方应在交货记录上签字。如发现货物有异常,则应将这种情况记入交货记录的备注栏内。

(5)收取有关费用。集装箱货运站在交付货物时,应检查保管费及有无再次搬运费,如已发生有关费用,则应收取费用后再交付货物。

(6)制作交货报告或拆箱单。货运站根据拆箱作业理货计数单,编制交货报告或拆箱单,分送船舶代理和码头业务主管部门,以便船公司据此处理有关事宜。交货报告或拆箱单内容包括船公司、船舶航次、箱号、提单号、拆箱日期等。

## 四、集装箱货方进出口货运业务

集装箱运输下,货方(发货人、收货人)的进出口货运业务与普通船运输中货方应办理的事项没有什么特别大的变动。当然,也出现了集装箱运输所要求的一些特殊事项,如货物的包装应适合集装箱运输,保证货物所需要的空箱,在整箱货运输下负责货物装箱等。

1. 发货人出口货运业务

(1)签订贸易合同。发货人(出口方)应与进口方签订贸易合同后才会产生货物运输的需要。在签订合同时除应注意一般合同中货物的品质、包装、价格条款、装运时间和地点、交付方式等外,如系集装箱货运则还应在有关运输条款中注意:必须允许装箱运输;接受舱面运输条款;应列明交货地点、交接方式;在对卸船港至目的地运输费用不了解时,可采用卸港到岸价交货条款,但交货地点仍可为内陆地点,从卸船港至目的地的一切费用由收货人支付;应尽量争取不订入以已装船提单结汇条款,以利于提早结汇等。

(2)准备适箱货物。发货人应在贸易合同规定的装运期限前备好全部出口货物。

(3)订舱和提取空箱。发货人按贸易合同规定的装运期向承运人提出订舱申请,在承运人接受后制作场站收据。如货物是由发货人自行装箱的整箱货,发货人应凭承运人(或船代)签发的提箱单到指定堆场提取空箱并办理设备交接单手续。

(4)报关报检。发货人凭场站收据、出口许可证、商品检验证书等单证向海关、检验部门申报,海关、检验部门同意放行后在场站收据上加盖放行章。

(5)货物装箱交运。对发货人自行装箱整箱货,发货人负责货物装箱、制作装箱单,并在海关加封后凭场站收据、装箱单、设备交接单、出口许可证、衡量单、特种货物清单等单证将重箱送至集装箱码头或内陆堆场交运,取得堆场签署的场站收据正本。对于拼箱货,发货人应凭场站收据、出口许可证、特种货物清单等单证将货物运至指定的集装箱货运站交运,并取得货运站签署的场站收据正本。

(6)办理保险。出口货物若以 CIF 或 CIP 或类似的价格条件成交,发货人应负责办理投保手续并支付保险费用。

(7)支付运费和换单结汇。在预付运费情况下,发货人应在支付全部运费后凭场站签署的场站收据(正本)向承运人或其代理换取提单;如运费是到付的,则可凭已签署的场站收据直接换取提单。取得提单证本后,附上贸易合同及信用证上规定的必要单据,即可与银行结汇。

(8)向收货人发出装船通知。在以 FOB、CFR、FCA 和 CPT 等价格条件成交时,发货人在货物装船后有向收货人发出装船通知的义务,以便收货人能及时对货物投保。

2. 收货人进口货运业务

(1)签订贸易合同。收货人作为买方首先必须同国外的卖方(发货人)签订贸易合同。

(2)申请开证。收货人与出口方签订贸易合同后,应即向开证银行申请开证(信用证)。开证时应注意运输条款中必须注明允许集装箱装运和是否必须签发已装船提单等内容。对于进口方,应争取列入已装船提单结汇条款以减少风险。

(3)租船订舱。对以 FOB、FCA 等价格条件成交的货物,收货人有租船订舱的责任。订舱后收货人有义务将船名、装船期等通知发货人。

(4)办理保险。对以 FOB、CFR、FCA、CPT 等价格条件成交的货物,收货人(进口方)有责任投保和支付保险费用。

(5)付款取单。在开证行收到起运地银行寄来的全套运输单据后,收货人必须向开证行支付货款(或开信托收据)才能领取全套单证(提单正本等)。

(6)换取提货单。收货人凭正本提单及到货通知书向承运人或其代理换取提货单并付清应付的全部费用。

(7)报关报检。收货人凭交货记录、装箱单和其他报关报检所必需的商务和运输单证向海关及有关机构办理报关、报检和纳税手续。

(8)提货及还箱。海关放行后,收货人凭提货单到堆场(整箱货)或集装箱货运站(拼箱货)提取货物并由双方签署交货记录。整箱货物连箱提取,应办设备交接单手续。收货人提箱后,应尽可能在免费用箱期内拆箱、卸货并把空箱返回规定地点还箱。

(9)货损索赔。收货人在提货时发现货物与提单(货装箱单)不符时,应分清责任及时向有关责任方(发货人、承运人、保险公司等)提出索赔,并提供有效单据和证明。

## 案例6-3 "隐藏损害"赔偿责任

2009年1月12日,原告A公司与韩国非铁订立了一份出口125吨金属硅买卖合同。合同中对金属硅的规格、尺寸、包装等均有明确约定。原告依约购买了合同中约定规格、尺寸的金属硅,并由中国贸促会陕西分会出具了原产地证明。由山西进出口商品检验局对上述货物检验后出具了检验证书,证明货物品质符合合同约定。之后,原告将金属硅经陆路运抵天津新港,由中国外运天津储运货柜分公司装入六个集装箱,并由天津外轮理货公司进行理货后加了铅封。原告将上述6个集装箱交于被告绿洲公司,由被告绿洲公司以东阳仓库代理人身份签发了抬头为东阳仓库的清洁提单,并交给原告。提单载明集装箱交接方式为CY—CY,运费到付。承运人将六个集装箱的货物于2009年1月28日运抵目的港韩国釜山,该六个集装箱被开箱第九天,买方韩国非铁致原告称:"货物质量极为低劣,如果同意可以鉴定。"2009年2月10日,韩国非铁再次致信原告,仍称货物质量低劣,实为产业废弃物,并要求退货。原告复信韩国非铁,同意退货,并愿意承担退货费用。货物回运后,原告向被告提出索赔。

法院审理认为:原告所提供的山西进出口商品检验局出具的检验证书,系在产地的商品检验证书,并非装箱时的商品检验证书。该商品检验证书只能证明检验当时的货物品质。事实上,从原产地到天津新港装箱点,仍有一段长距离的陆路运输,但原告既没有装箱时的商检报告,也没有提供能够足以证明其装入箱内的金属硅就是在2009津海法商初字第760号地检验的金属硅的证据。原告提供的证据,对于证明其箱内货物的品质是良好的缺乏连续性。因此,仅凭原告提供的现有证据,尚不能足以证明原告装入六个集装箱内的金属硅就是其在内地检验的金属硅。判决驳回原告诉讼请求。

笔者认为,对于集装箱整箱货运输下"隐藏损害"责任之确定,应依据以下原则。

1. 承运人责任之确定

集装箱提单上注有"确认条款",其内容是"承运人在整箱货交接时,则从箱子外表状况是否良好、关封是否完整来确定双方责任"。对承运人来说,整箱货运输下只要在箱子外表状况良好、关封完整下接货并交货,而收货人在接收时并没有对箱子外表状况、关封状况提出异议,则表明承运人对该箱子货物责任终止。所谓"外表状况"通常解释为视觉所触及的、外在的、明显的情况,如有必要,可借助于正常手段通过迅速而充分的检验予以识别。除视觉外,还包括其他所有知觉均应予以考虑,虽然承运人在接收时检验箱子必须全面,但并不要求承运人对货物状况具有专家知识。"外表状况"的表述不仅指可见的,还指所有知觉。即使货物不可见,但集装箱外表也有可能对货物状况有所显示,对此承运人不可忽视。例如:装有桶装液体的集装箱有液体从箱门渗出,冷冻箱内融化的易腐货物向外散发异味,则很难记载为外表状况良好,应由承运人做出检验。承运人对已铅封的集装箱货物无一般的检验义务,正常情况下,他甚至可开箱检验。这并不是承运人使用权利或将责任推向货主,但必须说明通常在货物装箱后,由发货人或海关铅封,箱子抵目的地时铅封完好,说明箱子未被打开过,铅封为当事人提供了客观保证。如果允许不明原因随意除去铅封,开箱验货,必将诱发盗窃,甚至会将承运人置于困境,因为这要由承运人推翻由此引起损失的初步责任。对承运人而言，在CY—CY条款下，由发货人、收货人自行安排内陆运输，除非发货人、收货人对货物灭失或损害的“隐藏损害”确能举证说明由承运人过失所致，但同样承运人可反举证解除自己责任。对于承运人整箱货运输下“隐藏损害”责任之确定，一是依据提单上的正面条款；二是依据提单上对整箱货的批注。

2. 发货人责任之确定

对发货人来说，在整箱货运输下的主要责任有三个方面：一是在选用集装箱时，应保持该箱子具备适航或适货条件，即在装箱之前，应对箱子进行外部检查和内部检查，如该箱子不能满足货物装载运输，则应拒装，如事实上该箱子不能满足货物装载运输，发货人仍将货物装载箱内，一旦造成货损事故，该货损事故则由发货人承担；二是装箱的货物包装应牢固，标志清晰，内容完整，以保证运输的安全性、牢固性、可靠性；三是在将装货物后的箱子交给承运人时，箱子外表状况良好，关封完整，箱号、关封号与单证记载一致。此外，在“隐藏损害”发生后，力求出具由海关或公证相关验货、装箱的证书。这样，即使收货人向发货人提出“隐藏损害”赔偿，发货人也可解除责任。除非收货人确有证据证明该货物灭失或损害确由发货人过失所致。

3. 收货人责任之确定

对收货人来说，在接收整箱货时，应认真检查箱号、关封号是否与单证记载一致。此外，箱子外表状况是否良好，关封有无异常状况，如箱子外表有损或关封有异常，则应在设备交接单、提货单上加注，或现场做损害报告，并由双方当事人签署。以便一旦发生“隐藏损害”时向责任方提出赔偿。如收货人在提取整箱货时没有提出任何异议，则表明承运人已完整交货。

4. 保险人责任之确定

若认为，在整箱货运输下，只要发生“隐藏损害”，找保险人定能得到赔偿。无疑，此种观点是错误的，至少是非常片面的。也可以说，误解了保险人对“隐藏损害”赔偿责任的基础。对保险人来说，提赔人提出赔偿应具备两个条件，保险人才能给予赔偿。

一是货物的灭失或损害发生在保险人责任期限内；二是货物的灭失或损坏属保险人的赔偿责任范围，两个条件缺一不可。如整箱货运输下无法确定货损发生区段和责任方时，向保险人提出赔偿要求，事实上是让保险人承担“隐藏损害”赔偿责任。这在保险法上不尽合理，也不利于集装箱运输的发展。在实际保险理赔业务中，一旦发生“隐藏损害”赔偿，保险人也要让提赔人提出证据后才会理赔，否则保险人在赔付后因无法向真正的责任方追赔而自行承担责任。

## 思考与练习

一、名词解释

1. 场站收据(D/R)

2. 交货记录(D/R′)

3. 设备交接单(EIR、E/R)

4. 装箱单(CLP)

5. 集装箱提单(CTN B/L)

二、简答题

1. 图示说明集装箱运输出口货运程序。

2. 图示说明集装箱运输进口货运程序。

3. 集装箱运输单证系统由哪些主要单据构成？集装箱运输单证主要作用是什么？

4. 简述场站收据 D/R 的作用、组成和流转程序。

5. 简述交货记录 D/R′的作用、组成和流转程序。

6. 简述设备交接单 EIR 的作用、组成和流转程序。

7. 装箱单的作用是什么？

8. 图示说明 D/R—B/L—D/O 应用操作流程。

9. 码头 CY 在交接 FCL 时应注意哪些问题？

10. 船公司或船代签发 B/L 时应注意哪些问题？

11. 堆场或货运站签发 D/R 正本联时应注意哪些问题？

12. 船公司或船代签发 D/O 时应注意哪些事项？

13. 堆场或货运站在凭 D/O 交货时应注意哪些问题？

14. 简述集装箱船公司进出口货运业务。

15. 简述集装箱码头堆场进出口货运业务。

16. 简述集装箱货运站进出口货运业务。

17. 简述发货人和收货人进出口货运业务。

三、讨论题

1. 集装箱整箱货(FCL)与拼箱货(LCL)在操作流程上有什么区别？

2. 如何理解集装箱提单与海运提单在正、背面条款上的区别？

3. 如何理解集拼箱运输条款(L/C CFS—CFS、B/L CY—CY)在实践中的应用？

四、案例题

1. 上海一家公司(以下简称“发货人”)出口 30 万美元的皮鞋，委托集装箱货运站装箱出运，发货人在合同规定的装运期内将皮鞋送货运站，并由货运站在卸车记录上签收后出具仓库收据。该批货出口提单记载 CY—CY 运输条款、SLAC(由货主装载并计数)、FOB 价、由国外收货人买保险。国外收货人在提箱时箱子外表状况良好，关封完整，但打开箱门后一双皮鞋也没有。也许有人会提出：皮鞋没有装箱，怎么会出具装箱单？海关是如何验货放行的？提单又是怎样缮制与签发的？船公司又是怎样装载出运的？

问题讨论：

(1) 发货人、货运站、承运人、保险人及收货人之间关系如何？

(2) 承运人在制作提单时为什么要加 SLAC 批注？

(3) 收货人该向谁提出赔偿要求呢？

2. 案例背景见第五章“思考与练习”案例题第 1 题。Fast Co. ,Ltd. 依据商检报告从货物保险公司得到赔偿，随后保险公司取得代位求偿权，先后通过其在香港、北京的代理人与 E 公司联系，而E公司未提出赔偿处理意见。2004年9月25日，保险公司将E公司和实际承运人MSC为被告，向上海海事法院提起诉讼。

问题讨论：你认为谁应承担赔偿责任呢？为什么？

3. 杭州公司从国外进口5×20ft箱塑料粒子，进口提单上注明FCL—FCL（整箱货交接），装船港神户，卸船港上海。卸船后，收货人与承运人就由谁负责内陆运输并支付内陆拖运费产生争议。承运人的观点是：FCL—FCL运输，承运人责任、费用终止为进口国集装箱码头堆场；而收货人则认为：承运人责任、费用应终止在收货人仓库。

问题讨论：你认为谁应负责内陆运输呢？为什么？

# 第七章　公路、铁路、航空集装箱运输

## 引导案例　迅速崛起的国际贸易大通道——渝新欧国际铁路

渝新欧国际铁路联运大通道是中国铁路总公司、国家海关总署及途经各国合作，在原新欧亚大陆桥的基础上进一步优化完善的国际物流大通道。运行路径从重庆始发，经达州、安康、西安、兰州、乌鲁木齐，向西过北疆铁路到达我国边境阿拉山口，进入哈萨克斯坦，再转俄罗斯、白俄罗斯、波兰，至德国的杜伊斯堡，全程11 179km。

据国家海关总署统计，在2013年全国铁路运输到欧洲的货运量中，渝新欧国际铁路占到了70%~80%，成为亚欧大陆桥的主流通道。是什么原因使得渝新欧铁路能够脱颖而出？

首先，在成本方面，与空运相比，渝新欧铁路的经济成本只有其1/5，并且随着渝新欧回程班列的常态化开行，其运输成本将进一步降低。而在运输时间上，渝新欧铁路比铁海或江海联运到欧洲要节约20~30天。

其次，渝新欧铁路实现了一次申报、一次查验、一次放行的“无障碍通关”。对于重庆的渝新欧班列，采用优先办理，最快0.5h即可全部办理完毕，而且重庆的班列整列车无需再次编组，可以实现最快4h通关。而普通班列过关则要花费约10~15h。因此，重庆的班列在常态化运行上坚持得最好，至2014年已经运行76班，远远超过其他城市发往欧洲的列车的次数。

在安全性方面，渝新欧铁路采用货物电子锁全程跟踪，保证货物在历经多国的长途运输中不丢失。同时，为了避免列车经过高寒地区时对货物的损伤，尤其是重庆出口的电子产品，渝新欧铁路制定了针对特殊货物的保温运输方案，使用无动力保温集装箱，很好地解决了低温运输可能面临的问题。

### 问题

1. 对于中欧间的货物运输，渝新欧国际铁路相较于其他运输方式有何优势？又有何困难？
2. 为了实现更快捷、高效、安全的运输，渝新欧国际铁路采取了哪些措施？

### 本章知识点

集装箱运输作为一种现代的运输方式，由海运率先采用，但在之后不断的发展中，因其安全高效标准化等特点而被广泛应用于其他各种运输方式。通过不断实践和总结，集装箱运输的相关理论得到了进一步的发展和完善。

本章主要从“硬件”和“软件”两个角度，介绍了公路、铁路和航空集装箱运输中涉及的相关实务知识。在“硬件”方面，介绍了完成集装箱运输任务所需的相关设施设备，重点介绍了公路集装箱中转站和铁路集装箱办理站。在“软件”方面，则分别介绍了三种集装箱运输方式开展的条件、业务流程以及涉及的法律法规。

本章应重点掌握的内容：开展公路、铁路、航空集装箱运输的条件；公路集装箱中转站的功能；公路、铁路、航空集装箱运输业务流程；公路、铁路、航空集装箱运输单证；公路、铁路和航空集装箱运输的相关法律法规；国际铁路集装箱联运。

# 第一节　公路集装箱运输

我国的公路集装箱运输是伴随着海运国际集装箱运输和国内铁路集装箱运输的发展而兴起的。在20世纪70～80年代，我国的大连、青岛、天津、上海、黄埔、深圳等大中港口普遍存在压船压港现象。为了疏港的需要，1977年由交通部在天津港组建了第一支集装箱运输专业车队，并通过技术改造，建成了第一座集装箱公路中转站。经历20多年的逐步推广，进入21世纪，公路集装箱运输在集疏运港口国际集装箱、开展铁路集装箱门到门运输以及完成干线公路集装箱零担货物运输方面，均发挥了重要的支撑作用。

## 一、公路集装箱运输概述

1. 公路运输在国际集装箱联运中的作用

集装箱多式联运是现代运输发展的必然趋势，而公路运输以其机动灵活、快速直达的优势，在集装箱多式联运中成为典型工艺流程的第一个和最后一个环节。公路运输既能独立构成运输系统，完成货物运输的全过程，又是衔接铁路、水运、航空等运输方式，为后者集散货物的重要环节。无论哪种运输方式，都需要用汽车将集装箱或货物从托运人地点运至港口码头、铁路车站，同时还要将集装箱或货物从码头、铁路车站再运送到收货人地点。所以，公路集装箱运输在集装箱内陆运输系统和海陆联运中，都占有重要的地位。

随着我国国际海运、国内铁路和水运集装箱运输的发展，公路集装箱运输已在沿海地区和京山、京沪、京广铁路沿线地区以及长江中下游地区有了较大的发展。目前，公路集装箱运输企业主要承担着5个方面的经营业务：

(1)海上国际集装箱由港口向内陆腹地的延伸运输、中转运输以及在内陆中转站进行的集装箱交接、堆存、拆装、清洗、维修和集装箱货物的仓储、分发等作业；

(2)国内铁路集装箱由车站至收、发货人仓库、车间、堆场间的门到门运输及代理货物的拆装箱作业；

(3)沿海、内河国内水运集装箱由港口向腹地的延伸运输、中转运输或货主间的短途门到门运输；

(4)城市之间干线公路直达的集装箱运输；

(5)内陆与港澳之间及其他边境口岸出入国境的集装箱运输、接驳运输以及大陆桥运输。

2. 开展公路集装箱运输的条件

依据集装箱运输的发展理论，开展公路集装箱运输的条件有5个方面：有相对集中、稳定、流量较大的货源；在整个集装箱运输过程的各个环节上有适应集装箱作业需要的设备；有健全的组织机构和严密的管理制度；具有一定规模的内陆运输条件，使集装箱能迅速、简便地在各种运输方式间转换；具有一定的工业生产水平，货物包装实现标准化、系列化。

而我国目前的国情是：劳动力比较充裕，社会产品还不够丰富，机械化程度还不够高，社会产品的流通途径有待改革,与开展公路集装箱运输的理想条件还有一定差距。因此,在开展我国公路集装箱运输时,既要学习国外先进的经验,又要从我国的具体条件出发,来积极创造适合我国国情的发展公路装箱运输的条件。这些条件可以归纳为以下3个方面:

(1)开展公路集装箱运输的先决条件。开展公路集装箱运输的先决条件就是有相应的集装箱公路运输货源。公路运输企业首先要摸清并掌握货源、货流的规律。在一般性社会调查的基础上有选择地重点深入到货主单位,对适宜优先装箱运输的货物的批量、流向、品种、特性、比容以及为实现门到门运输需要具备的接运和装卸条件等进行具体的调查和落实;在此基础上与货主签订协议,最大限度满足货主的需求,并保证作业计划的顺利完成和不断改进服务质量。

(2)开展公路集装箱运输的技术条件。公路集装箱运输的技术条件包括集装箱、运输车辆、公路网、装卸机械等方面的条件。

目前我国使用的集装箱中1t箱是非标准箱,无角件结构。5t箱是原国家标准箱型,现已取消这一型号,但目前仍有一定的保有量。10t箱为铁道部标准箱型,保有的数量较多,虽有角件装置,但其定位尺寸与国际标准箱不同。20ft和40ft箱均为国际标准箱型,也是国家标准箱型,是目前也是今后的主要箱型,它们具有通用的角件结构和统一的尺寸。

公路集装箱运输的车辆是根据集装箱的箱型、种类、规格尺寸和使用条件来确定的。一般分为货运汽车和拖挂车两种。货运汽车一般适用于小型集装箱,作短距离运送;拖挂车适用于大型集装箱,适合于长途运输,技术性能较好。

对公路基础建设的最低要求是公路网的载运能力至少必须等于车辆的负重加上载运一个定额满载集装箱的总重量。运输20ft、40ft集装箱,公路必须满足下列要求:车道宽度3m;路面最小宽度30m;最大坡度10%;停车视线最短距离25m;最低通行高度4m。

此外,集装箱和箱内货物的装卸方法也是一个重要的技术条件。目前在公路集装箱货源批量不大又较分散,装卸机械不配套的情况下,采取箱不落地,就车掏装箱作业的办法比较合适。

为了扩大集装箱货源,还要逐步将拼箱货纳入集装箱运输计划。因此要设置必要的货运站来完成货物的集散和集装箱的中转任务。

(3)开展公路集装箱运输的组织条件。开展公路集装箱运输,除了要建立必要的业务机构,配备专业人员,实行专业化管理外,还应制定有效的管理规章,使用统一的单证,规范单证的使用,建立健全各类业务统计报表、原始记录以及必要的分析考核制度。此外,加强人才培训也是一项重要的工作。

## 二、公路集装箱中转站

### 1.公路集装箱中转站应具备的主要作业功能

在国际集装箱运输由海上向内陆延伸的运输系统中,公路中转站的作业是一个重要环节。公路中转站既是内陆的一个口岸,又是国际集装箱承托运等各方进行交易和提供服务的中介场所,为海上国际集装箱向内陆延伸的运输系统提供后勤保障作业。同时公路中转站的设立可在一定程度上改善内陆地区的投资环境,从而促进内陆地区经济的发展,随之又可带动国际集装箱运输在内陆的推广和应用。作为一个具有一定规模、配套设施齐全的公路国际集装箱

中转站,它应该具有以下主要作业功能:

(1)内陆集装箱堆场和集装箱货运站业务功能。这是公路国际集装箱中转站最基本的作业功能。根据货主在国际贸易中所签订的运输条款和箱货交接方式,在多式联运过程中需要停留、中转和交付的进出口国际集装箱重箱、空箱或拼箱货物,都可在中转站进行整箱或拼箱货物的交接,并划分其风险责任。中转站根据集装箱到发的不同目的地,可按船、按票集中在堆场堆存,或在仓库存贮,亦可按照货主的要求,直接进行门到门运输服务。

(2)集装箱货物的集散、仓储、换装和拆装箱作业功能。对出口的货物,可提供集货、理货、装箱、拼箱,并向港区码头转运装船等服务;对进口的国际集装箱,可提供拆箱、卸货、理货、分发及上门送货等服务。拆箱后、装箱前以及需要换装的各种进出口货物,包括需要长期保存周转的免税、保税商品,海关暂扣物资,进出口国际集装箱等,都可进入中转站的专门仓库进行储存和保管。

(3)内陆口岸功能。根据区域经济和对外贸易发展的需要,在内地建立的某些中转站,经政府主管部门批准,可设置海关、检验检疫等口岸监管服务机构及其专业设施,以供各类集装箱货物及其他交通工具办理出入境手续,使出入境口岸业务由沿海港口延伸到内陆中转站,为内陆客户就地办理进出口业务手续提供方便快捷和经济的服务条件。

(4)集装箱箱管站功能。集装箱作为货物运输的—种标准化容器,要在一些跨国航线乃至全世界范围内周转使用。集装箱通常属船公司所有,或由船公司向专门的集装箱公司租用。当重箱运抵目的地后,货主收完货,为减少空箱的远距离调用,空箱将在船公司指定的某些地点汇集存放,以供货物使用。公路国际集装箱中转站经船公司集装箱管理中心认可并签订协议后,即可作为船公司及其代理人调度、交接、集中、保管和堆存空集装箱的场所,并且由 EDI(电子数据交换)系统负责集装箱的动态跟踪,还可按规定的标准、工艺对集装箱进行定期的检验、修理或整新,以及清洁、维护等作业。

(5)信息处理、传输功能。作为先进的货物运输形式,国际集装箱运输的实物流动是与相关的信息流伴随而行的。按照船方、货方、港口、中转站以及海关、检验等协作单位对集装箱和集装箱运输进行管理的需要,中转站须建立起管理信息系统。它主要包括:

①对集装箱进行动态跟踪和管理,适时反映集装箱所在的地理位置和所处的状况;

②对集装箱货的承揽、仓储、运输、堆存、装载和车辆的运输作业、调度计划以及单证的流转、票务结算等进行统计制表,以供分析和决策;

③处理在集装箱运输中涉及的单证信息;

④在本中转站与其他相关单位连接的管理信息系统网络上传递交流各类信息。

EDI 的逐步推广,将会实现集装箱运输单证的无纸化。

(6)国际货运代理功能。

①进口货运代理业务:受国内外货主或承运人的委托,代办接货、发运业务,如代办进港提箱、进行各类箱货的交接、报关、申请检验、拆箱理货、冷藏箱制冷等的手续;办理进口货物经由公路、铁路、水路、航空的转运业务,并负责将货物安全及时地送交收货人;办理进口国际集装箱国内段运输的投保,支付运费、装卸费,交纳各种税费等。

②出口货运代理业务:受船公司的委托,为班轮组织出口集装箱货源;受货主的委托,办理出口货物门到门多式联运全过程所需的订舱、订机、订车、租船、订集装箱吊装机械等业务;办

理出口货物的上门接货、包装理货、衡重衡量、报关、申请检验、仓储保管、货物配载、装卸平舱、装箱拼箱、集港装船等工作;缮制各种运输单证,催证、签发提单、代办运输全过程的投保、结汇、支付运费、交纳各种税费等业务。

(7)配套服务功能。为国际集装箱运输生产业务配套的服务,包括对车辆机械的技术检测与维修,车辆的清洗、加油和停放,对各类货物进行装卸、包装、分检以及物流增值服务等,引入海关、检验、银行、保险公司、公安、税务等部门,以便为客户提供一条龙服务。

2. 公路集装箱中转站与相关部门的业务往来

公路国际集装箱中转站作为集装箱运输链中的一个重要作业环节,与传统公路运输有很大的区别,特别是环节多、手续多、单证多,其业务流程多,需要多部门高度的协作配合。公路中转站要充分发挥其业务功能,还必须建立并处理好与各相关部门的业务合作或协作关系,主要包括以下几方面:

(1)与政府和口岸监管部门的配合关系。政府各级口岸管理委员会、海关、进出口检验检疫、工商、税务、物价、交通等主管部门,以及银行、保险等服务机构,都对国际集装箱运输负有依法管理和服务的职能,公路中转站在从事国际集装箱运输业务过程中,要充分发挥自身的设施、设备和业务优势,自觉遵守有关的法律、法规和业务规章,积极配合各监管服务部门高效有序地履行好相关职责,为货主提供优质的服务。同时,还应为政府对市场进行宏观调控、完善和健全法律法规及时提供可靠的统计资料和信息。

(2)与船公司的业务合作。船公司是经营国际集装箱运输的主要主体,公路国际集装箱中转站与船公司或其代理人通过签订协议,可建立长期稳定的联运合作关系。船公司可以优先为中转站的国际集装箱出口提供空箱、订舱和航班安排,增加中转站的堆存量;中转站可以作为船公司的陆上基地,为船公司运送的进出口集装箱及时安排接货、疏运,为船公司有计划地组织、受理出口集装箱箱源及空箱的堆存、保管、清洁、修理等提供服务。

(3)与租箱公司或船公司箱管中心的业务合作。大型公路国际集装箱中转站通过与租箱公司或船公司箱管中心或代理人签订业务协议,可在中转站内设置箱管站(还箱点)。建立这种合作关系后,中转站可为集装箱经营人开展集装箱的使用、租用、调度、发放、交接、堆存、保管、中转以及集装箱的清洗、熏蒸、检验、修理等业务,并运用现代电子技术和通信网络,实现集装箱的动态跟踪管理。

(4)与港口码头的业务合作。公路国际集装箱中转站作为港口码头延伸至内陆地区的作业基地,两者有密切的业务合作关系。中转站在集港、疏港、提箱、还箱、交接、转关以及集装箱的装船、卸船等业务方面,如能与港口码头高效地配合协作,对缩短集疏港周期、降低港区费用、减少集装箱脱船期、避免外贸赔偿等方面都将起到重要的作用。因此,中转站与港口码头应采取措施,建立经常性业务合作关系。

(5)与其他中转站、货运站及各种运力的协作关系。国际集装箱运输业务是在一个空间分布广阔的网络中展开的,涉及不同地域的作业环节。各地中转站之间建立起协作关系,有利于发挥集装箱运输规模化、专业化的优势,有利于发挥集装箱运输安全、及时、方便的特点。同时,中转站要发挥自身的功能优势,又离不开公路、铁路、水路乃至航空等运力的支持。

(6)与货主的协作关系。集装箱运输是为国际贸易货物运输服务的。公路国际集装箱中转站应与货主及其代理人建立紧密的协作关系,不断为广大货主及时提供便捷、经济和优质的服务项目，尤其是与大宗货物的货主建立起长期的协作联系，随时交换货源和运输信息，以最优化的方案实施运输。

(7)与行业组织的协作关系。集装箱运输是为全球贸易大市场服务的，它涉及多种运输方式和众多作业环节，在这个大市场中竞争是激烈的。公路中转站在国际集装箱多式联运链中，虽然发挥着日益重要的作用，但它在竞争日趋激烈的大市场中实力是微弱的。为确保公路中转站在市场竞争中能保持优势的地位，中转站应紧紧依靠行业组织，并积极参与行业组织的各项活动，共同为维护行业利益和企业自身的利益，并为不断规范运输市场秩序做出努力。

3. 公路集装箱中转站的组成

根据公路中转站的作业功能和业务经营范围，中转站一般包括运输车辆、集装箱装卸堆场、拆装箱作业场、货物仓库、车辆和集装箱的检测维修车间、管理信息系统、海关与检验机构、生产调度和企业管理部门、动力供给、生产辅助设施以及生活保障设施等。各单项工程的建筑物、构筑物需用面积和车辆设备的品种及配备数量，要根据企业的生产规划和中转站的规模而定。站内一般划分为5个区域：

(1)集装箱堆存、拆装、仓储作业区，包括空重箱堆场、拆装箱作业场、拆装箱仓库、海关监管仓库等；

(2)车辆、箱体的检测、维修、清洁作业区，包括车辆机械检测维修车间、集装箱修理和清洁车间、材料配件库、工具库等；

(3)辅助生产作业区，包括加油站、洗车检车台、变电室、水泵房、锅炉房、污水处理、消防设施、停车场等；

(4)生产业务管理区，包括由海关、检验、货运代理、生产调度、管理信息系统、企业管理、银行保险等部门组成的综合业务楼、中转站大门、验箱桥、地秤房等；

(5)生活供应区，包括食堂、浴室、候工室、职工宿舍以及对社会服务的生活福利设施等。

根据中转站所承担的生产业务范围，各作业区域可分别组成若干个基层单位，如运输车队、装卸车间、拆装箱作业间、集装箱修理间、车辆机械检测维修中心、生产调度室、信息中心等。

## 三、公路集装箱运输业务

1. 公路集装箱货源组织

开展公路集装箱运输的前提条件是存在对公路集装箱运输的需求，即相应的公路集装箱货源。因此各公路运输企业均应重视集装箱货源的组织工作，采取各种方式争取更多的集装箱货源。

合同运输是集装箱公路运输的主要货源组织形式。由船公司、货运代理或货主直接与公路运输企业签订合同，确定其公路运输任务。根据货源大小、合同期限的长短，还可以分为临时托运和长期合同关系。临时托运通常是小批量的、无特殊要求的集装箱货物运输，主要由一些短期的、临时的客户托运。这是公路运输企业组织货物的一个不可缺少的来源，往往也是承托双方建立长期合同关系的基础。

计划调拨运输是公路运输企业获得货源的另一种方式，即由货运代理公司或配载中心统一受理口岸进出口的集装箱货源,由货代公司或配载中心根据各公路运输企业的车型、运力,以及货源对口情况,统一调拨运输计划。计划运输对公路集装箱运输的运力调整和结构调整起着指导作用。

2. 公路集装箱货运流程

按照公路集装箱运输服务的对象区分,其业务内容及生产作业流程主要有如下几种。

(1)港口进出口国际集装箱集疏运业务及其作业流程。

①出口集装箱进港发送作业流程(图7-1)。

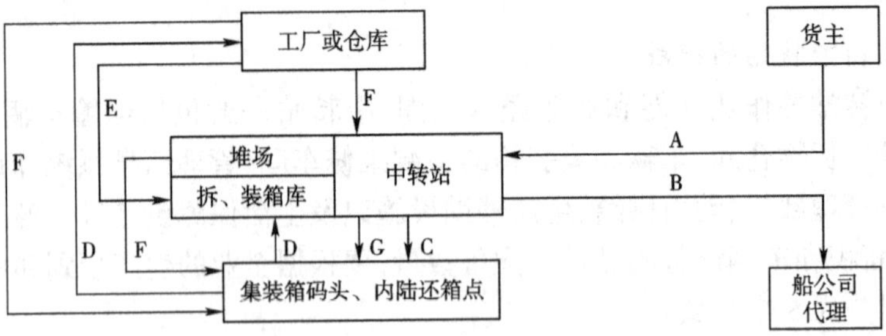


注：图中英文字母A~G是作流程的顺序号。

图7-1 出口集装箱进港发送作业流程图

A. 接受托运人或其代理提出的集装箱出口托运;

B. 汇总托运,编制运输计划,并据此向货运代理和船公司联系提供空箱;

C. 将集装箱出口运输通知单和放箱单交集装箱码头换取集装箱设备交接单、集装箱装箱单和封具,并提取空箱;

D. 将空箱连同装箱单和封具一起自集装箱码头堆场运往托运人工厂、仓库或中转站;

E. 自托运人工厂或仓库将拼箱货接运至中转站拆装箱库;

F. 在货运代理、海关、检验等部门的监督下,把货物装箱加封后,将集装箱连同已填写、签署的装箱单送往集装箱码头或中转站,待船舶到港后准备装船;

G. 将装箱单和设备交接单提交集装箱码头,经核查后取得签发的集装箱交付收据。

②进口集装箱出港送达作业流程(图7-2)。

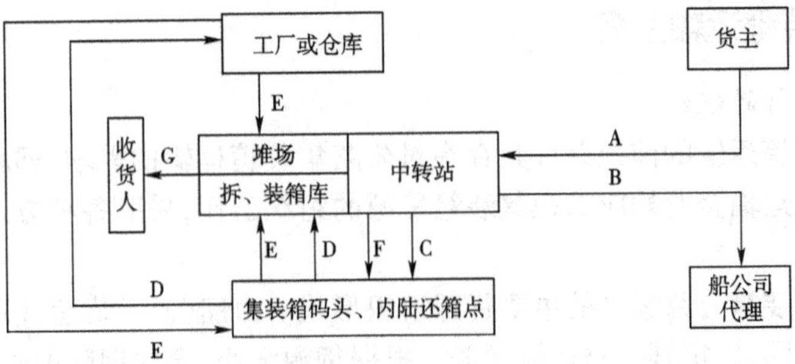


注：图中英文字母A~G是作业流程的顺序号。

图7-2 进口集装箱出港送达作业流程图

A. 接受货主或其代理提出的集装箱进口托运;

B. 汇总托运,编制运输计划,并据此向船公司和货运代理联系提箱;

C. 将集装箱进口运输通知单和提货单交集装箱码头，换取集装箱设备交接单，并在集装箱堆场提取重箱装车；

D. 整箱货集装箱运送至收货人工厂或仓库；拼箱货集装箱运回中转站集装箱作业区；

E. 拆箱后将空箱和设备交接单送回集装箱码头堆场或中转站集装箱堆场；

F. 将集装箱设备交接单提交集装箱码头堆场，送回集装箱并经检查后取得签署的集装箱退回收据；

G. 将属于不同收货人的拼箱货在有关部门监督下，理货后分送有关收货人。

(2)国内集装箱公铁联运上下站接取送达业务及其作业流程。

①公铁联运集装箱上站发送作业流程(图7-3)。

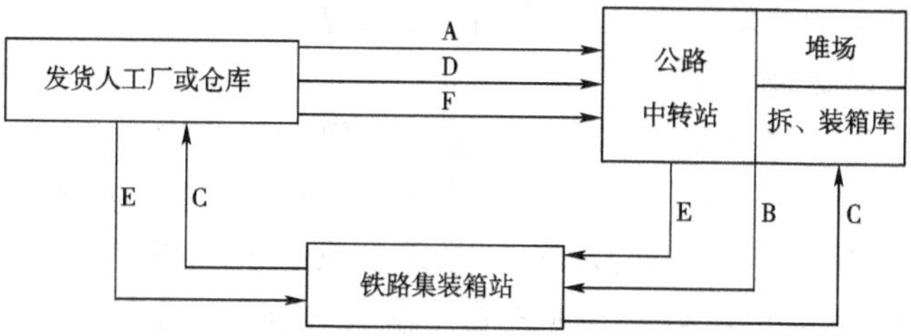


注：图中英文字母A~F是作业流程的顺序号。

图7-3 公铁联运集装箱上站发送作业流程图

A. 接受托运人或其代理提出的货物托运；

B. 向铁路货运站提出联运申请和空箱要箱计划；

C. 待联运申请被答复后，领回铁路进货证和集装箱交接单，凭单提取空箱运至托运人工厂或仓库，或运回中转站堆场；

D. 将拼箱货自托运人工厂或仓库运至中转站，按铁路货运站配箱计划和积载要求装箱，并填写集装箱装箱单；

E. 按计划将重箱运送至铁路货运站，并按铁路有关规定办理集装箱交接；

F. 托运人按铁路运价交付运费，领回托运人报销联及铁路运单副本。

②公铁联运集装箱下站送达作业流程(图7-4)。

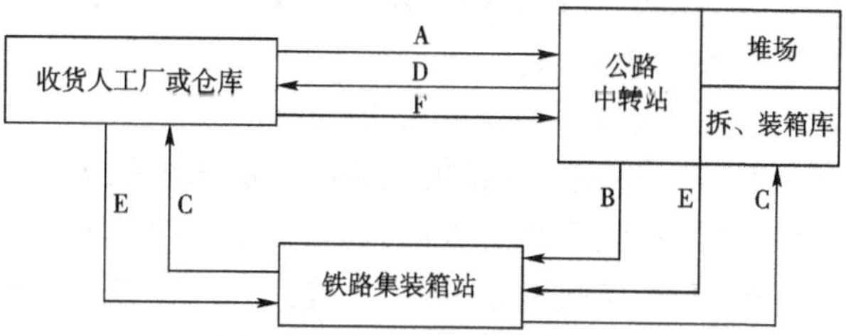


注：图中英文字母A~F是作业流程的顺序号。

图7-4 公铁联运集装箱下站送达作业流程图

A. 接受收货人或其代理人提交的货物托运单、到货通知和领货凭证；

B. 将到货通知、领货凭证提交铁路货运站办理提箱手续，领取出门证及集装箱交接单；

C. 按计划到铁路货运站提取重箱，将重箱运至收货人仓库或中转站并办理交接手续；

D. 将拼箱货在中转站拆箱后通知货主提货，或送至收货人；

E. 将用毕的空箱送回铁路货运站，并办理集装箱交接手续；

F. 按规定向收货人收取运费和附加费。

(3)公路干线集装箱直达运输业务及其作业流程。

A. 接受托运人或其代理提出的货物托运；

B. 审核托运单填写内容与货物实际情况是否相符，检查包装，过秤量方，粘贴标签、标志；

C. 按有关规定向托运人核收运杂费、附加费；

D. 按照零担运输作业程序核对装箱，当场进行铅封并编制装箱单；

E. 按班期将集装箱货物运送到对方站，凭铅封交接；

F. 到达站将货物从集装箱内掏出，并通知收货人提货。

3. 公路集装箱货物运输单证

为规范公路集装箱运输业务，便于划分公路集装箱运输的责任，交通部曾于 1997 年发布《道路货物运单使用和管理办法》，其中特别制作了适用于集装箱汽车运输的公路集装箱运单。随着我国公路集装箱运输业务的发展，市场逐步规范化，公路运单的使用不再属于强制措施。2005 年交通运输部颁布实施的《道路货物运输及站场管理规定》废止了该管理办法，规定道路货物运输可以采用交通运输部颁布的《汽车货物运输规则》所推荐的道路货物运单签订运输合同。

(1)道路货物运单的性质和种类。根据《汽车货物运输规则》的规定，汽车货物运输合同的书面形式分为定期运输合同、一次性运输合同、道路货物运单。承运人、托运人和货运代办人签订定期运输合同、一次性运输合同时，运单视为货物运输合同成立的凭证。在每车次或短途每日多次货物运输中，运单则视为合同。

道路货物运单是道路货物运输合同的凭证，是运输经营者接受货物并在运输期间负责保管和据以交付的凭证，也是记录车辆运行和行业统计的原始凭证。道路货物运单分为甲、乙、丙三种，其中乙种运单适用于集装箱汽车运输(表 7-1)。

(2)道路货物运单的使用。托运人应按以下要求填写运单：

①准确表明托运人和收货人的名称(姓名)和地址(住所)、电话、邮政编码；

②准确表明货物的名称、性质、件数、重量、体积以及包装方式；

③准确表明运单中的其他有关事项；

④一张运单托运的货物，必须是同一托运人、收货人；

⑤危险货物与普通货物以及性质相互抵触的货物不能用一张运单；

⑥托运人要求自行装卸的货物，经承运人确认后，在运单内注明；

⑦应使用钢笔或圆珠笔填写，字迹清楚，内容准确，需要更改时，必须在更改处签字盖章。

托运的货物品种不能在一张运单内逐一填写的，应填写“货物清单”。托运货物的名称、性质、件数、重量、体积、包装方式等，应与运单记载的内容相符。

承运人受理整批或零担货物时，应根据运单记载货物名称、数量、包装方式等，核对无误，方可办理交接手续。发现与运单填写不符或可能危及运输安全的，不得办理交接手续。

(3)道路货物运单的责任划分。托运人不如实填写运单，错报、误填货物名称或装卸地点，造成承运人错送、装货落空以及由此引起的其他损失，托运人应负赔偿责任。

表7-1

**公路集装箱汽车运单**(示例)

集装箱汽车运单

本运单经承托双方签章后具有合同效力，承运人与托运人、收货人之间的权利义务和责任界限适用于《集装箱汽车运输规则》及《集装箱汽车运价规则》等规定。

起运日期：　　年　月　日　　　　编号：

| | | | | | | | | | | | | | | |
|---|---|---|---|---|---|---|---|---|---|---|---|---|---|---|
| 承运人 | | 地址 | | 传真电话邮编 | | 车牌号 | | 运输证号 | | 车型 | | 半挂车 | | |
| 托运人 | | 地址 | | 传真电话邮编 | | 接箱货地点 | | | | | | | | |
| 收货人 | | 地址 | | 传真电话邮编 | | 卸箱货地点 | | | | | | | | |
| 集装箱箱型及数量 | | 箱号 | | 封志号 | | 船名 | 船次 | 场站货位 | 卸船或进港日期 | 提空箱地 | 还空箱地 | | 箱货交接方式 | |
| 箱内货物名称及规格 | 包装形式 | 体积长×宽×高(cm) | 件数 | 实际重量(t) | 计费重量(t) | 计费里程(km) | 箱运周转量(箱·km) | 货物等级 | 运价率 | 运费金额 | 其他杂费 | | 保价保险 | |
| | | | | | | | | | | | 费目 | 金额 | 金额 | 保费 |
| | | | | | | | | | | | 装卸费 | | | |
| | | | | | | | | | | | 过路费 | | | |
| | | | | | | | | | | | 过桥费 | | | |
| 合　计 | | | | | | | | | | | | | | |
| 货物运单签订地 | | 结算方式 | | 付款币种/计价单位 | | | 费用合计 | 万　千　百　拾　元　角　分 | | | | | | |
| 特约事项 | | | | 托运人签章或运输合同编号<br>年　月　日 | | | | | | 承运人签章<br>年　月　日 | | | | |

收货人签章　　年　月　日

## 四、有关公路货物运输的国际公约

为了统一公路运输所使用的单证和承运人责任,联合国下属的欧洲经济委员会负责草拟了《国际公路货物运输合同公约》,并于1956年5月19日在日内瓦由欧洲17个国家参加的会议上一致通过。该公约及其1978年议定书主要就合同签订与履行、索赔与诉讼、连续承运人履行合同等方面做了规定。

1. 公约适用范围

以车辆运输货物而收取报酬的运输合同,只要接收货物地点和指定交货地点处于不同国家,而其中之一是缔约国即应适用本公约。

如果公路承运人同时也是其他运输方式的承运人,则认为他同时是公路承运人和其他运输方式承运人,并依此划分公约的适用与否。

2. 运单

(1)运单的作用。公约规定运单是运输合同成立、合同条件和承运人收到货物的初步证据。运输合同应以签发运单来确认。但无运单、运单不正规或丢失并不影响运输合同的成立或有效性,仍应适用该公约。运单正本一式三份,由托运人和承运人签字。第一份交付托运人,第二份跟随货物,第三份由承运人留存。

运单具有如下性质:运输合同的证明,是解决责任纠纷的依据;承运人接收货物的收据;承运人向收货人交货的凭证。运单不得转让买卖。

(2)运单主要内容。运单的主要内容见表7-2。

此外缔约国还可在运单上列入它们认为需要的其他事项。

(3)运单的签发。承运人在接管货物时应核对运单中件数及其标志和号码申报的准确性,以及货物的外表状况及其包装。

如运单中未包含承运人的特殊保留条件,除非有相反证明,则应认为当承运人接管货物时,货物的包装外表状况良好,件数、标志和号码与运单记载相符。如果承运人对货物件数、标志、号码等的准确性无合理的核对方法,应将其保留条件连同理由记入运单。同样,承运人对货物外表状况及其包装所做出的任何保留也应说明理由。除非托运人在运单上明确同意,否则此种保留对托运人没有约束力。

3. 承运人的责任

(1)承运人的责任期间。承运人应对自货物接管之时起到交付时止发生的全部或部分灭失和损坏以及货物交付中的任何迟延负责。

(2)承运人的免责事项。如果货物的灭失或损害系由于下述一种或一种以上情形造成,承运人应予免责:

①由于索赔人的错误行为或过失,或由于索赔人的指示所致;

②由于货物的固有缺陷所致;

③承运人不能避免的情况和承运人不能防止的结果所造成的;

④由于包装上标志不清、号码不完整、不当、错误所致;

⑤承运活的动物;

⑥由于货物自然特性所致的锈损、腐烂、干燥、渗漏、发霉、发潮等;

国际汽车货物运单

表 7-2

CMT

No：

| 1. 发货人<br>名称________<br>国籍________ 市________ | 2. 收货人<br>名称________<br>国籍________ 市________ |
|---|---|
| 3. 装货地点<br>国籍________ 市________<br>街________ | 4. 卸货地点<br>国籍________ 市________<br>街________ |

| 5. 标记和号码 | 6. 数量（件） | 7. 包装种类 | 8. 货物名称 | 9. 体积（$m^3$） | 10. 毛重（kg） |
|---|---|---|---|---|---|
| | | | | | |
| | | | | | |

| | |
|---|---|
| a. 进/出口许可证 No： 从 经 海关 | |
| b. 货物声明价值 | |
| c. 发货人随附单证 | |
| d. 订单或合同号 | 包括运费交货点 |
| e. 其他报单 | 不包括运费交货点 |

| | 13. 应付运费 | 发货人 | 币别 | 收货人 |
|---|---|---|---|---|
| 11. 运送特殊条件 | | | | |
| 12. 承运人意见 | | | | |
| 14. 承运人 | | | | |
| | | | | |
| | | | | |
| | | | | |
| | | | | |

| | |
|---|---|
| 编制日期 | 16. 收到本运单货物日期 |
| 15. 到达装货 时 分<br>离去 时 分<br>发货人签字盖章<br>承运人签字盖章 | 17. 达到卸货 时 分<br>离去 时 分<br>收货人<br>签字盖章 |

| | | |
|---|---|---|
| 18. 海关机构记载 | 19. 收货人可能提出的意见 | 20. 汽车号<br>拖挂车号<br>司机姓名<br>行车许可证号<br>21. 运输里程<br>过境里程<br>收货人境内里程<br>共计 |

⑦货物灭失、损害系由于使用无盖敞车引起,而此种使用已在运单中明确记载;

⑧货物的灭失、损害是由于无包装或包装不良所致;

⑨由于托运人、收货人或其代理人所从事的货物搬运、积载、卸载。

承运人援引上述①~③项免责事项的,应负举证责任。

(3)迟延交付。当货物未能在约定的期限内交货,或虽无此种期限,在一个勤勉的承运人所能要求的合理时间内仍未交货的,为迟延交付。

在约定交货期限届满后30天内,或在没有约定期限时,从承运人接管货物时起60天之内货物未交付的,应视为货物灭失。

(4)承运人的责任限额。承运人对货物灭失或损害的赔偿责任不超过货物毛重每公斤8.33特别提款权。

对迟延交付造成的损失,承运人应支付的赔偿不超过运输费用。

但若托运人向承运人支付了附加费,可在运单上申报超过上述限额的货物价值。在此情况下,承运人的赔偿责任以申报的货物价值为限。

如货物的灭失或损害系由于承运人或其代理人、受雇人的故意不当行为所致,承运人无权享受责任限制。

(5)连续承运人的责任。在公路货物运输过程中,如系由几个承运人共同完成货物全程运输,则每一承运人对全程运输负责,每一承运人即成为运单条款或运输合同的一方当事人。运输过程中发生的货物灭失、损害或迟延,受损人可向第一承运人、最后一个承运人或者造成货物灭失、损害的实际承运人提起诉讼。

已向受损人支付赔偿的承运人有权从参加运输的其他承运人处取得该赔偿及其利息和由于理赔发生的所有费用,造成损害的承运人应单独负责赔偿。

当灭失或损坏是由两个或两个以上承运人的行为所造成时,每个承运人应按其所负责部分按比例进行分摊。如不能确定属于哪个承运人的责任,则应在所有承运人之间按比例分担赔偿。

如某一承运人无力偿还,则其他承运人应按收取的运费比例分摊他应支付而未支付的赔偿部分。

4.托运人的责任

(1)托运人对资料准确性和手续的责任。托运人应对由于收货人名称和地址、件数和其特殊标志和号码等资料的不确切或不当致使承运人所遭受的所有费用、灭失和损坏负责。

为在交付货物前办妥海关或其他手续,托运人应在运单后随附必要的单证或通过其他方式将其交承运人支配和提供承运人所需全部资料。除非是由于承运人的错误行为或过失,对由于这些单证和资料的短缺或不正规所引起的损失,托运人应向承运人负责。

(2)托运人对危险货物的责任。如果货物具有危险性质,托运人应将危险的确切性质以及在必要时应采取的预防措施通知承运人。

如果在接受危险货运输时,承运人并不知道有关该类货物的性质,承运人有权随时随地将其卸载、销毁或使之无害,而不承担任何责任,并且托运人应对由于危险货物运输造成的损害负责。就承运人是否知道货物的性质,由托运人负举证责任。

5. 货方对货物的处置权

托运人有权要求承运人停止在途货物运输,改变货物交付地点或要求将货物交付给运单指定的收货人之外的其他人。

托运人的上述权利自第二份运单交给收货人时终止,处置权转移由收货人行使。但若托运人在运单中特别注明,则收货人自运单签发之时起享有货物处置权。

货方行使上述权利,应向承运人出示相应的运单,并向承运人赔偿由于执行该指示所涉及的所有费用、灭失或损坏;同时该指示应是可执行的,既不干扰承运人的正常工作,也不妨碍其他货物的托运人或收货人,且不造成货物的分票。

6. 索赔与诉讼

(1)灭失、损坏、迟延交付的通知。如果收货人提取货物时未向承运人提出保留说明灭失或损坏的一般性质(如灭失或损坏不明显,应在交货后 7 日内),则其接收货物的事实应作为他收到运单上所载明的货物的初步证据。

对迟延交付,收货人应自货物置于其处置时起 21 天内向承运人提出书面保留,否则承运人对交货迟延不再负责。

(2)诉讼时效。按照该公约运输所引起的诉讼,其诉讼时效是一年。但如损失系由于承运人的故意不当行为引起,诉讼时效为三年。时效起算的时间是:

①如货物发生部分灭失、损坏或交货迟延,自交货之日起算;

②如货物全部灭失,以约定的交货期限届满后第 30 天,或如无约定的交货期限,则从承运人接管货物之日起第 60 天开始起算;

③在所有其他情况下,在运输合同订立后 3 个月时起算。

(3)管辖。根据该公约所提起的任何诉讼,原告可在双方约定的缔约国的任何法院提起,也可在下列地点的法院提起:

①被告通常住所地或主要营业所所在地的法院;

②合同订立地法院,且该合同是经由当事人在该地的代理机构或分支机构订立;

③承运人接管或交付货物地点的法院。

## 五、我国关于公路集装箱运输的规定

我国关于公路集装箱运输的法律法规,主要散见于交通运输部颁布的有关法律文件中,较重要的有:《道路货物运输及站场管理规定》、《国际道路运输管理规定》、《道路危险货物运输管理规定》,这些规定均适用于公路集装箱运输。

1.《道路货物运输及站场管理规定》

该规定于 2005 年 6 月 16 日交通部发布,先后于 2008 年、2009 年和 2012 年进行了修订。该规定主要内容如下:

(1)适用范围。该规定适用于中华人民共和国境内从事道路货物运输经营和道路货物运输站(场)经营等业务。

(2)经营许可。规定了从事道路货物运输经营、场站经营应具备的车辆、驾驶人员、安全生产管理制度等方面的条件,并规定了取得《道路运输经营许可证》《道路运输证》等经营许可文件的申请程序。

(3)经营管理。依据规定,道路货物运输经营者应当建立车辆技术管理制度,按照国家规定的技术规范对货运车辆进行定期维护,确保货运车辆技术状况良好。道路货物运输经营者和县级以上道路运输管理机构应当分别建立货运车辆技术档案和管理档案,并妥善保管。对相关内容的记载应当及时、完整和准确,不得随意更改。

道路货物运输经营者应当按照《道路运输经营许可证》核定的经营范围从事货物运输经营,不得转让、出租、涂改、伪造《道路运输经营许可证》和《道路运输证》。《道路运输证》应随车携带。道路货物运输经营者应当对从业人员进行经常性的安全、职业道德教育和业务知识、操作规程培训;应当制定有关交通事故、自然灾害、公共卫生以及其他突发公共事件的道路运输应急预案;发生交通事故、自然灾害、公共卫生以及其他突发公共事件,道路货物运输经营者应当服从县级以上人民政府或者有关部门的统一调度、指挥。

货运站经营者应当按照经营许可证核定的许可事项经营,不得随意改变货运站用途和服务功能;应当依法加强安全管理,完善安全生产条件,健全和落实安全生产责任制;应当对出站车辆进行安全检查,防止超载车辆或者未经安全检查的车辆出站,保证安全生产;应当制定有关突发公共事件的应急预案;应当建立和完善各类台账和档案,并按要求报送有关信息。

违反规定的,将受到相应的行政处罚,构成犯罪的,依法追究刑事责任。

2.《国际道路运输管理规定》

《国际道路运输管理规定》于2005年6月2日由交通部以2005年第3号令发布并实施。

国际道路运输经营活动实行经营许可制度,已经取得国内道路运输经营许可证的企业法人应向所在地省级道路运输管理机构提出申请,并提交包括近3年内无重大以上道路交通责任事故证明、拟聘用驾驶员的机动车驾驶证、从业资格证,近3年内无重大以上道路交通责任事故证明、国际道路运输的安全管理制度:包括安全生产责任制度、安全生产业务操作规程、安全生产监督检查制度、驾驶员和车辆安全生产管理制度等等材料。

从事国际道路运输经营的申请人凭《道路运输经营许可证》及许可文件到外事、海关、检验检疫、边防检查等部门办理有关运输车辆、人员的出入境手续。

从事国际道路运输的车辆应当标明本国的国际道路运输国籍识别标志。

国际道路运输实行行车许可证制度。行车许可证是国际道路运输经营者在相关国家境内从事国际道路运输经营时行驶的通行凭证。我国从事国际道路运输的车辆进出相关国家,应当持有相关国家的国际汽车运输行车许可证。外国从事国际道路运输的车辆进出我国,应当持有我国国际汽车运输行车许可证。

违反规定的,将承担相应的行政责任,构成犯罪的,依法追究刑事责任。

3.《道路危险货物运输管理规定》

《道路危险货物运输管理规定》由交通运输部于2013年1月23日发布,自2013年7月1日起施行。

(1)适用范围。除军事危险货物运输外,从事道路危险货物运输活动,即使用载货汽车通过道路运输危险货物的作业全过程,应当遵守本规定。

(2)基本运输条件。道路危险货物运输实行许可制度。申请从事道路危险货物运输经营,应当具备下列条件:有符合规定要求的专用车辆及设备;有符合规定要求的停车场地;有符合规定要求的从业人员和安全管理人员;有健全的安全生产管理制度。

申请从事道路危险货物运输经营的企业，应当向所在地设区的市级道路运输管理机构提出申请，并提交相关资质证明材料。设区的市级道路运输管理机构应当按照相关规定所明确的程序和时限实施道路危险货物运输行政许可，并进行实地核查。被许可人应当按照承诺期限落实应满足的运输条件。

(3)运输管理。危险货物托运人应当委托具有道路危险货物运输资质的企业承运；严格按照国家有关规定妥善包装并在外包装设置标志，并向承运人说明危险货物的详细情况。需要添加抑制剂或者稳定剂的，托运人应当按照规定添加，并告知承运人相关注意事项。

道路危险货物运输企业或者单位应当严格按照道路运输管理机构决定的许可事项从事道路危险货物运输活动，不得转让、出租道路危险货物运输许可证件；应当按照有关车辆管理的规定，确保专用车辆技术状况良好；确保用于装卸危险货物的机械及工具的技术状况符合行业标准规定的技术要求；对重复使用的危险货物包装物、容器，在重复使用前应当进行检查并及时排除安全隐患；所使用常压罐体中的污染物不得随意排放；专用车辆应当按照国家标准的要求悬挂标志并配备符合有关国家标准以及与所载运的危险货物相适应的应急处理器材和安全防护设备。设区的市级道路运输管理机构应当按规定审验项目定期对专用车辆进行审验。对于违反本规定者，应根据不同情形按照规定予以相应处罚。

## 第二节　铁路集装箱运输

集装箱运输最早起源于铁路，其历史可以追溯到19世纪中叶，当时英国曾用类似集装箱的容器装运木材，美国铁路运输也使用过集装箱。但当时铁路运输属于先进的运输方式，很难与其他运输方式相配合，使集装箱运输方式的推广和应用受到了很大的限制。20世纪初，由于欧洲资本主义国家之间贸易的发展，货运量迅速增加，铁路运输随之得到很大的发展，铁路集装箱运输才真正开展起来。到20世纪50年代，美国铁路运输受到快速发展的公路运输的冲击，铁路开始采用将载有集装箱的半挂车装在平车上的驮背运输方式，实现门到门运输。

我国的集装箱运输也是首先从铁路运输开始的，初期主要采用敞车、通用平车作为集装箱运输的车辆。其后由于铁路集装箱运输量的增加开始使用专用车辆。在集装箱使用方面，我国铁路1955年3月开始使用铁木合制的2.5t(后增载为3t)集装箱，1981年淘汰完毕。1974年生产铁制1吨集装箱，1995年停止生产。1977年开始生产铁制5t集装箱，1988年停止生产。1986年研制了10t集装箱，于1988年作为主型箱大量生产。1986年还购置了国际标准的20ft集装箱，从1997年开始20ft集装箱就作为铁路的主箱型。

我国铁路集装箱的营运及管理则经历了曲折的发展道路。1955年3月铁道部成立了集装箱运输营业所，但1958年撤销了集装箱运输管理机构。1978年6月铁道部再次成立了集装箱运输营业所(筹备组)，后改名为运输局集装箱运输管理处，同时在10个铁路局货运(运输)处成立了集装箱科，50个车站货运车间成立了集装箱办公室。此后随着我国经济体制的改革，铁路集装箱运输管理机构也几经变迁。1995年铁道部机构改革，撤销运输局集装箱处，成立了中铁集装箱运输中心，实现了由管理型到经营型的转变。

我国铁路集装箱运量呈连年递增状态，但在整个铁路运输量中只占很小的比例，与国民经济的要求还相距甚远。

## 一、开展铁路集装箱运输的条件

开展铁路集装箱运输应具备以下条件：

1. 有适于铁路集装箱运输的货物

开展铁路集装箱运输，集装箱货源是先决条件。原国家经委和铁道部共同确定的适箱货物主要有交电类、仪器仪表类、小型机械类等十三大类。

但有的货物装箱运输后会对集装箱造成污染或损坏，或危及下一次装箱货物的安全。这些货物则禁止使用集装箱装运。禁止使用集装箱运输的货物包括：易于污染和腐蚀箱体的货物；易于损坏箱体的货物；鲜活货物；危险货物。

此外铁路集装箱不办理军事运输。

2. 集装箱应符合标准

铁路运输使用的集装箱，应符合国家标准和国际标准。当前铁路运输的集装箱符合国家标准的有 10t 集装箱，符合国际标准的有 20ft 和 40ft 集装箱。符合国家标准和国际标准的集装箱才可在铁路上运输，否则不能按集装箱办理运输。

3. 符合一批办理的条件

铁路集装箱货物按一批办理的具体要求是：

(1)集装箱货物的托运人、收货人、发站、到站和装卸地点相同；

(2)是同一吨位的集装箱；

(3)最少 1 箱，最多不能超过 1 辆货车所能装载的箱数。

集装箱货物具有以下情形的不能作为同一批办理托运：

(1)分别使用铁路集装箱和自备集装箱；

(2)易腐货物与非易腐货物；

(3)危险货物与非危险货物；

(4)根据货物的性质不能混装运输的货物；

(5)按保价运输的货物与不按保价运输的货物。

4. 在集装箱办理站间运输

在我国的铁路站点中只有部分具有办理集装箱运输的能力，且处理能力也有差异。各种吨位的集装箱只能在办理相应吨位的集装箱办理站间运输。例如 20ft 集装箱不能装运到只办理 10t 集装箱的办理站，否则车站将无法装卸该集装箱，也就无法交付，影响收货人提取货物。

## 二、铁路集装箱办理站

铁路集装箱办理站是指具备处理铁路集装箱运输业务能力的铁路站点，根据其业务性质和范围的不同可分两种，即铁路集装箱中转站和一般的集装箱办理站。

1. 铁路集装箱办理站的设置

集装箱办理站的设置应具备一定条件：有一定数量且稳定的集装箱货源；有装卸、搬运集装箱的机械配备；有一定面积的硬化面堆场；有办理业务的专职人员；具有与其他运输方式相衔接的条件。

在决定集装箱中转站的位置时应考虑以下几个原则：

(1)集装箱中转站通常设置在大城市附近，或经济发达地区，这些地区是箱源、箱流的产生地和吸引地，集装箱到发量大而稳定；

(2)集装箱中转站一般应设在铁路网的交汇点上，使其具有足够的中转范围，有一定数量的前方与后方集装箱办理站，才能有足够的箱流；

(3)集装箱中转站的数量不宜过多，也不宜过少；

(4)集装箱中转站相互间距离不能太近也不能太远。

2. 集装箱办理站的职能

从目前集装箱办理站的业务来看，一般都具有两种职能，即商务职能和技术职能。

其商务职能主要包括：受理集装箱货物的托运申请；装箱、拆箱以及加封；编制有关运输单证；核收有关费用；联系其他运输方式以及联系铁路之间的联运等。

其技术职能则有：提供适合装货、运输的集装箱；安排集装箱装卸、搬运等机械；办理装卸箱业务；编制用车计划；向到站发出到达预报通知等。

## 三、铁路集装箱运输业务

1. 铁路集装箱货物运输流程

(1)托运受理。托运人向车站提出货物运输申请，填写货物运单和运单副本。车站接到运单后应审核整车货物的申请是否有批准的月度和日要车计划，检查货物运单上各项内容的填写是否正确。如确认可以承运，在运单上登记货物应进入车站的日期或装车日期，即表示受理托运。

(2)进行集装箱货物集配计划。受理车站的集配货运员根据掌握的全部受理运单的到站去向和数量，本站可用空箱和待交箱数量，待装车、待装箱和残存箱的方向和数量，以及站外集散站的集装箱等资料，做出配装计划。集配计划完成后，及时通知托运人和承运货运员，以便托运人安排车辆组织进货，货运员做好承运准备工作。

(3)货物装箱。

①整箱货装箱。整箱货的装箱可在站内完成，也可在站外完成。若在站内装箱，托运人按车站指定的进货日期将货物运至车站，外勤货运员指定拨配空箱，由托运人自己组织装箱，装箱完毕后施封；站外装箱一般先由托运人根据车站指定的取箱日期将空箱运到本单位组织装箱，并在施封后将重箱送到车站。

无论在何处装箱，托运人接到外勤货运员拨配的空箱后，一定要检查集装箱是否有破损、装置是否完好。箱内货物的数量和质量由托运人负责，因此施封必须由托运人自己进行，承运人不得接受代为施封的委托。

②拼箱货装箱。拼箱货是将若干个不同托运人托运到同一铁路到站的零担货物装箱运输。目前铁路运输的拼箱货，有铁路拼箱和集散站拼箱两种作业形式。

铁路拼箱货物按零担货物收取运费，但须另收拼箱费用。货物的装、拆箱以及货物受理和交付均由铁路负责，因此货物运单、领货凭证和货票等运输单证上要加盖“铁路拼箱”戳记。同一箱内货物的所有票据应封入“铁路集装箱拼箱货运票据封套”中。

集装箱集散站是设立在铁路车站之外，具备库场和装卸、搬运设备的企业。集散站拼箱是集散站使用铁路集装箱或自备集装箱，由集散站面对货主，办理承运和交付，将同一到站不同收货人的货物共装于一集装箱内,向铁路按整箱办理运输。铁路车站与集散站之间的关系是承运人与托运人之间的关系。

(4)承运。托运人在指定日期将集装箱货物送至车站指定的地点,铁路核查货物运单的记载与实物的情况,准确无误的,在运单上加盖承运日期戳,即为承运。铁路向托运人核收运费。

(5)装车运输。1t 箱主要使用棚车装运,可以和普通零担货物混装,但不得与其他货物混装。5t 及以上集装箱主要使用敞车装运,不得和其他货物混装于一车。

(6)国际铁路联运货物在国境站的交接。国境站除办理一般车站的事务外,还办理国际铁路联运货物、车辆与邻国铁路的交接,货物的换装或更换轮对,票据文件的翻译及货物运送费用的计算与复核等工作。国际铁路联运货物在国境站的交接还涉及海关、货代等部门,它们在国际联运交接所内联合办公,实行流水作业。

国际铁路联运集装箱货物在国境站的交接程序如下:

①国境站接到国内前方站的列车到达预报后,立即通知国际联运交接所,做好交接的准备工作;

②列车进站后由铁路会同海关接车,海关负责对列车监管和检查。未经海关许可列车不准移动、解体或调离,车上人员亦不得离开。铁路负责将随车带交的票据送交接所;

③交接所内各单位各司其职,完成货物的出境手续;

④相邻两国国境站办理货物、车辆、单证的交接手续并签署交接证件。

(7)到达交付。集装箱货物运抵到站后,到站应在不迟于集装箱卸车后的次日用电话等方式向收货人发出催领通知,通知完毕后,货运员在货票上记载通知的时间和方法。但到站的催领通知仅是通知收货人收货的辅助手段。货物承运后,托运人应将领货凭证及时寄交收货人,收货人应主动向到站联系领取货物,这是到货通知的主要手段。

收货人在到站领取货物时,须出示本人的身份证明和领货凭证。到站应仔细核对运单和领货凭证,无误后向收货人交付货物。收货人在货票上盖章或签字,到站将收货人的身份证明文件号码记载在货票上。

对到达的货物,收货人有义务及时将货物搬出,铁路有义务提供一定的免费留置期限,以便收货人安排搬运工具、办理仓储手续等,一般为 2 天。超过期限收货人应向铁路支付延期使用费和货物暂存费。

若货物在站内掏箱,收货人应于领取的当日内掏完;在站外掏箱时,收货人应于领取的次日内将该空箱送回。

2. 铁路集装箱货运单证

(1)铁路货物运单。铁路货物运单(简称运单)是铁路与托运人之间为完成货物运输而填制的,具有运输合同性质的一种运送单据。如果在运输过程中发生货运事故或运输费用计算错误时,货物运单就是处理铁路与托运人、收货人之间责任的依据。

货物运单由两部分组成,其格式如表 7-3 所示。运单粗线框内各栏和领货凭证各栏由托运人填写货物的详细情况;托运人、收货人的资料等项目。车站在承运货物时,要在货物运单和领货凭证联结处,骑缝加盖发站承运日期戳。

遇有下列情况时,托运人还应随货物运单提出物品清单:一批托运的货物过多,不能在货物运单内逐一填记;同一包装内有两种以上货物;托运搬家货物。

物品清单一式三份,一份由发站存查,一份随同运输票据递交到站,一份退还托运人。

**铁 路 货 物 运 单**

表 7-3

货物约定于　　　　年　月　日交接　　武汉铁路局

货位<br>号码　　　　　　　　　　货物运单

托运人→发站→到站→收货人

| 承运人/托运人装车<br>承运人/托运人施封 |
|---|

运到期限　日　　　　　　　运单号：　　　　　　　货票号：

<table>
<tr><td>发站</td><td>北京西</td><td>专用线名称</td><td></td><td>专用线代码</td><td></td><td rowspan="2">车种车号</td><td rowspan="2"></td></tr>
<tr><td>到站(局)</td><td>南京(上)</td><td>专用线名称</td><td></td><td>专用线代码</td><td></td></tr>
<tr><td rowspan="3">托运人</td><td>名称</td><td colspan="4"></td><td rowspan="2">货车标重</td><td rowspan="2"></td></tr>
<tr><td>地址</td><td colspan="2"></td><td>邮编</td><td></td></tr>
<tr><td>经办人姓名</td><td></td><td>经办人电话</td><td>Email</td><td></td><td rowspan="2">货车施封号码</td><td rowspan="2"></td></tr>
<tr><td rowspan="3">收货人</td><td>名称</td><td colspan="4"></td></tr>
<tr><td>地址</td><td colspan="2"></td><td>邮编</td><td></td><td rowspan="2">货车篷布号码</td><td rowspan="2"></td></tr>
<tr><td>经办人姓名</td><td></td><td>经办人电话</td><td>Email</td><td></td></tr>
<tr><td rowspan="4">选择服务</td><td colspan="3" rowspan="2">□门到门运输：　□上门装车　□上门卸车<br>□门到站运输：　□上门装车<br>□站到门运输：　□装载加固材料　□上门卸车<br>□站到站运输：　□装载加固材料</td><td>取货地址</td><td colspan="3"></td></tr>
<tr><td>取货联系人</td><td></td><td>电话</td><td></td></tr>
<tr><td colspan="3">□保价运输</td><td>送货地址</td><td colspan="3"></td></tr>
<tr><td colspan="3">□仓储</td><td>送货联系人</td><td></td><td>电话</td><td></td></tr>
</table>

| 货物名称 | 件数 | 包装 | 集装箱箱型 | 集装箱箱号 | 集装箱施封号 | 货物价格 | 托运人填报重量(千克) | 承运人确定重量(千克) |
|---|---|---|---|---|---|---|---|---|
| | | | | | | | | |
| | | | | | | | | |
| | | | | | | | | |
| | | | | | | | | |
| 合计 | | | | | | | | |

| 托运人记载事项 | | 承运人记载事项 | |
|---|---|---|---|

| 托运人盖章或签字 | 发站承运日期戳 | 承运货运员签章 | 到站交付日期戳 | 交付货运员签章 |
|---|---|---|---|---|
| 年　月　日 | 年　月　日 | 年　月　日 | 年　月　日 | 年　月　日 |

注：本单不作为收款凭证，托运人签约须知和收货人领货凭证须知见领货凭证背面，托运人自备运单的认为已确知签约须知内容。

(2)货票。

①货票的性质和作用。货票是铁路填制的供财务统计使用的票据。在发站是铁路向托运人核收运输费用的收款收据；在到站是与收货人办理交付手续的一种凭证；在铁路内部则是清

算运输费用、统计铁路完成货运工作量、运输收入以及有关货运方面工作指标的根据。

②货票的使用。货票一式四联,如表7-4所示。甲联由发站存查,乙联由发站寄交发局,丙联由发站交给发货人作报销用,丁联由发站将它与货物运单一起随货递至到站,由到站将丁联存查,货物运单交给收货人。

**铁 路 货 票**　　　　表7-4

铁路局

计划号码或运输号码　　　　甲联

货　票

货物运到期限　　日　　　　发站存查

| 发站 | | | 到站(局) | | 车种车号 | | 货车标重 | | 承运人/托运人 装车 |
|---|---|---|---|---|---|---|---|---|---|
| 托运人 | 名称 | | | | 施封号码 | | | | 承运人/托运人 施封 |
| | 住址 | | 电话 | | 铁路货车篷布号码 | | | | |
| 收货人 | 名称 | | | | 集装箱号码 | | | | |
| | 住址 | | 电话 | | 经由 | | | 运价里程 | |
| 货物名称 | 件数 | 包装 | 货物重量(kg) | | 计费重量 | 运价号 | 运价率 | 现付 | |
| | | | 托运人确定 | 承运人确定 | | | | 费别 | 金额 |
| | | | | | | | | 运费 | |
| | | | | | | | | 装费 | |
| | | | | | | | | 取送车费 | |
| | | | | | | | | 过秤费 | |
| | | | | | | | | | |
| | | | | | | | | | |
| 合计 | | | | | | | | | |
| 记事 | | | | | | | | 合计 | |

发站承运日期戳

经办人盖章

承运货物时,发站必须在领货凭证上记明本批货物的货票号码,将货票丙联连同运单上的“领货凭证”交予托运人,由其将领货凭证寄交收货人。

## 四、国际铁路集装箱联运

### 1. 有关国际铁路集装箱联运的国际公约

(1)国际铁路集装箱联运概述。国际铁路集装箱联运是指在两个或两个以上国家之间进行铁路集装箱货物运输时只使用一份统一的国际联运票据,由一国铁路向另一国铁路移交货物时无须托运人、收货人参加的一种运输方式。

国际铁路集装箱货物联运手续简便,从发站至到站,无论经过几个国家,全程运输可使用一张运单办理。货物在国境站换装或直通过轨运输时,不需托运人参加和重新办理托运手续,免除了国境站重新填制票据、核收运送费用、办理车皮计划等手续,可以加速货物运送,方便货主,也为国际贸易的发展创造了有利条件。

目前国家间的铁路合作组织主要有三个。一是总部设在伯尔尼,由国家作为成员的国际铁路货物运输中央局;二是总部设在华沙的东欧国家铁路合作组织;三是总部设在巴黎,具有民间性质的国际铁路联盟。这些国际组织的主要任务就是发展和协调国际铁路联运,共同解决运输中存在的经济、技术、商务及法律等方面的问题,制定和修改有关国际公约。我国在1956年加入了铁路合作组织,于1976年6月参加了国际铁路联盟。

(2)《国际货约》和《国际货协》。1890年欧洲各国外交代表在瑞士伯尔尼举行会议,通过了有关铁路联运问题的国际公约(伯尔尼公约),经欧洲各国政府批准后,于1893年1月1日实行。1924年伯尔尼公约经修订更名为《国际铁路货物运送公约》(简称《国际货约》)。1980年该公约经第8次修订,与《国际铁路旅客和行李运送公约》一起作为《国际铁路运送公约》的两个附件A和B。目前参加该公约的国家有德国、意大利、比利时等33个国家。

1951年11月1日由原苏联、阿尔巴尼亚、匈牙利、原民主德国、波兰、保加利亚、罗马尼亚、原捷克斯洛伐克等国铁路签订了《国际铁路货物联运协定》(以下简称《国际货协》)。1956年6月1日中国、朝鲜、蒙古和越南等国铁路参加,1966年古巴参加。

现在参加《国际货协》的有中国、朝鲜等26个国家。其中匈牙利、德国、波兰、保加利亚、罗马尼亚、捷克、斯洛伐克等国既是《国际货公约》的参加国,又是《国际货协》的参加国。这就为沟通国家间的铁路货物运输提供了更为有利的条件。尚未参加《国际货约》的国家向《国际货约》成员国运送货物时,托运人可以用《国际货协》运单办理至《国际货协》国最后一个出口国境站,由该国境站站长或货主委托的代理人办理向《国际货约》国铁路转运手续,将货物运送至最终到站;反之亦然。

我国是《国际货协》的成员国,但未参加《国际货约》。

(3)我国参加的其他国际协定。1991年6月27日,中国、朝鲜、蒙古、罗马尼亚、俄罗斯、保加利亚在华沙签订了《关于统一过境运价规程的协约》(简称《协约》),《统一过境运价规程》(简称《统一货价》)是该协约不可分割的部分。《协约》和《统一货价》规定了过境本协约参加国铁路时,办理货物运送的手续、过境运送费用和杂费的计算、过境铁路里程表、货物品名分等表和货物运费计算表等。《统一货价》对参加的铁路和托运人、收货人均有约束力。该协约1991年7月1日起生效,我国自1991年9月1日起施行。

1991年4月12日,中国、朝鲜、蒙古、罗马尼亚、波兰、俄罗斯、保加利亚、捷克在华沙签订了《关于国际旅客和货物联运清算规则的协约》,规定参加本协约国铁路间一切费用的清算办法,自1991年7月1日起施行。

1991年10月4日,中国、朝鲜、蒙古、波兰、捷克、俄罗斯、保加利亚在华沙签订了《关于国际联运车辆使用规则(车规)的协约》(后罗马尼亚参加),规定了参加本协约各国铁路车辆、集装箱、托盘和运送用具的相互使用办法,自1992年7月1日起施行。

《国境铁路协定》由相邻国家铁路签订,通常规定办理联运货物交接的国境站、车辆及货物的交接条件和办法,交接列车和机车运行办法及服务方法等问题。

2.《国际货协》

(1)协定适用范围。协定适用于缔约国之间的货物运输,对承运人、托运人、收货人均有约束力。

(2)货协运单。《国际货协》规定的铁路运单(见表7-5)由一式5联组成。

表 7-5

## 国际货协运单

运单正本
（给收货人）

运输号码

发送路简称
中铁
**1**

1.发货人，通信地址

25.批号
（检查标签）

2.合同号码

3.发站

5.收货人，通信地址

4.发货人的特别声明

26.海关记载

6.对铁路无约束效力的记载

27.车辆　28.标记载重（吨）　29.轴数
30.自重　31.换装后的货物重量

7.通过的国境站

8.到达路和到站

| 27 | 28 | 29 | 30 | 31 |
|---|---|---|---|---|
| | | | | |

国际货协—运单
慢运

| 9.记号、标记、号码 | 10.包装种类 | 11.货物名称 | 50.附件第2号 | 12.件数 | 13.发货人、确定的重量（公斤） | 32.铁路确定的重量（公斤） |
|---|---|---|---|---|---|---|
| | | | | | | |

14.共计件数（大写）

15.共计重量（大写）

16.发货人签字

17.互换拖盘
数量

集装箱/运送用具

18.种类
类型

19.所属者及号码

20.发货人负担下列过境铁路的费用

21.办理种别

| 整车* | 零担* | 大吨位集装箱* |
|---|---|---|
| | | |

22.由何方装车

| 发货人* | 铁路* |
|---|---|
| | |

23.发货人添附的文件

*不需要的划消

24.货物的声明价格

瑞士法郎

45.封印

个数　记号—

33
34
35
36
37
38
39
40
41
42
43
44

46.发站日期戳

47.到站日期戳

48.确定重量方法

49.过磅站戳记，
签字

此单证系中俄文，此处未列出相应俄文。

第 1 联　运单正本,随同货物至到站,连同第 5 联和货物一起交收货人;

第 2 联　运行报单,随同货物至到站,并留存于到站;

第 3 联　运单副本,运输合同签订后交托运人;

第 4 联　货物交付单,随同货物至到站,并留存于到站;

第 5 联　货物到达通知单,随同货物至到站,连同第 1 联和货物一起交给收货人。

货协运单既是铁路承运货物的凭证,也是铁路在终点站向收货人核收运杂费和点交货物的依据。运单不是物权凭证,不能转让。运单副本虽然不具有运单的效力,但按照我国同其他《国际货协》缔约国所签订的贸易交货共同条件的规定,卖方可凭其通过银行向买方结算货款。

托运人在填写运单时,必须对运单内容的准确性负责。由于托运人填写不准确、不完整等引起的一切后果,由托运人负责。

铁路有权检查托运人在运单中所记载的事项是否准确,但此项检查仅限于在海关和其他规章规定的情况下,以保证运输中行车安全和货物完整。

此外托运人必须将货物运输全程中为履行运输合同和海关以及其他规章所需的文件牢固地附在运单上,并将文件名称和份数记入运单"托运人添附的文件"栏内。所附文件应随同运单一起交到国境站,不得采取邮寄方法。货物在国境站的报关手续,由托运人委托外运公司或其他代理人代为办理。如托运人未履行此项规定,始发站可拒绝接收该项货物。同时,铁路不对托运人所附文件的准确性负责。

(3)铁路承运人的责任。铁路应从承运货物时起,至在到达站交付货物时止,对货物全部或部分灭失或毁损或逾期运到所发生的损失负责。托运人在运单内所记载并添附的文件由于铁路的过失而遗失的,铁路应负责。铁路还应对因其过失未能执行有关要求变更运输合同的申请的后果负责。

按运单承运货物的各铁路承运人负连带责任,即按国际货协运单进行货物运输的铁路,应负责完成货物的全程运输,直到在到达站交付货物时止;每一续运铁路自接收附有运单的货物时起,即视为参加这一运输合同,并承担由此而产生的义务。

但对由于下列原因造成的损失,铁路承运人不负责任:

①由于铁路不能预防和不能消除的情况;

②由于货物自然特性,以致引起货物自燃、生锈、内部腐坏和类似的后果;

③由于托运人或收货人过失或由于其要求,而不能归咎于铁路的原因;

④由于托运人、收货人装卸过失所致;

⑤由于路运规章许可使用敞车类货车运送货物所致;

⑥包装不牢、标志不清,铁路在承运时无法从其外部发现;

⑦由于托运人或收货人的押运员未采取保证货物完整的必要措施;

⑧货物自然损耗;

⑨托运人申报内容不准确、不完全所致。

如果根据情况可以推定货损的发生归责于上述第①、③项所列的原因时,应由铁路负举证责任;如果根据情况可以推定货损的发生归责于其他原因,则只要收货人或托运人不能证明是其他原因引起的,则应认为是这些原因所造成。

在任何情况下,铁路承运人对货物的损害赔偿不超过全部灭失时的货物款额。如果货物迟延交付,则以铁路所收运费为基础,按迟延交付时间的长短,向受损人支付罚款。如迟延不超过总运到期 1/10,应支付相当于运费 6% 的罚款;如迟延在总运到期的 1/10 ~ 4/10,应支付相当于运费 10% 的罚款,如迟延超出总运期 4/10,应支付相当于运费 30% 的罚款。

(4)运输合同的变更。托运人和收货人都有权对运输要求变更,但此种变更只能行使一次,并且不得造成货物的分票。

托运人可对运输合同做下列变更:在始发站将货物领回;变更终点站;变更收货人;将货物运回始发站。

收货人可对运输合同做下列变更:在到达国范围内变更货物的到达站;变更收货人。

下列情况铁路不受理运输合同的变更:

①应执行变更运输合同的车站,在接到申请书或由发站或到站发来的电报通知时已无法执行;

②此种变更违反铁路营运管理规定;

③此种变更与参加运送铁路所属国家现行法令和规章有抵触;

④在变更到站情况下,货物的价值不能抵偿运到新指定到达站的一切费用。

在变更运输合同情况下,铁路方面应按有关规定向托运人、收货人核收各项运杂费用。

(5)货物的交付与拒收。货物运抵到站,在收货人付清运单中所记载的一切应付费用后,铁路将运单和货物交给收货人。

收货人只有在货物因毁损或腐坏而使质量发生变化,以致货物部分或全部不能按原用途使用时,才可以拒绝领取货物。即使运单中所载部分货物短少,收货人也不能少付运费,仍应按运单规定的货物数量支付运费,只是对少交的那部分货物享有要求赔偿的权利。

如果在货物应交付日期后 30 天仍未交付,收货人可不提出证据,即认为该批货物业已灭失。

但如果货物在上述期限届满后运到到站,到站应将此事通知收货人。如货物在运输期限届满后 4 个月内到达,收货人应予领取,并将铁路所付的赔偿款和罚金退还给铁路。但收货人对货物的迟延交付或毁损,仍保留提出赔偿的权利。

为了保证核收运输合同规定的一切费用,铁路对货物有留置权。关于留置权的效力,则适用货物交付地国家的法律。

(6)运费的计算和支付。发送国铁路的运输费用,按发送国的国内运价计算,在始发站由托运人支付;到达国铁路的运输费用,按到达国铁路的国内运价计算,在到站由收货人支付;若全程运输无需经由第三国铁路,并且两国的铁路间订有直通运价规程时,则按运输合同订立当天有效的直通运价规程计算;如货物需经第三国过境运输,过境铁路的运输费用按运输合同订立当天有效的统一货价的规定计算,由始发站向托运人核收,或由到站向收货人核收。但如按统一货价的规定,运输费用必须由托运人支付的,从其规定。

每一铁路在承运或交付货物时向托运人或收货人按合同规定核收运费和其他费用之后,必须向参加该次运输业务的其他铁路支付各该铁路应得的部分。

## 五、我国关于铁路集装箱运输的法规

我国与铁路货物运输有关的规定和办法很多,主要是 1987 年由原铁道部颁布的《铁路货物运输规程》,及由它引申出许多规则和办法。

《铁路货物运输规程》是根据我国的有关方针、政策、法令，以及原《中华人民共和国经济合同法》和《铁路货物运输合同实施细则》的基本原则为依据制定的。原《经济合同法》对货物运输合同的内容作了一般性的规定；《铁路货物运输合同实施细则》是结合铁路货物运输的特点，对承运人、托运人和收货人的权利和义务关系确定了基本原则。《铁路货物运输规程》则是根据上述规定制定的铁路货物运输合同的具体内容。虽然《铁路货物运输规程》所依据的《经济合同法》已被1999年10月1日起施行的《合同法》所废除，但其本身作为铁路货物运输合同内容的规范，仍在一定历史时期内具有法律效力。

但《铁路货物运输规程》的内容还仅是签订铁路货物运输合同时具有共性的基本条件，不可能概括所有特殊的技术条件和要求，以及由此引起的相应的权利和义务关系，因此，铁道部另外制定了一些规定，作为《铁路货物运输规程》的引申规则和办法。这些规则和办法同《铁路货物运输规程》具有同等的法律效力，它们包括：《铁路货物运价规则》、《铁路危险货物运输规则》、《铁路鲜活货物运输规则》、《铁路超限货物运输规则》、《铁路货物装载加固规则》、《铁路月度货物运输计划编制办法》、《货运日常工作组织办法》、《快运货物运输办法》、《铁路集装箱运输规则》、《铁路货运事故处理规则》、《铁路货物保价运输办法》、《个人物品运输办法》、《货物运单及货票填制办法》、根据《铁路货物运输规程》精神制定的其他办法。在铁路运输集装箱货物时，承运人和托运人、收货人均应遵守《铁路集装箱运输规则》。《铁路集装箱运输规则》未规定的事项，应遵守《铁路货物运输规程》及铁道部有关的其他规定。

2013年铁道部被撤销，其原先承担的拟订铁路发展规划和政策，拟订铁路技术标准，监督管理铁路安全生产、运输服务质量和铁路工程质量等行政职责划入交通运输部。组建中国铁路总公司，承担企业职责，负责铁路运输统一调度，经营铁路客货运输业务，承担专运、特运任务，负责铁路建设，承担铁路安全生产主体责任等。

同时随着《中共中央关于全面深化改革若干重大问题的决定》的逐步落实，在原铁道部政企合一背景下所制定的上述系列规章制度也正在进行审议，不符合新常态的规章将被废止，也会有一批遵循市场规律的新规章出台。

## 第三节 航空集装箱运输

航空运输是一种现代化的运输方式。与集装箱的地面运输方式一样，航空集装箱运输也是随着航空货物运输的发展而逐步开展起来的。20世纪60年代初期，航空货运还仅是客运的副产品，主要利用客机的剩余吨位运输旅客的一些随身行李、邮件和宠物等。随着航空货运量需求的不断增长及大量专用货机的投入使用，航空货运从60年代末开始逐步成为一项专门的业务。1972年，波音公司的B747—200F大型专用货机在大西洋航线上投入运营，并采用了标准集装箱装载系统，从而实现了国际标准集装箱的航空运输，揭开了航空集装箱运输的序幕。近年来，随着国际贸易货物对运输要求的变化，航空集装箱运输在国际贸易货物运输中的比重明显增加。

### 一、航空集装箱运输概述

1. 航空集装箱运输的特点

民用航空集装箱运输是将适宜的货物、邮件装在航空集装箱内，采用民用飞机装载集装箱

进行运输的一种流通方式。作为一种现代化程度较高的运输方式,航空集装箱运输与其他运输方式相比,具有如下特点:

1)运送速度快

在各种运输方式中,民用航空货物运输速度最快,而且由于使用航空集装箱和高效的装卸机械,货物在航空港和货运站的停留时间大大缩短。因此航空集装箱运输最大的优越性便是节省货物运输时间,这对需要急运快件货物的货主有很强的吸引力。

2)安全性高

航空工业技术的发展和高科技在航空运输中的应用,保证了飞机飞行的安全性。同时由于航空集装箱的使用简化了货物在地面的处理环节,可实现高效的机械化装卸作业,减少货物损坏和被盗等情况的发生。因此,在整个货物运输链中,货物的破损率低、安全性好,最适宜运送高价值货物。

3)空间跨度大

在有限的时间内,飞机的空间跨度是最大的,且不受海洋、河川和高山峻岭等条件的限制,可将货物快速运往世界各地。有时为了战备、救援的需要或其他运输方式无法达到其运输目的时,一般货物也会选择航空集装箱运输方式。

4)节省费用

由于航空运输的快捷性,可加快生产企业商品的流通速度,从而节省产品的仓储费、保险费和利息支出等,另一方面产品的流通速度加快,也带动了资金的周转速度,提高了资金的利用率。

5)运价较高

由于航空货运的技术要求高、运输成本大等原因,使得它的运价相对来说比较高。因此,对于价值比较低、时间要求不严格的货物,通常基于运输成本的考虑而选择其他运输方式。

6)载量有限

由于飞机航空器本身载重容积的限制,通常航空货运的货量十分有限。

7)易受天气影响

飞机飞行受天气的影响非常大,在遇到大雨、大风、雾等恶劣天气,航班就不能得到保证,这对航空货物造成的影响就比较大。

从以上航空货运的特点可以看出,航空货运既有优势,也有劣势,需要在实际操作中,充分发挥航空货运的优势,克服其劣势,才能保证航空货运在经济发展中的作用。

2. 开展航空集装箱运输的条件

开展航空集装箱运输同样也需要航空集装箱货源、适合航空集装箱运输的设备、设施以及相应的组织机构等。但与其他集装箱运输方式相比,开展航空集装箱运输有其特殊性。

1)航空集装箱货源

航空集装箱运输的适箱货源主要是那些价值高,对运送速度、安全性能要求较高的货物。适箱货源的这些特点决定了航空集装箱运输的货源往往是小批量的,无法像海上、铁路集装箱运输那样组织大批量货源。为了节省营运成本,航空承运人通常只负责货物从一个机场至另一个机场的运输,而揽货、接货等业务则由航空货运代理办理。因此在航空集装箱运输中空运代理的作用特别重要。

2)航空集装箱

国际航空协会将航空运输中使用的集装箱称为“成组器”(Unit Load Device,ULD)(图7-5)。它有以下几种类型。

(1)按是否取得适航证书划分。依此可将其分为注册的飞机集装器和非注册的飞机集装器。

前者由国家政府有关部门授权集装器生产厂家生产,在其使用过程中不会对飞机的内部结构造成损害,因此适宜于飞机安全载运。

后者是未经有关部门授权生产、未取得适航证书的集装器。因为它与飞机不匹配,一般不允许装入飞机的主货舱,不能视为飞机的一部分。它仅适合于某些特定机型的特定货舱,如B767。但其较适应地面操作环境。

图7-5　航空成组器示意图

(2)按结构划分。

①集装板。集装板是具有标准尺寸的、四边带有卡锁轨或网带卡锁眼,带有中间夹层的硬铝合金制成的平板,以便货物在其上码放。同时使用网套通过专门的卡锁装置将货物固定在集装板上。集装板的识别代号以字母“P”打头。

②集装棚。为了充分地利用飞机内的空间、保护飞机的内壁,除了板和网之外,还可增加一个棚罩(可用轻金属制成),罩在货物和网套之间,这就是非结构的集装棚。

若带有固定在底板上的外壳的集装设备则形成一个完整的箱,不需要网套固定,此为结构集装棚,其结构又有拱形和长方形两种。

③集装箱。集装箱类似于结构集装棚,它又可分为:

A. 空陆联运集装箱:只能装于全货机或客机的主货舱,主要用于陆空、海空联运。高和宽为8ft,长度有20ft和40ft两种。

B. 主货舱集装箱:高度163cm以上,只能装于全货机或客机的主货舱。

C. 下货舱集装箱:只能装于宽体飞机的下货舱。

还有一些特殊用途的集装箱,例如:保温箱,箱体由绝缘材料制成,通过封闭等方法控制箱内的温度,以便装载特种货物。它分为密封保温主箱和动力控制保温箱两种。除此之外,还有用于运载活体动物和特种货物的专用集装器,如马厩(Horse Stall)、牛栏(Cattle Stall)、汽车运输设备(Automobile Transport Equipment)。

这些用于空运的集装箱在尺寸、结构和容积方面,与其他运输方式使用的集装箱不同。这是因为航空公司所关心的是避免飞机的损伤和减轻集装箱的重量。因此空运集装箱和国际航空协会批准的成组货载装置、弯顶、低底板的集装箱都比国际标准化集装箱要轻得多。此外空运集装箱不受海运或其他装卸作业的压力,不需要重型角铸件、角柱。航空运输集装箱的自身质量非常轻,以追求最大化的装载质量。它们的制造材料要求比较特殊,一般都采用铝合金或高强度纤维(玻璃钢)等材料制作;货网的编织带,主要采用耐火的尼龙材料制作。为了充分利用飞机货舱的容积,避免因碰撞或摩擦对飞机造成损伤,需将航空用集装箱和货舱用成组器的上部制作成圆顶结构,使之能与飞机机体相应部分的形状相一致。这样传统航空用集装箱就难以在其他运输方式中使用,而国际标准集装箱也难以广泛运用于航空集装箱运输。但随着科学技术的发展和国际多式联运的要求,这个问题正在逐步得到解决。目前已有既适用于空运,又适用于水陆运输方式的多式联运集装箱投入使用,一些新型宽体飞机已能载运20英尺标准集装箱。

3)装卸搬运等设备

为装卸和搬运集装箱及其他成组器,机场必须配备专用装卸搬运设备,如牵引车、挂车、吊机、货物输送机等。

## 二、航空集装箱货运业务

1.航空集装箱货物运输的方式

航空集装箱货物运输的方式主要有以下几种:

(1)班机运输(Scheduled Air - Line)。这是指在固定航线上飞行的航班,它有固定的始发站、途经站和目的站。一般航空公司都使用客货混合机型组织班机货运,其货舱舱容有限,不适于大批量的货物运输。

(2)包机运输(Chartered Carriage)。包机运输又分整包机与部分包机两种。

整包机是由航空公司按照事先约定的条件和费用将整机租给承租人,从一个或几个航空站将货物运至指定的目的地,适合于运送大批量的货物。

部分包机是由几家货运代理公司或托运人联合包租一架飞机,或者由包机公司把一架飞机的舱位分别租给几家空运代理公司。

办理包机至少需在发运前一个月与航空公司洽谈,并签订协议,以便航空公司安排运力,办理包机过境、入境、着陆等有关手续。

(3)集中托运(Consolidation)。这种托运方式是由空运货代公司将若干单独托运人的货物集中起来组成一整批货物,向航空公司托运到同一到站;在货到国外后由到站地的空运代理办理收货,报关并分拨给各个实际收货人。

图7-6是航空运输集中托运简明流程图。将货物集中托运可使货物到达机场以外的地方,因而延伸了航空公司的服务,也方便了货主。托运人在将货物交与航空货运代理后,即可取得货物分运单,到银行办理结汇。

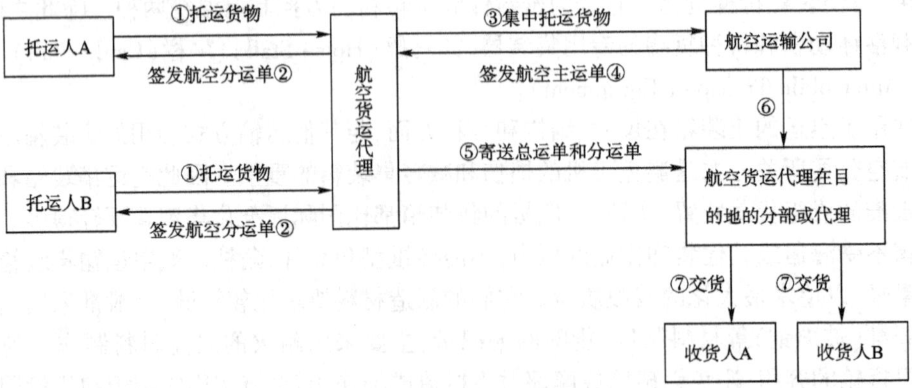


图7-6 集中托运流程简图

集中托运方式已在世界范围内普遍开展并形成较完善、有效的服务系统。在我国集中托运是进出口空运货物的主要运输方式之一。

(4)急件传递(Air Express)。与一般的航空邮寄和航空货运不同,它是由专门经营这项业务的公司与航空公司合作,设专人用最快的速度在货主、机场、用户之间进行传递。例如,传递公司接到托运人委托后,用最快速度将货物送往机场赶装最快航班,随即用电传将航班号、货名、收货人及地址通知国外代理接货;航班抵达后,国外代理提取货物后随即送收货人。这种方式又称为"桌至桌"(Desk to Desk)运输。

2. 航空集装箱货运业务流程

①托运人向航空公司申请航班和装货设备;

②托运人提取装货设备运回自己工厂或仓库,将货物装入集装箱或成组器,并缮制装箱单;

③托运人填制国际货物托运书。这是托运人托运货物的正式文件,也是航空公司填制货运单的依据,要求逐项准确填写,并对填写的内容承担责任;

④托运人向口岸或内地监管部门报关报验,经查验符合规定后获得出口货物放行证明;

⑤托运人通过内陆运输将集装箱、成组器货物按期限运抵出口口岸空港;

⑥托运人将填制好的国际货物托运书、装箱单和其他有关单证交给航空公司核验,并提供启运地海关的关封。航空公司根据托运人填制的国际货物托运书检查核对,必要时可以开箱或拆组检查,其中包括衡量货物的重量及大件货物的体积;

⑦收受的集装箱、成组货物经核对准确无误后,航空公司可向托运人开具经双方共同签署的航空货运单;

⑧航空公司与托运人计算航空运费和其他有关费用,并按规定方式计收和结清运费和其他款项;

⑨航空公司对受理的货物进行全面的安全检查后,根据有关货运单证编制整个航班的货物舱单(manifest),并连同航空货运单向海关申请验放;

⑩航空公司将货物从启运地机场运至目的地机场,将集装箱、成组器货物从飞机货舱内卸下、搬运至机场货运站内指定的位置,经核对航空货运单与集装箱、成组器货物齐备无误后,将集装箱、成组器货物存放在货运站临时库区里;

⑪航空公司根据航空货运单上的收货人名称地址发出到货通知书,以催促收货人尽快办理货物报关、提货手续;

⑫航空公司代理人将集装箱、成组器货物通过陆路运输运至航空货运单指定的地点,与收货人清点货物,核对航空货运单与集装箱、成组器货物及收货人名称无误后,双方在航空货运单上签字、盖章,收货人收受货物。

⑬拆箱、拆组后的集装设备由航空公司代理人回运至指定的存放地点,并办理集装设备的交接手续。

3. 航空货运代理业务

一般情况下,航空公司只负责从一个机场将货物运至另一机场,揽货、接货、报关、订舱及在目的地机场提货和将货物交付收货人等方面的业务则由航空货运代理(以下简称空代)办理。许多空代公司已加入国际航空运输协会(International Air Transport Association,IATA)等国际组织,并逐步形成了统一的行业规范。

空代大多对航空运输环节和有关规章制度十分熟悉,并与各航空公司、机场、海关、商检、卫检、动植检及其他运输部门有着广泛而密切的联系,具有代办航空货运的各种设施和必备条件。同时各航空货运代理公司在世界各地或有分支机构,或有代理网络,能够及时联络,掌握货物运输的全过程。因此,货主委托航空货运代理公司办理进出口货物运输事宜比到航空公司直接办理有关事宜可能更为便利。空代在航空公司及托运人和收货人之间起着极其重要的纽带作用。在通常情况下,空代公司可为客户提供以下主要服务项目:

①为航空公司组织出口货源,承揽出口货物;

②为托运人向航空公司订舱,确定航班舱位和运输日期;

③缮制航空公司及海关等政府监管机构所需要的单证,例如货物托运书、航空货运单、装箱单和货物报关单等,有的货代还可出具自己的分运单;

④接单接货,清点货物,办理交接手续,上门取货,送货到家,并为客户提供货物运输过程的追踪查询服务;

⑤代收货人、托运人办理进、出口货物报关报验手续以及货物转关手续;

⑥为客户提供运输费用和其他费用的结算服务以及投保服务;

⑦向客户提供出口商品进口国的有关政策、法规咨询服务,以便客户能按照对运输及相关方面有利的条款成交。

4. 航空集装箱货物运输单证

航空集装箱货物运输单证主要航空公司签发的航空主运单(简称主单,Master Air Waybill,MAWB)、空代签发的航空分运单(简称分单,House Air Waybill,HAWB),以及托运人办理托运手续时填写的国际货物委托书(Shippers Letter of Instruction,SLI)等。在航空快递业务中则使用自己独特的运输单据:交付凭证(Proof of Delivery,POD)。

(1)航空集装箱货物运输单证。在航空集装箱货物运输中使用的主单和分单的格式和内容基本相同,其法律效力相当,只是所涉及合同的当事人不同。且各公司所使用的运单大多借鉴 IATA 的标准格式,差别不大(表 7-6、表 7-7)。

我国国际航空货运单由一式十二联组成,包括三联正本,六联副本和三联额外副本(表 7-8)。

航空运输集装箱货物若采取集中托运的方式发运时,由空代为每票货物的收货人出具分运单,而以航空公司签发的航空货运单作为总运单。

我国空运货物出口时托运人应填写国际货运委托书,其主要项目有:托运人名称、地址及账号,收货人名称、地址及帐号,代理人的名称及城市名称,货物的始发站、到达站、件数、重量及包装方式等。国际货物委托书需用英文缮制一式二份,并应由托运人签字、盖章后交给空代。

(2)交付凭证。POD 相当于普通航空货运中的分运单,一般为一式四联。

第一联　报关联,留在始发地作为出口报关的单据

第二联　随货同行联,贴附在货物包装上,作为收货人核收货物的依据,并且在随货单据丢失时可作为进口报关的单据

第三联　财务结算联,是快递公司内部结算和统计的依据

第四联　发运凭证,留存发件人处,同时该联印有背面条款,一旦产生争议可作为判定当事人各方权益、解决争议的依据

**航空主运单**　　表7-6

| 999 | | 999- | |
|---|---|---|---|
| Shipper's Name and Address | Shipper's Account Number | NOT NEGOTIABI.E<br>CAAC<br>中国民航<br>AIR WAYBILL（AIR CONSIGNMENT NOTE）<br>ISSUED BY：THE CIVIL AVIATION ADMINISTRATION OF CHINA BEIJING GHINA<br>Copies 1.2 and 3 of this Air Waybill are originals and have the same validity | |
| Consignee's Name and Address | Consignee's Account Number | It is agreed that the goods described here in are accepted in apparent good order and condition (except as noted) for carriage SUBJECT TO THE CONDITIONS OF CONTRACT ON THE REVERSE HEREOF, THE SHIPPER'S ATTENTION IS DRAWN TO THE NOTICE CONCERNING CARRIER'S LIMITATION OF LIABILITY. Shipper may increase such limitation of liability by declaring a higher value for carriage and paying a supplemental charge if required.<br>ISSUING CARRIER MAINTAINS CARGO ACCIDENT LIABILITY INSURANCE | |
| Issuing Carrier's Agent Name and City | | Accounting Information | |
| Agent's IATA Code | Account No. | | |
| Airport of Departure (Addr. of First Carrier) and Requested Routing | | | |

| to | By first Carrier Routing and Destination | to | by | to | by | Currency | CHGS Code | WTNAL PPD | WTNAL COLL | Other PPD | Other COLL | Declared Value for Carriage |
|---|---|---|---|---|---|---|---|---|---|---|---|---|
| | | | | | | | | | | | | |

| Airport Destination | Flight/Date For Carrier Use only Flight/Date | Amount of Insurance | INSURANCE if carrier offers insurance, and such insurance is requested in accordance with conditions on reverse hereof, indicate amount to be insured in figure in box marked amount of insurance. |
|---|---|---|---|
| | | | |

Handling Information

（for USA only）Those commodities licensed by U. S. for ultimate destination ...... Diversion contrary to U. S. law is prohibited.

| No.of Pieces RCP | Gross Weight | kg /lb | Rate Class / Commodity Item No. | Rate Charge | Total | Nature and Quantity of Goods (Incl. Dimensions or Volume) |
|---|---|---|---|---|---|---|
| | | | | | | |
| | | | | | | |

| Prepaid | Weight Charge | Collect | Other Charge |
|---|---|---|---|
| | Valuation Charge | | |
| | Tax | | |
| | Total Other Charges Due Agent | | Shipper Certifies that the Particulars on the face here of are correct and insofar as any part of the consignment contains dangerous goods, such part is properly described by name and is in proper condition for carriage by air according to the applicable Dangerous Goods Regulations.<br>------------------------<br>Signature of Shipper or his Agent |
| | Total Other Charges Due Carrier | | |
| Total Prepaid | | Total Collect | |
| Currency Conversion Rates | | CC Charges in DEST.Currency | ------------------------<br>Executed on (date) at (place) Signature of Issuing Carrier or its Agent |
| For Carriers Use Only at Destination | | Charges at Destination | Total Collect Charges　　999- |

**航 空 分 运 单**　　　　表 7-7

| AIRPORT OF DEPARTURE | AIRPORT OF DESTINATION | MASTERAIRWAYBILLNUMBER | AIR WAYBILL NUMBER No. 322297 |
|---|---|---|---|

| ROUTING AND DESTINATION | | | | | | |
|---|---|---|---|---|---|---|
| TO | BY FIRST CARRIER | TO | BY | TO | BY | |

| CONSIGNEE'S ACCOUNT NUMBER | CONSIGNEE'S NAME AND ADDRESS | NOT NEGOTIABLE<br>AIR WAYBILL<br>(AIR CONSIGNMENT NOTE)<br>ISSUED BY<br>中国外运股份有限公司<br>SINOTRANS LIMITED<br>Beijing, China. |
|---|---|---|
| ALSONOTIFY | | Member of FIATA<br>Copies 1, 2 and 3 of this Air Waybill are originals and have the same validity<br>It is agreed that the goods described herein are accepted in apparent good order and condition (except as noted) for carriage SUBJECT TO THE CONDITIONS OF CONTRACT ON THE REVERSE HEREOF, THE SHIPPER'S ATTENTION IS DRAWN TO THE NOTICE CONCERNING CARRIERS'LIMITATION OF LIABILITY. Shipper may increase such limitation of liability by declaring a higher value for carriage and paying a supplemental charge if required. |
| SHIPPER'S ACCOUNT NUMBER | SHIPPER'SNAMENADADDRESS ⇩ | EXECUTED ON ______ AT ______<br>(Date) (Place)<br>SIGNATURE OF ISSUING CARRIER OR ITS AGENT<br>______ |

| CURRENCY | WTNAL | | OTHER | | DECLARED VALUE FOR CARRIAGE | DECLARED VALUE FOR CUSTOMS | AMOUNT OF INSURANCE | INSURANCE. If Carrier offers insurance, and such insurance is required in accordance with conditions on reverse hereof, indicate amount to be insured in figures in box marked amount of insurance |
|---|---|---|---|---|---|---|---|---|
| | PPD | COLL | PPD | COLL | | | | |

| NO. OF PACKAGES RCP | ACTUAL GROSS WEIGHT | kg / lb. | | RATE CLASS / COMMODITY ITEM NO. | CHARGEABLE WEIGHT | RATE | WEIGHT CHARGE | NATURE AND QUANTITY OF GOODS(INCL.DIMENSIONS OR VOLUME) |
|---|---|---|---|---|---|---|---|---|
| | | | | | | | | |
| | | | | | | | | |

SPECIAL HANDLING INFORMATION (INCLUDING MARKS. NUMBERS AND METHOD OF PACKING)

| | | | | |
|---|---|---|---|---|
| PREPAID | WEIGHT CHARGE | OTHER CHARGES | TOTAL OTHER CHARGES | |
| | VALUATION CHARGE | | TOTAL PREPAID | |
| COLLECT | WEIGHT CHARGE | OTHER CHARGES | | TOTAL OTHER CHARGES |
| | VALUATION CHARGE | | | TOTAL COLLECT |

国际航空货运单构成　　表 7-8

| 序号 | 名称 | 使用人 | 颜色 | 作　用 |
|---|---|---|---|---|
| A | Original 3（正本 3） | 托运人 | 浅蓝色 | 承运人收到货物的证明，承运人和托运人之间运输合同的证明。在运费预付时还是托运人支付运费的收据。 |
| B | Copy 9（副本 9） | 代理人 | 白色 | |
| C | Original 1（正本 1） | 航空公司 | 浅绿色 | 作为财务记账凭证 |
| D | Original 2（正本 2） | 收货人 | 粉红色 | 随货同行，货物到达目的地，由最后承运人将其交予收货人为核收货物的依据 |
| E | Copy 4（副本 4） | 提取货物收据 | 浅黄色 | |
| F | Copy 5（副本 5） | 目的地机场 | 白色 | |
| G | Copy 6（副本 6） | 第三承运人 | 白色 | |
| H | Copy 7（副本 7） | 第二承运人 | 白色 | |
| I | Copy 8（副本 8） | 第一承运人 | 白色 | |
| J | Extra copy（额外副本） | 承运人 | 白色 | |
| K | Extra copy（额外副本） | 承运人 | 白色 | |
| L | Extra copy（额外副本） | 承运人 | 白色 | |

## 三、国际航空货物运输管理机构

1. 国际民用航空组织（International Civil Aviation Organization，ICAO）

ICAO 是各国政府组成的国际航空运输机构，1947 年 5 月 13 日正式成为联合国的一个专门机构，截至 2009 年 9 月共有 190 个缔约国，总部设在加拿大的蒙特利尔。我国 1974 年正式加入该组织，是 33 个理事国之一。该组织下设航行、航空运输、联合供应、空中航行设施、财务和关于非法干扰国际民用航空及其设施委员会，另有常设的法律委员会协调工作。理事会有权就条约和公约解释问题，请求设在海牙的国际法院发表咨询意见。凡成员国之间发生争端而不能协商解决时，可要求理事会做出裁决。

ICAO 通过成员国之间的合作，力求实现其民用航空安全、有保安和可持续发展的远景目标。

2. 国际航空运输协会(International Air Transport Association,IATA)

IATA是各国航空运输企业的联合组织,会员必须是持有ICAO的成员国颁发的定期航班运输许可证的航空公司。其总部设在加拿大蒙特利尔,执行总部设在瑞士日内瓦,同时在日内瓦设有清算所,为各会员公司统一财务上的结算。该协会在全球有7个地区办事处,分别负责欧洲地区、拉丁美洲地区、中东地区、非洲地区、中国、亚洲地区、美国的事务。

IATA的目标是调解有关商业飞行的法律问题,简化和加速国际航线的客货运输,促进国际航空运输的安全和世界范围内航空运输事业的发展。

3. 国际航空电信协会(Society International de Telecommunication Aeronautiques,SITA)

SITA成立于1949年,是ICAO认可的一个非营利的组织。中国民航于1980年5月加入SITA,中国国际航空公司、中国东方航空公司、中国南方航空公司等都已成为SITA的会员。

SITA是世界航空运输业领先的电信和信息技术解决方案的集成供应商,其发展目标是带动全球航空业使用信息技术的能力,并提高全球航空公司的竞争能力。SITA不仅为航空公司提供网络通讯服务,还可为其提供共享系统,如机场系统、行李查询系统、货运系统、国际票价系统等。

## 四、有关航空货物运输的国际公约

1. 航空货物运输国际公约概述

在国际航空货物运输领域主要有三个国际公约和一个议定书。

(1)1929年《华沙公约》。早在1925年10月,在巴黎举行的第一届政府间国际航空私法会议就对国际航空承运人的责任制度进行了讨论。尽管会议未能就提出的公约草案达成协议,但成立了国际航空法律专家技术委员会就此问题进行进一步研究。1929年10月,在华沙举行的第二届国际航空私法会议通过了《统一国际航空运输某些规则的公约》(Convention for the Unification of Certain Rules Relating to International Air Carriage),即1929年《华沙公约》。该公约规定了以航空运输承运人为一方和以旅客、货物托运人、收货人为另一方的权利义务关系。公约1933年生效,目前已有130多个国家和地区参加了该公约。我国于1958年加入该公约。

(2)1955年《海牙议定书》。鉴于1929年公约的某些内容已不能适应国际航空运输的发展,1955年在海牙对1929年《华沙公约》进行了修订,形成1955年《海牙议定书》(Hague Protocol),全称为《修改1929年10月12日在华沙签订的国际航空运输某些规则的公约的议定书》。该议定书就承运人责任限制、运输单证的项目、航行过失免责及索赔等事项对《华沙公约》进行了修改,于1963年8月1日生效,目前已有90多个成员国,我国于1975年加入。

(3)1961年《瓜达拉哈拉公约》。由于1929年的《华沙公约》和1955年的《海牙议定书》都没有对"承运人"一词作明确规定,因此有些人将承运人一词理解为"与货物托运人订有运输合同的人",也有的理解为除了与货物托运人订有运输合同的人外,还包括受契约承运人的委托,完成货物运输的承运人。为了解决这一分歧,各国代表在1961年于墨西哥的瓜达拉哈拉会议上通过了《统一非订约承运人所办国际航空运输某些规则以补充华沙公约的公约》,简称1961年《瓜达拉哈拉公约》。该公约将承运人区分为"契约承运人"和"实际承运人"。契约承运人是指以本人的身份与旅客或货物托运人,或与他们的代理人订立一项适用《华沙公约》

的运输合同的人。而实际承运人是指根据契约承运人的委托或授权完成全部或部分运输的人。《瓜达拉哈拉公约》的目的是使华沙公约中有关承运人的规定适用于实际承运人。该公约1964年5月1日起生效,已有50多个成员国,我国未加入。

包括海牙议定书和瓜达拉哈拉公约在内,到1975年止,华沙公约前后共进行了四次修改,产生八个法律文件,形成了国际航空承运人统一的责任制度,总称为“华沙体制”。

在这些公约和议定书中,华沙公约是基础,另两个法律文件只是对华沙公约的修改或补充,并没有改变华沙公约的基本原则,因此可以说航空运输方面的法律已在很大程度上达到了一致。但是这三个公约又是相互独立的国际公约,每个国家都可以只参加其中一项,也可以同时加入两个或三个公约。

(4)1999年《统一国际航空运输某些规则的公约》。由于1971年《危地马拉议定书》及1975年的一系列蒙特利尔议定书长期不能生效,导致一些航空公司在国际航协的范围内以援引《华沙公约》的规定与旅客达成特别协议的方式,大幅度提高了对旅客损害的赔偿责任,致使华沙体制处于瓦解境地。经过努力,国际社会终于在1999年通过了与1929年《华沙公约》同名的《统一国际航空运输某些规则的公约》,又称1999年《蒙特利尔公约》。其内容独立于华沙体制,在制订时着重考虑对旅客提供公平赔偿,并最大限度地保证了旅客和承运人之间的利益平衡,同时明确了运输迟延造成损失的赔偿额度。该公约已于2003年11月4日生效。

本书主要介绍上述公约中与国际航空货物运输有关的规定,这些规定也适用于国际航空集装箱运输。

2. 华沙体制的主要内容

(1)适用范围。《华沙公约》适用于以航空器运输货物而收取报酬的国际运输,只要有关各方所订立的运输合同的出发地和目的地在缔约国境内即可,而不论在全程运输中有无中断或转运。如果航空运输企业以航空器履行免费运输,也应当适用《华沙公约》。

(2)空运单。《华沙公约》将空运单证称为空运托运单(Air Consignment Note,ACN)。每一套托运单应有正本三份,并与货物一起交承运人,经签字盖章后分别交承运人、托运人和收货人。

除托运单外,托运人还要向承运人提交有关货物运输和通过海关所必需的单证,如发票、装箱单等,以便能及时办理海关手续,迅速将货物交到收货人手中。

按照《华沙公约》规定,空运托运单主要包括空运单填写的地点、日期等十七项内容。如果承运人承运了没有填写空运托运单的货物,或在空运托运单上没有包括某些必要记载事项,承运人则无权引用《华沙公约》中有关免除和限制承运人责任的规定。

托运人应对空运托运单上所填写的关于货物的各项说明和声明的正确性负责;若上述资料不正确或不完备而使承运人或任何其他人遭受损失,托运人应负赔偿责任。

因为空运速度快,通常在托运人将托运单送交收货人之前,货物已送至目的地,这在很大程度上排除了通过转让货运单据来转让货物的需要。因此虽然公约并不限制签发可转让的空运托运单,但在实际业务中,空运单一般都印有“不可转让”字样。货物运至目的地后,收货人凭承运人的到货通知和有关证明提货,并在提货时在随货运到的空运托运单上签收,而不要求收货人凭托运单提货。

《海牙议定书》在空运单方面的修改主要是:

①将空运托运单改为空运单(Airway Bill);

②空运单上所必须记载的内容比华沙公约所要求的内容有所减少。

(3)承运人的责任制度。

①承运人责任期间:在国际航空货物运输中,承运人的主要责任是按时将货物安全地运送到目的地。根据《华沙公约》的规定,空运承运人应对货物在空运期间所发生的货物灭失、损害或迟延交付承担责任。

所谓空运期间是指货物交由承运人保管的整个期间,不论货物是在机场,或是装上飞机,或是在机场外降落的任何地点。在机场外为了装载、交货、转运而引起的灭失、损害,除有相反证据外,仍应视为在空运期间发生的损害,承运人应承担责任。

②承运人的免责事由:如果承运人能够证明下列事项,则承运人可以要求免除其对货物损害、灭失或迟延交付的责任:

A. 承运人或其雇佣人员已采取一切必要的措施以避免损失的发生,或承运人和其雇佣人员不可能采取这种防范措施;

B. 货物的灭失或损害系由于受损人的过失引起或促成时,可在其过失程度的范围内免除承运人的责任;

C. 货物的灭失或损害系由于领航上的疏忽或飞机操作上的疏忽或驾驶上的失误引起。《海牙议定书》取消了这一免责事项。

③承运人赔偿责任限额:《华沙公约》规定,承运人对货物的灭失、损害或延迟交货的责任,以货物毛重每公斤250金法郎为限。但托运人在托运时已声明了货物的价值并支付了附加运费的,不在此限。

但如经证明货物遭受的损害、灭失或迟延交付是由于承运人或其代理人或其雇佣人员的故意不当行为所引起,承运人则无权引用公约中有关责任限制和免除承运人责任的条款。

在承运人赔偿责任限制方面,《海牙议定书》只是将《华沙公约》中的"故意不当行为"改为"故意引起损失,或者明知可能造成损失仍轻率地作为或不作为",承运人的责任限额并没有改变。

④实际承运人:根据《瓜达拉哈拉公约》的规定,实际承运人完成全部或部分货物运输时,除非另有规定,否则,契约承运人和实际承运人均受《华沙公约》约束。前者对全程运输负责,后者对自己运输区段负责,并享有《华沙公约》规定的免责和责任限制。

(4)运输合同的变更。托运人在履行运输合同所规定的一切义务的条件下,有权要求变更运输合同,可要求变更的内容包括:

①在起运地航空站或目的地航空站将货物收回;

②在途中经停地点中止货物运输;

③在目的地或运输途中将货物交给非航空货运单中指定的收货人;

④要求将货物运回起运地航空站。

上述变更运输合同权利的行使不得使承运人或其他人遭受损失,且不得造成货物的分票。托运人还应支付因此发生的一切费用。

当承运人接到托运人要求变更运输的通知,而事实上已无法执行时,应立即通知托运人。如果承运人根据托运人的指示交货,但没有要求出示其所签的空运单,致使该空运单的持有人遭受损失的，承运人应承担责任，但并不妨碍承运人向托运人追偿的权利。

(5)索赔与诉讼。根据《华沙公约》的规定，在货物遭受损害的情况下，收货人或有关当事人应于发现后立即向承运人提出书面通知，或在收货后7天之内提出书面通知，如在上述期限内没有提出，则视为放弃该项索赔。在迟延交付情况下，收货人应在货物交其处理之日起14日内提出异议。

《海牙议定书》对托运人提出书面通知的期限做了修改，分别比原公约规定的时间延长了7天。

有关空运合同的诉讼时效为两年，从货物到达或应到达，或运输终止之日起算。过了该期限没有提起诉讼，则视为托运人放弃了该项诉讼的权利。

3.1999年《蒙特利尔公约》的主要内容

1999年《蒙特利尔公约》关于航空货物运输与华沙体制不同的规定主要体现在以下几个方面：

(1)航空货运单。公约规定航空货运单应包括以下内容：

①对出发地点和目的地点的标示；

②出发地点和目的地点是在一个当事国的领土内，而在另一国的领土内有一个或者几个约定的经停地点的，至少对其中一个此种经停地点的标示；

③对货物重量的标示。

货运单的填写、签发不符合公约规定的，不影响运输合同的存在或者效力，该运输合同仍应当受公约的约束，包括公约有关责任限制的规定。

(2)承运人免责事由。航空运输中发生货物的毁灭、遗失或者损坏，如果承运人证明是由于下列原因造成的，承运人不承担责任：

①货物的固有缺陷、质量或者瑕疵；

②承运人或者其受雇人、代理人以外的人包装货物的，货物包装不良；

③战争行为或者武装冲突；

④公共当局实施的与货物入境、出境或者过境有关的行为。

对于航空运输中因延误引起的损失，承运人应承担责任，除非承运人证明本人及其受雇人和代理人为了避免损失的发生，已经采取一切可合理要求的措施或者不可能采取此种措施。

此外，如果承运人能够证明损失是由索赔人或者索赔人从其取得权利的人的过失或者其他不当行为造成的，则应当根据此种过失或者不当行为的程度，相应全部或者部分免除承运人对索赔人的责任。

(3)承运人赔偿责任限额。在航空运输中造成货物毁灭、遗失、损坏或者延误的，承运人的赔偿责任以毛重每公斤17特别提款权为限，除非在托运时，托运人特别声明货物在目的地点交付时的利益，并在必要时支付了附加费。

## 五、我国关于航空集装箱运输的法律制度

我国调整民用航空货物运输的基本法是1996年3月1日起施行的《中华人民共和国民用航空法》(以下简称《民用航空法》)。另外根据该法制订了《中国民用航空货物国内运输规则》、《中国民用航空货物国际运输规则》等。

1.《民用航空法》

《民用航空法》关于货物运输的规定在其第九章“公共航空运输”,该章适用于公共航空运输企业使用民用航空器经营的货物运输,包括公共航空运输企业使用民用航空器办理的免费运输;并适用于多式联运中的航空运输部分。

对于在航空运输期间发生的货物毁灭、遗失或者损坏的,承运人承担严格责任;发生延误造成损失的,承运人承担推定过错责任。

国内航空运输承运人的赔偿责任限额,该法规定由国务院民用航空主管部门制定,报国务院批准后公布执行。国际航空货物运输中承运人的赔偿责任限额为毛重每公斤 17 特别提款权。

2.《中国民用航空货物国内运输规则》

1996 年民航总局依据《民用航空法》制定了《中国民用航空货物国内运输规则》,自 1996 年 3 月 1 日起施行。规则适用于出发地、约定的经停地和目的地均在我国境内的民用航空货物运输。该规则按货物运输流程的顺序编排,规定了国内民用航空货物运输中货运单的使用,以及承运人、托运人、收货人的权利义务关系。其中规定国内货物运输承运人的赔偿责任限额为毛重每公斤人民币 20 元,除非托运人托运时声明了货物的价值。

3.《中国民用航空货物国际运输规则》

2000 年民航总局根据《民用航空法》制定了《中国民用航空货物国际运输规则》,自 2000 年 8 月 1 日起施行。该规则适用于依照中华人民共和国法律设立的公共航空运输企业使用民用航空器运送货物而收取报酬的国际航空运输,也适用于免费的国际货物航空运输。

为了提高运输服务质量,减少运输中由于人为原因造成的货物损坏,该规则明确要求承运人建立监装、监卸制度,并要求其按规定装卸货物。同时明确规定承运人应当在考虑托运人利益的情况下,用合理的时间完成运输,包括使用其他交通工具运输货物。

## 思考与练习

一、名词解释

1. 公路集装箱中转站
2. 公路运单
3. 铁路集装箱办理站
4. 铁路运单
5. 成组器
6. 空运单
7. 华沙体制

二、简答题

1. 铁路运单、领货凭证和货票分别如何使用?
2. 航空主运单与分运单有何区别?
3. 简述铁路集装箱货运流程。
4. 简述航空集装箱货运流程。
5. 开展铁路集装箱货运需要具备的条件有哪些?

6. 开展航空集装箱运输要具备的条件有哪些?

三、案例题

1. 天津新洋公司以每千克 1.76 元收购葵花籽 34 650kg，共 770 件，委托天津火车站客货服务公司运输到上海铁路分局化鱼山火车站所属的芜湖西站，交安徽省芜湖市果品食杂公司收货。到站卸车时，收货人发现车厢内有严重异味，拒收货物。天津新洋公司因此遭受经济损失，要求上海铁路分局化鱼山火车站赔偿全部损失，按货价、包装费及运费等共计 68 179.50 元。后该批货物车厢内的残存物中检出 3911(剧毒农药)，含量为 3 591.6mg /kg；在包装葵花籽的麻袋中检出 3911，含量为 100mg /kg。经铁路到站顺查，发现该车皮于 5 个月前曾装运过 3911。卸车后，该车皮被回送到郑州东站经消毒后又投入使用。

问题讨论：

(1)危险货物在运输中要注意哪些事项?

(2)化鱼山火车站是否应承担赔偿责任? 为什么?

2. 北京一家公司有一批花鼠要从北京运往东京，收运后原定妥当日航班，起飞时间 9:30。当天上午这批货物被运到北京机场的机坪，地面温度 33℃。由于飞机发生故障，推迟起飞时间，暂定于 14:00 装机。中午时分工作人员将货物拉回仓库。由于花鼠经日晒太久，运到目的地后发现成活率太低，于是通知发货人将货物提回。发货人将货物提回时，花鼠已经死亡过半，取回后没几天就全部死亡。

问题讨论：

(1)航空货物运输的程序是什么样的?

(2)该批货物损害责任应由谁承担? 为什么?

四、计算题

根据下列资料制作一份航空运单。

Seller: Xiamen Chengyi Foreign Trade Corporation

Tel: 0592 – 5583123, Fax: 0592 – 5583128

Buyer: G. S. Gill Sdn Bhd 105 Jalan Tranku Abdul, Rahmnan, 70100 Kuala Lumpur Malaysia

Description of Goods: Bone bead/wooden bead; 35cm × 45cm × 54cm; 79kg; rate: 12.80CNY/kg

AW: 10.00

Freight prepaid

# 第八章　国际集装箱多式联运

## 引导案例　我国集装箱海铁联运换装作业的运作模式

在国际多式联运中，往往要涉及多种运输方式间的转换。因此，如何高效快捷地完成集装箱在不同运输方式间的衔接就显得尤为重要。换装作业作为衔接不同种运输方式的重要工作环节，对集装箱海铁联运的效果和效率有显著影响。

目前，我国集装箱海铁联运换装作业主要有以下几种运作方式：

（1）“水—公—铁”A模式。港口拥有集装箱码头，铁路部门在港口城市或周边地区的某个位置设立集装箱站场，两者都能够为集装箱运输提供服务，但铁路集装箱站场与集装箱码头相距较远（几十甚至上百公里）。若以港口城市为节点，需要经过很长一段距离的公路运输后，才能实现集装箱在港口码头与铁路站场之间的移动，从而完成水路和铁路两种运输方式之间的转换。这种模式的典型例子有：上海洋山港区与上海芦潮港铁路集装箱中心站之间的集装箱海铁联运。

（2）“水—公—铁”B模式。港口城市的集装箱码头与铁路的集装箱站场相距很近，有些甚至只被一条社会道路所分隔，但由于集装箱码头和铁路站场内部使用的装卸设备只能在各自区域内作业，集装箱码头与铁路站场之间的集装箱运输仍需要由允许在社会道路上行驶的集装箱卡车（集卡）或第三方运输企业完成。其换装管理与“水—公—铁”A模式相同。这种模式的典型例子有：深圳港盐田港区与平盐铁路盐田站之间的集装箱海铁联运。

（3）“水—铁”模式。集装箱码头后方堆场铺设有铁轨，铁路集装箱运输车辆（车皮）进入码头堆场铁路装卸线后，由码头堆场的机械设备进行集装箱装卸作业。车皮交接在铁路部门设定的港口站进行，由铁路进出港口的集装箱班列抵达（离开）港口站，视作铁路段运输完成（开始），而码头内部的铁路作业机车在港口站进行集装箱班列车皮接取（送达），视作港口端换装运输开始（完成）。由于铁路装卸线建在码头堆场，对铁路车皮的装卸车作业成为码头生产的重要组成部分，因此集装箱海铁联运换装管理与“水—公—铁”模式显著不同。这种模式的典型例子有：大连港、天津港和连云港集装箱码头利用其后方堆场铺设的铁路装卸线开展的海铁换装。

### 问题

1. 案例中提到的三种模式分别有什么特点？

2. 统计资料显示，目前在我国港口集装箱的集疏运中，海铁联运比重较低。相较于欧洲20%、美国30%～40%，我国港口的海铁联运比重仅占2%左右，而海公联运约占80%，是主要的集疏运方式。你认为造成这一现象的原因可能有哪些？

## 本章知识点

随着国际贸易的不断发展，国际货物的高效运输需要更多国家、经营人和运输方式共同协作完成。国际集装箱多式联运就是在集装箱运输的基础上，为了顺应这样的要求而产生和发展起来的，是今后国际运输发展的方向，因此也成为了广大学者和从业者研究和实践的重点和热点。

本章介绍了国际集装箱多式联运的产生和发展，以及其中涉及的众多要素。主要包括国际集装箱多式联运的类型和运输组织方式，国际集装箱多式联运合同和单据，国际多式联运经营人，以及国际集装箱多式联运的相关法律法规等。

本章应重点掌握的内容：国际集装箱多式联运的构成要件和优点；国际集装箱多式联运合同；国际集装箱多式联运的方式；国际多式联运经营人；国际集装箱多式联运运输组织方式；国际集装箱多式联运单据；国际集装箱多式联运的相关法律法规。

# 第一节　国际集装箱多式联运概述

国际贸易中的货物从最初起运地（托运人工厂或仓库）到最终目的地，可能要经过多个不同阶段的运输，如由公路转海运再转公路。在传统的运输方式下，这一运输过程将由多个承运人采用接力的方式分段完成。货方（托运人或收货人）只能通过与各段承运人分别订立运输合同才能最终实现货物的全程运输。在这种情况下，各段的承运人仅需要负责自己所承运区段（从接受货物至交付货物）的货运组织工作，而货方却要负责大部分的组织工作，包括运输线路的确定、运输区段的划分（中转地点的选择）、各区段运输方式及承运人的选择、各区段的衔接和所需的各种服务及手续的办理等。这样的运输方式使得货方不仅在货物的准备方面花费精力，更要在货物的运输问题上花费更多的精力，而由于他们的精力和能力有限，在很多时候就不得不通过支付佣金委托代理人来完成各项工作。这样，不仅给货方带来了许多不便，而且由于货方难以对国际运输有较充分的了解，在运输组织和实施过程中，难免费时、费力。

集装箱运输作为以全部机械化作业来提高运输效率的现代交通运输方式，其产生和发展给货主们带来了极大的方便。当集装箱作为一个运输单元，由一种运输方式转换到另一种运输方式时，不需要将箱内物体移动。这就大大简化和加快了换装作业，而且口岸监管单位通过加封或验封即可放行。这种能把海运及内陆的铁路、公路、水路等多种运输方式以及与进出口运输业务有关的口岸监管工作联合起来进行一体化的集装箱运输方式，就是集装箱多式联运。

多式联运一语最早见于1929年《华沙公约》。1980年5月，日内瓦召开了由84个贸发成员国参加的国际多式联运会议，通过了《联合国国际货物多式联运公约》（以下简称《多式联运公约》），将国际多式联运定义为：按照多式联运合同，以至少两种不同的运输方式，由多式联运经营人将货物从一国境内接管货物的地点运至另一国境内指定交付货物的地点。

## 一、国际集装箱多式联运的发展

### 1. 国际集装箱多式联运产生和发展的原因

国际集装箱多式联运是在一定的世界经济环境和技术条件下形成和发展起来的。归纳起

来,导致国际集装箱多式联运产生和发展的主要因素有:

(1)世界经济一体化造就了国际多式联运产生和发展的经济环境。世界各地社会和自然条件的差异,形成了世界各地区不同的生产结构,也因此产生了生产的国际分工和协作。而20世纪后期跨国公司的跨国经营作为世界经济一体化的主要表征之一,进一步加快了国际分工和协作的发展,使得国际化社会化大生产的规模越来越大。随着国际化社会化大生产的快速和深入发展,社会分工越来越细,专业化程度越来越高,产品的商品率越来越高,规模经济越来越明显,且向外扩展性和渗透性也越来越强,从而形成了产、供、运、销连成一体的开放的国际经济市场。

为此,在世界经济一体化的国际贸易往来中,也要求有多种运输方式结合在一起,发挥各自的优势,取长补短,以满足国际贸易发展的需要。

(2)产业结构和商品结构的变化产生了对多式联运的现实需求。随着世界经济一体化进程的加快,产商不仅要从商品数量上,更主要的是要在商品价值上占领更多的市场份额。为此,产商们着手从内部不断优化产业结构和产品结构,对其产品进行精加工,往高、精、轻、薄的方向发展,从而生产出了高附加值产品,如精密仪器、电子产品及零部件、办公设备、集成电路和高级化工产品等。这样,在国际贸易中低值的大宗散杂货的运量呈现下降趋势,而高附加值和精密型的货物比例呈上升的势头。由于高附加值和精密型的商品价值高,在运输途中容易被损坏和被窃,并需要立即投放市场参与竞争,所以它们要求获得安全、快速、准时的运输服务。集装箱运输的产生达到了安全运输的目的,而采用国际集装箱多式联运的组织形式,则能达到了快速、准时运输的要求。

(3)国际集装箱内陆运输系统的建立,促进了国际多式联运的发展。在国际贸易中,90%的国际货物是通过海运完成的。为了加强国际航运企业在国际航运市场的竞争地位,占据更多的市场份额,世界各主要海运国家在20世纪70~80年代的20年内,大力建设集装箱船队,开辟国际集装箱班轮航线,形成了遍布全球的集装箱航线网络。这一时期开展的主要是港到港的国际集装箱运输。同一时期跨国公司的跨国经营也不再局限在沿海地区,也向内地加大了投资的力度。在这种情况下,国际集装箱的内地运输就成为全程运输的瓶颈。因此,从20世纪80年代末到90年代初,世界主要的班轮公司纷纷掀起所谓"海船登陆"运动,其他各运输方式经营人也不甘示弱,纷纷大力扩展其经营范围。原先各种运输方式各自为政的局面逐渐消融。经过近十年的努力,国际集装箱内陆运输系统在世界上的主要地区基本建成,国际集装箱多式联运冲破障碍,迈上了一个新的台阶。

(4)科学技术的进步加快了国际多式联运的发展。从某种意义上来说,没有现代科学技术,就不可能有国际集装箱多式联运。应用于国际集装箱多式联运的先进技术,主要包括国际标准化集装箱及其运输技术、现代化高速全集装箱船、现代化集装箱换装设备及换装技术、双层叠载集装箱直达列车及运输组织技术和电子数据交换(EDI)技术等。因为集装箱运输是件杂货运输的发展方向和高级运输组织形式,而国际集装箱多式联运又是集装箱运输的高级发展阶段,并且是一种高度技术密集型的运输组织形式。所以现代科学技术的推广应用,又加速了国际多式联运的发展。

国际集装箱多式联运从诞生至今不过半个世纪的时间,已受到世界各国的重视,将其作为发展国民经济、参与国际竞争的重要手段。

2. 我国国际集装箱多式联运的发展

随着我国国民经济和对外贸易的发展，我国国际集装箱多式联运得到了国家的大力扶持和有关部门的高度重视，特别是自 1978 年我国正式开辟第一条国际集装箱航线以来，国际集装箱多式联运在我国得到了较快的发展。

我国大规模的国际集装箱多式联运从 1986 年开始，由交通部中国远洋运输总公司与铁道部运输局联合开办国际集装箱海铁联运业务。其主要业务包括在双方确定的沿海港站和内陆火车站开办进出口货物国际集装箱海铁联运业务以及经我国港口和铁路过境的第三国集装箱货物运输。

1989 年 12 月由交通部主持，交通部水运科学研究所和上海市人民政府交通办公室承办的国家科委批准的“七五”国家重点项目“国际集装箱运输系统（多式联运）工业性试验”（下称“工试”）正式立项。该项目的主要内容是发展和完善一个能向国内和国外两大扇面辐射的国际集装箱枢纽港——上海港；建立和完善集装箱运输的管理、设备和信息三个系统；建立和完善以上海为端点的远洋运输干线和相应的内陆集疏运支线，使上海港国际集装箱吞吐量、口岸集装箱化程度、“门到门”运输比重等技术经济指标达到预期目标；研制国际集装箱多式联运配套设备和工艺，研究国际多式联运的管理体系、信息系统。该项目于 1991 年 9 月通过国家鉴定验收。随后“工试”成果很快转化为生产力，通过有关主管部门以及港、航、路、贸和“一关三检”等方面的努力，使我国国际集装箱运输（多式联运）事业迈上了一个新台阶。

通过“工试”及其推广，上海国际集装箱枢纽港的地位得以确立，并在我国建立了一个比较完善的国际集装箱多式联运系统示范模式，开辟并逐步完善了国际集装箱海上航线和内地集疏运线。同时在国内形成了以有船承运人中国远洋运输集团公司（船舶所有人）为代表的多式联运经营人和以无船承运人中国外轮代理公司（船舶代理人）及中国对外贸易运输总公司（货运代理人）为代表的多式联运经营人。现在经营国际集装箱多式联运业务的企业已发展到其他国际海上承运人、船舶代理人、货运代理人、国际联运企业、中外合资国际运输企业和境外国际运输企业。

## 二、国际集装箱多式联运的构成要件

在国际集装箱多式联运方式下，集装箱货物的具体运输仍由海、陆、空等传统单一运输方式完成，但国际集装箱多式联运并不是传统单一运输方式的简单叠加。依据联合国多式联运公约的规定，并结合国际上的实际做法，构成国际多式联运必须同时具备以下要件：

1. 由多式联运经营人承担或组织完成全程运输任务，对全程运输负责

在单一运输方式下，要完成货物从卖方到买方的全程运输，货主要签订多份运输合同，在各运输方式转换地点还要安排人员代为办理货物的交接、换装业务和有关手续。一旦货物在运输过程中发生灭失或损害，货主就只能向发生该损失的区段的运输经营人索赔。

而如果采用多式联运，货物运输过程的一切事项就均由多式联运经营人负责办理。货主只需办理一次托运手续，与该多式联运经营人签订一份运输合同。该多式联运经营人不仅是订立多式联运合同的当事人，也是多式联运单证的签发人，其对全程运输负责。无论货物在运输过程中的哪一区段发生灭失或损害，货主均可向多式联运经营人提出索赔要求。当然，多式联运经营人在履行多式联运合同所规定的运输责任的同时，也可将全部或部分运输委托他人

(分承运人)完成,并订立分运合同。但分运合同的承运人与货主之间不存在合同关系。

2. 签订多式联运合同

如上所述,货主只需与多式联运经营人签订一份运输合同,即多式联运合同。该合同是确定多式联运经营人与货主之间权利、义务、责任关系的依据,也是区分多式联运与单一运输方式的主要依据。

3. 是不同国家之间的货物运输

多式联运可以分为国际多式联运和国内多式联运,国际多式联运的全过程跨越了不同的国家或地区,这不仅与国内多式联运相区别,更重要的是涉及国际运输法规的适用问题。

4. 采用两种或两种以上不同运输方式完成全程运输

国际集装箱多式联运必然选择和采用两种或两种以上不同的运输方式(水路、公路、铁路、航空)来完成全程运输任务。这样才能发挥各种运输方式的优势,做到扬长避短、优势互补;才能通过对各种运输方式进行优化,使各种运输方式达到最佳的组合,以达到国际货物安全、快速、准时送达以及提高运输效率、降低运输成本的目的。

因此在多式联运业务中,货主只需要办理一次托运,订立一份运输合同,多式联运经营人对全程运输负责。货主只需要一份运输单证,向多式联运经营人支付一次全程运费即可。货物一旦在运输过程遭受损失,也由多式联运经营人统一处理货主的索赔。它将传统的单一运输方式下的港、站之间的运输,发展成为根据货方的需要而进行的“门到门”运输。

## 三、国际集装箱多式联运的优点

国际集装箱多式联运是将不同的运输方式有机地组合在一起构成的连续的一体化货物运输方式。国际集装箱多式联运的快速发展,最重要的是其具有传统各单一运输方式无法比拟的优势,具体为:

1. 统一化、简单化

由于多式联运采用一次托运、一次付费、一单到底、全程负责、统一理赔的运输业务模式,避免了货主与各区段承运人分别签订运输合同并办理各种托运、结算及理赔手续的不便和麻烦,为货主提供了极大的方便。

2. 缩短货物运输时间、减少库存、降低货损货差事故,提高货运质量

由于国际集装箱多式联运是以集装箱为单元进行运输,货物在托运人工厂或仓库装箱后,运输途中由一种运输方式转换到另一种运输方式时,无须换箱,也不需要将箱内物体移动,这就减少了中间环节,大大简化和加快了换装作业。而且,在集装箱运输方式下,各个运输环节和各种运输工具之间配合密切、衔接紧凑,货物所到之处中转迅速及时,大大减少了货物的在途停留时间,从根本上保证了货物安全、迅速、准确、及时地运抵目的地,因而也相应降低了货物的库存量和库存成本。同时,多式联运系通过集装箱为运输单元进行直达运输,尽管货运途中须经多次转换,但由于使用专业机械装卸,且不涉及箱内货物,因而货损货差事故大为减少,从而在很大程度上提高了货物的运输质量。

3. 降低运输成本、节省各种支出

货物装载于集装箱内运输,货物的包装、理货和保险等费用可以有一定程度的节省。由于国际集装箱多式联运采用一张单证,统一费率,可以简化制单和结算手续,节省人力、物力。此

外托运人在将货物交由第一程承运人后即可取得货运单证并据以结汇，从而提前结汇，有利于加速资金周转，减少利息支出。

4. 提高运输组织水平，实现合理化运输

在开展多式联运业务前，各种运输方式自成体系，经营人各自为政，其业务范围受到限制，运输量有限。一旦不同的运输经营人共同参与多式联运，经营的业务范围大大扩展，并可以最大限度地发挥各自现有设备的作用，选择最佳运输路线，实现合理化运输。

5. 其他作用

从政府的角度来看，发展国际集装箱多式联运具有以下重要意义：有利于加强政府对整个货物运输链的监督与管理；保证本国在整个货物运输过程中获得较大的运费收入分配比例；有助于引进先进运输技术；减少外汇支出；改善本国基础设施的利用状况；通过国家的宏观调控与指导职能，保证使用对环境破坏最小的运输方式，达到保护本国生态环境的目的。

## 四、国际集装箱多式联运合同

1. 国际多式联运合同的概念和性质

根据《多式联运公约》的规定，多式联运合同是指多式联运经营人凭以收取运费、负责完成或组织完成国际多式联运的合同。我国 1997 年《国际集装箱多式联运管理规则》对国际集装箱多式联运合同给出了相同的定义。

依据上述定义，可以看出国际集装箱多式联运合同具有下列性质：

(1)是有偿合同。根据当事人取得权利是否须偿付代价，合同可分为有偿合同和无偿合同。在国际集装箱多式联运合同中，多式联运经营人以完成全程运输为代价取得收取运费的权利，而托运人或收货人实现货物位移的权利则是以支付运费为代价的。因此，国际集装箱多式联运合同为有偿合同。

(2)是双务合同。根据当事人双方权利义务的分担方式，合同可分为双务合同和单务合同。国际集装箱多式联运合同的双方当事人，即多式联运经营人和货方，均既负有义务又享有权利。如经营人有完成货物全程运输的义务，并有收取运费的权利；而货方有支付运费的义务，也有完好收取货物并在货物出现损害时向经营人索赔的权利。因此，国际集装箱多式联运合同具有双务合同的特点。

(3)是诺成合同。依据合同的成立是否以交付标的物为要件，合同可分为诺成合同与实践合同。在订立国际集装箱多式联运合同时，只要货方与多式联运经营人意思表示一致，合同即依法成立，货方向多式联运经营人交付集装箱货物属于合同的履行环节。显然，国际集装箱多式联运合同属于诺成合同。

(4)为不要式合同。根据合同的成立是否需要特定形式，可将合同分为要式合同与不要式合同。虽然国际集装箱多式联运合同通常由多式联运提单来证明，但多式联运提单并不是运输合同本身。多式联运合同双方当事人可以口头、书面或其他形式(如音像制品形式和默示形式)订立运输合同。因此，国际集装箱多式联运合同为不要式合同。

(5)是涉他合同。以是否严格地贯彻合同相对性原则为标准，合同可以分为涉己合同和涉他合同。国际集装箱多式联运合同的双方当事人是多式联运经营人和托运人，收货人并未参加合同的签订。但多式联运经营人应向作为第三人的收货人交付货物，收货人同时受多式

联运合同中关于运费到付等条款的约束。可见,国际集装箱多式联运合同具有涉他合同的特征。

2. 国际集装箱多式联运合同的订立与主要内容

国际集装箱多式联运合同是处于平等法律地位的国际多式联运经营人与托运人双方的民事法律行为,而且只在双方意思表示一致时才能成立。

国际多式联运经营人为了揽取货物运输,通常会对自己的企业、经营范围等进行广告宣传,并通过运价本、提单条款等形式公开说明。但此种行为并非要约而仅构成要约邀请。托运人或其代理人向经营多式联运的公司或其营业所或代理机构申请货物运输时填写托运单,说明货物的品种、数量、起运地、目的地、运输期限要求等内容的行为,为要约行为。

多式联运经营人在收到托运人或托运人的代理人的要约后,将根据申请的内容,并结合自己的营运路线,所能使用的运输工具及班期等情况,决定是否接受托运。如果认为可以接受,则在双方商定运费率及支付形式,货物交接方式、形态、时间,集装箱提取地点、时间等情况后,由多式联运经营人在交给托运人或托运人代理的场站收据副本联上签章,以表明接受委托,多式联运合同即告成立。

托运人在约定的时间、地点将货物以约定的方式交给多式联运经营人或其代理之后,取得经签字的场站收据,即可到多式联运经营人处换取多式联运提单。多式联运提单是证明多式联运合同的运输单据,是经营人与托运人之间达成的运输合同的条款和具体内容的证明,记载了双方的基本权利、义务和责任。

## 第二节　国际集装箱多式联运的方式

国际集装箱多式联运是采用两种或两种以上不同运输方式进行联运的运输组织形式。这里所指的至少两种运输方式可以是海陆、陆空、海空等。这与一般的海海、陆陆、空空等形式的联运有着本质的区别。后者虽也是联运,但使用的仍是同一种运输工具。众所周知,每一种运输方式都有其优点与不足。一般来说,水路运输具有运量大、成本低的优点;公路运输则具有机动灵活,便于实现货物门到门运输的特点;铁路运输的主要优点是不受气候影响,可深入内陆和横贯内陆实现货物长距离的准时运输;而航空运输的主要优点是可实现货物的快速位移。国际多式联运之所以严格规定必须采用两种和两种以上的运输方式进行联运,是因为只有这样的运输组成形式才能综合利用各种运输方式的优点,充分体现社会化大生产大交通的特点。

由于国际多式联运具有单一运输形式无可比拟的优越性,因而这种国际运输新技术一经产生就很快在世界各主要国家和地区得到广泛的推广和应用。目前,有代表性的国际多式联运主要有远东/欧洲、远东/北美等海陆空联运,其方式包括:

### 一、海陆联运

海陆联运是国际多式联运的主要方式,也是远东/欧洲多式联运的主要方式之一。海陆联运方式是一种以航运公司为主体,由其签发联运提单,与航线两端的内陆运输部门联合开展联运业务的联运方式。其中陆桥运输(Land Bridge Service)起着非常重要的作用。所谓陆桥运输是指采用集装箱专用列车或卡车,把横贯大陆的铁路或公路作为中间“桥梁”,使大陆两端的集装箱海运航线与专用列车或卡车连接起来的一种连贯运输方式。目前比较有影响的陆桥运输有三条:西伯利亚大陆桥运输线、新亚欧大陆桥运输线和北美陆桥运输线。

1. 西伯利亚大陆桥(SLB - Siberian Land Bridge)

西伯利亚大陆桥运输是最著名的国际集装箱多式联运线之一,通过原苏联西伯利亚铁路,把远东、东南亚和澳大利亚地区与欧洲、中东地区联结起来,因此又称亚欧大陆桥。西伯利亚大陆桥于1971年由原全苏对外贸易运输公司正式确立。全年货运量可达10万TEU以上。使用这条陆桥运输线的经营者主要是日本、中国和欧洲各国的货运代理公司。其中,日本出口欧洲杂货的1/3,欧洲出口亚洲杂货的1/5是经这条陆桥运输的。由此可见它在沟通亚欧大陆,促进国际贸易中所处的重要地位。

日本、东南亚、香港等地运往欧洲、中近东地区的货物由海运运至俄罗斯的东方港或纳霍德卡后,经西伯利亚大陆桥有三种联运方式:

(1)铁路/铁路线。经过西伯利亚铁路运至俄罗斯西部国境站,经伊朗、东欧或西欧铁路再运至欧洲各地,或相反方向的运输。

(2)铁路/海运线。经西伯利亚大铁路运至莫斯科,经铁路运至波罗的海的圣彼得堡、里加或塔林港,再经船舶运至西欧、北欧和巴尔干地区,或相反方向的运输。

(3)铁路/公路线。经西伯利亚大铁路运至俄罗斯西部国境站,再经公路运至欧洲各地,或相反方向的运输。

上述“海铁铁”、“海铁海”、“海铁公”三种西伯利亚大陆桥运输方式,均由俄罗斯的过境运输总公司(SOJUZTRANSIT)担当总经营人,它拥有签发货物过境许可证的权利,并签发统一的全程联运提单,承担全程运输责任。至于参加联运的各运输区段,则采用“互为托、承运”的接力方式完成全程联运任务。可以说,西伯利亚大陆桥是较为典型的一条过境多式联运线路。西伯利亚大陆桥是目前世界上最长的一条陆桥运输线。它大大缩短了从日本、远东、东南亚及大洋洲到欧洲的运输距离,并因此而节省了运输时间和运费,因而对货主有很大的吸引力。

由于西伯利亚大陆桥所具有的优势,其声望与日俱增,吸引了不少远东、东南亚以及大洋洲地区到欧洲的运输,使西伯利亚大陆桥运输迅速发展。我国于1980年开始利用西伯利亚大陆桥办理我国与伊朗、西北欧之间的集装箱运输,并于1982年与原苏联有关部门正式签订了过境集装箱运输协议。我国除台湾、西藏等地外,其余各省、市、自治区都已开展了这项业务;有数十个铁路车站可以办理集装箱的发送、装卸、装箱、拆箱业务;不仅办理整箱货运业务,而且在上海、北京、天津、江苏、辽宁等地开办了拼箱货运业务。

但是,西伯利亚大陆桥运输在经营管理上存在的问题,如港口装卸能力不足、铁路集装箱车辆不足、箱流严重不平衡以及严寒气候的影响等,在一定程度上阻碍了它的发展。尤其是随着我国兰新铁路与中哈边境的土西铁路的接轨,一条新的“亚欧大陆桥”形成,为远东至欧洲的国际集装箱多式联运提供了又一条便捷路线,使西伯利亚大陆桥面临严峻的竞争形势。

2. 新亚欧大陆桥

1990年9月12日我国铁路北疆线与原苏联土西铁路(现为哈萨克斯坦铁路)正式接轨,标志着联结亚洲和欧洲的第二条大陆桥正式贯通。这条大陆桥东起我国连云港、上海港、青岛港、天津港等港口以及深圳铁路口岸,横穿我国大陆,经我国阿拉山口国境站和哈萨克斯坦国境站德鲁日巴,进入中亚地区,最终与中东地区、黑海地区、波罗的海地区、地中海地区以及大西洋沿岸的各港口相连，或经俄罗斯到欧洲地区，形成了与西伯利亚大陆桥平行的又一条亚欧大陆桥运输通道，所以称为新亚欧大陆桥。

新亚欧大陆桥的开通使亚欧之间的货运距离比西伯利亚大陆桥缩短得更为显著，东亚与中亚、西亚的货运距离也大幅度减少。由于运距的缩短，它在运输时间和运费上更有吸引力。该线路所处地理位置适中，自然条件优越，东端桥头堡上海港、青岛港、连云港港，均为不冻港，一年四季可不间断地作业，这是西伯利亚大陆桥的东方港、纳霍德卡港所不具备的。由于东端桥头多，可综合发挥各港口的换装作业能力和各铁路通道的线路能力，不受一线、一港的限制，运输更具灵活性。

此外新亚欧大陆桥沿桥通过国家和地区多，辐射面和吸引范围广。它的东西两端连接着太平洋与大西洋两大经济中心，基本上属于发达地区，但空间容量小，资源紧缺；而其辽阔狭长的中间地带，亦即亚欧腹地，除少数国家外，基本上都属于欠发达地区，地域辽阔，交通不够便利，自然环境较差，但空间容量大，资源富集，开发潜力大，是人类社会赖以生存、发展的能源之乡。因此，新亚欧大陆桥通过区域，在经济上具有较强的相互依存性与优势互补性，蕴藏着非常好的互利合作前景。

3. 北美陆桥运输

北美洲幅员辽阔，海岸线长，内陆城市众多，铁路运输、公路运输发达，非常适宜开展海陆联运。

(1)北美大陆桥运输(North American Land Bridge)。北美大陆桥运输是指利用北美的大铁路进行从远东到欧洲的“海陆海”联运。该陆桥运输包括美国大陆桥运输和加拿大大陆桥运输。美国大陆桥与加拿大大陆桥是两条基本平行的陆桥运输线，均是把连接美洲东、西海岸，横贯大陆的若干条铁路主干线和公路干线作为桥梁来使用的国际多式联运。美国大陆桥于1971年底由经营远东/欧洲航线的船公司和铁路承运人联合开办，后来美国几家班轮公司也投入营运。现有两条运输线路：一条是从西部太平洋沿岸至东部大西洋沿岸的铁路和公路运输线；另一条是从西部太平洋沿岸至东南部墨西哥湾沿岸的铁路和公路运输线。加拿大大陆桥与美国大陆桥相似，由船公司把货物海运至温哥华，经铁路运到蒙特利尔或哈利法克斯，再与大西洋海运相接。

北美大陆桥是历史最悠久、影响最大、服务范围最广的陆桥运输线。据统计，从远东到北美东海岸的货物有大约50%是采用双层列车进行运输的，因为采用这种陆桥运输方式比采用全程水运方式通常要快1~2周。

随着美国和加拿大大陆桥运输的成功营运，北美其他地区也开展了大陆桥运输。墨西哥大陆桥(Mexican Land Bridge)就是其中之一。该大陆桥横跨特万特佩克地峡(Isthmus Tehuantepec)，连接太平洋沿岸的萨利纳克鲁斯港和墨西哥湾沿岸的夸察夸尔科斯港，陆上距离182海里。墨西哥大陆桥于1982年开始营运，但其服务范围有限，对其他港口和大陆桥运输的影响较小。

但是由于多方面因素的影响，现该大陆桥运输的优越性不复存在，基本已名存实亡。

(2)北美小陆桥运输(Mini Land Bridge，MLB)。小陆桥运输从运输组织方式上看与大陆桥运输并无大的区别，也是利用整条陆上桥梁，但所运送货物的目的地为沿海港口，比大陆桥运输方式少了一程海运，形成海/陆或陆/海运输方式。

北美小陆桥运送的主要是日本经北美太平洋沿岸再经铁路到大西洋沿岸和墨西哥湾地区港口的集装箱货物,也承运从欧洲到美西及海湾地区各港的大西洋航线的转运货物。

北美小陆桥在缩短运输距离、节省运输时间上效果是显著的。以日本/美东航线为例,从大阪至纽约全程水运(经巴拿马运河)航线距离9 700海里,运输时间21~24天。而采用小陆桥运输,运输距离仅为7 400海里,运输时间16天,可节省1周左右的时间。

(3)北美微型陆桥运输(Micro Land Bridge)。微型陆桥运输是指经北美东、西海岸及墨西哥湾沿岸港口到美国、加拿大内陆地区的联运服务。与小陆桥运输基本相似,只是其交货地点在内陆地区,即只利用大陆桥梁的一部分把海上集装箱运输与一个内陆起点站或到达站(IPI内陆点)连接起来的海陆联运方式。

IPI指内陆点多式联运(interior point intermodal),其内陆公共点主要包括:芝加哥、亚特兰大、达拉斯、底特律、丹佛、圣路易斯、密尔沃基、华盛顿、普勒维丹斯、里士满、堪萨斯城、夏洛特、辛辛那提、盐湖城、圣迭戈、萨克拉门托、孟菲斯。

微型陆桥运输的开展,是为了解决小陆桥运输存在的矛盾。如货物由靠近东海岸的内地城市运往远东地区(或反向),首先要通过国内运输,以国内运单运至东海岸交船公司,然后由船公司另外签发由东海岸出口的国际货运单证,再通过国内运输运至西海岸港口,然后海运至远东。这种运输不能从内地直接以国际货运单证运至西海岸港口转运,不仅增加费用,而且耽误运输时间。在采用微型陆桥运输后,既可节省运输时间,也可避免双重港口收费,从而节省费用。

MLB运输和IPI运输的业务操作应注意以下几点:

①在贸易合同中,当事人应采用CIF或CFR的交货条件;

②在信用证的目的地一栏应加注MLB或IPI字样;

③在货物运输标志上,应同时注明卸货港和MLB或IPI最后的目的地,如"LONG BEACH MLB HOUSTON";

④在制作运输单证时,应同时注明卸货港和MLB或IPI最后的目的地。如在MLB运输下,卸货港为LONG BEACH,目的地为HOUSTON,则相应单证上的卸货港应填写为LONCH BEACH,交货地填写为MLB HOUSTON。

(4)OCP运输。在美国还存在一种称为OCP运输的海陆联运方式。

OCP是Overland Common Points的缩写,即内陆公共点,是指美国洛矶山脉以东的地区,即美国北达科他州、南达科他州、内布拉斯加州、科罗拉多州、新墨西哥州起以东的地区。所有经美国西海岸转运往这些地区(或反向)的货物可享受船公司的优惠费率。这种货物称为OCP货物。

远东地区与美国OCP地区之间的贸易货物,可供选择的运输路线有两条。一是以美国东岸港口为起止港,途经巴拿马运河、加勒比海的运输;另一条是以美国西岸港口为起止港,通过陆上运输将西岸港口与OCP地区相连接。太平洋航运公会为争取运往美国内陆地区的货物途经美国西海岸转运,制订了一个较直达美国东海岸为低的费率,西岸港口至OCP地区之间的陆路运费也有一定的优惠。

采用OCP运输虽然使用两种运输方式,但全程较直达美国东岸为短,同时由于集装箱等专用机械的使用,货物在西岸港口中转速度提高,再加上承运人提供的运费优惠,使许多原来直达美国东岸各港口的货物被吸引到美国西岸港口。

以中国向OCP地区的纽约出口货物为例。采用OCP运输的货物,在贸易合同中可使用CIF/CFR Seattle OCP New York的交货条件。出口商只需负责将货物运至美国西岸港口即可。为区分OCP货物与其他目的地为西岸港口的货物,在货物运输标志和运输单证上均应注明OCP字样。考虑到出口商结汇的需要,信用证上亦需在目的港一栏内加注OCP。

在货物抵达美国西岸西雅图港前,进口商可将船公司提单和OCP提单副本送交铁路公司,由其代办将货物运往OCP地区的保税运输手续。货物抵达港口后,铁路公司作为进口商的代理持海运提单向船公司提货,安排内陆运输运至纽约。

进口商在当地办理进口报关手续,经海关放行后凭正本OCP提单向铁路公司提货。

可见,OCP运输虽然也采用海—陆方式完成货物全程运输,但无论船公司还是铁路公司均不对全程运输负责,并不是真正意义上的多式联运。

OCP运输和其他海陆联运方式之间的区别见表8-1。

**SLB,MLB,IPI,OCP运输组织方式的区别** 表8-1

| 比较项目 | SLB | MLB | IPI | OCP |
|---|---|---|---|---|
| 交货条件 | 适用FCA或CPT、CIP | 出口美国的:适用FOB、CFR或CIF;<br>由美国出口的:适用FCA或CPT、CIP | 同MLB | 适用FOB、CFR或CIF |
| 运输单证适用区间 | 适用于全程运输 | 适用于全程运输 | 适用于全程运输 | 仅适用于各自区段的运输 |
| 运费计收 | 收取全程运费 | 收取全程运费 | 收取全程运费 | 海、陆运输区段分别计收运费 |
| 保险区段 | 可全程投保 | 可全程投保 | 可全程投保 | 海、陆运输区段分别投保 |
| 货物运抵区域 | 无限制 | 美国东海岸和美国墨西哥湾 | 内陆公共点 | 内陆公共点 |
| 联运性质 | 多式联运 | 多式联运 | 多式联运 | 不是多式联运 |

## 二、海空联运

海空联运又称为空桥运输(Airbridge Service)。在运输组织方式上,空桥运输与陆桥运输有所不同:陆桥运输在整个货运过程中使用的是同一个集装箱,不用换装,而空桥运输的货物通常要在航空港换装入航空集装箱。不过。两者的目标是一致的,即以低费率提供快捷、可靠的运输服务。

20世纪60年代,远东船舶运至美国西海岸的货物,通过航空运至美国内陆地区或美国东海岸,从而出现了海空联运。虽然海空联运方式始于60年代,但到80年代才得以较大的发展。海空联运方式一般以海运为主,只是最终交货运输区段由空运承担。

（1）远东—欧洲：远东与欧洲间的航线有以温哥华、西雅图、洛杉矶为中转地，也有以香港、曼谷、海参崴为中转地。此外还有以旧金山、新加坡为中转地。

（2）远东—中南美：近年来，远东至中南美的海空联运发展较快，因为此处港口和内陆运输不稳定，所以对海空运输的需求很大。该联运线以迈阿密、洛杉矶、温哥华为中转地。

（3）远东—中近东、非洲、澳洲：这是以香港、曼谷为中转地至中近东、非洲的运输服务。在特殊情况下，还有经马赛至非洲、经曼谷至印度、经香港至澳洲等联运线，但这些线路货运量较小。

总的来讲，运输距离越远，采用海空联运的优越性就越大：同完全采用海运相比，其运输时间更短；同直接采用空运相比，其费率更低。因此，从远东出发将欧洲、中南美以及非洲作为海空联运的主要市场是合适的。

## 第三节　国际多式联运经营人

### 一、国际多式联运经营人的含义

从前面讲述的国际集装箱多式联运的构成条件可以看出，在国际集装箱多式联运中，多式联运经营人发挥着关键作用。《多式联运公约》对多式联运经营人（Multi－modal Transport Operator，MTO）的定义是："其本人或通过其代表订立多式联运合同的任何人，他是当事人，而不是托运人的代理人或代表或参加多式联运的承运人的代理人或代表，并且负有履行合同的责任。"在多式联运中多式联运经营人的身份具有多重性：

（1）以本人名义与托运人订立多式联运合同，是多式联运合同的承运人。根据该合同，多式联运经营人要对全程运输负责，要负责完成或组织完成全程运输。在国际商会2007年7月1日开始使用的《跟单信用证统一惯例》（UCP600）中则直接使用"承运人"这一概念。

（2）可以本人身份参加多式联运全程中某一个或几个区段的实际运输，则作为这些区段的实际承运人，对自己承担区段的货物运输负责。

（3）可以本人名义与自己不承担运输的区段的承运人订立分运合同以完成其他区段的运输。在这类合同中，多式联运经营人既是托运人，也是收货人。

（4）以本人名义与各中转点的代理人订立委托合同以完成在该点的衔接及其他服务工作。在该类合同中，多式联运经营人是委托人。

（5）以本人名义与多式联运所涉及的各方面订立相应的合同，在这些合同中，多式联运经营人均是作为货方出现的。

### 二、国际多式联运经营人应具备的条件

根据上述对多式联运经营人的理解可见，必须具备一定的条件才有能力开展多式联运业务。这些条件主要体现在以下几个方面：

1. 有完成全程运输的技术能力

多式联运经营人必须建立自己的多式联运线路网络，才有能力满足不同货主对货物运输的不同需求。从理论上讲，多式联运线路应当遍及全世界，从任何国家的一地到另一国的任何

一地,但事实上各经营人即使实力再强也无法做到。开展多式联运业务的公司大多是在尽可能广泛地承办货主委托的前提下,重点办好几条联运线路。

此外多式联运经营人必须拥有起码的信息处理、传递设备。至于完成多式联运所需的其他设备、设施,如集装箱货运站、拆装箱设备、堆场作业机械、各种运输工具等,多式联运经营人可以不自己拥有,但必须与相应的所有人订有长期的使用协议,才能完成货物运输的任务。

2. 有完成全程运输的组织能力

一般来说多式联运经营人不会自己完成货物的全程运输,一些多式联运经营人甚至将全程运输都交给其他承运人完成,自己不实际承担任何一个区段的运输,这就要求多式联运经营人有将这些承运人有效组织起来,顺利、高效地完成运输交接的能力。因此多式联运经营人在其各条运输线路上要有完整的业务网络。该网络可以由其分支机构、代表和代理人构成,也可通过与其他企业联营的途径获得所需的服务能力。他们要形成一个具有国际运输知识、经验和能力的专业队伍。多式联运经营人还必须有对这些人员和业务进行管理的组织机构。

3. 有完成全程运输、对全程运输负责的经济能力

多式联运经营人必须具有开展业务所需的流动资金,而且其制定的单一费率应能够弥补其经营成本支出。同时,多式联运经营人对运输过程发生的货物灭失、损害和延误应当负责,因此应当具备足够的赔偿能力。

根据国际多式联运的特点,借鉴国外经验并结合我国的实际情况,原交通部和原铁道部联合发布,于1997年月10月1日起施行的《国际集装箱多式联运管理规则》规定了在我国申请经营多式联运业务的企业应具备的条件:

(1)具有中华人民共和国企业法人资格;

(2)具有与从事多式联运业务相适应的组织机构、固定的营业场所、必要的经营设施和相应的专业管理人员;

(3)该企业具有3年以上国际货物运输或代理经历,有相应的国内、外代理;

(4)注册资金不低于人民币1 000万元,并有良好的资信。每增设一个经营性的分支机构,应当增加注册资金人民币100万元;

(5)符合国家法律、法规规定的其他条件。

铁路系统以外的企业申请经营多式联运业务,应将申请报告、企业章程、业务章程、经营多式联运业务的可行性研究报告、多式联运单据样本等申报材料上报至省、自治区、直辖市交通主管部门,并抄报所在地市的交通主管部门。省、自治区、直辖市交通主管部门自收到全部申请文件起30日内提出意见后转报交通部。铁路系统的企业申请经营多式联运业务,由企业所在地的铁路局向铁道部直接申报。国务院部门在京直属企业申请经营多式联运业务,可直接向交通部、铁道部申报。在收到上述文件后60日内,交通部、铁道部共同审核发出批准文件或不批准的通知。获得批准的企业凭批准文件分别到省、自治区、直辖市交通主管部门或铁道部领取经营许可证,国务院部门在京直属企业到接受申请单位领取经营许可证。

经营许可证的有效期为3年。有效期届满,需继续从事多式联运业务的,应在有效期满30日前向原发证主管部门申领换证。否则其多式联运业务资格在期满后自动丧失。

## 三、国际多式联运经营人的表现形式

具备法定条件的企业依据法定程序取得经营多式联运业务的资格后，即可实际从事多式联运业务，成为多式联运经营人。实践中多式联运经营人表现为各种与运输相关的企业。按其本身是否具有运输工具，多式联运经营人可分为两大类。

第一类多式联运经营人拥有一种或一种以上的运输工具，并实际参加联运全程中一个或一个以上区段运输。这类经营人一般由某一方式的承运人发展而来，如由海运、陆运或航空运输企业发展而成。该类经营人一般都具有较强的经济实力，在运输业具有一定的资信度，在国外的分支机构、办事处及代理网络较为完整。

第二类多式联运经营人不拥有任何一种运输工具，在联运全程中各区段的运输都要通过与其他实际承运人订立分运合同来完成。这类经营人一般由国际货运代理企业或其他与运输有关的业者（仓储、装卸等）发展而成。他们尽管不拥有自己的运输工具，经济实力与前一类经营人比要差一些，但由于发展成为多式联运经营人前的业务内容有很大的相似性，而且在长期工作中与各有关方已建立了良好的业务关系，因此他们开展业务的优势主要在运输组织方面，如无船承运人等。

现在世界上大部分较有实力的具有一种或一种以上运输工具的承运人，包括海运公司、铁路公司（局）、汽车运输公司等均已开展多式联运业务，发展成为多式联运经营人，还有大量的货运代理公司也承办多式联运业务，使国际多式联运经营人队伍得以迅速发展。

## 四、无船承运人

1. 无船承运人的含义

无船承运人（Non－Vessel Operating Common Carrier，NVOCC）原只是航运实践中的习惯称谓。美国《租船及海运术语词典》的解释为“不拥有或不经营船舶，为承运第三人的货物而与航运公司签订合同的人或公司，通常为货运代理人，一般由他向货主签发分提单”。我国《海商法大辞典》的解释为：“不拥有船舶而从事海上货物运输的人”。

该术语第一次正式出现于法律条文中，是美国1998年的《航运改革法》（《美国法典》第46卷附件“航运”），该法将“无船公共承运人”与“远洋货运代理人”共同列为“远洋运输中介人”。“无船公共承运人”是指不经营用以提供远洋运输服务的船舶的公共承运人，其与远洋公共承运人之间的关系属于托运人。

我国无船承运人的概念首次出现在2001年12月5日国务院颁布的《中华人民共和国海运条例》（以下简称《海运条例》）中。该条例第七条所涉及的无船承运业务经营者即通常所说的无船承运人。根据该条规定，无船承运人是指以承运人身份接受托运人的货载，签发自己的提单或其他运输单证，向托运人收取运费，通过国际船舶运输经营者完成国际海上货物运输，承担承运人责任的人。即明确无船承运人的身份与承运人相同，承担的是与承运人相同的责任。由于无船承运人的特殊性质，其在多式联运经营中具有极其重要的地位并发挥着重要作用。

下面主要根据我国《海运条例》及《海运条例实施细则》的有关规定，对我国的无船承运业务及管理制度进行介绍。

2. 无船承运人的业务范围

无船承运业务是指以承运人身份接受托运人的货载,签发自己的提单或其他运输单证,向托运人收取运费,通过国际船舶运输经营者完成国际海上货物运输,承担承运人责任的国际海上运输经营活动,包括为完成该项业务围绕其所承运的货物开展的下列活动:

(1)以承运人身份与托运人订立国际货物运输合同;

(2)以承运人身份接收货物、交付货物;

(3)签发提单或者其他运输单证;

(4)收取运费及其他服务报酬;

(5)向国际船舶运输经营者或其他运输方式经营者为所承运的货物订舱和办理托运;

(6)支付港到港运费或者其他运输费用;

(7)集装箱拆箱、集拼箱业务;

(8)其他相关的业务。

3. 无船承运人的经营资格

无船承运业务经营者,包括中国无船承运业务经营者和外国无船承运业务经营者。

(1)中国无船承运业务经营者。中国无船承运业务经营者是指依照《海运条例》和《海运条例实施细则》规定取得无船承运业务经营资格的中国企业法人,应具备以下条件:

①在中国境内设立企业法人;

②向交通运输主管部门指定的账户交纳80万元保证金;

③向交通运输主管部门办理提单登记;

④向交通运输主管部门提出申请并通过审核。

中国无船承运业务经营者经主管部门审核合格,取得《无船承运业务经营资格登记证》,并向原企业登记机关办理相应登记手续后,方可从事无船承运业务。

(2)外国无船承运业务经营者。外国无船承运业务经营者是指依照外国法律设立并依照《海运条例》和《海运条例实施细则》的相关规定取得经营进出中国港口货物无船承运业务资格的外国企业,应具备以下条件:

①除非符合法律规定的特殊情形,应向交通运输主管部门指定的中国境内账户交纳保证金;

②向交通运输主管部门办理提单登记;

③在中国境内委托一个联络机构,负责代表该外国企业与中国政府有关部门进行联络;

联络机构可以是该外国企业在中国境内设立的外商投资企业或者常驻代表机构,也可以是其他中国企业法人或者在中国境内有固定住所的其他经济组织。委托的联络机构应当向交通运输部备案,并按照要求提交有关文件;

④向交通运输主管部门提出申请并通过审核。

外国企业没有在中国港口开展国际班轮运输业务,但在中国境内承揽货物、签发提单或者其他运输单证、收取运费,通过租赁国际班轮运输经营者的船舶舱位提供进出中国港口国际货物运输服务;或者利用国际班轮运输经营者提供的支线服务,在中国港口承揽货物后运抵外国港口中转的,也应当取得无船承运业务经营资格后方可经营。

4. 对无船承运业务的管理

无船承运业务由国务院交通运输主管部门和Z有关的地方人民政府交通运输主管部门依法实施监督管理。

(1)保证金制度。无船承运业务保证金(下称保证金)是无船承运业务经营者按照规定缴纳的用于清偿因其不履行承运人义务或者履行义务不当所产生的债务以及支付罚款的担保金。中国无船承运业务经营者应当缴纳80万元人民币的保证金,每设立一个分支机构,还应增加20万元人民币的保证金。保证金应缴存至主管机关公布的银行保证金专门账户。该专门账户由交通运输部实施监督,保证金及其利息归无船承运业务经营者所有。无船承运业务经营人终止经营,应当向交通运输部提出退还保证金申请,由交通运输部在其政府网站上公示30日后通知保证金开户行退还其保证金及利息,除非有人在公示期内取得司法机关出具的针对该保证金的财产保全裁定。

外国无船承运业务经营者按照外国法律已取得经营资格且有合法财务责任保证的,可以不再向上述银行账户缴存保证金。但为了保证外国无船承运业务经营者清偿因其不履行承运人义务或者履行义务不当所产生的债务以及支付罚款,该外国无船承运业务经营者的政府主管部门与中国政府交通运输主管部门应就财务责任保证实现方式签订协议。

为进一步完善无船承运管理制度,缓解无船承运人资金压力,保障有关各方合法权益,交通运输部分别于2010年、2013年开始试行无船承运业务经营者保证金责任保险制度和保证金保函制度,无船承运业务经营者可自行选择其中一种方式。

(2)提单登记制度。提单登记制度是指无船承运业务经营者依据规定将其使用的提单格式样本,向国务院主管部门依法进行登记以备查询的制度。

无船承运业务经营者办理提单登记的,在向交通运输部提出申请的同时,应将申请材料抄报企业所在地或者外国无船承运业务经营者依法指定的联络机构所在地的省、自治区、直辖市人民政府交通运输主管部门。经交通运输主管部门审核合格的无船承运业务经营者应被准予提单登记,经营者名称及其提单格式样本也由交通运输部在其政府网站上公布。

无船承运业务经营者申请提单登记时,提单抬头名称应当与申请人名称相一致。提单抬头名称与申请人名称不一致的,申请人应当提供说明该提单确实为申请人制作、使用的相关材料,并附送申请人对申请登记提单承担承运人责任的书面申明。无船承运业务经营者使用两种或者两种以上提单的,各种提单均应登记。已登记的提单发生变更的,应当于新的提单使用之日的15日前将新的提单样本格式向交通运输部备案。任何单位和个人不得擅自使用无船承运业务经营者已经登记的提单。

(3)运价备案制度。运价备案制度是指无船承运业务经营者按照规定格式将其运价向国务院交通运输主管部门备案的制度。备案的运价包括公布运价和协议运价。公布运价是指无船承运业务经营者运价本上载明的运价;协议运价是无船承运业务经营者与货主约定的运价。公布运价自交通运输部受理备案之日起满30日生效;协议运价自交通运输部受理备案之时起满24小时生效。无船承运业务经营者应当执行生效的备案运价。

(4)专用发票制度。中国无船承运业务经营者及其分支机构在中国境内收取运费及其他相关费用,应当向付款人出具中国税务机关统一印制的国际海运业运输专用发票作为收费证明。

(5)禁止的经营行为。无船承运业务经营者从事无船承运业务不得有下列行为：

①将依法取得的经营资格提供给他人使用；

②以低于正常、合理水平的运价提供服务，妨碍公平竞争；

③在会计账簿之外暗中给予托运人回扣，承揽货物；

④滥用优势地位，以歧视性价格或者其他限制性条件给交易对方造成损害；

⑤其他损害交易对方或者国际运输市场秩序的行为。

(6)罚则。就无船承运业务经营者违反《海运条例》及《海运条例实施细则》的行为，将依据情节轻重予以警告、罚款、没收违法所得、责令停止经营或撤销经营资格等处罚。

# 第四节　国际集装箱多式联运货运业务

## 一、国际集装箱多式联运运输组织方式

多式联运的全过程就其工作性质的不同，可分为实际运输过程（即各区段载运工具载运工作过程）和全程运输组织业务过程两部分。实际运输过程是由参加多式联运的各种运输方式的实际承运人完成的，可以是多式联运经营人自己完成，也可以通过订立分运合同由其他承运人完成。全程运输的业务组织过程则一定是由多式联运经营人完成的，主要包括全程运输所涉及的所有商务性事务和衔接服务性工作的组织实施。其运输组织方法可以有多种，但就其组织体制来说，基本上可按协作式联运和衔接式联运分为两大类。

1. 衔接式联运

衔接式联运又称为“运输承包发运制”联运。如图 8-1 所示，在这种组织体制下，需要使用多式联运运输货物的托运人首先向多式联运经营人托运，多式联运经营人根据自己的条件考虑是否接受。如接受，双方订立多式联运合同，并在合同指定的地点办理货物的交接，经营人签发多式联运单据。接受托运后，多式联运经营人首先要选择货物的运输路线，划分运输区段（确定中转、换装地点），选择各区段的实际承运人；是零星货物的要确定集运方案。在制定货物全程运输计划后把计划转发给各中转衔接地点的分支机构或代理人。然后根据计划与各程实际承运人分别订立各区段的货物运输合同，通过这些实际承运人来完成货物的全程位移。各区段之间的衔接，则由多式联运经营人在当地的业务网络完成，即从前程承运人接受货物，再向后程承运人托运。在最终目的地从最后一程实际承运人手中接受货物后再向收货人交付货物。

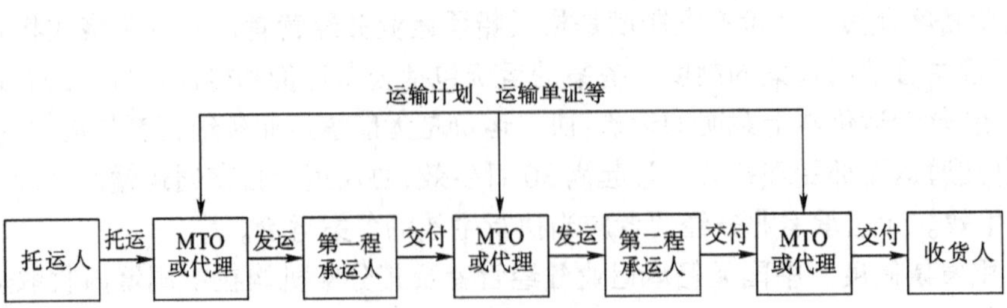


图 8-1　衔接式多式联运组织方式

在与托运人订立运输合同后，多式联运经营人根据双方协议，按全程单一费率收取全程运费和各类服务费、保险费（如需经营人代办的）等费用。多式联运经营人在与各区段实际承运人订立分运合同时，需向各实际承运人支付运费及其他必要的费用；在各衔接地点委托代理人完成衔接服务业务时，也需向代理人支付委托代理费用。

目前，这种组织方式主要在国际货物多式联运中采用，在国内多式联运中采用的也越来越多。而随着我国经济体制的改革，它也将成为国内多式联运的主要组织方式。

2. 协作式联运

协作式多式联运的组织者是由参加多式联运的各种运输方式的运输企业和中转港站，在政府主管部门协调下共同组成的联运办公室。

如图 8-2 所示，在这种机制下，托运人须根据所运货物的实际需要，向联运办公室提出托运申请并按月申报整批货物要车、要船计划，联运办公室根据多式联运线路及各运输企业的实际情况制定该托运货物的运输计划，并把该计划批复给托运人及转发给各运输企业和中转港站。托运人根据计划安排向多式联运第一程的运输企业提出托运申请并填写联运货物托运委托书（附运输计划）。第一程运输企业组织并完成自己承担区段的货物运输至与后一区段的衔接地——中转港站，直接将货物交给中转港站，经换装由后一程运输企业继续运输，直到最终目的地由最后一程运输企业向收货人直接交付。

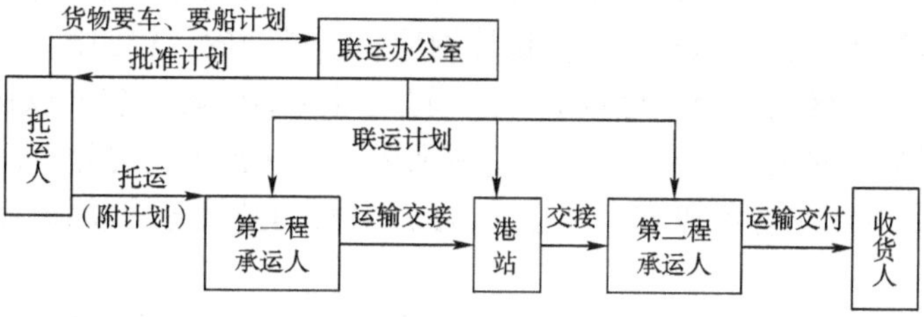


图 8-2　协作式多式联运组织方式

在这种组织体制下，全程运输组织是建立在统一计划，统一技术作业标准，统一运行图和统一考核标准基础上的，而且在接受货物运输、中转换装、货物交付等业务中使用的技术装备、衔接条件等也需要在统一协调下同步建设或协议解决，并配套运行以促使全程运输的协同性。这是我国开展多式联运业务初期采用，现在则在一些大宗、稳定的重要物资运输中仍主要采用的体制，在有的文献中称为“货主直接托运制”。

货物运费由联运办公室（或第一程运输企业）负责按全程费率向托运人收取，然后按各企业之间商定的比例向各运输企业及港站分配。在前后程运输企业之间和港站与运输企业交接货物时，需填写货物运输交接单和中转交接单作为货物交接与费用结算的依据。

## 二、国际集装箱多式联运货运程序

国际集装箱多式联运货运程序分为整箱货物运输作业程序和拼箱货物运输作业程序。

1. 整箱货运的作业程序

（1）订立多式联运合同。托运人根据贸易合同对运输的约定，向多式联运经营人提出托运。多式联运经营人接受的，与托运人议定有关事项后，在交给托运人或其代理人的场站收据副本上签章,证明接受托运,多式联运合同成立。

(2)办理货物检验检疫。对法定需要检验、检疫的货物,以及贸易合同约定进行检验的项目,托运人向商品检验、检疫机关申请检验或检疫,并取得商品检验、检疫证明。

(3)空箱发放、提取。多式联运经营人签发提箱单给托运人或其代理人,由他们在规定日期到指定的堆场提箱并自行将空箱拖运到货物装箱地点,准备装货。如托运人委托亦可由经营人办理从堆场到装箱地点的空箱拖运(这种情况需加收空箱拖运费)。托运人提箱时须检查箱体状况,填制《集装箱设备交接单》,与管箱人办理交接手续。

(4)办理出口报关手续。托运人或其代理人填制《出口货物报关单》并随附海关规定的单证,办理出口集装箱货物报关手续。

(5)货物装箱。托运人或其代理人提取空箱后在自己的工厂或仓库组织装箱,装箱应请海关派员到装箱地点监装和办理加封事宜。如需理货,还应请理货人员现场理货并与之共同制作装箱单。

(6)货物交接,换签提单,支付预付运费。托运人或其代理人将关封好的集装箱和有关单证交给多式联运经营人或其代理人,并核对有关单证,多式联运经营人接管集装箱货物,并应托运人的请求签发多式联运提单。如果多式联运合同约定运费预付,托运人还须向多式联运经营人支付运输费用。

(7)多式联运经营人组织完成货物全程运输。多式联运经营人在合同订立之后,即应制定该合同涉及的集装箱货物的运输计划。该计划应包括货物的运输路线,区段的划分,各区段实际承运人的选择及各区段间衔接地点的到达、起运时间等内容。多式联运经营人要按照运输计划安排各区段的运输工具,与选定的各实际承运人订立各区段的分运合同。

在接收货物后,要组织各区段实际承运人、各派出机构及代理人协调工作,完成各区段的运输及衔接工作。

货物运输过程中的海关业务由多式联运经营人代为办理,包括货物及集装箱在进口国的通关手续,进口国内陆段保税运输手续。如果全程运输要通过其他国家,还应包括这些国家的通关及保税运输手续。

(8)通知收货人。货物到达目的地后,多式联运经营人的代理人向收货人发出到货通知书。收货人凭正本多式联运提单向代理换取提货单。若运费为到付,收货人应支付全部应缴款项。

(9)办理进口报关手续。收货人凭有关单证办理进口报关、报验等手续。

(10)交付货物。收货人凭已办妥的进口手续,到指定的堆场提取货物,或依据合同约定,由多式联运经营人将货送至收货人的交货地点,办理货物交接,填写并签署交货记录。

(11)空箱回运。在货物掏箱后,收货人或多式联运经营人的代理人将空箱回运至指定的空箱堆场,并办理设备交接手续。

2. 拼箱货运的作业程序

拼箱货物必须在装运的港口或内陆的集装箱货运站由承运人拼装箱,运抵目的地的港口或内陆的集装箱货运站后由承运人拆箱。目前,多数情况下是在起运港集装箱货运站装箱,运往目的港集装箱货运站拆箱,这属于“港到港”的海上单一运输。如果在港口腹地内陆集装箱货运站装箱,运往目的港集装箱货运站,或运往目的港内陆集装箱货运站拆箱,则可组织国际集装箱多式联运。其主要作业程序如下：

(1)多式联运经营人与托运人订立多式联运合同。

(2)多式联运经营人接管货物,签发多式联运提单。

托运人将货物按常规方式,通过内陆运输运送到附近的集装箱货运站,与多式联运经营人或其代理人办理货物交接手续,多式联运经营人接管货物。托运人向多式联运经营人支付全程运输费用(若为预付运费)后,由多式联运经营人按托运人的请求,签发多式联运提单。

(3)办理出口报关、报验手续。集装箱货运站代办出口货物报关、报验手续。

(4)货物装箱。集装箱货运站把货物装入集装箱,并使装载于箱内的货物适航。理货公司派员到货运站理货并编制装箱理货单,记载装入箱内货物件数、标志、包装等内容。海关对放行的集装箱进行加封。装箱人填制装箱单。

(5)多式联运经营人组织完成货物全程运输。拼箱货装箱启运后,其运输组织及多式联运经营人的业务与整箱货物多式联运的内容一致。

(6)通知收货人,向收货人交付货物。货物到达目的地后,多式联运经营人或其代理人向收货人发出到货通知书。收货人凭正本多式联运提单换取提货单,在办理进口报关、报验等手续后,到指定集装箱货运站办理掏箱、提货手续,并签署交货记录。

(7)空箱回运。在货物掏箱后,集装箱货运站将空箱回运至指定的空箱堆场,并办理设备交接手续。

## 第五节　国际集装箱多式联运单据

多式联运单据是多式联运单证的一种。多式联运单证是整个国际多式联运中有关方权利、义务、责任转移的凭证,因此单证业务是多式联运中的重要业务。在国际集装箱多式联运中要处理的单证达100多种,其中与托运人、收货人、多式联运经营人关系均比较密切的单证有集装箱货物托运单、场站收据、设备交接单、装箱单、交货记录、多式联运单据等。

其中集装箱货物托运单是托运人根据贸易合同和信用证的有关内容向多式联运经营人申请办理货物运输时的书面凭证。托运单记载的内容有托运人对货物运输的要求、关于货物的详细资料、对运费的安排,此外还有可否分批运输、装船期限、货物价值等项目。集装箱货物托运单经多式联运经营人确认后,便成为双方订立运输合同的凭证。

场站收据、设备交接单、交货记录和装箱单是适应集装箱运输的发展而新使用的货运单证,它们的内容和使用在本书第六章第二节有详细介绍,此处不再赘述。本节主要就国际集装箱多式联运单据(表8-2)做一说明。

### 一、国际集装箱多式联运单据的含义

根据《多式联运公约》和我国《国际集装箱多式联运管理规则》的规定,国际集装箱多式联运单据是指证明多式联运合同以及证明多式联运经营人接管货物并负责按照合同条款交付货物的单据,在实践中一般称为国际多式联运提单(Multi－modal Transport B/L;Combined Transport B/L)。在《多式联运公约》中,对该单据的性质、特点、内容、种类、法律效力、签发和使用等做了明确规定。该单据包括双方确认的取代纸张单据的电子数据交换信息。

多式联运单据

表8-2

BILL OF LADING

NOT NEGOTIABLE UNLESS CONSIGNED"TO ORDER"

<table>
<tr><td colspan="2" rowspan="2">Shipper</td><td>Country of Origin</td><td>Bill of lading No.</td></tr>
<tr><td>F/Agent Name & Ref</td><td>Shipper's Ref</td></tr>
<tr><td colspan="2">Consignee (if 'To Order' so indicate)</td><td colspan="2" rowspan="2">TMT<br>Multi Modal<br>Transportation</td></tr>
<tr><td colspan="2">Notify Party (No claim shall attach for failure to notify)</td></tr>
<tr><td>Place of Receipt</td><td>Intended Port of Loading</td><td colspan="2"></td></tr>
<tr><td>Intended Vessel</td><td>Intended Port of Discharge</td><td>Place of Delivery</td><td>No. of Bills of Lading</td></tr>
</table>

<table>
<tr><td>Mark's & Numbers</td><td>No. of Pkgs or Shipping Units</td><td>Description of Goods & Pkgs.</td><td>Gross Weight</td><td>Measurement</td></tr>
<tr><td rowspan="2"></td><td></td><td></td><td rowspan="2"></td><td rowspan="2"></td></tr>
<tr><td>Total</td><td>Temperature Control<br>Instructions</td></tr>
<tr><td colspan="2">Freight Details, Charges etc:</td><td colspan="3">Excess Value Declaration: Refer to Clause 6 (4) (B)+(C)on reverse side</td></tr>
</table>

JURISDICTION AND LAW CLAUSE

The contract evidenced by or contained in this bill of lading is governed by the law of the People's Republic of China and any claim or dispute arising hereunder or in connection herewith shall be determined by the Courts in the People's Republic of China.

RECEIVED by the Carrier the Goods as specified above in apparent good order and condition unless otherwise stated, to be transported to such place as agreed, authorized or permitted herein and subject to all the terms and conditions appearing on the front and reverse of this Bill of Lading to which the Merchant agrees by accepting this Bill of Lading, any local privileges and customs notwithstanding.

The particulars given above as stated by the shipper and the weight, measure, quantity, condition, contents and value of the Goods are unknown to the carrier.

In WITNESS whereof one (1) original Bill of Lading has been signed if not otherwise stated above, the same being accomplished to other (s), if any, to be void, If required by the Carrier one (1) original Bill of Lading must be surrendered duly endorsed in exchange for the Goods or delivery order.

Place and date of issue ____________________

Signed on behalf of the Carrier:

by____________________________________

## 二、国际集装箱多式联运单据的功能和作用

上述《多式联运公约》和《国际集装箱多式联运管理规则》中对国际集装箱多式联运单据，即多式联运提单所下的定义与《汉堡规则》(1978 年《联合国海上货物运输公约》)中对提单所下定义是一致的，实际上多式联运单据与一般的海上运输提单在性质与作用上也是一致的，主要有以下几方面：

1. 货物收据

多式联运单据是多式联运经营人接管货物的证明和收据。多式联运经营人向托运人签发提单表明为运送提单上记载的货物，已经从托运人手中接管并占有了该货物。因此单据具有接受货物和证明多式联运经营人开始对货物负责的作用。

多式联运单据是多式联运经营人按照其上记载收到货物的初步证据，即如经营人实际收到的货物与单据内容不符，经营人可以提出反证。如果单据转让给善意第三人，而经营人对单据上所记载的事项没有任何保留的话，单据成为经营人按其记载的内容收到货物的绝对证据，经营人不得提出实际收到货物与单据上记载内容不符的任何反证。

2. 运输合同的证明

多式联运单据是多式联运经营人与托运人之间订立的多式联运合同的证明。由于多式联运合同在多式联运单据签发之前已经订立，而多式联运单据是在多式联运经营人接管货物时才签发的，是经营人履行合同的一个环节，因此多式联运单据只能是合同的证明。

单据正面的内容和背面的条款是多式联运经营人与托运人订立的合同条款的实体内容，除非另有协议，这些条款是确定双方权利、义务和责任的依据。单据转让给第三人后，多式联运经营人与新的持有人之间的责任、权利和义务关系仍依单据的内容确定。

3. 交付货物的凭证

无论经营人签发的是哪一种类的单据，也不论是否发生了转让，收货人在目的地提货时，必须凭多式联运单据才能办理提货手续。多式联运经营人或其代表也只能把货物交付给单据持有人。单据是在目的地双方货物交接的凭证。

如果单据上注明该单据正本有多份时，经营人或其代理人在凭其中一份交货后，其余各份即告作废。

此外，在国际贸易中，卖方(托运人)还可凭多式联运单据办理结汇、抵押和货物的转卖等业务。

## 三、国际集装箱多式联运单据的分类

国际集装箱多式联运单据按是否可转让可分为两大类：即可转让多式联运提单(下称可转让提单)和不可转让多式联运提单(下称不可转让提单)。实际操作中，可转让提单又可分为按指示交付(指示提单)或向持票人交付(不记名提单)两类。不可转让提单一般为记名提单。

此外根据多式联运经营人是否在多式联运单据上对货物的记载做出保留，可将多式联运单据分为清洁提单和不清洁提单。

1. 记名提单、不记名提单、指示提单

记名提单(Straight B/L)是指在正面“收货人”一栏中明确载明收货人为特定的人(或公司)的多式联运提单。由于记名提单一般不能流通转让,因此实践中较少采用。

不记名提单(Bearer B/L)又称空白提单(Blank B/L),是指“收货人”栏只注明“持有人”(Bearer)或“交持有人”(To Bearer)字样的多式联运提单。不记名提单转让不需要背书。经营人将货物交给持有提单的人即可。这种提单具有很强的流通性,但也给国际贸易的有关方带来很大的风险,所以在实践中使用也不多。

指示提单(Order B/L)是指在“收货人”一栏中载明“由某人指示”(To the Order of X X X)或“凭指示”(To Order)的多式联运提单。指示人通常以背书的方式确定收货人,具体分为记名背书(Special endorsement,即指示人在提单背面写明被背书人)和空白背书(endorsement in blank,即指示人在提单背面只签署自己的姓名,而不写明被背书人)。两种指示提单均需指示人背书后才能转让,实现提单的流通。

2. 清洁提单、不清洁提单

清洁提单(Clean B/L)是指在多式联运单据上,多式联运经营人未对货物的外表状况做出任何保留,即视为货物在交付经营人时是完好的。托运人(卖方)向银行办理结汇时,除非另有规定,银行都要求提交此种提单。

不清洁提单(Foul B/L)是指经营人在多式联运单据上加注了有关货物外表状况不良或存在缺陷等的记载。在国际贸易中银行通常拒绝托运人(卖方)以不清洁提单办理结汇。习惯的变通做法是由托运人向经营人出具保函(Letter of Indemnity),要求经营人不将场站收据上有关货物外表状况不良的记载转移到提单上,而签发清洁提单。这种做法实质掩盖了提单签发时货物的真实情况,多式联运经营人将面临较大的风险。

## 四、国际集装箱多式联运单据业务

1. 签发国际集装箱多式联运单据时应注意的事项

多式联运经营人在签发国际集装箱多式联运提单时,应注意以下事项:

(1)如托运人要求签发一份以上的正本提单,应在每份正本上注明正本份数。对签发正本提单的数量一般没有规定。

(2)如签发副本提单,每份副本均应注明“不可转让副本”字样。副本提单不具有提单的法律效力。

(3)多式联运提单应由多式联运经营人或其授权的人签字。如不违背所在国法律,签字可以是手签,手签笔迹的印、盖章、符号或用任何其他机械或电子仪器打出。

(4)如果多式联运经营人或其代表在接受货物时,对货物的实际情况和提单中所注明的货物的种类、标志、数量或重量,包件数等有怀疑,但又无适当方法核对、检查时,可以在提单中做出保留,注明不符之处、怀疑根据。

(5)经托运人同意,可以用任何机械或其他方式保存《多式联运公约》或其他国内法律规定的多式联运提单应列明的事项。在这种情况下,多式联运经营人在接管货物后,应交给托运人一份可以阅读的单据,该单据应载有此种方式记录的所有事项。

(6)多式联运单据一般是在多式联运经营人收到货物后签发的,由于联运的货物主要是集装箱货物,因而经营人接受货物的地点可能是集装箱码头或内陆港堆场(CY)、港口或内陆集装箱货运站(CFS)和托运人的工厂或仓库(Door)。相应地,多式联运单据签发的地点分别为堆场、货运站或门,单据签发的时间则为经营人接收货物的时间。可见,多式联运提单在签发时,集装箱货物通常尚未实际装船,因而此时签发的多式联运提单均属于"待装船提单"(待运提单)。为了适应多式联运的需要,UCP600 规定银行可接受此种提单。

2. 国际集装箱多式联运单据的更正与补发

(1)多式联运单据的更正。在实际业务中,多式联运单据通常是在托运人办妥托运手续后、多式联运经营人接收货物前,由业务员事先缮制的。这种事先缮制的提单,可能与经营人实际接收的货物情况不符,或者可能因托运人申报材料有误,或信用证要求的条件改变,或是其他原因,需要更正或重新缮制。

一般情况下,只要是合理情形,经营人都会重新缮制提单。但如果货物已经发运,而且是在提单已经签发之后,托运人才提出更正提单的要求,经营人应当考虑各方面的关系,才能决定是否予以更改。如更改的内容不涉及主要问题,在不妨碍其他利害关系人利益的前提下,可同意更改。相反,若更改的内容属于对运输合同的实质变更,经营人只有在征得有关方的同意后才能更改,以保护自己的合法权益。

(2)多式联运单据的补发。如果提单在结汇前遗失,经营人应要求托运人提供适当担保,才能补签新提单并另行编号。有关情况还应及时告知目的地的代理人,以免节外生枝。

如果提单是在托运人结汇之后、在寄送途中遗失,经营人可在收货人提供适当担保的前提下,凭副本提单向收货人交货,而不用另行补发提单。

但无论是哪种情形,经营人均应非常慎重,以免承担不必要的责任。

## 第六节 有关集装箱多式联运的国际规则

从 20 世纪 50 年代到 70 年代末一些国际公约已考虑了国际货物的联运问题,如《国际公路货物运输合同公约》、《国际铁路货物运输公约》、《联合国海上货物运输公约》,但这些法律制度之间存在很大差异,特别是海洋运输与其他运输方式之间的法律制度差异更大。加之对各种单一运输方式,各国仍继续采用自己的法律制度,其结果是托运人和承运人可能要接受不同的法律规定的约束。因此,制定一项国际公约来统一世界各地区、各个国家和不同运输方式的法律、法规,就显得特别必要了。

在此背景下,充分预计到国际多式联运的发展,国际海洋法委员会于 1965 年开始研究和起草国际货物联运公约草案,并在 1969 年产生了《东京规则》。尔后,又将研究和起草公约草案的工作转交给联合国贸易和发展会议(UNCTAD),并于 1973 年成立了一个政府间起草小组,在贸发会主持下起草一项关于国际多式联运的公约。1980 年 5 月 24 日《联合国国际货物多式联运公约》(United Nations Convention on International Multi – modal Transport of Goods, 1980)获得通过。虽然该公约至今仍未生效,但对各国有关多式联运的法律及其后的国际规则都产生了重大影响。

从国际海洋法委员会 1965 年开始研究和起草公约草案算起,直到公约正式通过为止,经过了 15 年的历程。其间,为了引导多式联运业务的规范发展,国际商会(ICC)于 1973 年颁布、1975 年修订了《联运单证统一规则》(Uniform Rules for a Combined Transport Document, 1973),作为民间规则,由当事人在多式联运合同中采用。此后又于 1991 年与贸发会共同制定了《多式联运单证规则》(UNCTAD/ICC Rules for Multi - modal Transport Documents,1991),亦作为民间规则,供当事人自愿采纳。

## 一、《联合国国际货物多式联运公约》

1. 公约的结构

本公约由序言和 8 个部分 40 条规定以及一个附件(6 条)组成。各部分的名称如下:

第一部分　总则(第 1 条至第 4 条)。

第二部分　单据(第 5 条至第 13 条)。

第三部分　多式联运经营人的赔偿责任(第 14 条至第 21 条)。

第四部分　托运人的赔偿责任(第 22 条至第 23 条)。

第五部分　赔偿和诉讼(第 24 条至第 27 条)。

第六部分　补充规定(第 28 条至第 31 条)。

第七部分　海关事项(第 32 条)。

第八部分　最后条款(第 33 条至第 40 条)。

2. 总则

总则规定了公约中所使用词语的含义,如“国际多式联运”、“多式联运经营人”、“多式联运合同”等。

公约适用于两个国家之间的多式联运合同,但合同中规定的多式联运经营人接管货物或交付货物的地点之一必须位于缔约国境内。对符合这一要求的多式联运合同,公约的各项规定即应强制适用,但不影响托运人选择多式联运或分段运输的权利。

另外,公约的适用也不影响任何有关运输业务管理的国际公约或国家法律的适用,或与之相抵触。同时公约不影响各国在国家一级调整、控制多式联运业务、多式联运经营人和采取相应措施的权利。这样,国家一级的主管当局可采取审批、许可证制度等一系列行政措施,以加强对多式联运的管理。公约特别提醒多式联运经营人必须遵守其营业所在国适用的法律。

3. 多式联运单据

公约除规定了多式联运单据的签发、内容和证据效力外,还分别就可转让多式联运单据和不可转让多式联运单据做了专门的规定。另外公约还规定,如果多式联运经营人对多式联运单据中关于货物的记载有合理怀疑的,可在多式联运单据上以批注的方式做出合理的保留;否则,如果多式联运经营人有诈骗意图,没有在单据上做出保留,或在提单上列有货物的不实资料,则应当赔偿第三方因信赖该提单而遭受的任何损失,且不得享受公约规定的赔偿责任限制。

4. 多式联运经营人的责任制度

(1)多式联运经营人的责任形式。多式联运经营人责任制度,除了多式联运经营人的责任期限、责任基础、责任限制等内容外,鉴于其不同于各单一运输方式的特点,还有一个多式联运经营人责任形式的问题。

各单一运输方式下,承运人只对自己实际完成的运输区段负责,并适用该区段的法律规定;对非自己完成的运输过程所发生的货损,概不负责。但这种单一运输方式下的责任分担制并不适用于多式联运。在多式联运方式下,多式联运经营人要对全程运输过程造成的货物灭失、损害或迟延交付承担责任,这一点已成为人们的共识。但是由于已有针对各单一运输方式的相关国际公约和国内立法,当多式联运经营人承担赔偿责任时,是适用这些既存的法律制度,还是另行确定一套多式联运经营人责任制度,理论和实践都存在较大的分歧,相应出现了网状责任制和统一责任制的解决方式。

网状责任制是指多式联运经营人的赔偿责任原则上按发生损害的运输区段所适用的法律规定;如果不能确定损害发生的区段,则由法律做出专门规定。

统一责任制是指多式联运经营人就货物的损害全程运输都按统一的标准负责,不论货损发生的区段。

公约一方面规定多式联运经营人对货损的责任,不管是否能确定造成货损的区段,都应适用公约的规定;另一方面又规定如果货物的灭失、损害发生于多式联运的某一特定区域,而对这一区段适用的一项国际公约或强制性国家法律规定的赔偿责任限额高于公约规定的赔偿责任限额,多式联运经营人对这种灭失、损害的赔偿,则应按照该国际公约或强制性国家法律予以确定。显然,公约在统一责任制的基础上结合了一些网状责任制的规定,采用的是一种"经修正后的统一赔偿责任制"

(2)多式联运经营人的责任期间。多式联运经营人对货物的责任期间是自其接管货物时起至交付货物时止掌管货物的全部期间。但对所谓"接管"、"交付",考虑到各国法律规定的差异和实务中可能出现的问题,公约做了更具体的规定。

多式联运经营人接管货物包括两种情形:

①从托运人或其代表手中接受货物,这是最常用、最普遍的方法;或

②根据接管货物地点适用的法律或规章,货物必须由交其运输的当局或其他第三方手中接受。

多式联运经营人交付货物、终止责任的形式有三种:

①货物交给收货人;或

②如收货人不向多式联运经营人提取货物,则按照多式联运合同或按照交货地点适用的法律或特定行业惯例,将货物置于收货人的支配之下;或

③将货物交给根据交货地点适用的法律或规章必须向其交付的当局或其他第三方。

(3)多式联运经营人的责任基础。如果造成货物灭失、损坏或延迟交货的事故发生于上述责任期间内,多式联运经营人对于该事故所引起的损失,应负赔偿责任,除非多式联运经营人证明其本人、受雇人或代理人或为履行多式联运合同而使用其服务的任何其他人为避免事故的发生及其后果已采取一切所能合理要求的措施。

(4)多式联运经营人的赔偿责任限制。公约区分多式联运全程是否包含海运,规定了多式联运经营人两套赔偿责任限额。

如果国际多式联运包括海上或内河运输,则多式联运经营人的赔偿责任按灭失或损坏货物毛重每公斤计不超过 2.75 特别提款权,或每件 920 特别提款权,以高者为准;如果国际多式联运不包括海上或内河运输,则多式联运经营人的赔偿责任按灭失或损坏货物毛重每公斤计不超过 8.33 特别提款权。

多式联运经营人迟延交付造成损失所负的赔偿责任限额,相当于延迟交付的货物应付运费的2.5倍,但不超过多式联运合同规定的应付运费的总额。但无论如何,多式联运经营人赔偿总和不超过货物全部灭失的赔偿限额。

如果托运人事先申明货物价值高于上述责任限额,且记载于多式联运合同中,则多式联运经营人不适用上述责任限额。

另外如经证明,货物的灭失、损坏或迟延交付是由于多式联运经营人有意造成或明知可能造成而毫不在意的行为或不为所引起,则多式联运经营人无权享受本公约所规定的赔偿责任限制的利益;如经证明,货物的灭失、损坏或迟延交付是由于多式联运经营人的受雇人或代理人或为履行多式联运合同而使用其服务的其他人有意造成或明知可能造成而毫不在意的行为或不为所引起,则该受雇人、代理人或其他人无权享受本公约所规定的赔偿责任限制的利益。

(5)非合同赔偿责任。一些国家的法律允许受损方享有诉讼请求选择权,即受损方可根据合同提出诉讼,也可根据侵权提起诉讼。公约规定不论这种诉讼是根据合同、侵权行为或其他理由,多式联运经营人均可适用公约规定的抗辩和赔偿责任限制。

上述规定也适用于对多式联运经营人的受雇人或代理人、或对经营人为履行多式联运合同而使用其服务的其他人提起诉讼,如果该受雇人或代理人能证明他是在受雇范围内行事,或该其他人能证明他是在履行合同的范围内行事。

5. 托运人的责任制度

(1)托运人的保证义务。托运人向多式联运经营人交付货物时,应保证他在多式联运单据中所提供的货物种类、标志、件数、重量和数量、如属危险货物,其危险特性等事项概属准确无误。托运人必须赔偿多式联运经营人因上述资料不准确或不当而遭受的损失。即使托运人已将多式联运单据转让,仍须负赔偿责任。

但多式联运经营人取得这种赔偿的权利,并不影响他按照多式联运合同对托运人以外的其他任何人应负的赔偿责任。

(2)托运人对危险货物的责任。对于危险货,托运人应以合适的方式在危险货物上加明危险标志或标签,并向多式联运经营人告知货物的危险特性,必要时并告知应采取的预防措施。

如果未经托运人告知而多式联运经营人又无从得知货物的危险特性,则托运人对多式联运经营人由于载运这类货物而遭受的一切损失应负赔偿责任;多式联运经营人可视情况需要,随时将货物卸下、销毁或使其无害而无须给予赔偿。

如果多式联运经营人在接管货物时知道货物的危险特性,则当危险货物对生命或财产造成实际危险,多式联运经营人可视情况需要将货物卸下、销毁或使其无害,除有分摊共同海损的义务、或根据公约的规定多式联运经营人应负赔偿责任之外,无须给予赔偿。

(3)托运人的一般赔偿责任。若非上述情形,托运人仅在由于其过失或疏忽、或者其受雇人或代理人在其受雇范围内行事时的过失或疏忽所造成的多式联运经营人的损失负赔偿责任。

6. 索赔和诉讼

(1)货物灭失、损坏或迟延交付的通知。如果货物存在着明显的灭失或损坏,收货人应在收货的下一工作日之前,将货物灭失或损坏的一般性质以书面形式通知多式联运经营人;若灭失或损坏不明显，上述通知期限延长至6日。否则收货人收货便是多式联运经营人按多式联运单据记载交付货物的初步证据。

对于迟延交付造成的损害，收货人必须在收货后60日内向多式联运经营人提交书面索赔通知，否则经营人无须赔偿。

(2)诉讼时效。有关多式联运的任何诉讼时效期间为2年，自多式联运经营人交付货物或部分货物之日的次一日起算，如果货物未交付，则自货物应当交付的最后一日的次一日起算。该期间可由被索赔方以书面方式延长。

被索赔方向第三人追偿的时效期间不少于90日。

(3)管辖权。公约规定下列地点的法院有管辖权，原告可选择在有管辖权的法院提起诉讼：

①被告主要营业所，或者，如无主要营业所，被告的经常居所；

②订立多式联运合同的地点，而且合同是通过被告在该地的营业所、分支机构或代理机构订立；

③接管国际多式联运货物的地点或交付货物的地点；

④多式联运合同中为此目的所指定并在多式联运单据中载明的任何其他地点。

(4)仲裁。合同双方当事人可在索赔发生之前或之后以书面协议将争议提交仲裁，但申请方应在上述有管辖权的法院所在国提交仲裁。

7. 海关事项

国际多式联运涉及买卖双方国家和过境国家海关对进出国境货物的查验、管理等问题，这对国际多式联运的发展有较大的影响。如果各国海关对集装箱运输的货物都要求在过境时开箱检验，办理报关手续，那么，集装箱货物的多式联运就难以顺利开展。有鉴于此，许多国家修改了本国的海关法令规章和手续，使之适应集装箱成组化运输。国际社会也就此问题于1956年通过了《集装箱海关公约》，该公约于1959年生效。该公约将海关手续简化到最低程度，集装箱货物只要经起运国内陆海关检验后，并在箱子上加注海关封志，便可以一直运到进口国家的最终目的地，由目的地海关检验。在沿途和运输过程中所经国家的海关只对集装箱做一记录，并不检查箱内货物的实际情况(特殊情况例外)。

多式联运公约在制订期间，与会代表一致同意不在公约会议之外再召集国际会议，而是同时制订一个能为各国海关一致接受的海关过境原则，作为公约附件。

根据该附件的规定，除按本国境内实施的法律规章和国际公约的规定外，缔约国海关应给予过境货物自由。如果海关当局认为用于过境作业的海关手续的要求已达到，则国际多式联运货物在途中一般不再受海关检查；除为国家安全、公共道德或公共卫生的目的，不必履行用于过境作业以外的任何海关手续或规定；多式联运货物无须向过境国家支付进出口关税和其他税或交付这种税项的保证金，但服务费，以及为公共安全、公共卫生目的、按该国规章收取的费用除外。

为实现上述目标，缔约国如为启运地国家，应尽量采取一切可行的措施，保证其后过境作业所需资料的完整、准确；如为目的地国家，应采取一切必要措施，保证海关过境货物一般能在其目的地的海关结关，并应设法在尽可能接近货物最后目的地的地点办理货物的结关手续。

为便利海关手续，附件同时制订了有关海关过境单据的统一格式，希望有关方尽可能采用该统一格式。

## 二、ICC 1973 年《联运单证统一规则》

1973 年《国际商会联运单证统一规则》是最早的关于联运单证的国际民间协议,其适用不具有强制性,但国际货物多式联运合同双方当事人经常协议采用。该规则对“多式联运”以“Combined Transport”表示,对多式联运经营人的责任做了如下规定:

1. 多式联运经营人的责任期间

多式联运经营人的责任期间为从接管货物时起至交付货物时止的整个运输期间。

2. 多式联运经营人的责任形式

规则对多式联运经营人实行网状责任制。如果确知货物灭失或损坏发生的运输区段,多式联运经营人的赔偿责任依据适用于该区段的国际公约或国内法确定。当不能确定货物灭失或损坏发生的区段时,其赔偿责任的基础为推定过错责任制,赔偿责任限额按灭失或损坏的货物毛重每公斤 30 金法郎计算。但如果托运人事先已申报超过此限额的货物价值,并在多式联运单据上注明,则赔偿责任限额应为所申报的货物价值。

3. 多式联运经营人对货物迟延交付的责任

只有知道迟延所发生的运输区段,多式联运经营人才有责任支付迟延赔偿金。赔偿金的限额为该运输区段的运费。但适用于该区段的国际公约或国内法另有规定时除外。

4. 货物灭失或损坏的通知、诉讼时效

如果货物存在明显的灭失或损坏,收货人应在收货之前或当时,将货物灭失或损坏的一般性质书面通知多式联运经营人;如果货物灭失或损坏不明显,则应在 7 日内提交通知。否则便构成多式联运经营人已按多式联运单据记载交付货物的初步证据。

就货物灭失、损坏或迟延交付而向多式联运经营人提起索赔的诉讼时效期间为 9 个月,自货物交付之日或本应交付之日,或自收货人有权视货物已灭失之日起算。

## 三、UNCTAD/ICC 1991 年《多式联运单证规则》

1991 年《联合国国际贸易和发展会议/国际商会多式联运单证规则》由联合国国际贸易和发展会议与国际商会于 1991 年共同制定,是一项民间规则,供当事人自愿采纳。规则共 13 条。主要内容有:

1. 多式联运经营人的责任期间

多式联运经营人对于货物的责任期间为自其接管货物时起到交付货物时止。

2. 多式联运经营人的责任形式

多式联运经营人的责任基础为推定过失责任制,但对多式联运中的海上或内河运输,多式联运经营人对船长、船员、引航员或受雇人在驾驶船舶和管理船舶中的过失造成的货物灭失、损坏或迟延交付,不负责任;对非承运人的实际过失或私谋造成的火灾所引起的损失,经营人也不负责。

经营人的赔偿限额为:当多式联运包括海上或内河运输时,为毛重每公斤 2 特别提款权或每件 666.67 特别提款权,以高者为准;当不包括海上或内河运输时,以灭失或损坏货物毛重每公斤 8.33 特别提款权为限。

但是如果损害发生区段强制适用的国际公约或国内法规定了更高的责任限额，则适用该限额。

3. 多式联运经营人对货物迟延交付的责任

如果货物未在明确协议的时间内交付，或者虽无协议，但未在对一个勤勉的多式联运经营人所能合理要求的时间内交付，即为延迟交付。但是，除非托运人对如期交付的利益做出声明，并经多式联运经营人接受，否则多式联运经营人对货物延迟交付所造成的损失不负赔偿责任。

4. 货物灭失或损坏的通知、诉讼时效

如果货物存在明显的灭失或损坏，收货人应在收货之前或当时，将货物灭失或损坏的一般性质书面通知多式联运经营人；如果货物灭失或损坏不明显，则应在 6 日内提交通知。否则便构成多式联运经营人已按多式联运单据记载交付货物的初步证据。

就货物灭失、损坏或迟延交付而向多式联运经营人提起索赔的诉讼时效期间为 9 个月，自货物交付之日或本应交付之日，或自收货人有权视货物已灭失之日起算。

## 第七节　我国关于国际多式联运的法律法规

我国关于多式联运的法律规定主要体现在《中华人民共和国海商法》(以下简称《海商法》)第四章第八节“多式联运合同的特别规定”和《中华人民共和国合同法》(以下简称《合同法》)第十七章第四节“多式联运合同”中。此外，为了加强对国际集装箱多式联运的管理，促进通畅、经济、高效的国际集装箱多式联运的发展，满足我国对外贸易发展的需要，根据我国《海商法》、《铁路法》和我国有关交通运输、铁路运输的有关规定，原交通部和原铁道部于 1997 年联合发布了《国际集装箱多式联运管理规则》(以下简称《管理规则》)，该规则于 1997 年 10 月 1 日起施行。

### 一、适用范围

《海商法》将“多式联运合同”定义为：多式联运经营人以两种以上的不同运输方式，其中一种是海上运输方式，负责将货物从接收地运至目的地交付收货人，并收取全程运费的合同。由于《海商法》调整的是海上运输关系、船舶关系，因此属于《海商法》调整范围的多式联运必须包含海上运输。

《合同法》未对“多式联运”下定义，而《管理规则》则将其适用范围限于水路、公路、铁路等运输方式的联合运输，且国内水路运输和国际海运视为不同的运输方式。

如果某一多式联运合同同时属于《海商法》、《合同法》和《管理规则》的适用范围，而三者又有不同规定的，应首先适用《海商法》的规定，然后是《合同法》，最后才应适用《管理规则》。

### 二、对国际多式联运的管理

我国国际集装箱多式联运业务受交通运输部管理。

经营多式联运业务必须满足《管理规则》所规定的条件，并实行经营许可证制度，即经交通运输部审核、批准后，领取经营许可证方可开展多式联运业务。

经营许可证的有效期为三年。有效期届满,需继续从事多式联运业务的,应在有效期满30日前申请换证,否则在期满后丧失经营资格。

多式联运单据实行登记编号制度,其右上角应注明许可证编号。

多式联运经营人的资格条件和多式联运单据应接受年审。

## 三、多式联运经营人的责任形式

关于多式联运经营人的责任形式,上述三部法律文件均采用了"网状责任制",即货物的灭失、损坏或迟延交付发生于多式联运的某一区段的,多式联运经营人的赔偿责任和责任限额适用该运输区段的有关法律、法规。

货物的灭失、损坏不能确定所发生的区段的,三部法律文件的处理有所不同,但并不矛盾。《海商法》第106条规定:多式联运经营人按该法第四章"海上货物运输合同"关于承运人赔偿责任和责任限额的规定负赔偿责任。《合同法》第321条规定按该法第十七章"运输合同"的规定确定多式联运经营人的赔偿责任。《管理规则》则规定:多式联运全程中包含海运的,适用《海商法》;不包含海运的,适用有关法律、法规的规定。

### 思考与练习

一、名词解释

1. 国际多式联运(IMT)
2. 国际多式联运经营人(MTO)
3. 陆桥运输(LB)
4. 小陆桥运输(MLB)
5. 微陆桥运输(MCLB)
6. 内陆公共点多式联运(IPI)
7. 内陆公共点多式联运(OCP)
8. 无船承运人(NVOCC)
9. 多式联运单据(MBL)

二、简答题

1. 国际集装多式联运产生和发展的原因是什么?国际集装箱多式联运的优点有哪些?
2. 国际集装箱多式联运的构成要件有哪些?
3. MLB、IPI、OCP三种运输组织方式有什么区别?
4. 国际多式联运经营人应具备哪些条件?国际多式联运经营人的表现形式有哪些?
5. 国际集装箱多式联运系统的组成要素有哪些?
6. 衔接式多式联运与协作式多式联运有何区别?
7. 按我国《海运条例》规定,无船承运人的业务范围有哪些?其经营资格是什么?对无船承运业务的管理有什么要求?
8.《多式联运公约》对国际多式联运经营人的责任制度有哪些主要规定?

三、案例题

1. 某年6月华贸公司委托货运公司联系货轮将6 200箱出口蘑菇罐头运到乌兹别克斯坦

塔什干，货运公司与华远集团公司联系后，装载了货物。华贸公司取得了三份正本提单，提单上记载托运人为华贸公司，收货人凭“ARONTEXLTD”指示，装运港中国厦门，卸货港 Bandar Abbas，最终目的地乌兹别克斯坦塔什干。其中“最终目的地”一栏前加有符号“*”标记，提单正面左下角注明带“*”标记栏仅在本提单做全程提单用时使用。另提单上载明货物往塔什干的内陆运输及清关手续由 SHAHED 公司负责。提单签发栏记明由华远香港公司作为伊朗海运公司的代理人签发。华贸公司将取得的全套正本提单经银行交与贸易相对方客户，但对方未付款赎单，最终提单退回华贸公司手中。货物在运到塔什干后于 7 月 25 ~ 31 日间被放给他人提走。

问题讨论：

（1）货物按多式联运方式运输和按传统单一运输方式运输，对托运人有何不同？

（2）多式联运经营人应承担怎样的责任？为什么？

2. 香港某出口商委托多式联运经营人将一批半成品服装经孟买运至印度新德里。货物由多式联运经营人在其集装箱货运站装入两个集装箱，并签发了清洁提单，记载内装 100 箱，毛重 18t。集装箱从香港经海路运至孟买，在卸船时，发现其中 1 个集装箱（A 箱）外表损坏。多式联运经营人在该港的代理将此情况于铁路运输前通知了铁路承运人。当集装箱在目的地新德里开启后发现：A 箱所装货物严重受损；另一箱（B 箱）外表完好、铅封无损，但内装货物受损。

后经调查，得知 A 箱及内装货物的损害是因为在海上运输途中遭遇特大风浪而致，而 B 箱内装货物是因撞击而受损，但没有证据表明其在何处受此撞击。

问题讨论：

（1）根据上述案情，分析在 80 公约、73 年规则、91 年规则规定的责任制下，多式联运经营人的赔偿责任分别如何确定？

（2）货方可获得的赔偿分别为多少？多式联运经营人分别可追偿回多少损失？

# 第九章　集装箱运费计算

## 引导案例　优选集装箱船公司以节省运费

在实践中，同一商品、同样重量、同一港口，不同船公司的运费相差可能较大。比如，一个20ft 集装箱内装17.5t 货物从厦门运至美国的布朗斯维尔港，假设分别由A公司船和B公司船承运，前者适用A公司运价表，后者适用B公司运价表。相应的运费计算如下：

装运A公司船集装箱运费。根据A公司运价表，该批货物的费率为USD106/mt，支线附加费率为USD13/mt。因此，该集装箱货的运费合计为：(USD106/mt + USD13/mt) × USD 17.5mt = USD2 082.50。

装运B公司船集装箱运费。根据B公司运价表，至基本港口，该批货物的费率为USD1 338/20ft，由于布朗斯维尔港为非基本港需要由长滩转船，转船附加费为USD1 770/20ft，因而，该集装箱货合计运费为：USD1 338 + USD1 770 = USD3 108。

作为中间商的多式联运经营人，既需要与货主约定全程包干运价，也需要与各区段承运人协商区段运价。显然，其运价的制定既受制于多式联运市场的供需状况，也受制于与各区段承运人协商优惠运价的能力。这就要求多式联运从业人员既要掌握各种运输方式运杂费的计算方法与节省途径，又要掌握基本的定价方法与技巧，才能实现为公司节省成本、增加利润的目的。

### 问题

1. 集装箱运费计收业务涉及哪些不同费率标准？各表示什么含义？
2. 本案例对承托双方计算集装箱运费有什么启发？

### 本章知识点

为补偿国际集装箱运输过程中的各项支出以及获得一定的利润，集装箱运输经营人在集装箱运输的各个环节都要向集装箱货物托运人收取一定的费用，称为集装箱运费。

本章介绍了集装箱运费的基本概念、集装箱运费的基本结构和集装箱不同交接方式下的运费构成，叙述了海上集装箱运输和内陆各种集装箱运输方式运费的计算方法，重点介绍了海运和航空集装箱运费的计算，并列举具体实例加以说明。

本章应重点掌握的内容：集装箱运费的基本结构；集装箱不同交接方式下的运费构成；集装箱海运运费的计算；航空集装箱运费的计算。

## 第一节　集装箱运费概述

为补偿国际集装箱运输过程中的各项支出并获得一定的利润，集装箱运输经营人应向集装箱货物托运人收取一定的运输费用。集装箱运输费用的单位价格称为集装箱运价。国际集装箱运价不是一个简单的价格金额，而是包括费率标准、计收办法、承托双方责任、费用、风险划分等的一个综合价格体系。

由于集装箱运输打破了“港到港”交接的传统，可以实现“门到门”的运输，使得承运人的运输路线增长，运输环节增多，运输过程中花费的成本及其构成也与传统运输有很大区别。而且由于以集装箱为运输单元，其计费方式也有了很大变化。随着集装箱运输的发展，一种新的集装箱运费体系产生并不断完善起来。

## 一、集装箱运输与国际贸易价格条件

国际贸易中的买卖双方一般都相距遥远，其所交易的商品通常需要经过长途运输。在这一过程中还将涉及商品的装卸、仓储、转运等环节，以及进出口清关手续的办理，保险的安排，各项税捐和运杂费用的支付。此外，货物在装运过程中，还可能遭遇到自然灾害、意外事故及其他各种外来风险。有关上述责任应由谁承担，手续由谁办理，费用由谁支付，风险如何划分等，就成为买卖双方在磋商交易、签订合同时应当明确解决的问题。为此，在国际贸易长期的实践中，逐渐形成了适应各种需要的贸易价格术语或称价格条件。不同的价格条件，体现了买卖双方在货物交接中责任、费用和风险上所承担的权利和义务的区别。目前，常用的价格条件主要有三种，即离岸价格（FOB）、运费到岸价格（CFR）及运费和保险费到岸价格（CIF）。这三种常用的价格条件是建立在“港到港”交接的基础上的，主要适用于传统的散件货物海上和内河运输。

在现代国际贸易中，集装箱运输和国际多式联运的使用越来越广泛，货物交接向内陆延伸，实现“门到门”交接。在这种情况下，上述三种常用价格条件就难以完全适应新形势发展的需要。鉴于此，国际商会（ICC）在《INCOTERMS 1990》中推出了三种新的贸易价格条件：货物交指定地点承运人价格（FCA）、运费付至目的地价格（CPT）、运费保险费付至目的地价格（CIP）。这三种贸易价格条件不仅适用于公路、铁路、海运、内河、航空等单一运输方式，而且适用于两种或两种以上运输方式相结合的国际集装箱多式联运。

在目前常用的三种价格条件中，买卖双方的责任和风险的划分是以装货港或卸货港的船边为界线。而在新的价格条件中，买卖双方的责任和风险划分是以货物交给承运人或收货人为界线。尽管目前国际集装箱运输中货物的交接地点已延伸到内陆。但习惯上仍然沿用三种常用的价格条件。不过，随着国际集装箱多式联运的发展走上正轨，三种新的贸易价格条件的使用将会越来越普遍。

## 二、集装箱运费的基本结构

集装箱运输产生之前，从运输全程来看，传统的件杂货运价是分方式、分段计算的。作为承担绝大部分国际运输的海运段运价构成是建立在“港到港”交接基础上的，仅包括货物的海上运费和船边装船、卸船费用，一般把这三项费用称海运运费。在国际多式联运下集装箱货物交接从港口向内陆延伸，交接地点延伸使运输经营人的责任和风险扩大到内陆港口、货运站、货主工厂或仓库等内陆地点，这使得集装箱运费构成不仅包括集装箱海运运费，而且还应包括发货地集运费、装港港区服务费、海运运费、卸港港区服务费、收货地疏运费等，如图 9-1 所示。

图9-1 集装箱运费基本结构图

1. 海运运费

集装箱海运运费是指海上运输区段的费用,包括基本运费及各类附加费,是集装箱运费收入最主要部分。一般由集装箱运输承运人根据班轮公会或班轮公司运价本的规定,向托运人或收货人计收。

2. 港区服务费

港区服务费包括集装箱码头堆场服务费和货运站服务费。

(1)堆场服务费。堆场服务费或称码头服务费(Terminal Handing Charges THC),包括图9-1中的②和④两部分,即装船港堆场接收出口的整箱货,以及堆存和搬运至装卸桥下的费用;同样在卸船港包括在装卸桥下接收进口箱,以及将箱子搬运至堆场和堆存的费用,并包括在装卸港的单证等费用。

不论集装箱运输交接方式如何,堆场服务费均是集装箱运价中必不可少的部分,也是集装箱运输与传统件杂货运输费用计收因承运人责任的扩大而产生的主要区别。堆场服务费可以在装卸港分别向发货人和收货人收取,也可在CY/CY条款下并入海运运费或在某些国家以附加费形式计收。

(2)货运站服务费。货运站服务费是指拼箱货物(LCL)经由货运站作业时的各种操作费用,包括提还空箱、装箱、拆箱、封箱、做标记,在货运站内货物的正常搬运与堆存,签发场站收据、装箱单,必要的分票、理货与积载等费用。

由于拼箱货物在集装箱交接及运作上与整箱货物不同,故在实际拼箱货物运输操作中常把其集装箱运费结构概括为海运运费及拼箱服务费两大块。其中拼箱服务费指除海运运费外包括了在装卸两端拼箱货物所有的操作费用,即除了拼箱货物的货运站服务费外,还包括从货运站至码头堆场的搬运费及堆场服务费。

船公司对拼箱货总运费可分海运费及拼箱服务费两部分分别收取,也可将此两部分费用合并计收。

3. 集疏运费

集疏运费包括发货地集运费和收货地疏运费,指由发货地运往集装箱码头堆场或由集装箱码头堆场运往收货地的费用,如图9-1中的①和⑤部分。经由水路和陆路的转运运费分别称为水路支线运费、内陆运输费。

(1)水路支线运费是指将集装箱货物由收货地经水路(内河、沿海)运往集装箱堆场的集装箱运费,或由集装箱堆场经水路(内河、沿海)运往交货地的集装箱运费。

(2)内陆运输费是指经陆路(公路或铁路)将集装箱货物运往装船港口的运输费用,或将集装箱货物经陆路(公路或铁路)运往交货地之间的运输费用。

水路支线运费与内陆运费也可统称为转运费。转运时可由水路和陆路两种以上运输方式并用。

在采用陆路运输时,通常可由承运人和货主自行负责运输。如果由承运人负责运输,费用通常包括区域运费(空、重箱运费)、无效拖运费、变更装箱地点费及装箱时间延迟费、清扫费;由货主自行负责运输时,承运人通常根据协议将空箱出借给货主或将重箱交由货方自行负责拖运,则费用仅包括集装箱装卸车费、超期使用费等。

## 三、集装箱不同交接方式下的运费构成

在集装箱不同交接方式下,由于运输全程中包括的运输方式、运输距离、中转地点和次数等都有较大区别,故其运费范围与传统运输相比也有不同程度地扩大。在集装箱运输中,不同交接方式的运费构成是不同的,拼箱货与整箱货的运费构成也不相同,因此可综合考虑用表9-1表示。

**集装箱不同交接方式下的运费结构**　　表9-1

| 交接方式 | 交接形态 | 费用结构 | | | | | | |
|---|---|---|---|---|---|---|---|---|
| | | 发货地集运费 | 装港货运站服务费 | 装港堆场服务费 | 海运运费 | 卸港堆场服务费 | 卸港货运站服务费 | 收货地疏运费 |
| 门到门(Door – Door) | FCL/FCL | √ | | √ | √ | √ | | √ |
| 门到场(Door – CY) | FCL/FCL | √ | | √ | √ | √ | | |
| 门到站(Door – CFS) | FCL/LCL | √ | | √ | √ | √ | √ | |
| 场到门(CY – Door) | FCL/FCL | | | √ | √ | √ | | √ |
| 场到场(CY – CY) | FCL/FCL | | | √ | √ | √ | | |
| 场到站(CY – CFS) | FCL/LCL | | | √ | √ | √ | √ | |
| 站到门(CFS – Door) | LCL/FCL | | √ | √ | √ | √ | | √ |
| 站到场(CFS – CY) | LCL/FCL | | √ | √ | √ | √ | | |
| 站到站(CFS – CFS) | LCL/LCL | | √ | √ | √ | √ | √ | |

## 四、集装箱运价的按箱计费

运输业是一种特殊的物资生产部门,它是使运输对象发生空间、位置的变化,因此运价一般具有依运输距离、货物重量或体积有别的特点。传统的件杂货运价一般都以吨·公里费率来表示的。

目前,在集装箱运输中,尽管有些国家在公路和铁路运输中仍沿用这种吨·公里运价,但大多数国家对整箱货运输都用按箱计费的箱·公里运价;在拼箱运输中,各国和地区采用的运价有区别,有的采用传统件杂货运价+附加费形式,有的采用以货物重量或体积为计费标准(即W/M费率)的运价。拼箱货运价一般都包含货物的装、拆箱及货运站费用。

世界上大多数班轮公司集装箱的海运运价其整箱货一般都采用包箱费率(Box Rates),这种包箱费率一般都包括集装箱海上运费与在装、卸船港的码头装卸费用。

集装箱港口装卸费一般也是以箱为单位计收的,大多采用包干费形式(装卸包干费与中

转包干费)。另外在运输全程中,集装箱在起运地、中转地、终点地堆场存放超过规定的免费堆存期时收取的滞期费一般也都是按箱天数计收的。

集装箱运输中以箱计费的特点,使集装箱运输的计费方式实现了统一化和简单化,大大方便了运输经营人和货主的运费结算。

## 第二节　海运集装箱运费计算

海上运输在国际贸易中占有重要的地位。集装箱货物海运运价是集装箱运价中的主要组成部分,其计算办法与普通班轮运费的计算方法一样,也是根据运价本规定的费率和计费办法计算运费,并同样也有基本运费和附加费之分。

目前集装箱货物海运运价基本上分为两大类:一类是沿用件杂货运费计算方法,以每运费吨为计算单位,加上相应的附加费;另一类是以箱为计算单位,按航线包箱费率计算。前一类计算方法对拼箱货运输较为合适,大多数船公司在拼箱货运输中采用这种方法;后一类对整箱货运输较为合适。尽管还有一些船公司在整箱货运输中仍采用前一类方法,但大多数船公司已相继制定了各航线的包箱费率。在国际集装箱运输中,包箱费率计算方法正在取代传统的件杂货费率计算方法。

### 一、集装箱基本海运运费的计算

1. 拼箱货运费计算

目前,各班轮公司对集装箱运输的拼箱货运费的计算,基本上是依据件杂货运费的计算标准,按所托运货物的实际运费吨计费,即尺码大的按尺码吨计费,重量大的按重量吨计费。另外,在拼箱货海运运费中还要加收与集装箱货运站作业有关的费用,如拼箱服务费、困难作业费、超重或超大件作业费等。

拼箱货运费计收应注意以下几个要点:

(1)承运人在运费中加收拼箱服务费等常规附加费后,不再加收件杂货码头收货费用。承运人运价本中规定 W/M 费率后,基本运费与拼箱服务费均按货物的重量和尺码计算,并按其中高者收费。

(2)拼箱货运费计算是与船公司或其他类型的承运人承担的责任和成本费用一致的,由于拼箱货是由 CFS 负责装、拆箱,承运人的责任从装箱的 CFS 开始到拆箱的 CFS 为止,接受货物前和交付货物后的责任不应包括在运费之内。装拆箱的 CFS 应为承运人拥有或接受承运人委托办理有关业务。

(3)由于拼箱货涉及不同的收货人,因而拼箱货不能接受货主提出的有关选港或变更目的港的要求。所以,在拼箱货海运运费中没有选港附加费和变更目的港附加费。

(4)拼箱货起码运费按每份提单收取,或计费时不足 1 t 或 $1m^3$ 时按 1W/M 收费。在拼箱运输下,一个集装箱中一般装有多票货物。为保证承运人的利益,各船公司对每票(提单)货物规定起码运费吨。

(5)对符合运价本中有关成组货物的规定和要求并按拼箱货托运的成组货物,一般给予运价优惠,计费时应扣除托盘本身的重量或尺码。

【例9-1】 某托运人委托某货代公司出口一批货物从厦门到美国的长滩,货物为宠物玩具,件数为1 200CTNS,毛重720kgs,体积为5.16 $m^3$,托运人要求用集装箱运输。该货代公司将该票货物与其他货物拼箱,该航线基本运费率为USD80.0/FT,计费标准为“W/M”,问:该托运人应支付多少海运运费?

分析:该票货物是拼箱货,毛重720kgs,体积为5.16 $m^3$,该航线基本运费率为USD80.0/FT,计费标准为“W/M”,题目中没有提到附加海运运费。

**解**:毛重 $W=720kgs=0.72t$,体积 $M=5.16\ m^3$,根据计费标准“W/M”,该票货物的运费吨为5.16。

$$
\begin{aligned}
\text{海运运费} &= \text{基本运费} + \text{附加运费} \\
&= 80 \times 5.16 + 0 \\
&= 412.5(\text{USD})
\end{aligned}
$$

答:托运人应支付的海运运费为412.5(USD)。

2. 整箱货运费计算

在整箱货运输中,除少数船公司仍沿用上述方法计算运费外,目前大多数公司已采用以箱为单位的计费方式,实行包箱费率(Box Rates)。包箱费率是船公司根据自身情况以不同类型的集装箱为计费单位,确定整箱货的不同航线包干费。整箱货包箱费率通常包括集装箱海上运输费用及装卸港口码头装卸费用。

包箱费率可分为两类:货物(或商品)包箱费率(Commodity Box Rates,CBR)和均一包箱费率(Freight for All Kinds,FAK)。前者是按货物的类别、级别和不同箱型规定的包箱费率;后者则不论货物的类别(危险品、冷藏货除外),只按箱型规定的包箱费率。包箱费率定得较低,体现了船公司对货主托运整箱货的优惠,是各公司吸引集装箱货源的重要手段之一。

目前整箱货运费计收主要有以下方法:

(1)按FAK包箱费率计收。FAK包箱费率是只分箱型而不分箱内货物种类(指普通货物),不计箱内所装货物重量(在本箱型的规定的重量限额内)统一收取的包箱基本运价。在采用包箱费率的航线上通常对一般普通货物不分等级,但对特殊货物通常再分为四种,见表9-2。

①一般化工品(Chemical Non - Hazardous):即无害化工品,指《国际危规》中未列名的化工品,易燃、易爆危险品除外,这类化工品通常在运价本中有附录列明。

②半危险品(Semi - Hazardous Cargo):列于《国际危规》的商品,《国际危规》等级为3.2、3.3、4.1、4.2、4.3、5.1、6.1、6.2、8、9。

③全危险品(Hazardous Cargo):列于《国际危规》的商品,《国际危规》等级为2、3.1、5.2。

除②、③中的半危险品及全危险品外,《国际危规》中的Class1爆炸品和Class7放射物品其运价通常采用议价。

④冷藏货物(Reefer or Refrigerated Cargo):指需用温度控制、使用专用冷藏箱运输的货物。

使用FAK包箱费率时,只要根据货物的种类(普通货物和特殊货物)以及集装箱箱型、交接方式查得相应的每只集装箱的运价。

FAK包箱费率是目前各大班轮公司使用最为普通的一种基本运价形式,由于其对普通货物一律不计箱内货物的类别、等级,在实践中便于操作,省去了查找和对应货物等级的便利,较受货方的欢迎。近年来由于集装箱货物中高价值的成品、半成品的比重不断增加,给 FAK 包箱费率的使用提供了一定的理论基础。但其在激烈竞争的形式下,往往受运输市场供求关系变化影响较大,变动相对频繁。

**中国/欧洲航线集装箱费率表(FAK 包箱费率)** 表 9-2

| 中远集团第一号运价表<br>COSCO GROUP TARIFF No. 1 | | |
|---|---|---|
| | Page | |
| | Rev | |
| | Efft. Date | |
| | Corr. No. | |

| 中国—欧洲航线集装箱费率表<br>CHINA—EUROPE CONTAINER SERVICE | 美元<br>IN USD |
|---|---|

黄埔、湛江、厦门、福州、温州、海门、宁波—鹿特丹、汉堡、费力克斯托、安特卫普、勒哈佛
HUANGPU, ZHANJIANG, XIAMEN, FUZHOU, HAIMEN, NINGBO - ROTTERDAM, HAMBURG, FELIXSTOWE, ANTWERP, LE HAVRE

| 等级<br>CLASS | 黄埔<br>(直达)<br>HUANGPU<br>(DIRECT) | | | 厦门、湛江<br>(经香港转船)<br>XIAMEN, ZHANJIANG<br>(VIA HONGKONG) | | | 温州、海门、宁波<br>(经香港转船)<br>WENZHOU, HAIMEN, NINGBO<br>(VIA HONGKONG) | | |
|---|---|---|---|---|---|---|---|---|---|
| | LCL<br>W/M | CY/CY | | LCL<br>W/M | CY/CY | | LCL<br>W/M | CY/CY | |
| | | 20ft | 40ft | | 20ft | 40ft | | 20ft | 40ft |
| 1 ~ 20 | 105.00 | 1 550.00 | 3 000.00 | 125.00 | 1950.00 | 3 700.00 | 140.00 | 2 200.00 | 4 200.0 |
| CHEMICALS, N. H.<br>(一般化工品) | 105.00 | 1 550.00 | 3 000.00 | 125.00 | 1950.00 | 3 700.00 | 140.00 | 2 200.00 | 4 200.0 |
| SEMI—HAZARDOUS<br>(半危险品) | 150.00 | 2 350.00 | 4 450.00 | 170.00 | 2 750.00 | 5 250.00 | 173.00 | 2 800.00 | 5 350.0 |
| HAZARDOUOS<br>(全危险品) | | 3 050.00 | 5 800.00 | | 3 450.00 | 6 550.00 | | | |
| REEFER<br>(冷藏货物) | | 3 250.00 | 5 400.00 | | 3 850.00 | 6 100.00 | | 3 950.00 | 6 300.0 |

注:1. 黄埔经香港转船出口欧洲货物其费率在直达费率基础上加 USD150/20ft, USD300/40ft, LCL USD8.00/F. T。黄埔始发的欧洲货物班轮不靠 LE HAVRE 港,黄埔出口 LE HAVRE 货物须经香港转船,其运费按香港转船费率计收。

2. 福州经香港转船出口欧洲其费率在厦门、湛江费率基础上加 USD50/20ft, USD100/40ft, LCL USD3.00/F. T

(2)按 FCS 包箱费率计收。FCS(Freight for Class)包箱费率是分箱型,对货物按不同货物种类和等级制定的包箱费率,即为货物(或商品)包箱费率(CBR)。在这种费率中,对普通货物进行分级,通常在件杂货 1 ~ 20 级中分四档,对传统件杂货等级进行简化,级差要大大小于件杂货费率的级差,见表 9-3。

中国/欧洲航线集装箱费率表(FCS 包箱费率) 表 9-3

| | |
|---|---|
| 中远集团第一号运价表<br>COSCO GROUP TARIFF No. 1 | Page |
| | Rev |
| | Efft. Date |
| | Corr. No. |

| | | | | | | |
|---|---|---|---|---|---|---|
| 中国—欧洲航线集装箱费率表<br>CHINA—EUROPE CONTAINER SERVICE | | | | 美元<br>IN USD | | |
| 上海、新港、大连、青岛—鹿特丹、汉堡、费力克斯托、安特卫普、勒哈佛<br>SHANGHAI, XINGANG, DALIAN, QINGDAO—ROTTERDAM, HAMBURG, FELIXSTOWE, ANTWERP, LE HAVRE | | | | | | |
| 等级<br>(CLASS) | 直达<br>DIRECT | | | 经香港或上海、新港转船<br>TRANSHIPMENT VIA HONGKONG OR SHANGHAI, XINGANG | | |
| | LCL<br>W/M | CY/CY | | LCL<br>W/M | CY/CY | |
| | | 20ft | 40ft | | 20ft | 40ft |
| 1 ~ 8 | 120.00 | 1 850.00 | 3 500.00 | 130.00 | 2 050.00 | 3 900.00 |
| 9 | 125.00 | 1 950.00 | 3 700.00 | 135.00 | 2 150.00 | 4 100.00 |
| 10 ~ 11 | 130.00 | 2 050.00 | 3 900.00 | 140.00 | 2 250.00 | 4 300.00 |
| 12 ~ 20 | 135.00 | 150.00 | 4 100.00 | 145.00 | 2 350.00 | 4 500.00 |
| CHEMICALS, N. H.<br>(一般化工品) | 130.00 | 2 050.00 | 3 900.00 | 140.00 | 2 250.00 | 4 300.00 |
| SEMI—HAZARDOUS<br>(半危险品) | 148.00 | 2 650.00 | 5 050.00 | 158.00 | 2 850.00 | 5 450.00 |
| HAZARDOUOS<br>(全危险品) | | 3 300.00 | 6 300.00 | | 3 500.00 | 6 700.00 |
| REEFER<br>(冷藏货物) | | 3 850.00 | 6 100.00 | | 4 050.00 | 6 500.00 |

注:1. 秦皇岛、连云港、烟台出口欧洲的货物须经香港转船，其费率在直达欧洲费率基础上加 USD300/20ft, USD570/40ft, USD17.00/F.T

2. 张家口港出口欧洲的货物须经上海转船，其费率在上海直达欧洲的费率基础上加 USDD100/20ft, USD200/40ft, LCL USD5.00/F.T

3. 镇江出口欧洲的货物须经上海转船，其费率在上海直达欧洲的费率基础上加 USD150/20ft, USD300/40ft, LCL USD8.00/F.T

通常等级低的集装箱货物费率要高于传统件杂货低等级费率水平；等级高的集装箱费率相比而言低于高等级的传统件杂货费率；同等级的货物按重量吨计费的运价高于按体积吨计费的运价。由此可见船公司鼓励货方以高价货和体积货参与集装箱运输。

使用 FCS 包箱费率时应先根据货名查找货物等级，然后在航线运价表中按 FCS 包箱费率中货物分级的大类、不同的交接方式及集装箱箱型查得相应的每只集装箱的运价。

(3)按最低计费吨或最高计费吨运费计收。在整箱托运集装箱货物且所使用的集装箱为船公司所有的情况下,托运人则有按最低计费吨或最高计费吨支付海运运费的规定。

①最低计费吨运费。规定集装箱最低计费吨运费的主要目的是,如果货主所自装货物的重量或体积吨数没有达到规定的要求,船公司则仍按该规定的最低计费吨计算运费。最低计费吨可以是重量吨或尺码吨,也可以是占集装箱容积装载能力的一个百分比,一般为集装箱箱内容积的60%,如20ft 箱为21.5$m^3$ 尺码吨;40ft 箱为43$m^3$ 尺码吨。

在整箱运输下,规定最低运费吨运费是为了在发货人自行装箱并且箱内货物没有达到规定运费吨时确保承运人的运费收入和经济利益。即货主自行装箱且箱中货物数量小于最低运费吨时,货物的运费一般通过最低运费吨乘上费率得出。当集装箱内所装载的货物总重或体积没能达到规定的最低重量吨或体积吨,而导致集装箱装载能力未被充分利用时,货主将支付亏箱运费。亏箱运费实际上就是对不足计费吨所计收的运费,不足计费吨是所规定的最低计费吨与实际装载货物数量之间的差额。

---

**【例9-2】** 20ft 箱内装载货物,重量吨为13t,尺码吨19$m^3$,最低计费吨21.5$m^3$,则不足计费吨为2.5$m^3$。

---

②最高计费吨运费。最高计费吨运费仅适用于集装箱整箱运输,其含义是即使货主自装的实际装箱货物的重量或体积吨数超过规定计费吨,承运人仍按该箱子规定的最高计费吨收取运费,超出部分免收运费。

规定最高计费吨运费的目的主要是鼓励货主使用集装箱装运货物,并能最大限度地利用集装箱的内容积。为此,在集装箱海运运费的计算中,船公司通常都为各种规格和类型的集装箱规定了一个按集装箱内容积折算的最高计费吨(一般习惯按箱子内容积的85%计算),如20ft 箱为31$m^3$ 尺码吨;40ft 箱为67$m^3$ 尺码吨。最高计费吨之所以用体积吨而不用重量吨为计算单位,是因为每一集装箱都有其最大载重量,在运输中超重是不允许的。

至于计收的费率标准,如果箱内货物的费率等级只有一种,则按该费率计收;如果箱内装有不同等级的货物,计收运费时通常采用下列两种做法:一种做法是箱内所有货物均按箱内最高费率等级货物所适用的费率计算运费;另一种做法是按费率高低,从高费率起往低费率计算,直至货物的总体积吨与规定的集装箱内容积相等为止。

---

**【例9-3】** 20ft 箱最高计费吨31$m^3$,箱内实装货物总计36$m^3$,其中15级货10$m^3$、12级货9$m^3$、9级货8$m^3$、6级货9$m^3$,则运费计算为:

$10m^3$ ×15级货费率 =15级货运费

$9m^3$ ×12级货费率 =12级货运费

$8m^3$ ×9级货费率 =9级货运费

$4m^3$ ×6级货费率 =6级货运费

合计 $31m^3$ 总运费

运费免收部分为 $9-4=5\ m^3$(6级费率货)

---

实行最高运费规定对于货主和船方都有好处。集装箱的内容积是一定的,但如果货物的外包装(形状和长、宽、高尺度)设计合理,积载合理,则可以有效地提高集装箱的装载量。货主可以根据自己商品的特点,通过改进外包装和合理积载以充分利用箱容,在不超重原则下尽

可能多装载货物以减少运费。而船方一方面可以吸引更多的货主整箱托运货物，另一方面在部分货物没有正确衡量、申报情况下仍不少收运费。

从以上分析可以看出，最低计费吨或最高计费吨运费一般是在货主使用的集装箱由船公司（或其他类型的运输经营人）提供的，由货主自行装箱且计费方法是按货物等级（for class）或不同计费标准（for basis）条件下采用的。在货主使用自有箱（包括货主自己租的箱子）或由承运人货运站装箱或计算方式采用均一包箱费率（FAK）情况下，一般不实行这种规定。

③整箱货余箱运费。许多船公司为争取更多的货源，对较大数量的货物给予优惠。如远东航运公会规定同时托运 3 个集装箱时，第 3 只箱的最低计费吨可小一些。对整箱货余箱运费计收，船公司有规定当货主托运箱量达到一定数量时，最后一箱按实际装箱体积收费。

3. 特殊货运费计算

一些特种箱或特殊货物如成组货物、家具、行李及服装等在使用集装箱进行装运时，在运费的计算上有一些特别的规定。

（1）特种箱。特种箱通常指高箱、开顶箱、平板箱、框架箱等有别于普通干货箱的箱型。这类集装箱由于其装卸及处理上的特殊原因，一般在普通箱 CY/CY 条款的基础上加收一定百分比的运费，如 40 ft 高箱比 40ft 普通箱高 1ft，故其费率通常为 40ft 普通箱 CY/CY 运价的 110%；开顶箱、平板箱、框架箱 CY/CY 运价为普通箱 CY/CY 运价的 130%（船公司可根据实际情况确定合适的比例）。

（2）成组货物。班轮公司通常对符合运价本中有关规定与要求，并按拼箱货托运的成组货物，在运费上给予一定的优惠，在计算运费时，应扣除货板本身的重量或体积，但这种扣除不能超过成组货物（货物加货板）重量或体积的 10%，超出部分仍按货板上货物所适用的费率计收运费。但是，对于整箱托运的成组货物，则不能享受优惠运价。并且，整箱货的货板在计算运费时一般不扣除其重量或体积。

（3）家具和行李。对装载在集装箱内的家具或行李，除组装成箱子再装入集装箱外，应按集装箱内容积的 100% 计收运费及其他有关费用，该规定一般适用于搬家的物件。

（4）服装。当服装以挂载方式装载在集装箱内进行运输时，承运人通常仅接受整箱货"堆场—堆场"（CY/CY）运输交接方式，并由货主提供必要的服装装箱物料如衣架等。运费按集装箱内容积的 85% 计算。如果箱内除挂载的服装外，还装有其他货物时，服装仍按箱容的 85% 计收运费，其他货物则按实际体积计收运费。但当两者的总计费体积超过箱容的 100% 时，其超出部分免收运费。在这种情况下，货主应提供经承运人同意的公证机构出具的货物计量证书。

（5）回运货物。回运货物是指在卸货港或交货地卸货后的一定时间以后由原承运人运回原装货港或发货地的货物。对于这种回运货物，承运人一般给予一定的运费优惠。比如，当货物在卸货港或交货地卸货后六个月内由原承运人运回原装货港或发货地，对整箱货（原箱）的回程运费按原运费的 85% 计收，拼箱货则按原运费的 90% 计收回程运费。但货物在卸货港或交货地滞留期间发生的一切费用均由申请方负担。

## 二、集装箱海运附加费的计算

装箱附加费是海运运费的组成部分，不论按哪一种费率和计算标准收费，集装箱运输有时都要加收各种附加费。集装箱附加费包括以整箱货和拼箱货分别计收的附加费。

1. 超重附加费(Heavy Additional)

仅拼箱货收取,如果集装箱交接形态为 FCL—LCL 或 LCL—FCL 则按 50% 计收。

2. 超长附加费(Bulky Additional)

仅拼箱货收取,如果集装箱交接形态为 FCL—LCL 或 LCL—FCL 则按 50% 计收。

3. 燃油附加费(Bunker Adjustment Factor,BAF)

指因国际市场上燃油价格上涨而征收的附加费。集装箱分别按拼箱货和整箱货不同计算标准征收。如整箱货以 20ft 或 40ft 一个箱子加收若干元征收。

4. 币值附加费(Currency Adjustment Factor,CAF)

指因某一挂靠港所在国货币币值与美元相比升值为补偿船舶港口使费而征收的附加费。由于日币与美元比值变化较大,船公司还可能单独征收日币币值附加费。

5. 港口拥挤附加费(Port Congestion Surcharge,PCS)

在集装箱运输中主要指港口拥挤或集装箱进出不平衡,导致船舶长时间等泊或集装箱在港积压而增收的附加费。

6. 选港附加费(Optional Additional Factor,OAF)

集装箱运输仅整箱货收取。因拼箱货关系不同收货人,船公司通常不接受选港的要求。整箱货选港附加费以每箱(20ft /40 ft)计收。

7. 转船附加费(Transshipment Additional Factor,TAF)

通常,集装箱班轮不直接挂靠非基本港,但它又是托运人指定的目的港。这时,海上承运人可把承运的这些集装箱货从基本港转运到非基本港,为此需额外多支出转运的费用。在这种情况下,海上承运人需向托运人加收转船附加费。

8. 变更卸港附加费

仅整箱货收取。因拼箱货关系不同收货人,船公司通常不接受变更卸港的要求。整箱货变更卸港附加费以每票计收。

9. 空箱调运费

由于调运集装箱空箱而征收的一种附加费。

10. 旺季附加费

对集装箱货源旺季,船公司因舱位不足所征收的一种附加费。

11. 港口附加费(Port Additional Factor,PAF)

某些港口(包括基本港和非基本港)的情况比较复杂(如船舶进、出需要通过闸门),装卸效率低或者港口费收较高,在这种情况下,都会增加承运人的运输经营成本,承运人为弥补这方面的损失,所增收的附加费。

12. 港口设施保安费

各国港口为履行 2002 年 12 月通过的《1974 年国际海上人命安全公约》海上保安修正案和《国际船舶和港口设施保安规则》,而增收港口设施保安费,专项用于港口保安设施的建设、维护和管理。

13. 舱单录入费

9.11 事件以后,因反恐需要,美国海关要求 2003 年 2 月 1 日开始启程运往美国港口的集装箱货物,其承运人必须在国外港口装货前至少 24 小时以电子方式通过美国设置的“自动舱单系统”(Automated Manifest System4,AMS),向美国海关提交准确完整的货物申报单。现在所收的AMS申报费,即自动舱单系统录入费。

从2004年4月19日开始,加拿大为配合美国反恐措施,其海关开始实行ACI(ADVANCE COMMER CIAL INFORMATION),类似美国海关实施的AMS,承运人必须在装船前24h通过ACI系统向加拿大海关申报。

从2011年1月1日起,欧盟将对前往或途经欧盟港口的所有货运强制执行“舱单提前申报”的规则,针对所有进入欧盟的货物,公司必须在起运港装载前24h之前向集装箱船挂靠的欧盟国家首个停靠港提交入境摘要报关单ENS(Entry Summary Declaration),该规则适用于全部27个欧盟成员国。ENS24小时舱单申报类似北美航线的AMS & ACI申报。

目前AMS申报费一般为每一票提单收取USD25,每一票更正收取USD40;ACI每一票提单收取USD30,每一票更正收取USD40;ENS每一票提单收取收费USD25,每一票更正收取USD40。

---

**【例9-4】**某托运人通过中远某集装箱公司承运一票货物(2×20ft FCL),采用包箱费率,从福州港经厦门港转船出口到汉堡港。另有币贬值附加费10%,燃油附加费5%。问:托运人应支付多少海运运费?

分析:

①从题得知:该票货物从福州港出口到汉堡港经厦门港转船,运输航线属于中国/欧洲航线,汉堡港是航线上的基本港;

②从题得知:该票货物为2×20ft FCL,采用包箱费率;

③查中国/欧洲集装箱费率表得知:从福州港出口到汉堡港经厦门港转船,福州经香港转船出口欧洲其费率在厦门、湛江费率基础上加USD50/20ft;

④查中国/欧洲集装箱费率表得知:厦门、湛江经香港转船费率为1 950USD/20ft;

⑤从题得知:币贬值附加费10%,燃油附加费5%。

**解:** 海运运费=基本运费+币贬值附加费+燃油附加费

基本运费=(1 950+50)×2=4 000(USD)

币贬值附加费=4 000×10%=400(USD)

燃油附加费=4 000×5%=200(USD)

海运运费=4 000+400+200=4 600(USD)

答:托运人应支付4 600 USD海运运费。

---

# 第三节 陆路集装箱运费计算

## 一、公路集装箱运费计算

1. 公路集装箱运输计价标准

公路货物运输计费分为整批货、零担货和集装箱货。整批货以吨为单位,零担货以千克为单位,集装箱货以箱为单位计算运费。公路集装箱运输以元/箱千米为计价单位。

2. 公路集装箱运输运价组成

集装箱货物公路运输运费由基本运价、箱次费和其他收费构成。

(1)基本运价。

①标准箱运价:是指各类标准集装箱重箱在等级公路上运输的每箱千米运价。

标准集装箱重箱运价按照不同规格的箱型的基本运价执行,标准集装箱空箱运价在标准集装箱重箱运价的基础上减成计算。

②非标准箱运价:非标准箱重箱运价按照不同规格的箱型,在标准集装箱基本运价的基础上加成计算;非标准集装箱空箱运价在非标准集装箱重箱运价的基础上减成计算。

③特种箱运价:在标准箱型基本运价的基础上按所装载货物的不同加成幅度加成计算。

非等级公路货物运价在货物基本运价的基础上加成10% ~20%。

出入境汽车货物运价,按双边或多边出入境汽车运输协定,由两国或多国政府主管机关协商确定。

(2)箱次费。对汽车集装箱运输,在计算运费的同时,加收箱次费,按不同箱型分别确定。

(3)其他收费。根据集装箱货物运输的具体情况,承运人可征收相应的费用。

①调车费:应托运人要求,车辆往外省、自治区、直辖市参加营运往返空驶者,可按全程往返空驶里程、车辆标记吨位和出省基本运价的50%计收调车费。

②装箱落空损失费:应托运人要求,车辆开至约定地点装箱落空造成的往返空驶里程,按其运价的50%计收装箱落空损失费。

③道路阻塞停车费:汽车货物运输过程中,如发生自然灾害等不可抗力造成的道路阻滞,无法完成全程运输,需要就近卸存、接运时,卸存、接运费用由托运人负担。已完成运程收取运费;未完运程不收运费。

托运人要求回运,回程运费减半。

应托运人要求绕道行驶或改变到达地点时,运费按实际行驶里程核收。

④车辆处置费:应托运人要求,运输非标准箱等需要对车辆改装、装卸和清理所发生的工料费用,均由托运人负担。

⑤车辆通行费:车辆通过收费公路、渡口、桥梁、隧道等发生的收费,均由托运人负担。其费用由承运人按当地有关部门规定的标准代收代付。

⑥运输变更手续费:托运人要求取消或变更货物托运手续的,收取变更手续费。因变更运输,承运人已发生的有关费用,应由托运人负担。

3. 公路集装箱运费计算

公路集装箱运费计算公式为:

重箱运费 = 重箱运价 × 计费箱数 × 计费里程 + 箱次费 × 计费箱数 + 货物运输其他费用

空箱运费 = 空箱运价 × 计费箱数 × 计费里程 + 箱次费 × 计费箱数 + 货物运输其他费用

## 二、铁路集装箱运费计算

铁路集装箱货物运价是国家计划价格的组成部分,由国家主管部门定价、集中管理。根据

《中华人民共和国铁路法》规定，国家铁路的货物运价率，由国务院铁路主管部门会同物价主管部门拟订，报国务院批准；货物运输杂费的收费项目和收费标准由国务院铁路主管部门规定。

铁路集装箱货物运输费用的计算有两种方法。一种是常规计算法，由基本运费、装卸作业费、货运杂费和铁道部规定的其他费用组成；另一种是为适应集装箱运输需要而制定的集装箱一口价计算方法。

1. 常规计算法

铁路集装箱货物常规计算的运费由集装箱运费、集装箱装卸作业费、集装箱货运杂费杂费和铁道部规定的其他费用组成。

(1)铁路集装箱运费。铁路集装箱运费计算以箱为单位，由发到基价和运行价两部分组成，其计算公式为：

铁路集装箱每箱运价 = 发到基价 + 运行基价 × 运价里程

计算步骤为：

①集装箱分箱型按《铁路集装箱货物运价率表》(见表9-4 确定适用的发到基价率和运行基价率)；

②按《货物运价里程表》确定发站至到站的运价里程；

③根据上述公式计算出每箱运价。

**铁路集装箱货物运价费率表**　　表9-4

| 种类 | | 发到基价 | | 运行基价 | |
|---|---|---|---|---|---|
| | | 单位 | 费率 | 单位 | 费率 |
| 重箱 | 1t 箱 | 元/箱 | 10.00 | 元/箱 km | 0.034 8 |
| | 10t 箱 | 元/箱 | 118.50 | 元/箱 km | 0.440 2 |
| | 20ft 箱 | 元/箱 | 215.00 | 元/箱 km | 0.967 4 |
| | 40ft 箱 | 元/箱 | 423.00 | 元/箱 km | 1.518 4 |

另外，下列特殊集装箱运费计算，应按专门规定计费：

①罐式集装箱、其他铁路专用集装箱按铁路货物运价率表中规定的运价率分别加30%、20%计算。

②装运一级毒害品(剧毒品)的集装箱按铁路货物运价率表中规定的运价率加100%计算；装运爆炸品、压缩气体和液化气体，一级易燃液体(代码表02 石油类除外)、一级易燃固体、一级自燃物品、一级遇湿易燃物品、一级氧化剂和过氧化物、二级毒害品、感染性物品、放射性物品的集装箱按铁路货物运价率表中规定的运价率加50%计算。装运危险货物的集装箱按上述两款规定适用两种加成率时，只适用其中较大的一种加成率。

③标记总重为30.480t 的通用20ft 集装箱按铁路货物运价率表中规定的运价率加20%计算，按规定对集装箱总重限制在24t 以下的除外。

④自备集装箱空箱运价率按其适用重箱其他货物运价率的40%计算。但承运人自备集装箱回空捎运货物，在货物运单铁路记载事项栏内注明，免收回空运费。

(2)铁路集装箱货物装卸作业费用。根据铁道部规定,铁路集装箱货物的装卸作业,实行综合作业费率计费的办法。综合作业区分装、掏箱作业场所不同,其业务范围也有所区别:

①集装箱整箱装卸综合作业的范围:这是指货物不由车站进行装、掏箱作业的情形,包括发送综合作业和到达综合作业。

发送综合作业业务包括将集装箱由车站规定的空箱堆放地点装上货主的汽车,重箱由货主的汽车上卸至车站指定的装车货位,以及重箱装上火车的作业。

到达综合作业业务包括将重箱由火车上卸至车站指定的重箱货位;重箱装上货主的汽车,空箱由货主的汽车卸至车站指定的空箱堆存地点的作业。

②集装箱拼箱装卸综合作业的范围:这是指由车站进行货物的装、掏箱作业,也包括发送综合作业和到达综合作业。

发送综合作业业务包括空箱由车站指定的空箱堆存地点搬运至货场的装掏箱作业地点;将货物由货主的汽车上卸下并装入箱内;重箱由车站的装掏箱作业地点搬运至装车货位,重箱装上火车的作业。

到达综合作业业务包括将重箱由火车上卸至车站指定的重箱货位;重箱搬运至货场的掏箱作业地点,将货物掏出并装上货主的汽车;空箱由掏箱作业地点搬运至车站指定的空箱堆存地点的作业。

(3)铁路集装箱货运杂费。如表9-5所示,铁路集装箱运输收取的杂费主要包括以下项目:

①过秤费:集装箱由承运人过秤并确定货物的重量,或由托运人确定重量的货物经承运人复查重量不符时,铁路核收的杂费。

②取送车费:当用铁路机车往专用线、货物支线或专用铁路的站外交接地点调送车辆时,铁路向托运人核收取送车费。

③铁路集装箱使用费和延期使用费:托运人使用铁路集装箱装运货物,应向支付铁路集装箱使用费。使用铁路危险货物专用集装箱装运货物的,集装箱使用费加20%。

托运人或收货人使用铁路集装箱超过规定的期限,铁路向其核收集装箱延期使用费。

④自备集装箱管理费:托运人使用自备集装箱在铁路上运输时,应向承运人缴纳自备集装箱管理费。

⑤地方铁路箱集装箱使用费:这是铁路集装箱进入地方铁路时向托运人核收的费用。

⑥铁路集装箱清扫费:在到站由收货人自行掏箱而收货人未清扫干净的,铁路向收货人收取该项费用。

⑦货物暂存费:铁路集装箱在车站超过规定的免费留置期限的,自超过之日起铁路向收货人核收货物暂存费。

⑧集装箱拼箱费:货物按零担承运、由铁路组织拼箱的,铁路除按零担收取运费和相关杂费外,还另收取铁路拼箱集装箱使用费和拼箱装卸费。

⑨变更手续费:托运人或收货人要求变更到站、变更收货人或发送前取消托运时,应向铁路支付运输合同变更手续费。

⑩运杂费迟交金:托运人或收货人未及时支付全部或部分运输费用时,铁路所收取的款项。该费用从应收该项运杂费之次日起至付款日止,每延一日,铁路按运杂费迟交总额的1%收取。

**铁路集装箱货物运杂费率表**　　表9-5

| 项目 | | 单位 | 费率 |
|---|---|---|---|
| 表格费 | 运单 | 元/张 | 0.10 |
| | 货签(纸制) | 元/个 | 0.10 |
| | 货签(其他材料制) | 元/个 | 0.20 |
| | 运输服务订单 | 元/张 | 0.10 |
| | 月度要车计划表 | 元/张 | 0.10 |
| | 危险货物包装标志 | 元/个 | 0.20 |
| | 物品清单 | 元/个 | 0.10 |
| 取送车费 | | 元/车 km | 6.00 |
| 机车作业费 | | 元/05 h | 60.00 |
| 变更手续费：变更到站(含同时变更收货人) | 20ft、40ft 箱 | 元/批 | 200.00 |
| | 其他集装箱 | 元/批 | 10.00 |
| 变更手续费：变更收货人或发送前取消托运 | 20ft、40ft 箱 | 元/批 | 50.00 |
| | 其他集装箱 | 元/批 | 10.00 |
| 货物装卸作业费 | 按《铁路货物装卸作业计费办法》《铁路货物装卸作业费率》的规定核收 | | |

| 项目 | 单位 | 费率 | | | | |
|---|---|---|---|---|---|---|
| | | 1t 箱 | 5、6 t 箱 | 10 t 箱 | 20 ft 箱 | 40 ft 箱 |
| 过秤费 | 元/箱 | 1.50 | 7.50 | 15.00 | 30.00 | 60.00 |
| 货物暂存费 | 元/箱・日 | 1.50 | 5.00 | 7.50 | 15.00 | 30.00 |
| 集装箱清扫费 | 元/箱 | 0.20 | 1.00 | 1.50 | 2.50 | 5.00 |
| 集装箱延期使用费 | 元/箱・日 | 2.00 | 10.00 | 20.00 | 40.00 | 80.00 |
| 自备集装箱管理费 | 元/箱 | 3.00 | 15.00 | 25.00 | 100.00 | 200.00 |
| 地方铁路集装箱使用费 | 元/箱・日 | 2.00 | 10.00 | 20.00 | 40.00 | 80.00 |
| 使用费(元/箱) | 500 km 以内 | 5.00 | 30.00 | 50.00 | 100.00 | 200.00 |
| | 501 ~ 2 000km 每增加 100km 加收 | 0.40 | 3.00 | 5.00 | 10.00 | 20.00 |
| | 2 001 ~3 000km 每增加 100km 加收 | 0.20 | 1.50 | 2.50 | 5.00 | 10.00 |
| | 3 000 km 以上计收 | 13.00 | 90.00 | 150.00 | 300.00 | 600.00 |
| 一箱多批(铁路拼箱) | 元/10 kg | 0.20 | | | | |

(4)其他费用。根据货物运输的具体情况铁路还可能向托运人或收货人征收下列费用：

①铁路电气化附加费：集装箱货物经由电气化路段运输，托运人或收货人应按电气化路段的里程支付铁路电气化附加费；

②新路新价均摊运费;

③铁路建设基金。

2. 集装箱运输一口价

为增加铁路运输价格透明度,规范收费行为,满足货主需要,开拓铁路集装箱运输市场,铁道部制定了《集装箱运输一口价实施办法》。

(1)集装箱运输一口价包含的费收。集装箱运输一口价是指铁路对集装箱货物自进发站货场至出到站货场,按铁路运输全过程各项费用的总和,一次计收集装箱运输费用的方式,除包括了本节前面所介绍的铁路基本运价、装卸作业费、杂费和建设基金、新路新价均摊运费、电气化附加费等符合国家规定的运价和收费外,还包括了门到门运输取空箱、还空箱的站内装卸作业、专用线取送车作业、港站作业的费用和经铁道部确认的转场货场费用等。但集装箱运输一口价不包括下列费用:

①要求保价运输的保价费用;

②快运费;

③委托铁路装掏箱的装掏箱综合作业费;

④专用线装卸作业的费用;

⑤集装箱在到站超过免费暂存期产生的费用;

⑥由于托运人或收货人的责任而发生的费用。

(2)集装箱运输一口价的组成。集装箱运输一口价由发站费用、到站费用和铁路运输收入三部分组成。

①铁路运输收入:铁路运输收入包含国铁运费、国铁临管运费、铁路建设基金、特殊加价、电气化附加费;以及铁道部规定核收的代收款(如合资铁路和地方铁路的通过运费、铁路集装箱使用费或自备集装箱管理费等)。

②发站费用:发站费用包括组织服务费、集装箱装卸综合作业费,护路联防费,运单表格费、签表格费、施封材料费等。

③到站费用:到站费用包括到站集装箱装卸综合作业费,铁路集装箱清扫费、护路联防费。

(3)不适用一口价运输的铁路集装箱货物。下列运输不适用集装箱一口价,仍应按常规方法计费:

①集装箱国际铁路联运;

②集装箱危险品运输(可按普通货物运输的除外);

③冷藏、罐式、板架等专用集装箱运输。

**专栏9-1　广州港—昆明铁路集装箱班列运价**

为满足客户需求,方便云南等内陆集装箱货源从广州港进出口,在广州港集团与中铁集装箱运输广州分公司、昆明分公司的大力支持和推动下,广州港已于2008年3月25日正式开通了广州港—昆明的铁路集装箱班列。该铁路集装箱班列由广州市冠联物流服务有限公司和昆明阳都物流有限公司共同经营。

广州港—昆明的铁路集装箱班列的广州港装卸车点以及车卡编组站设在广州港集团下属公司(CT 新港、新沙码头以及鼎胜物流公司 GPL),昆明装卸车点以及车卡编组站是昆明南站(即中铁联集昆明物流中心)。目前广州港—昆明的铁路集装箱班列计划点对点双向对开,每周 2 列,每周三、周六从广州港开出,运行时间 48h 左右,周五、周二到达昆明,广州港和昆明站装卸车作业时间只需一天左右,每周的周六、周三班列从昆明再开回广州。广州港—昆明的铁路集装箱班列铁路运价如表 9-6 所示。

**广州港—昆明集装箱班列铁路运价**(单位:元)　　表 9-6

| 运输路径 | 广州港(黄浦 GPL 或 GCT)—昆明南站(码头一站,含码头铁路专用线费) | | | |
|---|---|---|---|---|
| 箱类 | 20ft 自备重箱 | 40ft 自备重箱 | 20ft 自备重箱 | 40ft 自备重箱 |
| 费用(元) | 4 050 | 7 000 | 1 175 | 2 200 |
| 运输路径 | 昆明南站—广州港(黄浦 GPL 或 GCT) | | | |
| 箱类 | 20ft 自备重箱 | 40ft 自备重箱 | 20ft 自备重箱 | 40ft 自备重箱 |
| 费用(元) | 6 000 | 9 500 | — | — |
| 运输路径 | 广州港—昆明—广州港(包括从广州黄埔调空箱到昆明的铁路运费以及装货后原柜发运至广州黄埔 GPL 或 GCT) | | | |
| 箱类 | 20ft 自备重箱 | 40ft 自备重箱 | 20ft 自备重箱 | 40ft 自备重箱 |
| 费用(元) | 7 500 | 1 000 | — | — |

# 第四节　航空集装箱运费计算

航空货物运价是调节航空货物运输市场的重要经济杠杆。目前,航空集装箱货物运费的计算主要是常规运价计费法,即采用普通航空货物运费的计算方法,首先对两个机场城市间的航线制定出经营航班的运价,航空公司根据货物的重量或体积计算出应收的运费。

常规运价计费法计算航空集装箱货物运费时要确定货物计费数量和运价。

## 一、计费重量

计费重量(Chargeable Weight)是指用以计算货物航空运费的重量。货物的计费重量可以是货物的实际重量,或者是货物的体积重量,或者是较高重量分界点的重量。

1. 实际毛重(Actual Gross Weight)

实际毛重是指包括货物包装在内的货物重量。

国内运输中,实际毛重以 kg 为单位,重量不足 1kg 的尾数四舍五入。贵重物品的实际毛重以 0.1kg 为单位,0.1kg 以下四舍五入。

国际运输中,实际毛重以 0.5kg 为单位。即小数点后不足 0.5kg,进到 0.5kg;大于 0.5kg,进到 1kg。

2. 体积重量(Volume Weight)

将货物的体积按照一定的比例折合成的重量,称为体积重量。体积重量的计算方式为:

(1)以货物外包装最长、最宽、最高的三边的厘米长度计算货物体积,不论其形状是否规则;

(2)每6 000立方厘米折合1千克,即:

$$体积重量(kgs)=货物体积(cm^3)/6\,000(cm^3/kg)$$

在国际运输中,货物的长度单位有厘米和英寸,计算国际货物体积重量时,换算标准有每6 000cm³折合为1kg,或者366in³折合为1kg,或者166in³折合为1b。

3. 计费重量(Chargeable Weight)

先计算出一票货物的体积重量,然后比较体积重量和实际毛重,取较高者作为计费重量。

---

**【例9-5】** 有一圆柱体形状的货物,底面直径为40cm,高为100cm,实际毛重为35kgs。该货物计费重量是多少?

**解**:体积重量 $=40cm\times40cm\times100cm/6\,000cm^3/kg=26.67kgs\approx27kgs$

体积重量27kgs,小于实际毛重35kgs,因此该货物计费重量为35kgs。

---

## 二、航空货物运价

1. 航空货物运价体系

目前航空货物运价按制定的途径划分,主要分为协议运价和国际航协运价。

(1)协议运价。指航空公司与托运人签订协议,托运人保证每年向航空公司交运一定数量的货物,航空公司则向托运人提供一定数量的运价折扣。目前航空公司使用的运价大多是协议运价,但在协议运价中又根据不同的协议方式进行划分。

①长期协议:通常是航空公司与托运人或代理人签订的一年期限的协议。

②短期协议:通常是航空公司与托运人或代理人签订的半年或半年以下期限协议。

③包板(舱)协议:托运人在一定航线上包用承运人的全部或部分的舱位或集装器来运送货物。

④死包板(舱)协议:托运人在承运人的航线上通过包板(舱)的方式运输时,托运人无论是否向承运人交付货物,都必须支付协议运费。

⑤软包板(舱)协议:托运人在承运人的航线上通过包板(舱)方式运输时,托运人在航班起飞前72h如果没有确定舱位,承运人则可以自由销售舱位,但承运人对代理人的包板(舱)总量有一个控制。

⑥运费返还协议:如果代理人在规定期限内完成了一定的销售量(或销售额),航空公司可按一定的比例返还运费。

⑦自由销售:也称为议价货物或是一票一价,是指除了订过协议的货物外,其余都是一个货物一个价格。

(2)国际航协运价。指IATA在TACT运价资料上公布的运价。国际货物运价使用IATA的运价手册(TACT RATES BOOK),结合并遵守国际货物运输规则(TACT RULES)共同使用。按照IATA货物运价公布的形式划分,国际货物运价可分为公布直达运价和非公布直达运价(表9-7)。

IATA 运 价 体 系　　表 9-7

| | | |
|---|---|---|
| IATA 运价 | 公布直达运价 Published Through Rates | 普通货物运价(General cargo Rate) |
| | | 指定商品运价(Special Commodity Rate) |
| | | 等级货物运价(Commodity Classification Rate) |
| | | 集装货物运价(Unit Load Device Rate) |
| | 非公布直达运价 Un - Published Through Rates | 比例运价(Construction Rate) |
| | | 分段相加运价(Combination of Rates and Charges) |

2. 航空货物运价种类

(1)普通货物运价(General Cargo Rate,GCR)。指除了等级货物运价和指定商品运价以外的适合于普通货物运输的运价。针对所承运货物数量的不同规定几个计费重量分界点,分别适用不同的费率。

M:最低运费。国内航空运输中每票货物最低运费为 30 元。国际航空运输中,公布地点的最低运费按 TACT RATE 运价公布表中公布的金额收取;

N:45kg 以下普通货物运价(Normal Rate);

Q:45kg 以上普通货物运价(Quantity Rate)。Q45 表示 45kg 以上(包括 45kg)普通货物运价;Q100 表示 100kg 以上(包括 100kg)普通货物运价;以此类推。

由于托运的货物越多,运价就越低,为了保证货方的利益,便产生了重量分界点运价。

(2)指定商品运价(Specific Cargo Rate,SCR)。由航空公司根据在一定航线上,有经常性特种货物运输的发货人要求,或者为促进某地区的某种货物运输,向航空运输协会提出申请,经同意后制定的特种货物运价(表 9-8)。通常情况下,指定商品运价低于相应的普通货物运价,属于一种优惠性质的运价,因此又常常规定有起码重量(如 100kg),达不到所规定的起码重量则不能按此运价计算。代码为 C。

常见的几种指定商品代码　　表 9-8

| 代　码 | 商　品　品　名 |
|---|---|
| 0008 | 新鲜的水果,蔬菜 |
| 0300 | 可食用的鱼,海鲜,海产品 |
| 0850 | 蘑菇,蘑菇菌 |
| 1201 | 皮革,皮革制品 |
| 1401 | 花木,幼苗,根茎,球茎,种子,植物,鲜花 |
| 2195 | 成包、成卷、成块未进一步加工或制造的纱、线、纤维、布 |
| 6000 | 化学制品,药品 |

(3)等级货物运价(Class Cargo Rate,CCR)。为运输指定的等级货物而指定的货物运价,它是在普通货物标准运价基础上附加或附减一定百分比而构成。代码为 S。

在国内航空运输中,急件、生物制品、植物和植物制品、活动物、骨灰、灵柩、鲜活易腐品、贵重物品、机械、弹药、押运货物等货物的航空运费按普通货物标准运价的 150% 计收。其最低

航空运费按普通货物最低运费的150%计算。

在国际航空运输中,等级货物运价的使用需结合TACT RATES BOOKS一同使用。例如:贵重货物从法国始发,按普通货物运价的250%收取,从俄罗斯始发,按普通货物运价的300%收取。

## 三、国内航空运费的计算方法

航空运费=货物计费重量×对应的货物运价

航空运费遵循"从低原则",即当货物计费重量接近某个重量分界点的重量时,将计费重量和对应的货物运价所计算出的航空运费与该重量分界点的重量和对应的货物运价计算出的航空运费相比较,取其低者。

1.普通货物最低运费计算

**【例9-6】** 托运人交运一件从广州运往成都的货物,毛重3.1kg,货物品名为服装样本,包装为纸箱,尺寸为20cm×30cm×20cm×1,计算该票货物航空运费。

| | |
|---|---|
| 运价:M | 30.00 |
| N | 6.70 |
| 45 | 4.00 |
| 100 | 2.30 |
| 300 | 2.00 |

**解:**体　　积:20cm×30cm×20cm=12 000cm$^3$

体积重量:12 000cm$^3$/6 000cm$^3$/kg=2.0kgs

实际重量:3kgs

计费重量:3kgs

运　　价:N运价:　6.70元/kg

航空运费:6.70×3=20.10元

最低运费:以N运价计算的运费低于最低运费(M)30.00元

航空运费:应提高至最低运费人民币30.00元

2.普通货物重量分界点运价计算

**【例9-7】** 托运人交运一件从广州运往北京的货物,毛重39.8kg,货物品名为印刷品,包装为纸箱,尺寸为40cm×40cm×30cm×2,计算该票货物航空运费。

| | |
|---|---|
| 运价:M | 30.00 |
| N | 8.60 |
| 45 | 6.50 |
| 100 | 4.50 |
| 300 | 3.50 |
| 500 | 2.50 |
| 1 000 | 2.00 |

**解:**体　　积:40cm×40cm×30cm×2=96 000cm$^3$

体积重量:96 000cm$^3$/6 000cm$^3$/kg=16.0kgs

实际重量:40kgs

计费重量:40kgs

运　　价:N 运价：　8.60 元/kg

　　　　Q45 运价：　6.50 元/kg

航空运费:N　8.60 × 40 = 344.00 元

　　　　Q45　6.50 × 45 = 292.50 元≈293.00 元

根据运价从低原则,使用 Q45 运价所得运费低于 N 运价所得运费。

适用运价:Q45 运价 6.50 元/kg

航空运费:人民币 293.00 元

### 3. 指定商品运价计算

【例 9-8】　托运人交运一件从烟台运往上海的货物,毛重 400.0 千克,货物品名为海鲜,包装为泡沫箱,尺寸为 60cm × 70cm × 50cm × 10,计算该票货物航空运费。

| | |
|---|---|
| 运价:M | 30.00 |
| N | 4.70 |
| 45 | 3.80 |
| 100 | 1.60 |
| 300 | 1.50 |
| 500 | 1.40 |
| 0300 | (鲜货指定商品代号) |
| 500 | 1.00 |

**解:**体　　积:60cm × 70cm × 50cm × 10 = 2 100 000$cm^3$

体积重量:2 100 000$cm^3$/6 000$cm^3$/kg = 350kgs

实际重量:400kgs

计费重量:400kgs

运　　价:C0300　500　1.00 元/kg

　　　　Q300 运价　1.50 元/kg

　　　　Q500 运价　1.40 元/kg

航空运费:①指定商品运价:

　　　　C0300　500　1.00 × 500 = 500.00 元

　　　　②普通货物运价:

　　　　　Q300　1.50 × 400 = 600.00 元

　　　　　Q500　1.40 × 500 = 700.00 元

根据运价从低原则,使用指定商品(0 300)Q500 运价所得运费低于普通货物 Q300 运价所得运费。

适用运价:C0300　500　1.00 元/kg

航空运费:人民币 500.00 元

4. 等级商品运价计算

【例9-9】 托运人交运一件从海口运往长春的货物,毛重1.8kg,货物品名为天然珍珠,包装为木箱,尺寸为30cm×20cm×10cm×1,计算该票货物航空运费。

| | |
|---|---|
| 运价:M | 30.00 |
| N | 13.20 |
| 45 | 10.60 |
| 100 | 9.20 |
| 300 | 7.90 |

**解**:体　　积:30cm×20cm×10cm×1 = 6 000$cm^3$

体积重量:6 000$cm^3$/6 000$cm^3$/kg = 1.0kgs

实际重量:1.8kgs

计费重量:1.8kgs

运　　价:天然珍珠属于贵重物品,是特种货物,应使用等级货物运价N150%

13.20×150% = 19.80 元/kg

航空运费:19.80×1.8 = 35.64 元≈36.00 元

最低运费:特种货物的最低运费为M150%,即30.00×150% = 45.00 元。此票货物的运费人民币36.00元,低于最低运费人民币45.00元。

航空运费:人民币45.00 元

## 四、国际航空运费的计算方法

国际航空运输中,常见的术语解释有:

Volume:体积

Volume Weight:体积重量

Gross Weight:实际重量

Chargeable Weight:计费重量

Applicable Rate:适用运价

Weight Charge:航空运费

1. 普通货物运价

【例9-10】 Routing:BEIJING,CHINA(BJS)

To　ROME,ITALY(ROM)

Commodity: TYPE WRITER RIBBONS

Gross Weight:15.0kgs

Dimensions: 1box　40cm×50cm×60cm

计算该票货物的航空运费。

公布运价如下:

| | | |
|---|---|---|
| BEIJING<br>RENMINBI | CN<br>CNY | BJS<br>KGS |
| ROME IT | M | 320.00 |
| | N | 45.72 |
| | 45 | 37.98 |
| | 100 | 36.00 |

**解**：Volume：40cm × 50cm × 60cm × 1 = 120 000cm$^3$

Volume Weight：120 000cm$^3$/6 000cm$^3$/kg = 20.0kgs

Gross Weight：15.0kgs

Chargeable Weight：20.0kgs

Applicable Rate：GCR N 45.72CNY/KG

Weight Charge：45.72 × 20 = CNY914.40

**【例 9-11】** Routing：HONGKONG，HK（HKG）

To ROME，ITALY（ROM）

Commodity：TEXTILES

Gross Weight：30.0kgs

Dimensions：1box 56cm × 65cm × 65cm

计算该票货物的航空运费。

公布运价如下：

| | | |
|---|---|---|
| HONGKONG<br>HONGKONG $ | HK<br>HKD | HKG<br>KGS |
| ROME IT | M | 392.00 |
| | N | 76.49 |
| | 45 | 57.37 |
| | 100 | 44.00 |

**解**：①按体积重量计算：

Volume：56cm × 65cm × 65cm × 1 = 236 600cm$^3$

Volume Weight：236 600cm$^3$/6 000cm$^3$/kg = 39.43kgs ≈ 39.5kgs

Gross Weight：30.0kgs

Chargeable Weight：39.5kgs

Applicable Rate：GCR N 76.49HKD/KG

Weight Charge：76.49 × 39.5 = HKD3 021.355 ≈ HKD3 021.36

②采用较高重量分界点的较低运价计算：

Chargeable Weight:45.0kgs

Applicable Rate:GCR　Q　57.37HKD/KG

Weight Charge:57.37 ×45.0 = HKD2 581.65

比较①与②,取运费较低者,航空运费为 HKD2 581.65

## 2. 指定商品运价

**【例 9-12】** Routing:BEIJING,CHINA(BJS)

To　TOKYO,JAPAN(TYO)

Commodity: FRESH BROCCOLI

Gross Weight:299.0kgs

Dimensions: 10boxes　50cm ×60cm ×70cm

计算该票货物的航空运费。公布运价如下:

| BEIJING | | CN | BJS |
|---|---|---|---|
| RENMINBI | | CNY | KGS |
| TOKYO | JP | M | 230.00 |
| | | N | 37.51 |
| | | 45 | 28.13 |
| | 0008 | 300 | 36.00 |

**解**:Volume:$50cm \times 60cm \times 70cm \times 10 = 2\ 100\ 000cm^3$

Volume Weight:$2\ 100\ 000cm^3 / 6\ 000cm^3/kg = 350.0kgs$

Gross Weight:299.0kgs

Chargeable Weight:350.0kgs

Applicable Rate:SCR0008/Q300　36.00CNY/KG

Weight Charge:36.00 ×350.0 = CNY12 600

## 3. 等级商品运价

**【例 9-13】** Routing :SYDNEY,AUSTRALIA(SYD)

To　BRUSSEL,BELGIUM(BRU)

Commodity: MONKEYS

Gross Weight:400.00kgs

Dimensions:: 4 ×100cm ×80cm ×80cm

计算该票货物的航空运费。公布运价如下:

| SYDNEY<br>AUSTRALIAN $ | AU<br>AUD | SYD<br>KGS |
|---|---|---|
| BRUSSEL　　BE | M | 120.00 |
| | N | 14.56 |
| | 45 | 11.25 |
| | 100 | 8.25 |
| | 250 | 5.50 |
| | 500 | 4.35 |

**解**：查活体动物运价表，从澳大利亚悉尼运往比利时布鲁塞尔，属于从 IATA 中的 TC3 区运往 TC2 区，运价的构成形式是"200% of the applicable GCR"。

运费计算如下：

Volume：100cm × 80cm × 80cm × 4 = 2 560 000cm$^3$

Volume Weight：2 560 000cm$^3$/6 000cm$^3$/kg = 426.6kgs≈427.0kgs

Gross Weight：400.0kgs

Chargeable Weight：427.0kgs

Applicable Rate：200% of the applicable GCR

200% × 4.35AUD/KG = 8.70AUD/KG

Weight Charge：500.0 × 8.70 = AUD4 350.00

### 五、其他费用

在实际业务中，对于航空公司或其代理人将收运的货物自始发地（或从托运人手中）运至目的地（或提取货物后交给收货人）的运输组织过程，除发生航空运费外，在运输始发地、中转地、目的地经常发生与航空运输有关的其他费用（Other Charges），包括声明价值附加费、航空保险费、地面运输费、退运手续费等。

## 第五节　集装箱多式联运运费计算

### 一、集装箱多式联运运费的构成

集装箱多式联运运费，是指集装箱多式联运企业根据约定向托运人或收货人收取的全程运杂费。

与各种单一方式下运输相比较，国际集装箱多式联运的程序环节要多很多。与各单一方式承运人比较，国际集装箱多式联运经营人在责任期内要承担更多的义务，要实现各区段与全程的运输，又要完成各区段之间的运输衔接，完成其他有关的服务。因此集装箱多式联运中运输成本的计算要比各单一方式复杂得多。

由于集装箱多式联运企业开展业务时,需要借助于包括船公司、港口、内陆运输公司、装卸仓储公司等运输供应商来完成具体的运输业务,因而,集装箱多式联运企业的总成本包括两大部分:一是企业自身付出的成本;二是企业为获得运输、仓储等而支付给各运输供应商的报酬。

与国际货运代理、国际船舶代理不同,集装箱多式联运企业作为当事人,在其业务经营过程中,并不存在代收代付费用项目,其收入与支付,取决于经营过程中的报价和必需开支,收支按其经营要求和财务管理作相应的安排,自负盈亏,自担风险。显然,支付给各运输供应商的报酬的高低,直接影响集装箱多式联运企业的成本费用。由于受运输市场供求的影响,各运输供应商的价格变动较大,这种不确定性导致了集装箱多式联运企业产生成本费用风险。

综上所述,集装箱多式联运运费构成包括运输总成本、经营管理费用和经营利润三项。

1. 运输总成本

运输总成本主要由集疏运费、港区服务费、海运运费、集装箱租用费和保险费用。

(1)集疏运费:是指由发货地运往集装箱码头堆场或由集装箱码头堆场运往收货地的费用。

(2)港区服务费:包括集装箱码头堆场服务费和货运站服务费。

(3)集装箱海运运费:是指海上运输区段的费用,包括基本运费及各类附加费。

(4)集装箱租用费:是指由多式联运经营人提供的集装箱(不论是经营人本人的,租用租箱公司的,还是某一实际承运人提供的)的租(使)用费用。此项费用一般按全程预计天数(从提箱至还箱)包干计算。

(5)保险费用:主要包括集装箱保险费和货物运输责任保险费。货物运输保险(全程或分段)一般由货方自己投保。如货方委托多式联运经营人代为办理时,应由货方承担保费及服务费。货物运输保险的费用一般不包含在单一费率之内。

2. 经营管理费

经营管理费主要应包括多式联运经营人与货主、各派出机构、代理人、实际承运人之间信息、单证传递费用、通信费用、单证成本和制单手续费,以及各派出机构的管理费用。这部分费用亦可分别加到不同区段的运输成本中一并计算。

对于全程运输中发生的报关手续费,申请监管运输(保税运输)手续费,全程运输中的理货、检查(商、卫检等)及由发货人或收货人委托的其他服务引起的费用,一般应单独列出,并根据贸易交易条件规定向应承担的一方或委托方收取,而不包含在单一费率内。

3. 经营利润

是指多式联运经营人预期从该线路货物联运中获得的毛利润。一般可通过前面运输总成本和经营管理费两项费用之和乘以一个适当的百分比(如 10% 等)确定。确定利润的多少要进行充分的调查研究,必须根据运输市场运价水平与自己具备的竞争能力及线路中存在的实际竞争情况等确定。

## 二、集装箱多式联运运费的计算

1. 集装箱多式联运的计费方式

近年来,随着集装箱多式联运市场竞争日趋激烈,不少国际多式联运企业采取灵活的费用计收方法，比如分项计收法、分项加总计收法、包干计收法、部分包干计收法、照实计收法，等等。这些计收方式，归纳起来主要有单一制、分段制和混合制三种。

(1)单一制。它是指集装箱从托运到交付，所有运输区段均按照一个相同的运费率计算全程运输。比如，在西伯利亚大陆桥(SLB)运输中采用的就是这种计费方式，即采用不分货种的以箱为计费单位的FAK统一费率。

(2)分段制。它是指按照组成多式联运的各运输区段，分别计算海运、陆运(铁路、汽车)、空运及港站等各项费用，然后合计为多式联运的全程运费，由多式联运经营人向货主一次计收，最后再由多式联运经营人与各区段的实际承运人分别结算。目前大部分多式联运的全程运费均采用这种计费方式，例如欧洲到澳大利亚的国际集装箱多式联运和到欧洲内陆或北美内陆的国际集装箱多式联运等。

(3)混合制。理论上讲，国际多式联运企业应制定全程运价表，且应采用单一运费率。然而，由于制定单一运费率是一个较为复杂的问题，因此，作为过渡方法，目前有的多式联运经营人尝试采取混合计收办法：从国内接收货物地点至到达国口岸采取单一费率，向发货人收取(预付运费)从到达国口岸到内陆目的地的费用按实际成本确定，另向收货人收取(到付运费)。当然，也有采取分段累加计收，或者根据分段累加的总费用换算出单一运费率计收。

2. 集装箱多式联运费率表的结构

国际集装箱多式联运费率表根据其结构不同，可分为两种形式：

(1)门到门费率。这种费率结构可以是以整箱货或拼箱货为计费单位的货物等级费率，也可以是按TEU计费的包箱费率。这是一种真正意义上的多式联运运价。

(2)与海运运价表相似，为港到港间费率加上内陆运输率。这种费率结构形式较为灵活。

## 三、集装箱多式联运费率的制定

为充分发挥国际集装箱多式联运的优越性，国际集装箱多式联运费率应该比分段运输的费率对货主更具吸引力，而绝对不能是各单一运输方式运费率的简单相加，因为这将使得多式联运企业毫无竞争力可言。因此，任何一个多式联运企业，在制定多式联运费率表之前，首先必须确定出具体的经营线路，并就有关各运输区段的各单一运输方式做好安排，在此基础上，依据各单一运输方式的运输成本及其他有关运杂费，估算出各条营运线路的实际成本，然后结合本企业的成本与盈利水平，制定出一个真正合理的集装箱多式联运运价表。

运输时间和运输成本是与多式联运企业竞争力密切相关的两个因素。结于组织、管理水平较高的集装箱多式联运企业来说，运输时间是比较容易控制的。然而，运输成本的高低在很大程度上受制于各区段的承运人和市场竞争状况，因此，在制定费率时，应根据国际集装箱运输市场运价的变化及时调整费率水平，以使集装箱多式联运费率始终处于一种最新的状态。

通常，内陆运费率及有关费用的变化比海上运费率要频繁得多。因此，当内陆运费率及有关费用发生变化时，必须对多式联运费率尽快做出相应的调整。如果内陆运输成本上升而多式联运运价仍保持在原有的水平，那么，多式联运企业的盈利就会减少。相反，如果内陆运输费用降低，而集装箱多式联运运价没有相应地降低，多式承运企业的竞争地位就会受影响。

## 案例9-1　集装箱多式联运运费支付纠纷案

1992年5月中旬，某运输公司(简称C公司)收到杏花公司武汉货运代理处(简称B货运代理)送来的由某汽车公司(简称A公司)签章的出口托运单两份，要求C公司将A公司的108.502t钢板弹簧从武汉运往美国达拉斯。C公司接受委托后，于5月24日在武汉江岸火车站货场收货装载。5月30日和6月1日，C公司签发了提单两套，并将两套正本提单(各三份)交付给A公司。提单上注明，货物托运人为A公司。C公司完满地履行了自己的义务，将货物通过铁路运至香港，从香港运到美国洛杉矶，再从洛杉矶陆运至达拉斯，最终交至收货人手中。

1992年5月18日、6月2日和6月19日，A公司通过银行转账给B货运代理分别支付了一程运输4 475.20元、1 599元、77 599元人民币，(约合1万左右美元)，B货运代理开具了正式发票。6月26日，C公司从B货运代理收到28 999元人民币，并向B货运代理开具了收据。

在运输过程中，该批货物在香港的中转超重附件费、香港至洛杉矶的海运费以及从洛杉矶到达拉斯的陆运费，共计18 077.81美元，全部由C公司垫付，扣除6月26日从B货运代理收到的28 999元人民币，C公司向A公司索要其余运费时，A公司一直拒绝支付。理由是，A公司委托B货运代理承运该批货物，且运费以全部付清，与C公司之间不存在运输承运关系，不应支付其运费。

为维护合法权益，C公司于1992年10月向某省事法院提起诉讼，要求A公司支付拖欠的运费及利息损失共计18 511.68美元。经过审理，法院判决A公司如数支付运输公司约定运费。

由于签发提单且对A公司承担全程运输责任的是C公司，而B货运代理只是将A公司的托运单和货物转交给C公司，所以C公司才是真正的承运人，而B货运代理只是A公司的代理人。所以A公司作为托运人，当其支付运输时，应将运输支付给有权收取运输的人，否则会带来因错交而承担再次支付运输的法律后果。一般情况下，提单签发人才是运输合同的当事人，才有资格收取运费。

## 思考与练习

一、名词解释

1. 集装箱运费
2. 集装箱运价
3. 货物包箱费率(CBR/FCS)
4. 均一包箱费率(FAK)
5. 最高计费吨
6. 最低计费吨
7. 亏箱运费

8. 不足计费吨
9. 码头作业费(THC)
10. 燃油附加费(BAF)
11. 币值附加费(CAF)
12. 港口拥挤附加费(PCS)
13. 选港附加费(OAF)
14. 舱单录入费(AMS/ACI/ENS)

二、简答题

1. 简述集装箱运费基本结构。
2. 简述集装箱基本海运运费的计算方法。
3. 公路集装箱运费的构成项目有哪些?
4. 铁路集装箱运费按常规计算法如何计算?
5. 铁路集装箱运费一口价包括哪些收费项目?
6. 航空集装箱运费按常规计算法如何计算?

三、讨论题

1. 航空集装箱运输新型运价计费法的应用实践。
2. 如何制定国际集装箱多式联运的单一费率?

四、案例题

1994 年 9 月 5 日 ~10 月 19 日期间,原告马士基集团香港有限公司(以下简称马士基公司)根据被告闽东金洋(集装)货运有限公司(以下简称金洋公司)提交的抬头为“闽东金洋(集装)货运有限公司”的托运单(shipping Order),在深圳蛇口港分别安排了 6 个 40ft 的集装箱,装载衣服、运动鞋等货物,并于装船完毕后向金洋公司签发了 6 个集装箱货物的记名联运提单。提单签发日期和提单号依次是:9 月 5 日签发两单货物的提单,提单号为 SHEB01046 和 SHEB01047;9 月 28 日签发一单货物的提单,提单号为 SHEB01150;10 月 6 日签发两单货物的提单,提单号为 SHEB01296 和 SHEB01297;10 月 19 日签发一单货物的提单,提单号为 SHEB01331;该 6 单货物由金洋公司从福建陆运至深圳,并交由马士基公司承运。金洋公司提交的托运单和马士基公司签发的提单均记载,该 6 单货物的托运人为福建省宁德外贸公司,收货人为 HUA RONG KERESKEDELMI KFT. HUA RONG TRADE LTD,卸货港为汉堡,交货地为布达佩斯,运费预付。另有提单号为 SHEB01148 和 SHEB01152 两单货物,由金洋公司向马士基公司提交托运单并交付货物,托运单记载事项与前述 6 份托运单大致相同,但托运单抬头为“福建国际货运有限公司”、“深圳华南国际运输有限公司”字样。托运单约定,每个集装箱运费为 4 400 美元,合计 35 200 美元。货物已运抵目的港,马士基公司未收取运费。

马士基公司于 1995 年 10 月 5 日向海事法院提起诉讼,请求法院判令金洋公司支付拖欠的运费 35 200 美元、报关费 100 美元,并承担本案诉讼费。

金洋公司确认 SHEB01046、SHEB01047、SHEB01150、SHEB01296、SHEB01297 和 SHEB01331 六单货物由其向马士基公司提交的“闽东金洋(集装)货运有限公司”格式的托运单订舱及提交货物,未向马士基公司明示系代理托运人而为。但事实上,该六单货物的托运人是福建省宁德外贸公司,金洋公司系受托运人的委托将货物从福建经陆路运至深圳交给马士基公司运输,并非托运人,没有义务向马士基公司支付运费。马士基公司于1994年9月22日签发的提单号为SHEB01148和SHEB01152的二单货物,托运单的抬头是“福建国际货运有限公司”、“深圳华南国际运输有限公司”,运费更不应该由金洋公司支付。另外,马士基公司未将1994年6月23日、11月11日签发的提单号分别为HD7HAM-006和G333890的两单货物的海关退税单、核销单退交给托运人,造成托运人无法向国家申请退税,损失29.8万元人民币,托运人因此拒付本案数单运费。由于马士基公司的过错,造成金洋公司未能收到陆路运费近3万元人民币,马士基公司应予赔偿。请求追加宁德外贸公司作为第三人参加诉讼。

问题讨论:

(1)在此案例中,托运人、承运人各是谁?

(2)马士基公司向金洋公司收取运费合理吗?运费该收多少?

五、计算题

1. 某轮从广州港装载杂货——人造纤维,体积为20m$^3$,毛重为17.8t,运往欧洲某港口,托运人要求选择卸货港Rotterdam或Hamburg,Rotterdam和Hamburg都是基本港口,基本运费率为USD80.0/FT,选卸港的附加费率为每运费吨加收USD3.0,计费标准为“W/M”。

(1)该托运人应支付多少运费?

(2)如果改用集装箱运输,海运费的基本费率为USD1 100.0/TEU,货币附加费10%,燃油附加费10%。改用集装箱运输时,该托运人应支付多少运费?

(3)若不计杂货运输和集装箱运输两种运输方式的其他费用,托运人从节省海运费考虑,是否应选择改用集装箱运输?

2. 某进出口公司委托一国际货运代理企业代办一小桶货物以海运方式出口国外。货物的重量为0.5t,小桶(圆的)的直径为0.7m,桶高为1m。货代最后为货主找到一杂货班轮公司实际承运该货物。货代查了船公司的运价本,运价本中对该货物运输航线、港口、运价等的规定为:基本运价是每运费吨支付100美元(USD100/Freight Ton);燃油附加费按基本运费增收10%(BAF10%);货币贬值附加费按基本运费增收10%(CAF10%);计费标准是“W/M”;起码提单按1运费吨计算,你作为货运代理人,请计算该批货物的运费并告诉货主以下内容:

(1)货物的计费吨(运费吨)是多少?

(2)该批货物的基本运费是多少?

(3)该批货物的附加运费是多少?总的运费是多少?

3. 托运人交运一票从沈阳运往上海的货物,毛重220.0kg,货物品名为配件,包装为纸箱,尺寸为50cm×60cm×65cm×8,计算该票货物航空运费。

运价:M:30.00元

N:6.6

Q45:5.3

Q100:4.6

Q300:4.0

4. 托运人交运一票从广州运往北京的货物，毛重60kg，货物品名为高精密度仪器，包装为木箱，尺寸为80cm×80cm×60cm×1，计算该票货物航空运费。

运价：M：30.00元

N：9.5

Q45：7.6

Q100：6.7

Q300：5.7

5. Routing：SHANGHAI，CHINA（SHA）

To PARIS，FRANCE（PAR）

Commodity：TOOLS

Gross Weight：280.0kgs

Dimensions：10boxes 40cm×40cm×40cm each

计算该票货物的航空运费。公布运价如下：

| | | |
|---|---|---|
| SHANGHAI | CN | SHA |
| RENMINBI | CNY | KGS |
| PARIS | M | 320.00 |
| | N | 68.34 |
| | 45 | 51.29 |
| | 100 | 44.21 |

6. Routing：BEIJING，CHINA（SHA）

To LONDON，UK（LON）

Commodity：TOY SAMPLE

Gross Weight：38.6kgs

Dimensions： 1boxes 101cm×58cm×32cm

计算该票货物的航空运费。公布运价如下：

| | | |
|---|---|---|
| BEIJING | CN | BJS |
| RENMINBI | CNY | KGS |
| LONDON | M | 320.00 |
| | N | 50.22 |
| | 45 | 41.53 |
| | 300 | 37.52 |

7. outing：SHANGHAI，CHINA（SHA）

To OSAKA，JAPAN（OSA）

Commodity：WORM

Gross Weight：24.1kgs EACH （4PCS）

Dimensions：4boxes 42cm×60cm×46cm each

计算该票货物的航空运费。公布运价如下:

| | | |
|---|---|---|
| SHANGHAI | CN | SHA |
| RENMINBI | CNY | KGS |
| OSAKA | M | 230.00 |
| | N | 30.22 |
| | 45 | 22.71 |
| | 100 | 14.72 |

# 第十章　国际集装箱运输代理业务

## 引导案例　国际集装箱货运代理人的法律责任

一客户委托某集装箱货代公司出运一批干木耳。委托书中指示：由该货代公司安排订舱、装船出运，并代为客户出口报关、检验。货代公司安排卡车将干木耳运抵其仓库装箱。为确定集装箱能否装载干木耳，装箱前货代公司向商检提出验箱，商检报告证明可装载。但由于该批货物未能在信用证装运期内出运，因而客户要求船公司出具倒签提单。但船公司不接受倒签提单的请求，于是货代公司出具了自己的提单给客户办理结汇，再由船公司出具提单给该货代公司。货代公司出具的提单签发日期是信用证规定的装运期，而船公司签发的提单是货物实际装船日期。信用证规定的运输条款是CY—CY，因而两份提单上均记载CY—CY。

集装箱货代公司将干木耳装箱后由厦门港出运，集装箱进堆场大门时，集装箱设备交接单对集装箱外表状况未做任何批注。装船时，外轮理货也未对装船的集装箱外表状况提出异议。到进口国卸船时，国外公证机构未对集装箱外表状况提出异议；收货人在进口国堆场提取集装箱时也未对集装箱外表状况提出异议。

然而，收货人在将集装箱运回自己仓库拆箱时，发现箱内有一部分干木耳受潮，即申请公证行到拆箱现场检验，检验报告证明干木耳受潮系箱子顶部漏水，而且是淡水所致。

### 问题

1. 由委托人承担代理人行为的法律后果，应满足哪些条件？
2. 国际集装箱货运代理的业务范围是什么？
3. 分析本案中托运人、收货人、货代公司、船公司之间的法律关系。
4. 本案中集装箱货代公司应承担什么责任？

### 本章知识点

在国际集装箱运输业务中，货运代理人和船舶代理人起着举足轻重的作用，且其代理业务不断向贸易代理、保险代理、金融代理等服务领域延伸。

本章介绍了有关集装箱运输代理的基础知识，在此基础上首先叙述了人们对国际集装箱国际货运代理的不同理解，对国际集装箱货运代理的业务范围、业务种类和FIATA为国际货运代理业务所制定的单证做了重点介绍，论述了国际集装箱货运代理人责任保险的方式、保险范围，并阐述了我国国际集装箱货运代理业的管理体制。本章最后介绍了国际集装箱船舶代理关系的建立方式、业务范围及其中的船务业务，对于船舶代理备用金的使用做了较详细地叙述，并介绍了我国船舶代理管理制度的主要内容。

本章应重点掌握的内容：国际集装箱货运代理的业务范围与分类；国际集装箱货运代理的

双重法律地位;国际集装箱货运代理人的责任保险;国际集装箱船舶代理业务范围;国际集装箱船舶代理的船务业务。

## 第一节　国际集装箱运输代理概述

代理制度是随着社会经济的发展而逐步形成和发展起来的。由于社会经济活动规模、范围不断扩大,参加各种活动的各方当事人不可能也不能够对所从事的活动有全面地了解,因此也就不再有能力亲自处理、经营所涉及的每一项具体业务,只能委托其他人代为办理;于是一些精通某些业务并与这些业务所涉及的方方面面有着广泛联系的人针对这种需要成立了相应的代理机构,专门接受当事人的委托,代办有关事宜并向委托人收取一定的报酬。代理制度、代理行业和各类代理人,如贸易代理、保险代理、税务代理及运输代理、船舶代理等就随之建立和发展起来。

### 一、代理的含义及分类

1. 代理的概念

依据我国《民法通则》的规定,代理是指代理人在代理权限内以被代理人的名义与第三人实施民事法律行为,而由被代理人对代理人的代理行为承担民事责任的法律制度。

在代理关系中,代他人实施民事法律行为的人称为代理人;由他人代自己实施民事法律行为的人称为被代理人或本人;与代理人实施民事法律行为的人称为第三人或相对人。

2. 代理的分类

代理可以依照不同的标准从不同的角度划分,如根据代理权限范围的不同可分为一般代理和特别代理;根据代理人是否披露代理身份可分为直接代理和间接代理等。但其中最通常也最重要的分类方式是以代理权产生的根据为标准所进行的划分,依此代理可以分为法定代理、指定代理和委托代理。

(1)法定代理。是指代理人基于法律的直接规定而取得代理权,其产生根据是法律的直接规定。法定代理主要是为保护无民事行为能力人和限制民事行为能力人的合法利益而设立的,因此其产生与被代理人的意志无关,而是由法律按照当事人之间所存在的特殊社会关系(如血缘关系、婚姻关系等)直接做出规定。

(2)指定代理。是基于人民法院或有关单位的指定而发生的代理,其产生根据是人民法院或有关单位的指定。“有关单位”是指依法对被代理人的合法权益负有保护义务的组织,如未成年人所在地的居民委员会、村民委员会等。指定代理主要也是为无民事行为能力人和限制民事行为能力人指定代理人。

(3)委托代理。是指代理人依据被代理人的委托授权而进行的代理,又称意定代理或授权代理,其产生根据是被代理人的委托授权行为。由于国际贸易、运输领域的代理通常是这种委托代理,因而下文主要围绕委托代理进行论述。

### 二、运输代理行为的有效条件

运输代理行为也是民事法律行为,因此一般民事法律行为的有效要件同样适用于代理代为，即：行为人必须具有行为能力；行为必须合法；行为人的意思表示必须自愿、真实；行为必须符合法律规定的形式等。但运输代理行为是由代理人代表被代理人与第三人确立、变更或终止民事法律关系的民事法律行为，这与当事人双方直接确立、变更或终止民事法律关系的一般民事法律行为毕竟是有差别的，因此运输代理行为还应具备其特有的有效条件，包括：

1. 代理人必须取得代理权

代理权是指代理人依法取得的能够以被代理人的名义代表被代理人行事，而其法律效果直接归属于被代理人的法律资格。代理人事先取得代理权是其代理行为有效的前提条件。对于未经授权的代理，被代理人可以依法不予承认。

2. 代理人必须在代理权限范围内进行代理行为

代理行为的行使，是以代理权为基础的，而代理权限的范围是由被代理人的意志和利益所确定的，因而代理人只有在代理权限范围内进行的民事活动，才能视为被代理人的行为，其法律效果才归属于被代理人。就运输代理业务而言，就是指代理人必须在委托人（即被代理人）的授权范围内进行代理活动；对于超越授权范围的代理行为，委托人可以依法不予承认。因此，运输代理的委托人应当明确代理人的权限范围，否则由于授权不明给第三人造成损害的，委托人应向第三人承担民事责任，代理人负连带责任。

3. 以被代理人的名义，并符合被代理人的利益

代理人的代理活动必须以被代理人的名义进行，并符合被代理人的利益。这样，代理行为所产生的权利和义务才能合理地归由被代理人享有和承担。

因此在运输代理业务中，下列情形属无效代理行为，被代理人不承担该行为的法律后果。

（1）无权代理。无权代理是指未取得合法代理权的行为人所进行的代理行为。行为人未经授权、超越授权范围或代理权终止后的代理行为，均属于无权代理。不过，当这种无权代理事后被代理人追认时，即成为有权代理而产生法律效力。

需要注意的是，有时行为人虽然没有代理权，但善意相对人客观上有充分的理由相信行为人具有代理权，因而与之进行了相应的民事法律行为的，该行为的民事法律后果仍然应由被代理人承担。这一制度称为表见代理制度，其目的是为了保护善意第三人的利益。

（2）滥用代理权。在运输代理中，代理权的滥用是指代理人违背代理权的设定宗旨和代理行为的基本准则，损害被代理人利益而行使代理权的行为。主要表现有：

①自己代理和双方代理。自己代理是指代理人以被代理人的名义同代理人自己进行的具有法律意义的行为，如货运代理人同时又是无船承运人，该代理人滥用代理权以货主名义与自己签订运输合同。

双方代理是指一个代理人同时代理双方当事人进行具有法律意义的行为。如在同一货物运输中，既作为货方的代理人，又作为船方的代理人。

在上述两种情况下，由于双方当事人的利益是对立的，由一个人来完成将难免损害其中一方的利益，因此除非事先得到允许或事后得到追认，否则自己代理与双方代理在法律上应均属无效。

②代理人与第三人恶意串通而进行的，具有法律意义的损害被代理人利益的行为。被代理人对于因代理人滥用代理权而产生的法律后果，也不承担责任。相反，代理人滥用代理权给

被代理人造成损失的,应向被代理人承担责任;因代理人与第三人恶意串通给被代理人造成损失的,代理人与第三人应承担连带赔偿责任。

## 三、运输代理的行为规则

运输代理关系一经确立,代理人就应按照被代理人的要求,在授权范围内履行其代理职责。被代理人委托代理人的目的,是为了利用代理人的知识和技能为自己服务。因此,代理人在履行其代理职责时,应该以维护被代理人的合法利益为原则,诚恳、忠实并勤勉地进行代理工作,这不仅意味着代理人应如同处理自己的事务一样谨慎地处理被代理人的事务,及时向被代理人公开代理工作中的一切重要事实和有关第三人的情况,同时还意味着代理人绝对不能密谋私利,串通第三方合谋损害被代理人的利益,也不能实施任何其他违法行为。

当代理人在代理过程中获悉有关被代理人个人秘密和商业秘密,包括一切业务经营的机密情况和资料时,代理人不但负有不得向外界泄露的义务,而且也不得利用所掌握的机密情况与被代理人进行不正当的竞争。

如果代理人未能勤勉地履行其代理职责,或因为在代理过程中有过失而使被代理人遭受损失,则对被代理人负有赔偿损失的责任。

## 四、运输代理关系的变更与终止

1.运输代理关系的变更

运输代理关系的变更具体表现为代理内容的变更和代理关系的转移。

代理内容的变更是指运输代理人代理权限范围的扩大、减少或改变,通常表现为代理事项或授权范围的变更。

代理关系的转移是指运输代理人根据被代理人的授权,或征得被代理人同意,将原应由代理人完成的代理事项,全部或部分再委托给其他人。这种再委托,也称作转委托。转委托虽使原代理人的代理权转移给了转委托的代理人,但是,原代理人仍须对被代理人承担责任。

2.运输代理关系的终止

运输代理关系的终止是指作为运输关系主体的被代理人和代理人之间由于委托代理而产生的权利和义务的终止。代理关系和其他民事法律关系一样,可以根据一定的法律事实而终止。可使运输代理关系终止的事项主要包括:

(1)因代理期限届满或代理事项完成而终止;

(2)因被代理人撤回代理授权或代理人辞去代理而终止;

(3)因代理关系主体的变化而终止,如被代理人或代理人死亡、行为能力丧失,作为被代理人或者代理人的法人终止、权利能力发生变更等。

代理关系终止,意味着代理人的代理资格丧失、代理权消灭。如前文所述,在代理权消灭后,如果原运输代理人仍以原被代理人的名义进行代理行为,属于无权代理。

## 五、委托代理、委托授权与委托合同

在委托代理关系中,代理人以被代理人名义行事必须取得被代理人的委托授权。委托授权行为是代理权产生的根据,是一种单方民事法律行为,它仅凭被代理人单方将代理权授予代理人的意思表示就发生法律效力,代理人因此即取得代理权。可见,委托授权与委托合同不同。依据我国《合同法》的规定,委托合同是指委托人和受托人约定,由受托人处理委托人事务的合同,它是被代理人与代理人之间建立委托关系,明确相互权利义务的协议,是双方民事法律行为。

一般来说,实践中先有委托合同,然后才有委托授权,委托授权建立在委托合同的基础之上。委托合同和委托授权均可采用口头形式或书面形式。委托合同一般是就委托事务、费用支付、受托人报酬及委托事务完成的时间等事项进行约定;而委托授权的内容则包括代理的事项、权限和期间等。委托授权主要是为向第三人示意;委托合同则仅用以界定双方的内部关系。如果仅有委托合同,而没有委托授权,委托代理关系就不能成立。

## 第二节 国际集装箱货运代理业务

### 一、国际集装箱货运代理含义

实践中并没有专门的国际集装箱货运代理,同样地,也没有专门关于国际集装箱货运代理的法律规定或业务规则。本书所称的国际集装箱货运代理,实际上就是指从事集装箱货运代理业务的国际货运代理,其除了代办运输的货物是集装箱货物外,与其他的国际货运代理在性质及相关法律责任上并没有什么差别。因此,鉴于相关法律规定和业务规则均是围绕国际货运代理制定的,为了便于叙述,本节仍以国际货运代理的称呼为基础。

国际货运代理来源于英文"Freight Forwarder"和"Forwarding agent"。但到目前为止还没有一个各国公认的、统一的关于这一术语的定义,甚至在有的国家和地区对它还没有统一的名称或称谓,如"报关行"、"货运行"、"运输与货运代理"、"海关代理"等,其业务包含的范围和内容,也有较大的差别。

总的来说,对国际货运代理的理解有完全不同的两种,一种是传统意义上的理解,认为国际货运代理就只是代理。对其理解有两个要点:

一是货运代理人是在运输业或相关业务范围内作为货主的代理人。他们根据客户(货主,即委托人)的指示,代表(或代替)客户安排货物的运输,完成运输货物的储存、报关、验收、交货等相关事宜,代付运费、包装费、关税等,并向客户收取相应的报酬(一般称为佣金或代理费,按全部费用的某一百分比或包干计算)。另外,货运代理人在代理业务中所涉及的全部费用也由委托人直接支付或先由货运代理人垫付后再向委托人收取。

二是货运代理人不是承运人,一般不承担运输责任,而只完成有关的服务业务,在完成这些服务时,货运代理人是以他人(委托人)的代理人身份工作。

另一种则认为国际货运代理不仅是代理,有时也可以成为当事人。随着时代的发展和货运代理人业务的扩展,现代意义的货运代理人已不再仅仅以客户名义和身份工作,其业务已经进入运输领域,充当了运输合同的当事人,并以本人(自己)的名义来安排属于托运人或其他委托人的货物运输及相关业务,甚至开展多式联运业务。对运输合同的义务是受合同规定和条款制约的,在这种情况下货运代理人已成为无船承运人或运输(联运)经营人,承担合同规定运输的全部责任。

## 二、国际集装箱货运代理的业务范围

一般来讲,在国际货物运输中,除非托运人(即贸易合同中的卖方、出口商)或收货人(买方、进口商)亲自负责相关程序,如单据方面的各种手续,整个货物移动过程中各类与运输有关的业务程序和手续(包括法律法规强制规定的,贸易合同约定的,财政和财务上的,运输业务中需要的各种手续)通常都是由货运代理人代为安排的。货运代理人可以通过在相应地点设立分支机构或派出代表,也可以通过与有长期合作关系的代理人和分代理人来完成这些工作。

根据我国原外经贸部于 1995 年 6 月 29 日发布的《国际货物运输代理业管理规定》(以下简称《货代业管理规定》)及商务部于 2004 年 1 月 1 日重新修订后发布的《国际货物运输代理业规定实施细则》(以下简称新《货代业实施细则》),国际货物运输代理企业可以作为代理人或者独立经营人从事经营活动的经营范围包括:①揽货、订舱(含租船、包机、包舱)、托运、仓储、包装;②货物的监装、监卸、集装箱装拆箱、分拨、仓储、包装;③报关、报检、报验、保险;④缮制签发有关单证、支付运费、结算及支付杂费;⑤国际展品、私人物品及过境货物运输代理;⑥国际多式联运、集运(含集装箱拼箱);⑦国际快递(不含私人信函);⑧咨询及其他国际货运代理业务。上述各项,除第 7 项国际快递业务外,其余各项也均是国际集装箱货运代理的经营范围。国际货运代理企业应当按照商务部颁发的《中华人民共和国国际货物运输代理企业批准证书》和工商部门颁发的《企业法人营业执照》所列明的经营范围和经营地域从事经营活动。

上述业务,根据服务对象的不同,其业务内容又可分为:

1. 为托运人服务

根据与托运人订立的服务协议(委托合同)或托运人的指示,货运代理人在货物运输过程中可为托运人代办下列服务:

(1)选择货物运输全程或部分区段的运输路线、运输方式及合适的承运人。

(2)向选定的承运人订舱;

(3)从委托人或其指定的人手中接收货物,并签发有关文件(收货凭证、运输单证等);

(4)审查与该货物有关的信用证条款,并研究与该货物有关的进出口国、过境国在货物运输方面实行的法律、规定,根据其要求准备必要的单据与相关文件;

(5)如果托运人在交货前未完成货物的包装或其包装未能充分考虑货物的性质、运输路线、运输方式及进口、出口、过境国家的有关法律规定时,承担货物的包装或重新包装工作;

(6)如有必要,安排货物的仓储,并提出分拨的建议;

(7)称重及测量货物的体积;

(8)为托运人提供保险方面的咨询服务,提醒托运人投保必要的保险项目,托运人有要求时,代办货物的保险;

(9)托运人自行装箱整箱托运时,根据与承运人的订舱协议办理提箱手续,或把提箱单交托运人自行提箱,如托运人要求,则代办提箱及空箱至装箱地点的运输,必要时对装箱工作提出建议和指导;在拼箱运输下,需通知托运人交货时间与地点,必要时代办运输事宜;

(10)在货物进、出口运输时,办理报关、结(清)关及保税运输等手续和有关单证手续;

(11)在运输合同(或订舱协议)指定的地点将货物交给承运人;

(12)支付包括运费、关税在内的行政和财务手续费等各项费用,如有必要,负责外汇兑换,办理有关货物运输的任何外汇交易;

(13)从承运人处索取正本运输单证(提单、运单)并交给托运人;

(14)根据托运人要求,安排中转、转船运输和各项运输的衔接事宜;

(15)通过与承运人及国外代理人的联系,监管货物运输过程,直到交给收货人,并把运输情况及时通知托运人。

2. 为收货人服务

根据与收货人订立的代理合同或收货人的指示,货运代理人可代表收货人完成下列具体工作:

(1)收取并检查所有与货物运输有关的单据和文件;

(2)从承运人处换取提货单,代表收货人接受货物并在必要时支付运费及其他费用;

(3)安排清关(结关)并向海关支付关税及手续费;

(4)安排商检、卫检等事宜并支付费用;

(5)必要时安排过境仓储;

(6)代表收货人办理海关监管的货物从进口地点至收货人处的装卸和运输过程,并向收货人交付已清关的货物;

(7)货物如在内地清关,则在进口地点办理集装箱及货物的保税(海关监管)运输业务手续;

(8)如发生货物的灭失和损坏,协助收货人向承运人提出索赔;

(9)必要时协助收货人进行货物中转、分拨及接续运输业务。

3. 为承运人服务

货运代理人也接受各类承运人的委托,承担一些传统承运人(或船代)的业务,为承运人提供服务,如:

(1)根据与承运人订立的协议,利用自己的集装箱货运站及堆场,代表承运人接收货物(包括拼箱货与整箱货),为拼箱货提供拼箱服务,并把集装箱货物集中统一运往承运人运输工具停靠的地点交给承运人;

(2)利用自己拥有的堆场,充当承运人的集装箱代理人,根据承运人的指示,实际管理承运人集装箱的发放、堆存、回收,以及检查、清洗、维修等业务。

4. 作为独立经营人,提供全面的运输服务

从货运代理人发展过程可以看出,一些成功的货运代理人已经进入订立运输合同,承担货物运输中的部分区段或全程运输责任的阶段,发展成为运输经营人,一般称为无船承运人。

这类运输经营人有一共同的特点,即不实际从事和完成某一区段乃至全程运输,而仅作为契约承运人(或称主要承运人、总承运人等)承担运输合同规定的单程(段)、两程以至全程的运输组织工作并提供与之相关的一揽子服务。这些服务的内容、范围与前面讲到的为托运人、收货人的服务,为承运人的服务的总和类似。但主要区别在于,此时的货运代理人在大部分业务中(特别是在从托运人手中接收货物到向收货人交付货物为止期间内的业务)不再是以委托人的名义,而是将自己作为本人(当事人)与实际承运人或其他服务的提供者分别谈判并签

约,其业务范围自然也增加了一些原属于传统承运人的内容。

5. *为海关等政府部门服务*

当货运代理作为报关代理、检验代理,办理有关进出口商品的海关手续、检验手续时,他不仅代表其客户,而且也代表有关当局。事实上,在许多国家货运代理也得到了这些当局的许可,办理进出口的法定手续,并对有关当局负责,负责正确申报货物的相关信息,以保证政府规章的贯彻执行。

6. *其他服务*

货运代理人还可应客户要求,提供运输过程中所需的其他服务和各种特殊服务。这类服务范围很广,可能包括一切与其业务有关的事宜。一般来说,只要客户提出要求而货运代理人能够提供即可,如在客户需要时,提供有关消费需求、新市场、竞争条件、出口战略及外贸合同中应包括的适当条款等信息及其他咨询业务。

## 三、国际集装箱货运代理业务中的主要单证

为促进货运代理单证的统一及提高从业人员业务水平,国际货运代理协会联合会(FIATA)做了很大的努力,制定了几种统一格式的单证推荐给各会员使用。目前,这些单证已为世界各国的国际货运代理广为采用。中国国际货运代理协会(CIFA)的会员单位也可向 CIFA 申请签发 FIATA 运输单证。

各国货运代理协会会员通常使用的单证有两大类:客户交付的单证和签发给客户的单证。

1. *客户交付的单证*

(1)FIATA FFI——运送指示。FIATA FFI(FIATA Forwarding Instructions)(表 10-1)是 FIATA 于 1984 年制作的,是证明国际货运代理与客户之间建立合同关系,并且安排运输的单证。该单证由客户填写、签字后交给国际货运代理人,从而确立与货运代理之间的合同关系,由货运代理人根据该单证的指示安排运输。该指示要求客户提供待运货物的所有有关细节并附上所需的文件。国际货运代理可协助客户填写运送指示。

(2)FIATA SDT——托运人危险品运输声明。FIATA SDT(Shipper's Declaration for the Transport of Dangerous Goods)(表 10-2)是 FIATA 于 1977 年为托运危险品的客户制作的标准单据,由托运人在涉及危险品的运输时填写、签署,并交付给国际货运代理。该文件就运输的危险品提供了详细的资料,特别包括了根据有关危险品运输规定确定的该危险品的分类等级及运输保管的特殊要求等。

该声明只能由托运人签署,货运代理即使为客户填写也不能签署该声明。另外,该声明载明的内容是国际货运代理进行相关业务的指南,但国际货运代理对该文件中细节的正确性不负责任。如货物需转船运输时,国际货运代理要核对并保证托运人危险品运输声明确已交付,这一点格外重要。

(3)FIATA SIC——托运人多式联运重量证书。美国政府认为许多货运事故都是由于集装箱超重或是由于货车公司不能正确估计集装箱重量所致。为了纠正类似情况,1992 年美国的《多式联运集装箱安全法案》规定,如果集装箱重量超过了 13 154 千克,就必须提交货物重量和集装箱内垫料的证明材料。为了与此立法要求一致,FIATA 制订了这一证书:FIATA SIC(Shipper's Intermodal Weight Certificate)(表 10-3)。

**FIATA 运送指示表**　　　　表 10-1

<table>
<tr><td colspan="3">3336 托运人</td><td colspan="3">（国际货运代理协会联合会批准）<br>1492 托运人编号</td></tr>
<tr><td colspan="3">3132 收货人</td><td colspan="3">3170 货运代理</td></tr>
<tr><td colspan="3">3180 通知方</td><td colspan="2">3238 启运地</td><td>信用文件</td></tr>
<tr><td colspan="3">待定货物<br>地点________<br>日期________</td><td colspan="3">4490 销售条件</td></tr>
<tr><td colspan="3">8066 运输方式<br>☐空运　☐公路<br>☐铁路　☐海运</td><td colspan="3" rowspan="2">运输保险　4112 保险条件________<br>☐我方投保　6345 币种________<br>☐收货人投保<br>☐你方投保　5011 保险价值________</td></tr>
<tr><td colspan="3">3258 目的地</td></tr>
<tr><td rowspan="2">7102<br>标识及数值</td><td rowspan="2">7224 件数及<br>7064 包装种类</td><td rowspan="2">7002<br>货物描述</td><td>7357<br>货号</td><td>6292<br>毛重</td><td>6322<br>体积</td></tr>
<tr><td></td><td>6048<br>净重</td><td>价值</td></tr>
<tr><td colspan="6">根据本单背面交易条款接收货物与指示并依此行事<br>4078 搬运指示（如危险物品）<br><br>每件货物的尺寸及重量</td></tr>
<tr><td rowspan="3" colspan="3">1346 所附单证　1160 所需单证　正本　副本<br>________　________　____　____<br>________　________　____　____<br>________　________　____　____</td><td colspan="3">4052 交付约定</td></tr>
<tr><td colspan="3">3410 签发地及 2006 签发日期</td></tr>
<tr><td colspan="3">4426 见证</td></tr>
</table>

**FIATA 托运人危险品运输说明表** 表 10-2

<table>
<tr><td colspan="2">托运人(名称、地址)</td><td colspan="2">国际货运代理协会联合会<br>托运人危险货物运输声明<br>序号 | 国际号码<br>(经国际货物代理协会联合会批准)</td></tr>
<tr><td colspan="2">收货人(名称、地址)目的地(地址)</td><td colspan="2">货运代理<br>编号</td></tr>
<tr><td colspan="4">根据 1957 年 9 月 30 日签署的《关于国际公路运输危险货物的欧洲协定》(ADR)附件 A 及 B,或根据 1977 年 7 月 1 日签署的《关于铁路运输危险货物的国际公约》(CIM)附件 1《关于危险货物铁路运输的国际规则》(RID),或根据 1960(或 1974)《国际海上人命安全公约》第七章“危险货物运输”的附属文件,即 IMCO 制定的《国际海上危险货物运输规则》(IMDG)1965 修正案,或若按照 ADR/RID 分类目录及/或 IMDG/IMCO 分类目录标明货物所属类别,也可以根据一国官方规则,及/或根据标注与本声明之上的特别提示。<br>本声明的签字人作为货运代理的委托认,向货运代理提供下列与危险货物运输相关的信息:</td></tr>
<tr><td>标识及数量<br>说明 ADR/RID 类别<br>燃点℃</td><td>件数及包装种类<br>IMDG/IMCO 类别</td><td>货物的准确技术名称<br>联合国文件危险货物编号</td><td>毛重(千克)<br>净重(若需要)</td></tr>
<tr><td colspan="4">货物特性:<br>以下特别信息必须标注:(a)危险货物数量;(b)放射性物质(类别 7)。在任何条件下,必须提供;(c)腐蚀性保证书;(d)集装箱/拖车包装证明书</td></tr>
<tr><td colspan="4">签字人声明,发运货物依 ADR 规定获准可公路运输,或依 RID 规定可铁路运输,及/或货物自身条件、包装及标识 ADR/RID 及/或 IMDG/IMCO 规定,可海上运输。若多种危险货物拼装于一个包装物内或包装在一个集装箱内,签字人应进一步声明,该混合包装不违反 ADR/RID 规定<br><br>处理意外事故的指示 □已发出 □未发出<br>包装 □已贴标签 □未贴标签</td></tr>
<tr><td colspan="2">特别提示</td><td colspan="2">签发地<br>签发日期<br>托运人签字、盖章</td></tr>
</table>

FIATA 托运人多式联运重量证书　　表 10-3

<table>
<tr><td>出具证明的托运人的名称及地址</td><td>国际货运代理协会联合会<br>托运人联运重量证明(FIATA SIC)<br><br>序号________国家号码________</td></tr>
<tr><td></td><td></td></tr>
<tr><td colspan="2">标识和数量　　包装件数和种类　　货物描述　　毛重<br><br>集装箱或拖车数量(如使用)<br>______________________<br><br>* 包装材料(包装冰块)、托盘及垫料,如未在上述内容中________<br><br>实际总重量________</td></tr>
<tr><td>本单签字托运人证明上述货物总重量是真实准确的,并且包括了使用的包装材料、托盘及垫料的重量<br><br>(货物运往或运离美国,请见背面条款)</td><td>出具证明的地点及日期<br><br>出具证明的托运人签字及盖章</td></tr>
</table>

2. 货运代理人签发给客户的单证

(1)FIATA FCR——货运代理收货凭证。FIATA FCR(Forwarder's Certificate of Receipt)(表 10-4)是 FIATA 于 1955 年制定的关于国际货运代理收到发运给指定收货人的货物的标准凭证。国际货运代理收到货物后,立即将其收货凭证交与托运人,作为对货物负有责任的正式确认书。签发此项收货凭证后,国际货运代理有义务发送货物,将货物交与指定的收货人。该收货凭证为不可转让单据。单据背面载有适用签发地"国际货运代理标准交易条件"的条款。签发该收货凭证的国际货运代理应保证:他或他的代理人已收到特定货物并已取得处置货物的唯一授权;货物表面状况良好;单据内容与收货人的指示一致;运输单据(如提单)上的条款与收货凭证所列责任条款一致。该收货凭证只有一份正本,如需要多份时,其他几份必须印有"副本"字样。

(2)FIATA FCT——货运代理运输凭证。FIATA FCT(Forwarder's Certificate of Transport)(表 10-5)是 FIATA 于 1959 年制定的标准运输单据。向托运人出具该运输凭证意味着国际货运代理将负责按照该凭证的背面条款,通过其指定的分代理将货物运到目的地,并交付给该凭证的持有人。在国际货运代理收到待运货物时,应立即将运输凭证出具给托运人。该运输凭证表明国际货运代理有责任在发送及运输货物过程中,按照该凭证所列明的托运人的指示行事。

国际货运代理办理运输,将货物交给收货人时,该运输凭证具有重要作用。凭正本单据加以正确背书便可交接货物,如该运输凭证标明"凭指示"字样,便可转让。卖方则可凭此在其银行结汇。签发运输凭证的国际货运代理应保证:他或他的代理已接受了该凭证所列货物,并已取得处置货物的唯一授权;货物表面状况良好;单据内容与托运人的指示一致;说明正本单据的份数。

(3)FBL——可转让多式联运提单。FBL(negotiable FIATA Multimodal Transport Bill of Lading)(表 10-6)于 1993 年开始采用,以取代于 1970 年制订的"可转让联运提单",是国际货运代理人作为联运或多式联运经营人(有时也用于海运)时使用的一种运输单证,一般在货物装上联运第一程运输工具后签发给托运人。其作用与一般海运提单、联运提单作用相同。该单证除非特别注明"不可转让"字样,一般是可转让单证。该单证的签发意味着货运代理人已收到特定的货物并取得对货物处置权;货物的外表状况良好;单证上记载的详情与货代收到的货物一致;货运代理人不仅要对合同中规定的全程运输承担责任,而且要对他所雇用的承运人或其他第三者的行为与不行为承担责任。该单证中一般明确说明该单证正本数量,其背面一般印有双方的责任、义务、权利的条款。一般在签发 FBL 后,货运代理人应投保运输责任险。

(4)FWB——多式联运运单。FWB(non-negotiable FIATA Multimodal Transport Waybill)(表 10-7)一般用于国际货运代理人的联运业务,当联运包括海运区段,作为联运海运单;包括空运时,作为联运空运单。其作用是货运代理人作为联运经营人,并提供多式联运服务时给托运人签发的自己的运输单据。

(5)FWR——货代仓库收据。FWR(FIATA Warehouse Receipt)(表 10-8)是 FIATA 1975 年专门为从事仓储业的国际货运代理制定的标准仓库收据,用于国际货运代理的仓储经营中。该收据不可转让,除非标明"可转让"字样。

**FIATA 货运代理收货凭证**　　表 10-4

<table>
<tr><td>作为当事人的货运代理或供货人</td><td>国家协会徽章<br><table><tr><td>No.</td><td>国际代码</td></tr></table><br>货运代理收货凭证<br>正本　　货运代理人编号：</td></tr>
<tr><td>收货人</td><td></td></tr>
<tr><td colspan="2">包装和标记　数量和种类　货物描述　毛重　尺寸<br><br>样本<br><br>根据发货人的声明</td></tr>
<tr><td colspan="2">依照打印在背面的条件接收货物和指令<br>我们确信上述货物表面状况良好<br>基于不可撤销的指示：<br>■基于收货人控制下<br>■交予收货人<br><br>注释<br><br>关于运费和其他费用的指示</td></tr>
<tr><td rowspan="2">* 本发货指示只有在正本凭证交还我们之后才能够被撤销或变更，同时我们也必须处在能够完全提供上述撤销或变更的状况之下。<br>只有在正本凭证交还我们后第三人发出的匿名指示才能够被撤销或变更，同时我们必须尚未收到来自原始货主的指示</td><td>制单地点和日期</td></tr>
<tr><td>签章</td></tr>
</table>

**FIATA 货运代理运输凭证** 表 10-5

<table>
<tr><td>作为当事人的货运代理或供货人</td><td>国家协会徽章<br>No.   国际代码<br>货运代理收货凭证<br>正本   代理人编号</td></tr>
<tr><td>凭指令交付:</td><td rowspan="4"></td></tr>
<tr><td>通知地点</td></tr>
<tr><td>运输工具   始发地/经由</td></tr>
<tr><td>目的地</td></tr>
<tr><td colspan="2">标记和数量   包装种类和件数   货物描述   毛重   尺码<br><br>**样本**<br><br>根据托货人的声明填写</td></tr>
<tr><td colspan="2">依照印在背面的标准条款接收货物和指令。<br>本单据的接收或权利的行使均源自对以下条款、规定、例外情况以及印在背面的交易条件有效性的承认;除非与以下 1 ~ 6 条款相抵触。<br>1. 本单据签发人和承运人及其他执行运输的当事方之间的合同关系。<br>2. 基于下面第三条款,签发人非承运人而仅作为货运代理公司;他们仅有仔细选择第三方的义务,以及接收他们的指示。<br>3. 签发人有义务通过他们选择的转运代理或中间代理将货物交递给单据的持有人;签发人对参与运输履行的承运人或其他第三方当事人行为或疏忽不负责任。签发人货运代理可应要求转让他们的权利或对承运人和其他当事人提起索赔。<br>4. 货物保险仅在有明确书面指示下才投保。<br>5. 签发人在没有预见和(或)不能预见的情况发生时有权绕航和(或)采取其他运输方法<br>6. 没有预见和(或)不能预见的情况下的支出与费用由货方承担。<br>通过中介或本单签发人货运代理投保<br>■未投保<br>■依据所附保单或保险凭证投保</td></tr>
<tr><td rowspan="3">一切争议均由本单据的签发地法院专属管辖并适用签发地的法律<br>交付货物请联系:<br>运费及其他费用预付给:<br>代货方办理,不论上述货物是否灭失。我们作为签发单据的货运代理根据我们委托人的指令在表面完好的情况下于<br>______________</td><td>接管上述货物,尽快运抵并按上述要求或根据经正确背书的单据持有人的指示交付货物。<br>兹见证货运代理签发了正本货运代理运输凭证。一旦提交其中一份,其余失效。</td></tr>
<tr><td>单据签发地点和日期</td></tr>
<tr><td>签字和盖章</td></tr>
</table>

**FIATA 可转让多式联运提单**　　表 10-6

<table>
<tr><td colspan="2">托运人</td><td colspan="3">FBL<br>可转让多式联运提单　ICC<br>根据联合国贸发会/国际商会多式联运单证规则制定(国际商会 481 号出版物)</td></tr>
<tr><td colspan="2">凭指示交付</td><td colspan="3" rowspan="5"></td></tr>
<tr><td colspan="2">通知地点</td></tr>
<tr><td></td><td>接收地点</td></tr>
<tr><td>船舶</td><td>装货港</td></tr>
<tr><td>卸货港</td><td>交付地点</td></tr>
<tr><td>唛头和数量</td><td>包装件数和种类</td><td>货物描述</td><td>毛重</td><td>计量单位</td></tr>
<tr><td colspan="5">根据托运人的声明填写</td></tr>
<tr><td colspan="2">(第 6.2 条)托运人要求及时交货的声明</td><td colspan="3">(第 7 和第 8 条)托运人对货物价值的声明</td></tr>
<tr><td colspan="5">托运人的货物和指示已依据背面标准条款接受并处置<br>在上面记载的运输和交付地点,货物可被视为表面状况良好,除非另有批注<br><br>多式联运提单中的一份经适当背书用于提取货物。多式联运提单按照下面记载的数量签发,并且提单中的一份一旦用于提货,其他各份均失效</td></tr>
<tr><td colspan="2">运费数额</td><td>运费应付</td><td colspan="2">签发时间和地点</td></tr>
<tr><td colspan="2">货物保险情况<br>□未投保　□已按所附保单投保</td><td>提单正本数量</td><td colspan="2" rowspan="2">签章</td></tr>
<tr><td colspan="2">货物交付请联系:</td><td></td></tr>
</table>

**FIATA 多式联运运单** 表 10-7

<table>
<tr><td colspan="2" rowspan="1">托运人</td><td colspan="2" rowspan="2">国家协会徽章<br>FWB ☐<br>不可转让 FIATA<br>多式联运运单 ICC<br><br>根据联合国贸发会/国际商会多式联运单证统一规则(ICC481 号出版物)制定</td></tr>
<tr><td colspan="2">货物交给</td></tr>
<tr><td colspan="2">通知方地址</td><td colspan="2" rowspan="4"></td></tr>
<tr><td></td><td>收货地</td></tr>
<tr><td>船舶</td><td>装货港</td></tr>
<tr><td>卸货港</td><td>交付地点</td></tr>
<tr><td colspan="4">标记和件数　包装种类和数量　货物描述　毛重　计量单位<br><br>样本<br>不可转让<br>根据托运人的声明填写</td></tr>
</table>

<table>
<tr><td>托运人要求按时交付的声明<br>(7.2 条)<br>☐ ☐<br>是 经同意的最终交付时间</td><td>收货人控制权的转让<br>(第 4 条)<br>☐ ☐<br>是</td><td>托运人声明中的货物声明价值<br>(第 8 和第 9 条)<br>☐</td></tr>
<tr><td colspan="3">根据本单据背面标准条款接受指示和处理货物<br>除非这里有相反说明,在上述为将货物运交收货人而接收货物的地点,掌管的货物表面状况良好</td></tr>
<tr><td>运费数额</td><td>运费支付约定</td><td>签发时间和地点</td></tr>
<tr><td>货物保险通过本单证签字人<br>☐未投保 ☐根据所附的保单投保</td><td>提单正本数量</td><td rowspan="2">签章</td></tr>
<tr><td>申请交付货物请联系:</td><td></td></tr>
</table>

**FIATA 货代仓库收据**　　　　表 10-8

<table>
<tr><td colspan="3">供货方</td><td colspan="2">国际货运代理协会联合会仓储单<br>(FWR)<br>序号<br>正本</td></tr>
<tr><td colspan="3">存货人</td><td colspan="2">保管人<br><br>仓库</td></tr>
<tr><td colspan="3">运输方式证明</td><td colspan="2">保险<br>□全险　　□未保险<br>□火灾险<br>□抢劫险/偷盗险<br>□其他险(注明)________<br>保险金额</td></tr>
<tr><td>标识和数量</td><td>件数和包装种类</td><td colspan="2">货物状况描述</td><td>毛重</td></tr>
<tr><td colspan="4">货物表面整齐完好<br>货物内容描述:<br>□存货人说明<br>□保管人控制</td><td>毛重<br><br>□存货人陈述<br>□保管人控制</td></tr>
<tr><td colspan="5">货物仓储符合标准运营条件详见背面。<br>作为保管人,我们任本仓储单交付仓储货物。依本单背面所示,本单持有人的排他权利是经本单合法连续背书转让取得的。<br>我们保证,就本单内容的效力及/或其后果,我们仅向本单合法持有人提出诉求。<br>上述条款不影响我们合法的留置权和扣留权。<br>部分交货情况下,仓储单应登记库存进出情况</td></tr>
<tr><td colspan="3"></td><td colspan="2">签发地和时间<br><br>签字、印章</td></tr>
</table>

## 四、国际集装箱货运代理的法律地位

传统意义上的国际货运代理,其名称与其所从事的业务性质是一致的,即国际货运代理所从事的业务纯属代理性质,是名副其实的代理。但随着代理业务的拓宽,国际货运代理有时以代理人身份出现,有时又以当事人,即承运人或托运人的身份出现。然而,实践中货运代理与委托人或承运人之间往往又没有规范化的合同,即使有,其内容也极为简单。许多国家,包括发达国家尚无国际货运代理的专门法律。有些国家虽然制定了,但存在很大的差异。

1. 普通法系国家国际货运代理的法律地位

在普通法系国家,国际货运代理的法律地位以代理的概念为基础,即国际货运代理处于委托人(托运人或收货人)的代理人地位来安排货物运输。因此,受传统的代理规则的制约,其所负责任仅为克尽职守、忠于当事人,遵照当事人合理指示行事和将所处理的事项向当事人报告的责任。而托运人不仅要对其代理人以其名义承担的合同义务负责,还要对其代理人在正当的代理权限范围内所犯的错误或疏忽负责。然而,实践中国际货运代理的法律地位常常因其提供的服务性质不同而发生变化。比如,当国际货运代理提供拼箱服务或混装服务,并签发自己的提单时,其地位为运输合同当事人。因此人们又不得不在一个又一个的案例中去探寻货运代理究竟是以一个代理人的身份行事还是以一个承运人的身份行事。

大部分普通法的司法判例都趋向于一定程度的契约自由,即货运代理可以通过在合同中加入免除责任或限制责任的条款以减轻其由于疏忽行为所引起的赔偿责任,但不得利用这一契约自由免除因其严重疏忽产生的责任。

美国对国际货运代理的法律地位则有明确的法律规定。根据美国法律,国际货运代理可分为以下三种:

(1)受《洲际贸易法》第4章所调整,并根据该法第402条(1)款的规定,国际货运代理是指"坚持面向广大公众(不同于快运、管道、铁路、卧车、汽车或水上承运人)提供财产运输服务,为取得报酬而在其通常业务过程中:(a)收集和集中或为收集和集中货物提供服务,装运、完成装运中的分散和分配货物任务或为此提供服务;(b)承担从收货地到目的地的运输责任;(c)除了洲际商业委员会的管辖权之外,根据该法第105章的第Ⅰ、Ⅱ或Ⅲ分章,为任何一部分运输选用承运人。"

这种国际货运代理具有双重身份,即:对于托运人来说,他是公共承运人,而对于实际承运人来说,他则是托运人。

(2)受《航运改革法》所调整的货运代理,称为"远洋货运代理",第3条(19)款规定他是这样的人员:"(a)通过公共承运人从美国发送货物以及代表托运人为发送货物订舱或安排舱位;(b)处理文件或处理与发送货物有关的各项事务。"

远洋货运代理明显的是代表托运人行事,并由托运人支付报酬,承运人可正当地支付给持证的远洋货运代理以经纪人佣金。与此同时,《航运改革法》禁止支付可能构成给托运人运费回扣的任何费用。远洋货运代理并不承担公共承运人的责任。

(3)无船公共承运人,其内陆业务受洲际商贸委员会管理,沿岸业务受联邦海事委员会管理。《航运改革法》也对无船公共承运人做了规定,指并不经营提供远洋运输船舶业务的公共承运人,同时,他在与远洋公共承运人的关系中是一位托运人。如同《洲际贸易法》规定的国际货运代理那样，无船公共承运人亦具有双重身份，即：在与托运人的关系中作为公共承运人，在与实际承运人的关系中则作为托运人。

2. 大陆法系国家国际货运代理的法律地位

大陆法系国家关于国际货运代理法律地位的规定差异很大，试举几例。

在法国根据国际货运代理所履行的职能赋予其不同的名称，并以此区分国际货运代理作为“当事人”或作为“代理人”。例如“运输代理”是以自己的名义作为合同当事人的货运代理，其责任规定于《商法典》。这种代理不管使用其选择的任何方式，他都要对托付给他的、由他照料的货物负责，并承担将货物送抵目的地的责任，如同任何其他承运人一样。“货物转运代理”则是公开以某委托人的名义行事的国际货运代理。其责任在法国《民法典》中由委托合同的条款加以规定。委托合同为三方当事人：托运人、承运人和国际货运代理之间订立的合同。对运输过程中的责任，托运人可以选择向货运代理或承运人索赔。

在德国，国际货运代理除非自己亲自执行运输，即实际承运人，承担运输范围内的责任，否则不承担合理履行运输合同的责任。此外，国际货运代理只能代表托运人和承运人签订合同，他只对选择承运人的疏忽及其在履行职责中的疏忽行为负责，托运人对未合理履行运输引起的损失只能向承运人索赔。

新加坡国际货运代理协会制定的标准交易条件中分别列明了公司作为“代理人”和作为“当事人”所提供的服务项目。在下列情况下公司为当事人：①对货物进行运输、处理和储存，但限于运输是由公司本身或其雇员所进行，且处于公司实际掌管和控制之下；或②在货物运输开始之前，客户以书面形式要求公司提供其所指定的履行部分或全部运输任务的承运人身份、服务及费用的详细情况，若公司在收到书面要求后 28 天内没有提供上述详细情况，则对于未提供详细情况的那部分运输，公司为合同的当事人；或③公司以书面形式明确表示同意作为当事人；或④法院判决公司为当事人。

3. 我国国际货运代理的法律地位

在我国，虽然《管理规定》第 2 条明确规定国际货运代理可以“以委托人的名义或者以自己的名义”行事，但就国际货运代理分别以上述两种名义行事时各应承担什么样的法律责任，该规定却并未涉及。由于我国民法确定的代理原则是“代理人应以被代理人的名义行事”，因此我国法院在以往的审判实践中倾向于以此原则来确定国际货运代理的法律地位，即只有当他以委托人的名义行事时，才是代理人，相关行为的法律后果由委托人承担；而如果是以自己的名义行事，则是“当事人”本人，国际货运代理作为“当事人”应自行承担相关的行为后果。

然而，原外经贸部于 1998 年发布的《货代业实施细则》（试行）的规定（新《货代业实施细则》保留并延续了这一规定）使得上述认定原则又产生了疑问。该《实施细则》在第 2 条规定：国际货运代理企业可以作为进出口货物收货人、发货人的代理人，也可以作为独立经营人，从事国际货运代理业务；国际货运代理企业作为代理人从事国际货运代理业务，是指国际货运代理企业接受进出口货物收货人、发货人或其代理人的委托，以委托人名义或者以自己的名义办理有关业务，收取代理费或佣金的行为；国际货运代理企业作为独立经营人从事国际货运代理业务，是指国际货运代理企业接受进出口货物收货人、发货人或其代理人的委托，签发运输单证、履行运输合同并收取运费以及服务费的行为。这一规定在明确了国际货运代理可以作为独立经营人从事相关业务的同时，也明确规定了国际货运代理作为代理人时也可以以自己的名义从事相关业务。与此同时,我国 1999 年颁布实施的《合同法》第二十一章“委托合同”中也规定受托人可以以自己的名义与第三人订立合同,且当第三人在订立合同时知道受托人与委托人之间的代理关系时,该合同直接约束委托人和第三人。

至此,确认国际货运代理在从事某项业务时的法律地位究竟是“代理人”还是“当事人”,再也不能简单地以他是否是“以自己的名义”行事为唯一的判断标准。显然,在具体业务中如何区分“以自己名义行事的代理人”和“独立经营人”,又给法院的审判带来了莫大的困难。

4. 国际货运代理两种法律地位的区分

由于国际货运代理业务范围广泛、方式灵活、缺少规范合同,加之法律规定不明确,造成实践中对国际货运代理法律地位识别的困难。法院或仲裁庭通常会通过下列因素来区分国际货运代理的法律地位:

(1)货运代理是否签发自己的全程运输单证。最高人民法院在《关于审理海上货运代理纠纷案件若干问题的规定》第 4 条中明确,货运代理企业在处理海上货运代理事务过程中以自己的名义签发,或以承运人代理人名义签发提单、海运单或者其他运输单证却不能证明取得承运人授权时,委托人据此主张货运代理企业承担承运人责任的,人民法院应予支持。

(2)货运代理是收取基于运费计算的佣金,还是赚取所付运费与向委托人所收运费之间的差价。

(3)货运代理是否以自有的雇员或设备执行部分运输任务。

(4)委托人是否已经知道实际承运其货物的运输公司。

(5)货运代理与委托人之间的习惯做法。

(6)合同条款表述的确切术语。

新《货代业实施细则》的相关规定(第 2 条)基本符合这些标准,即国际货运代理企业作为代理人从事有关业务时,只能收取代理费或佣金;作为独立经营人行事时,则是向货主签发运输单证、履行运输合同并收取运费以及服务费。但上述任何一个因素都不是确定国际货运代理法律地位的唯一依据,实践中应综合考虑每个特定案件的事实确定,同时也应注意到货运代理的身份在任何一次运输中都可能随阶段而变化。

## 五、国际集装箱货运代理责任及货代责任保险

1. 国际货运代理的责任风险

国际货运代理人承担的责任风险主要来自以下几个方面:

首先是由于本人的疏忽过错或他所委托的代理人的过错带来的责任风险,如本人未能履行合同规定的义务或委托人的指示,或在使用自己拥有的车辆、仓库来运输、保管货物时造成货损,或由于业务需要委托其他代理人作为自己代理人时的疏忽过错造成损失的,货运代理人都必须自己承担全部责任。

其次是由于分包人的责任造成,且无法全部从责任人处得到补偿,如分包人(分运人)破产等。

第三是由于货运代理人与他所雇用的分包人(承运人、仓储人等)各自赔偿责任的差别带来的风险。货运代理人与他所雇用的分包人一般是根据不同的国际公约和/或国内法规执行不同的赔偿责任限制标准的,当货运代理人单据中规定的责任限额高于分包人(特别是海上

承运人)单据中规定的责任限额时,即使货运代理人就其承担的责任能够向分包人进行追索,也无法得到足够的补偿。

上述三个方面的风险还可以根据不同的标准进行更详细的划分。

2. 国际货运代理投保责任险的方式

在上述各种情况下,货运代理人都可以通过投保货代责任险得到补偿。投保货代责任险可采用以下方式:

(1)有限责任保险。保险人仅对国际货运代理的责任进行有限额的赔偿。这种保险主要有三种形式:

①根据国际货运代理协会标准交易条件中所确定的责任范围投保;

②向保险公司投保时接受其关于免赔额的规定;

③根据过去的理赔经验,通过缩小保险范围来降低其保险费。

(2)完全责任保险。国际货运代理按其所从事的业务范围和应承担的法律责任向保险人进行全额投保。

(3)集体保险。在某些国家,国际货运代理协会为其会员组织集体保险,以获得一个有利的保险费率。

3. 国际货运代理责任险的范围

(1)国际货运代理责任险的承保风险。尽管国际货运代理的责任风险来源于多个方面,但这些责任风险并不都会得到保险人的承保。国际货运代理责任险的保险人通常承保由于以下风险产生的国际货运代理人的赔偿责任:错误与遗漏;仓库保管中的疏忽;货损货差责任不清;迟延发货或未经授权发货。

(2)国际货运代理责任险的除外责任。在国际货运代理责任险的各种保险条款中,保险人通常不予赔偿的责任有:

①在承保期间以外发生的危险或事故;

②超过保险条款约定的时间或法律规定的时效才进行索赔的;

③被保险人违法行为造成的后果;

④被保险人故意行为造成的责任;

⑤战争、敌对行为、内战、武装侵占;

⑥罢工、停业、暴动、骚乱、戒严;

⑦为执行任何政府、公众或地方权力机构的指令而造成的任何损失或损害;

⑧任何由核燃料或核燃料爆炸所致的损失;

⑨超出保险合同关于赔偿限额规定的部分;

⑩事先未征求保险公司意见而擅自赔付对方的。这种情况下,有些保险人也可能会对货运代理人做出部分赔偿。

## 六、国际集装箱货运代理行业组织

1. 国际货运代理协会联合会(FIATA)

(1)FIATA 简介。1926 年 5 月 31 日,16 个国家的货运代理协会在奥地利维也纳成立了国际货运代理协会联合会,即 FIATA(FEDERATION INTERNATIONALE DES ASSOCIATIONS DE

TRANSITAIRES ET ASSIMILES),总部设在瑞士苏黎世,是一个非营利性的国际货运代理行业组织。1965 年,FIATA 在苏黎世设立了作为总部的秘书处,以便协调全球的活动,加强与其他国际组织的联系与合作。

被称为国际货运代理业“建筑师”的 FIATA,在联合国经济与社会理事会、联合国贸易与发展大会、联合国欧洲经济委员会及亚太经社会中均扮演了顾问咨询的角色。同时也被许多政府组织、权威机构和非政府的国际组织一致确认为国际货运代理业的代表。FIATA 的影响遍及世界各个角落,出版的刊物有 FIATA 新闻和 FIATA 通讯。

FIATA 取得的令人瞩目的成就有:FIATA 推荐的国际货运代理标准交易条件范本、FIATA 国际货运代理业示范法及制定的各种单证。

(2)FIATA 的宗旨与目标。FIATA 的宗旨是在全世界范围内为全国性或地区性的货运代理协会充当保护伞;在国际领域保护、促进和协调行业和部门的利益,特别是通过与国际组织和超国家权力组织以及各类运输和商业利益团体保持联系,积极参与与 FIATA 宗旨相同或相似的其他联合会、集团并成为其会员,或与他们合作,积极参与确定国际贸易中的惯例/规则,促使货运代理业逐步为公众接受并扩大其影响,出版专业刊物,为协会成员提供服务,举行培训讲座,促进团结、公平竞争以及商业和技术经验的交流,处理在商业和运输领域中存在的共性或特殊问题。

FIATA 所确立的目标是:团结全世界的货运代理行业;以顾问或专家的身份参加国际性团体处理运输业务,代表、促进和保护运输业的利益;熟悉贸易、企业和货运代理,以发布信息和出版物等方式开辟一个提供服务的公共场所;通过促进和统一国际货运代理标准交易条件,改进和提高服务质量;协助货运代理进行职业训练,处理保险责任及电子数据交换等问题。

(3)FIATA 的会员。根据章程的要求,会员应尽自己最大努力实现 FIATA 的宗旨,并应遵循 FIATA 章程和商业准则,服从主席团的领导,贯彻会员大会的决定。会员应向 FIATA 提供有关信息,尤其是为了统计而需要的信息。FIATA 会员分为:一般会员、团体会员、联系会员和名誉会员。

一般会员是代表某一国家全部或部分货运代理行业的组织。根据主席团的建议,会员大会可以破例决定由某个联系会员拥有一般会员的地位;这种情况适用于该国尚未建立货代协会以及 FIATA 至今没有对该国家成为其会员的申请做出明确决定的期间。

团体会员可以是:①代表某一些国家货运代理行业的国际性组织;②代表与 FIATA 相同或相似利益的国际性货运代理集团;③国际性协会,其会员在货运代理行业的某一领域中比较专业。上述①类的会员中,如果所有成员都是一般会员时,那么相应的该组织在 FIATA 中就享有一般会员的会员资格。

联系会员是货运代理企业或与货运代理行业密切相关的法人实体。联系会员没有提出动议或参加投票及选举的权利。

名誉会员是指对 FIATA 或货运代理行业做出特殊贡献的人。名誉会员资格的批准和取消由主席团提议,会员大会决定。名誉会员没有提出议案或者参加投票选举的权利。

(4)组织机构。FIATA 的组织机构由会员大会、主席团等组成。其中:会员大会就本组织的重要事项做出决议;主席团负责 FIATA 的管理工作,对外代表 FIATA;主席团扩大会议负责编纂有关的商业规则，并提交给会员大会；审计长负责检查协会年度的财务报告并据此向会员大会汇报；秘书长负责协调各机构职能，以保证工作顺利进行；司库负责计账和会计。

另外FIATA下设公共关系、职业训练、法律事务和危险货物四个常设委员会，海关简化、货物空运和多式联运等专门机构，就专门问题提供专业建议和草拟有关决定。

2. 中国国际货运代理协会(CIFA)

中国国际货运代理协会(China International Freight Forwarders Association, CIFA)成立于2000年9月6日，是经国务院批准，在民政部登记注册的社团法人，是由中华人民共和国境内的国际货运代理企业自愿组成的、非营利性的、以民间形式代表中国货代业参与国际经贸运输事务并开展国际商务往来的全国性行业组织，接受商务部的业务指导和民政部的监督管理。

作为联系政府与会员之间的纽带和桥梁，协会的宗旨是：协助政府部门加强对我国国际货运代理行业的管理；维护国际货运代理业的经营秩序；推动会员企业间的横向交流与合作；依法维护本行业利益；促进对外贸易和国际货运代理业的发展。

商务部将部分政府管理职能赋予中国国际货运代理协会，实行行业自律。

## 七、我国对国际集装箱货运代理业的管理

1. 我国有关国际货运代理的法律法规

(1)《中华人民共和国国际货运代理业管理规定》(以下简称《管理规定》)。该《管理规定》于1995年6月6日经国务院批准，同年6月29日由原外经贸部发布实施。它的发布与实施，建立了我国国际货运代理业管理的基本制度，是我国国际货运代理行业的管理和经营走上法制轨道的重要标志，是迄今为止我国有权立法机关专门针对国际货运代理行业颁布的唯一的行政法规。

该《管理规定》明确了对国际货运代理业实施监督管理的基本原则；明确了国际货运代理企业设立的基本条件、审批程序、业务准则、罚则；明确了行业的主管部门及行业发展的基本原则，规范了国际货运代理的行为，有利于保障进出口货物收货人、发货人和国际货运代理企业的合法权益。

《货代业实施细则》(试行)对《管理规定》做了补充和细化，新《货代业实施细则》除将原条文中的“对外贸易经济合作部”和“外经贸部”修改为“商务部”，“对外经济贸易主管部门”修改为“商务主管部门”，及“地方对外贸易主管部门”修改为“地方商务主管部门”外，仅对第6条做了一些修改，明确了国际货运代理业的股东构成。

(2)《外国投资国际货物运输代理企业管理规定》。《外国投资国际货物运输代理企业管理规定》由原外经贸部于2001年12月19日颁布，2002年1月1日实施，于2005年又进行了修订。该规定有19条，包括外国投资国际货运代理企业的定义，主管机关、外商投资方式、申请设立的条件、程序，经营范围，经营期限，设立分公司的条件及申请程序等。

为了鼓励香港服务提供者和澳门服务提供者在内地设立从事国际货运代理业务的企业，根据国务院批准的《内地与香港关于建立更紧密经贸关系的安排》及其补充协议和《内地与澳门关于建立更紧密经贸关系的安排》及其补充协议，《外国投资国际货物运输代理企业管理规定》附件另行规定了香港、澳门的服务提供者在大陆地区设立国际货物运输代理企业的最低注册资本金，其他事项仍按《外国投资国际货物运输代理企业管理规定》执行。

(3)《关于台湾海峡两岸间货物运输代理业管理办法》。《关于台湾海峡两岸间货物运输代理业管理办法》于1996年8月21日由原外经贸部发布施行。该办法适用于对从事代理台湾海峡两岸间直达航海货物运输业务的管理。

(4)《国际货运代理企业备案(暂行)办法》。该《办法》由商务部发布,于2005年4月1日起施行。

2. 我国国际货运代理管理制度的主要内容

(1)相关定义。国际货运代理是指接受进出口货物收货人、托运人的委托,以委托人的名义或以自己的名义,为委托人办理国际货物运输及相关业务并收取报酬的行业。

外商投资国际货物运输代理企业是指境外的投资者以中外合资、中外合作以及外商独资形式设立的接受进出口货物收货人、托运人的委托,以委托人的名义或者以自己的名义,为委托人办理国际货物运输及相关业务并收取服务报酬的外商投资企业。

(2)主管机关。国务院商务部负责对全国的国际货物运输代理业实施监督管理。

省、自治区、直辖市、经济特区、计划单列市人民政府商务主管部门在商务部的授权下,负责对本行政区域内国际货运代理业实施监督管理。

(3)国际货运代理企业的名称和标志。国际货运代理企业的名称、标志应当符合国家有关规定,与其业务相符合,并能表明行业特点,其名称应当含有"货运代理"、"运输服务"、"集运"或"物流"等相关字样。

国际货运代理企业应当使用批准证书上的企业名称和企业编号从事国际货运代理业务,并在主要办公文具及单证上印制企业名称及企业编号。

(4)经营国际货运代理业务的审批制度。上述各项法规分别规定了设立国际货物运输代理企业、设立外商投资国际货运代理企业应满足的条件,以及相应的审批程序。而申请经营台湾海峡两岸间货运代理业务的,只能是经商务部批准设立的全部资本来源于中国大陆的国际货物运输代理企业;或者是经商务部批准设立的中国大陆和台湾地区投资者合资或合作的国际货物运输代理企业。

所有货运代理企业只有经过批准,取得商务部颁发的《中华人民共和国国际货物运输代理企业批准证书》,并在当地工商管理部门登记注册取得工商营业执照后方可从事经营活动。国际货运代理企业应当按照批准证书和营业执照所列明的经营范围和经营地域从事经营活动。

(5)国际货运代理企业的备案制度。凡经国家工商行政管理部门依法注册登记的国际货运代理企业及其分支机构,应当向商务部或商务部委托的机构办理备案。备案时,国际货运代理企业应当确保《国际货运代理企业备案表》(以下简称《备案表》)内容完整、准确和真实。备案机关在完成备案手续的同时,应当完整准确地记录和保存国际货代企业的备案信息材料,依法建立备案档案。《备案表》上的任何信息发生变更时,国际货运代理企业应在30日内办理《备案表》的变更手续,逾期未办理变更手续的,其《备案表》自动失效。

(6)国际货运代理的权利、义务依据。国际货运代理企业作为代理人接受委托办理有关业务,应当与进出口收货人、托运人签订书面委托协议。双方发生纠纷应当以所签书面协议作为解决争议的依据。

国际货运代理企业作为独立经营人从事有关业务,则应当向货主签发运输单证。发生业务应当以所签运输单证作为解决争议的依据；与实际承运人发生业务纠纷，应当以其与实际承运人所签运输合同作为解决争议的依据。

国际货运代理企业作为代理人，可向货主收取代理费，并可从承运人处取得佣金，但不得以任何形式与货主分享佣金；作为独立经营人从事有关业务，则应当依照有关运价本向货主收取费用，而不得从实际承运人处接受佣金。

(7)国际货运代理标准交易条款。商务部根据行业发展情况，委托行业协会参照国际惯例制订国际货运代理标准交易条款，国际货运代理企业无须商务部同意即可引用。国际货运代理企业也可自己制订交易条款，但须在商务部备案后方可使用。

(8)国际货运代理运输提单。国际货运代理企业使用的国际货运代理提单实行登记编号制度。凡在我国境内签发的国际货运代理提单必须由国际货运代理企业报商务部登记，并在单据上注明批准编号。国际货运代理企业应当加强对国际货运代理提单的管理工作，禁止出借。如遇遗失、版本修改等情况应当及时向商务部报备。

国际货运代理提单实行责任保险制度，须到经中国人民银行批准开业的保险公司投保责任保险。

(9)国际货运代理专用发票。国际货运代理企业从事国际货物运输代理业务，必须使用经税务机关核准的发票。国际货运代理企业应当凭税务登记证和商务部颁发的《货运代理企业批准证书》到当地主管税务机关办理申请领购货代发票事宜，并按照税务机关的规定使用发票。

货运代理企业从事国际货运代理业务向委托人收取款项时，必须按照运费及其他收费项目分别逐项列明，开具货代发票。不符合规定的货代发票不作为财务结算凭证，任何单位、个人有权拒收。

(10)罚则的规定。国际货运代理如违反相关规定，管理机关有权视情节轻重，对其处以警告、责令停业整顿、撤销批准证书等处分，直至对相关责任人追究刑事责任。

## 案例 10-1　集装箱货运代理业如何创造现代流通价值

长期以来，中国的国际货代企业实际上从事着“货运代理”和“无船承运”两块业务，其收入包括以委托代理人的身份收取船东的佣金和以承运人的身份，用“背靠背”的方式获得其中的差价。

根据交通运输部的规定，船公司应按定价的 2.5% ~5.0% 付给货代企业佣金。但由于全球航运业越来越不景气，许多船公司出现亏损，再加上货代行业的激烈竞争，佣金不断下滑，近洋航线已经取消了佣金，远洋航线也最多有个 10USD/20ft GP 的固定佣金而已。

货代公司的另一块收入就是作为无船承运人拿运费差价。但在航运市场上运费几乎透明，老货主对公司、航线和运价多少都了如指掌的情况下，获得差价收入非常困难。

从 2003 年 3 月 1 日起正式实施的《国际海运条例实施细则》对无船承运人做了更详细的规定，以前提单上不用写上货主名称，新法规规定必须注明，这样一来，为船货双方提供了更多透明度，导致许多船公司直接参与货代操作，如果下一次船货双方有心越过货代，它们就很方便地取得直接联系。如对出口货，以远低于给货代的运价向出口人直接报价,致使一般货运企业毫无利润空间,甚至轻而易举的抢走我们多年的客户;有的通过其海外的国际网络,用在信用证上"指定货代"的方式架空我国货代。

因此,集装箱货运代理企业必须抛弃传统的"中间人"的身份,通过服务创新,提供增值服务,构筑新的竞争优势,开拓新的业务领域,参见图 10-1。

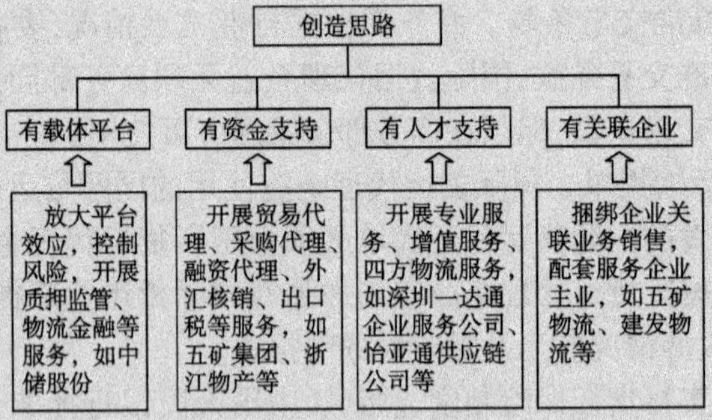


图 10-1　集装箱货运代理业创造现代流通价值思路图

## 案例 10-2　进口酒类物流中心的增值服务

某货代企业运营一个进口酒类物流公共分拨中心,其建设目标是充分利用保税港区的政策优势,打造一个集代理开征、报关报检、仓储、品牌展示、商贸批发、加工分装、配送等功能于一体的专业化国际酒类交易平台。

该中心收入主要来源于各类型建筑场所租金收入以及报关报检、货物装卸、运输配送、理货分拣、贴中文酒标、打上灌装日期、销售包装、停车场收费、广告收益、信息服务、物流金融等增值及外延服务。其中,增值及外延服务年营业收入达 2 400 万元,即毛利约 1 200 万元,经营成本 600 万元,管理费用 600 万元。

中心增值及外延服务年毛利约 1 200 万元,包括一站式综合物流服务利润约 1 000 万元,增值物流服务利润约 200 万元。

1. 一站式综合物流服务

一站式综合物流服务利润估算依据:在世界各大葡萄酒产区均有长期合作的代理,熟练操作葡萄酒业务,可以为客户提供 EXW、FOB 条款下的各项物流服务,包含从国外酒窖提货、托运、清关、海运等。

若一个 TEU 的成本大约是 3 500 元的话,按业内行情,一般可向客户报价 7 000 元(包干项目:报关报检代理费用、THC、理货费、数据发送费、单证费、换单费(船东单)、集装箱检验检疫费、卫生处理费、港务费、港建费、堆存费(15 天内)、进场费、保安费、码头附加费、卸箱费、卸箱操作附加费、拖柜费)。

包干外项目:海关税费(海关出税单时通知委托人缴交)、海关商检查验费、检验检疫费(货值的 0.4% 左右)、集装箱超期使用费、修箱费、非我司原因(如船到港 2 日内未提供完整单证等、海关审价)导致的额外增加的费用。

未来市场竞争会越加激烈,利润相对下降,可以保守按照每 TEU 的利润为 2 000 元测算。如果年处理集装箱量 5 000TEU，预期一站式综合物流及代理服务的年利润为：1 000 万元。

2. 进口酒类增值物流服务

增值物流服务利润估算：按业内行情，增值服务收费报价标准可参考表 10-9。

增值服务收费报价标准　　表 10-9

| | | | 单元：元/箱 | 备　注 |
|---|---|---|---|---|
| 1. 换包装 | | | | |
| | 纸盒 | | 1.1 | 指酒外包装为纸盒 |
| | 木盒 | | 1.3 | 指酒外包装为木盒 |
| | 每加一层包装 | | 0.1 | 指酒外包装为数种材质 |
| | 增加捆绑 | | 0.1 | 指酒杯外包装需要绑带 |
| | 挂牌 | | 0.2 | 指在瓶口或瓶颈加挂吊牌 |
| 2. 贴标 | | | | |
| | | 贴防伪标 | 0.2 | 指在瓶身上加贴一枚防伪标 |
| | | 贴背标 | 0.4 | 指在瓶身上加贴一枚背标（大标） |
| | | 加贴小标 | 0.2 | 指在瓶身上加贴一枚除防伪标之外的小标 |
| 3. 擦拭外瓶 | | | 0.3 | 指在换装过程中擦拭瓶身的灰尘、霉菌、水雾 |
| 4. 封口 | | | 0.2 | 指使用胶带封存外箱 |
| 5. 喷码 | | | 1.3 | 指在瓶身或盒身加喷条形码或生产日期等 |

按年处理集装箱量 5 000TEU 测算，每 TEU 装 7 000 瓶，则年处理量为 3 500 万瓶，如果按平均每箱 6 瓶测算，则每年处理量为 580 万箱。

（1）换包装收入：并不是所有酒类都要换包装，有些客户不要求换包装或者自己去换包装，若按照 20% 换包装的比例测算，费率 1.2 元/箱（6 瓶装），则换包装这项增值服务的年收入为：

580 万箱 ×20% ×1.2 元/箱 =139.2 万元

（2）贴背标收入：可以按 1.4 元/箱（6 瓶装）费率测算，比例 30%，则贴背标这项增值服务的年收入为：

580 万箱 ×30% ×1.4 元/箱 =243.6 万元

（3）擦拭外瓶收入：以按 0.3 元/瓶费率测算，比例 25%，则擦拭外瓶这项增值服务的年收入为：

3 500 万瓶 ×25% ×0.3 元/瓶 =262.5 万元

（4）喷码收入：可以按 1.3 元/箱（6 瓶装）测算，比例 5%，则喷码这项增值服务的年收入为：

580 万箱 ×5% ×1.3 元/箱 =37.7 万元

依靠上述相关增值服务，总计年收入可以达到 680 万元，扣除经营成本 480 万元，增值服务年利润为 200 万元。

# 第三节　国际集装箱船舶代理业务

## 一、国际集装箱船舶代理含义

国际船舶代理业务,属于与国际海上运输相关的辅助性经营活动,又称外贸船舶代理业务,包括对航行国际航线的所有运输船舶,如国际集装箱船舶、国际杂货船舶、国际散货船舶、国际特种运输船舶、国际客货两用船舶和国际客船等各种运输船舶的代理业务。本节仅就国际集装箱船舶代理业务进行论述。

国际集装箱船舶代理业务是国际船舶代理业务的一种,主要包括对国际集装箱运输及有关的船舶和船用集装箱的代理业务。具体地说,国际集装箱船舶代理,就是指国际船舶代理经营者接受国际集装箱船舶所有人、船舶承租人或者船舶经营人的委托,在授权范围内代表委托人(被代理人)办理与在港船舶有关的业务并提供其他有关服务的代理行为。而接受委托人的授权,代表委托人办理与在港船舶有关业务和服务的法人和自然人,就是船舶代理人。

## 二、国际集装箱船舶代理关系的形式

按代理期间的长短划分,国际集装箱船舶代理关系可分为长期代理关系和航次代理关系。国际集装箱船舶所有人、承租人或经营人可根据集装箱船舶营运的需要决定与代理人建立长期代理关系还是航次代理关系。

1. 长期代理

长期代理(agency on long - term basis)是国际集装箱船舶所有人、承租人或经营人在其船舶经常挂靠的港口为自己选择适当的国际集装箱船舶代理人,通过一次委托长期有效的委托方法,委托代理人负责照管到港的属于本公司所有的全部船舶的代理形式。一般情况下,国际集装箱班轮公司会在定期集装箱船舶挂靠的港口与当地代理建立长期代理关系。

长期代理不需要按船逐航次地委托。长期代理关系一经建立,只要没有发生所约定的可成为终止长期代理关系的事项,代理关系就可以一直保持下去。通常可成为终止长期代理关系的事项有:由于政治原因不宜继续保持长期代理关系;由于委托人企业倒闭等财务方面的原因而不能继续保持长期代理关系;委托人长期无船来港而要求终止长期代理关系。当然,双方也可以约定其他终止长期代理关系的事项,如被代理人有权因代理人的服务质量问题而要求终止长期代理关系。

建立长期代理关系可以简化委托和财务往来结算手续,既可以通过签订正式的专门委托代理合同而建立,也可采用由委托人书面向代理人提出委托,经代理人接受的方式来建立。

2. 航次代理

航次代理(agency on trip basis)是指对本公司船舶不经常挂靠的港口,在船舶挂靠前向该港的国际集装箱船舶代理人逐船逐航次办理委托,并由代理人逐船逐航次接受这种委托所建立的代理关系。凡与代理人无长期代理关系的国际集装箱班轮公司派船来港装卸货物,或因船员急病就医,船舶避难,添加燃料、临时修理等原因专程来港的集装箱船舶,均须逐船逐航次办理委托,建立航次代理关系。船舶在港作业或所办事务结束离港,该航次代理关系即告终止。

委托方为了维护其利益,除委托一人作为其代理外,可能又委托另一人对该代理的服务进行监护,该代理关系被称为监护代理关系。

## 三、国际集装箱船舶代理业务的范围

国际船舶代理经营者的经营范围十分广泛。根据《中华人民共和国国际海运条例》(以下简称《国际海运条例》)第29条的规定,国际船舶代理经营者接受船舶所有人、船舶承租人或者船舶经营人的委托,可以经营下列业务:

(1)办理船舶进出港口手续,联系安排引航、靠泊和装卸;

(2)代签提单、运输合同,代办接受订舱业务;

(3)办理船舶、集装箱以及货物的报关手续;

(4)承揽货物、组织货载,办理货物、集装箱的托运和中转;

(5)代收运费,代办结算;

(6)组织客源,办理有关海上旅客运输业务;

(7)其他相关业务。

就国际集装箱船舶代理经营者而言,其可代理从事国际集装箱运输的各类集装箱船舶在中国港口及有关水域的服务业务,其中包括对集装箱船舶、集装箱货物、集装箱和船员等提供服务;承揽国际集装箱进出口货物;代办国际集装箱多式联运和国际集装箱“门到门”运输业务,包括集装箱货物在多式联运途中的订舱、租船、储运、代运、报关、报验等。

国际集装箱船舶代理经营者的经营范围主要包括:

(1)组织集装箱货源,承揽集装箱进出口货物,并根据货物情况安排国际集装箱船舶的舱位;

(2)办理国际集装箱船舶进出港口和申报手续,联系安排集装箱船舶引水和集装箱码头泊位;

(3)办理集装箱的进出口申报手续,联系安排装卸、集装箱堆存、运输、拆箱、装箱、集装箱清洗、熏蒸和检疫以及集装箱跟踪管理;

(4)办理进出口集装箱货物的申报手续,联系安排装卸、理货、衡量、熏蒸、监装和监卸;

(5)办理集装箱货物报关、报验、接运、仓储、中转和投保;

(6)洽办集装箱船舶检验和修理以及燃料、物料、淡水和伙食的供应;

(7)洽办集装箱的制造、修理和检验;

(8)办理集装箱的租赁、买卖、转运、交接、收箱、发箱和集装箱盘存;

(9)缮制集装箱运输单证,签发《集装箱设备交接单》;

(10)洽办集装箱船舶租赁、买卖、交接工作,代签租用或买卖集装箱船舶合同;

(11)代签集装箱提单和集装箱运输合同;

(12)代签集装箱船舶速遣滞期协议;

(13)代算集装箱运费,代收代付款项,办理集装箱船舶速遣费和滞期费的计算与结算;

(14)代办集装箱货物查询、理赔及溢卸集装箱货物处理;

(15)联系海上救助,洽办海事处理;

(16)代聘集装箱船船员并代签聘用合同,代办船员护照和领事签证,联系申请海员证书,

安排船员就医、游览和参观以及调换和遣返;

(17)代购和转递集装箱船用备件和物料;

(18)提供国际集装箱运输业务咨询和提供集装箱运输信息服务;

(19)经营、承办其他业务。

以下主要介绍其中的船务业务。船务代理业务主要包括船务调度工作和现场代理业务工作两个重要组成部分。

船务调度是船舶代理业务中最重要的部门,是船舶代理各项业务工作的中枢和指挥中心,主要工作职责是:

(1)保持和发展与委托方的业务联系;

(2)加强与船、港、箱、货的衔接和配合;

(3)加强与监管、银行、保险等部门的联系;

(4)安排和指挥现场代理业务工作;

(5)掌握现场代理业务工作情况,发现问题、分析问题,提出解决问题的办法;

(6)掌握来港集装箱船舶的详细信息以及港方对船舶的计划安排,并将有关情况通知有关单位,以沟通船、港、货等各方的情况;

(7)联系和督促港方及时安排船舶作业;

(8)值班调度应配合现场业务人员工作,加强协作与配合,共同做好现场业务工作;

(9)掌握对内和对外各项业务工作的情况和信息,以便提供给企业领导决策,并起到企业领导的参谋作用。

现场代理业务工作,是指由船舶代理人的外勤业务人员在船务调度的安排和指挥下,从事的现场各项代理业务工作。国际集装箱船舶现场代理业务工作的主要内容有:

(1)集装箱船舶抵港前,了解委托方委办的事项,尽可能详细地掌握有关集装箱船舶、货物等方面的资料信息,做好资料准备工作,并向海事局、海关、边防等监管部门办理集装箱船舶、集装箱和集装箱货物的入境进港手续;

(2)集装箱船舶在港时,了解船方和港方对集装箱船舶装卸作业的要求,沟通信息,正确办理船方委托的各种事项,并做好代办事项的记录;

(3)集装箱船舶准备离港时,联系港方的调度和业务部门,以确定集装箱和集装箱货物出口检验时间;向海事局、海关及边防等监管部门代为办理出境集装箱船舶、集装箱和集装箱货物申报手续和海关结关手续;检查随船出口单证是否已完整交给了船方;向船长了解船舶准备启航的情况及其他现场需要解决的情况;

(4)集装箱船舶离港后,及时将有关单证、财务单据交本公司相关部门续办或查存,结清费用。

无论是船务调度,还是现场代理,业务内容中均包括集装箱船舶的进出港代理业务这一重要环节。船舶进出港代理业务包括:

(1)集装箱船舶入港手续。

①当集装箱船舶进入港口时,应以书面的或电子数据交换形式向海关、海事局、边防(移民局)和检疫等执法机关和港务局提出入港申请;

②向执法机关填报和交验有关单证;

③向海关交纳船舶吨税；

④由港务局业务主管部门指定集装箱船舶停泊的锚地和码头泊位；

⑤交纳港口使费。

(2)集装箱船舶出港手续。

①向海关提交书面出港申请，海关在其中一份申请书上盖“许可出口”印戳，退给申请出港的集装箱船舶，作为出港许可证书，或采用电子单证申报；

②在向海关提交出港申请书时附上已交纳集装箱船舶吨税的收据或免交船舶吨税的证明；

③向海事局、边防和检疫等执法机关提交《集装箱船舶出口申报书》，交验有关单证，取得这些单位签发的《出口许可证》；

④向港务局业务主管部门申报出港船名、国籍、船舶规范、船舶首尾吃水、出港装载集装箱数量、集装箱规格、是否申请引水等，以便安排集装箱船出港作业。

## 四、国际集装箱船舶代理备用金

备用金是指在建立国际集装箱船舶代理关系后，委托人预付给代理人用作支付船舶在港期间发生的与船舶、集装箱、船员有关的一切费用、借支及委托人应当支付的其他任何费用的预付款项。

1. 备用金的索汇

在建立代理关系后，船舶到港之前，代理人应当向委托人索汇备用金，并且还可以按照实际需要随时提出增汇要求。要求委托人预付的备用金数额是代理人根据船舶的总吨、净吨等船舶资料和装卸货物的种类、数量等货物资料以及船舶在港任务，或增添燃料、淡水、物料、食品等其他资料估算出来的。

在长期代理关系中，由于代理人与委托人双方在长期相互往来中已建立起一定的信用，代理人对委托人的经营和财务经济状况已有了较好的了解和信任，而且代理人可以按需要随时提出增汇，所以委托人只需预付可供船舶逐航次使用的适当数额的备用金即可。但是，对于初次来港或不经常来港的船舶，代理人则须充分估计可能发生的费用，正确估算数额并考虑一定的余裕后，将各种费用项目分别列明后向委托人索汇备用金。

2. 备用金的使用原则

船舶代理在使用备用金时应遵循以下原则：

(1)不垫付原则。代理关系建立后，委托人须及时将备用金汇付给代理人，否则因备用金迟延造成的船舶延误及其他任何损失或费用，均由委托人自行负责。

(2)专人管理原则。在委托人汇寄备用金后，如果代理人对备用金的使用掌握不当，就会因备用金不足以支付船舶在港必要的开支而影响船舶在港的正常作业和必要的供应。所以，代理人在使用备用金时，要指定专人掌握备用金的使用，随时注意使用情况，发现可能超支时，要及时向委托人提出增汇。

(3)专款专用原则。船务部门要经常与掌握备用金使用的人员联系，随时掌握船舶在港作业的进度和费用开支情况，严格按照备用金使用的范围和索汇备用金时分列的费用项目专款专用，逐船逐航次确定供应品的限额。此外，对于船员借支也要严格掌握，只能在委托人汇付的船员借支项下的数额范围内借支。如果委托方未按索汇金额如数汇寄备用金,则开支时应以保证港口费用、吨税和代理费用的开支为原则控制使用。

(4)一船一结原则。不论长期代理或航次代理,备用金的结算都以“一船一结”为原则,即以特定船舶特定航次为对象,汇总该船该航次在港期间所支付的各项费用和应收取的代理费,详细列出《航次结账单》并附上各项收费单据寄交委托方,并将扣除上述费用后的备用金余额退回或结存。

3.备用金的结算

在长期代理的情况下,备用金虽不必按航次结清,但仍应遵循备用金的“一船一结”原则,在船舶离港后,及时将航次结账单及随附的各项收费单据寄交委托方,以便在账面上就备用金的使用情况进行结算;同时,代理人还须按月向委托方抄送往来账,核清账目,以避免日后发生争议。

而在航次代理的情况下,备用金不仅要按航次结算,而且每次都应实际结清,代理人在寄交航次结账单及随附的各项收费单据的同时,应将备用金的余额退还委托方,或根据委托方的要求将余款结存。但是如果船舶已离港,还有船员因病伤留岸住院治疗,所有医疗费及病愈后的遣返费用,均须在遣返船员后始能结算。在这种情况下,须先将港口费用部分制单结算,至于备用金余款则可暂不退汇,留待遣返船员后再作最后结算退汇。

为了避免委托方借故拒付,所有随附于航次结账单的付费收据都应清晰无误,并经船舶有关人员(船长、轮机长、大副、事务长)签字。

## 五、我国对国际集装箱船舶代理业务的管理

1.我国有关国际船舶代理的法律法规

为加强对国际船舶代理业务的管理,适应国家发展对外经济关系和国际航运事业的需要,原交通部于1990年3月2日颁布了《国际船舶代理管理规定》(下称《船代规定》),并于1990年4月1日生效。《船代规定》对国际船舶代理业务的主管机关和国际船舶代理企业的设立条件、审批程序、经营范围、经营原则及相关罚则等做了规定。

2001年12月11日国务院以第335号令颁布了《国际海运条例》,对进出我国港口的国际海上运输经营活动以及与国际海上运输相关的辅助性经营活动,包括国际船舶运输代理业务进行了统一的规定。《国际海运条例》)于2002年1月1日起开始实行,其中关于国际船舶运输代理业务的规定与《船代规定》不一致的,应以《国际海运条例》为准。2003年3月1日,交通运输部根据《国际海运条例》制定的《中华人民共和国国际海运条例实施细则》(以下简称《国际海运条例实施细则》,于2013年修订)生效实施,《船代规定》被明文废止。

2.我国国际船舶代理管理制度的主要内容

(1)相关定义。国际船舶代理经营者,是指依照中国法律设立、从事《海运条例》29条规定业务的中国企业法人。

(2)主管机关。国务院交通运输主管部门和有关的地方人民政府交通运输主管部门对国际船舶运输代理业实施监督管理。

(3)经营国际船舶代理业务的审批制度。

①在中国境内设立企业法人经营国际船舶代理业务或者中国企业申请经营国际船舶代理

业务，应当向交通运输部提出申请，报送相关材料，并应当同时将申请材料抄报企业所在地的省、自治区、直辖市人民政府交通运输主管部门。交通运输部收到申请人的申请材料后，应当在申请材料完整齐备之日起15个工作日内按规定进行审核。审核合格的，予以登记，并发给《国际船舶代理经营资格登记证》；不合格的，应当书面通知当事人并告知理由。

国际船舶代理经营者经交通运输部批准登记后，应当持《国际船舶代理经营资格登记证》依法向当地工商部门办理企业登记手续，并向海关、税务、外汇等部门办理相关手续。

②境外的国际船舶代理经营者在中国境内的分支机构经营相关业务的，应当符合《海运条例》的有关规定并依法进行登记。

③设立外商投资企业经营国际船舶代理业务，应当通过拟设立企业所在地的省、自治区、直辖市人民政府交通运输主管部门向交通运输部提交有关申请材料。有关省、自治区、直辖市人民政府交通运输主管部门收到完整齐备的上述材料后，应当于10个工作日内将有关材料及意见转报交通运输部。交通运输部应当自收到转报的上述材料和意见之日起30个工作日内，依法进行审核，做出批准或者不予批准的决定。决定批准的，发给批准文件；不予批准的，应当书面通知申请人并告知理由。

获得批准的申请人应当持交通运输部批准文件，按照国家有关外商投资企业的法律、法规的要求到有关部门办理相应的设立外商投资企业的审批手续。取得相应的批准文件后，应当持有关部门批准设立企业的文件到交通运输部办理登记，并领取《国际船舶代理经营资格登记证书》。

(4)国际船舶代理专用发票。国际船舶代理经营者及其分支机构在中国境内代为收取运费以及其他相关费用，应当向付款人出具国际海运业船舶代理专用发票。在向公司所在地的省、自治区、直辖市人民政府交通主管部门办理专用发票使用证明后，向公司所在地的税务机关申请领取专用发票。国家税务总局另有规定的，从其规定。

另外，国际船舶代理经营者还应当按照国家有关规定代扣代缴其所代理的外国国际船舶运输经营者的税款。

(5)国际船舶代理业信息表。中国国际船舶代理经营者应当填报《中华人民共和国海上国际运输业信息表(国际船舶代理)》，于当年3月15日前报送公司所在地省、自治区、直辖市人民政府交通主管部门。各有关省、自治区、直辖市人民政府交通主管部门应当将上述信息表及其汇总信息于当年3月31日前报送交通部。

(6)罚则。国际船舶代理经营者如违反相关规定，管理机关有权视情节轻重，对其处以警告、责令停止经营、没收违法所得、罚款、撤销经营资格等处分。

## 思考与练习

一、名词解释

1. 代理
2. 委托代理
3. 无权代理
4. 国际货运代理
5. 国际船舶代理

6. 船舶代理备用金

二、简答题

1. 运输代理行为的有效条件有哪些?

2. 什么是国际货运代理?

3. 国际货运代理的业务有哪些?

4. FIATA 为国际货运代理业务设计的单证有哪些?分别在什么场合使用?

5. 国际货运代理责任险的承保范围和除外风险通常有哪些?

6. 简述我国国际货运代理管理制度的主要内容。

7. 国际船舶代理的备用金应如何使用?

8. 简述我国国际船舶代理管理制度的主要内容。

三、讨论题

1. 国际货物运输代理在业务操作中可能有哪些法律地位?如何判断其所处的法律地位?

2. 假如货运代理企业拥有服务载体或平台,其如何创造现代流通价值?

3. 假如货运代理企业拥有充裕资金支持,其如何创造现代流通价值?

4. 假如货运代理企业拥有优秀服务人才,其如何创造现代流通价值?

5. 假如货运代理企业拥有关联企业资源,其如何创造现代流通价值?

四、案例题

1. 上海乾丰公司受华晨公司的委托,以华晨公司的名义向上海宏达公司出具集装箱货物托运单,委托上海宏达公司向赫伯罗特公司订舱,出运 5 个集装箱货物。上海宏达公司接受委托后,完成了对该 5 个集装箱货物的订舱、装箱、报关等业务。以赫伯罗特公司为抬头的提单确认件上记载的托运人为华晨公司。随后乾丰公司为上述业务向宏达公司预付代垫运费 30 000美元,宏达公司就此向乾丰公司出具发票,载明收费内容为海洋运费。但是此后乾丰公司向宏达公司出具退关保函,载明应客户要求,将已报关的涉案货物退关,由此产生的一切后果由其承担,宏达公司据此办理了退关手续。宏达公司并将先前已收到的 30 000 美元运费中的 22 000 美元退还给乾丰公司。乾丰公司和宏达公司均未取得赫伯罗特公司的提单,宏达公司也未向乾丰公司或华晨公司签发提单。宏达公司具有无船承运业务经营资格。

乾丰公司向海事法院起诉,要求宏达公司退还剩余的 8 000 美元,认为在本案中宏达公司是货运代理人,不是承运人,如果该 8 000 美元是亏舱费,宏达公司亦无权收取该项费用;若是代赫伯罗特公司收取亏舱费,则应出具其支付该费用的依据和凭证。

宏达公司认为其与乾丰公司之间形成的是海上货物运输合同关系,并非货运代理合同关系;其所收取的 8 000 美元不是亏舱费,而是赔偿金,故请求法院驳回乾丰公司的诉讼请求。

问题讨论:

(1) 国际集装箱货运代理在业务操作中可能有哪些法律地位?如何判断其所处的法律地位?

(2) 本案中宏达公司与乾丰公司之间是什么法律关系?宏达公司是集装箱货运代理人还是无船承运人?

(3) 宏达公司应否将 8 000 美元返还给乾丰公司?

2. 海湾公司与香港东如行有限公司签订乙腈购销合同,海湾公司为卖方。海湾公司为履行购销合同,委托江南公司代理出口。江南公司与海湾公司约定,江南公司负责出口报关,异地报关由海湾公司协助代办;有关货物质量、运输、催开信用证等由海湾公司负责。同年3月,江南公司与香港东如行有限公司签订售货合同,江南公司为卖方,货物由上海经香港到美国口岸。上述外贸合同和报关单、信用证及发票上标明价格条件均为FOB上海。之后,江南公司在空白的货运委托书上的"委托方"处盖上本公司公章后交给海湾公司转给上海外运,委托其代为报关、订舱出运任务。上海外运接受货运委托后,代为报关、订舱,于同年5月安排"NE-WHAI TENG"轮第9020航次将货物出运至美国巴尔的摩,因江南公司在货运委托书上未注明运费支付方式,上海外运在海运提单上亦未注明。承运人根据航运惯例,凡未在提单上注明运费支付方式的视为运费预付,向上海外运收取了运费25 568美元。事后,上海外运于同年8月4日开具收费账单向海湾公司托收,遭拒付;又于6月和7月向江南公司托收,亦被拒绝。同年12月,上海外运与江南公司达成还款协议:江南公司确认委托上海外运代理出口配舱、运输业务,同意在次年5月31日前将此笔运费付给上海外运。届时,江南公司仍未支付,因此上海外运起诉。

问题讨论:

(1)本案中江南公司、上海外运、海湾公司相互间的法律关系如何?

(2)本案应由谁向上海外运支付运费?相互关系应如何处理?

# 第十一章　国际集装箱运输信息系统

## 引导案例　鹿特丹和新加坡的港口信息化

随着国际运输市场化和现代物流的发展,港口不再仅具有传统的装卸、仓储、中转功能,而成为经济、贸易、金融和物流发展的集中平台。港口是航运信息资源天然汇集地,港口信息化建设在提高港口管理水平、促进航运管理现代化、降低运输成本、提高运输效率等方面有着重要意义,是带动港口乃至整个运输链创新发展和功能升级的突破口。目前,国内外许多港口纷纷推出了信息化管理系统和平台,大大提高了港口、航运公司、货主、海关、检验检疫、海事和边检等各个部门工作的便利性。

1. 鹿特丹港信息化

国际运输信息系统 INTIS(International Transport Information System)是荷兰为满足贸易和运输需求而开发的 EDI 服务系统,始建于 1985 年,建设成本约 1 000 万美元。INTIS 最初是由荷兰的几个港口和运输公司联合开发的,包括鹿特丹港务局、荷兰 PTT 电信公司和一些私营公司等。1994 年以前,鹿特丹港 EDI 信息主要用于报关,在开发 EDI 的报文标准方面,INTIS 与 UN EDIFACT 密切合作,因此其报文标准采用 EDIFACT 标准。而现在已经建设了港口网络(Portent)、港口信息网(Port Information - Net)等信息网络,信息应用的范围就更广了,包括运输指令、国际铁路运单、装运通知、装货清单、货物进出门情况等,大大提高了服务效率。现在,INTIS 能为用户提供一套覆盖运输基本流程的完整 EDI 标准信息。INTIS 的入网连接费为 56.7美元,使用费标准取决于上网时间和通过该系统的信息流量。

EDI 服务系统除了传统的信息传送外,其子系统"INTIS"已成功推广了"电子商务网络"。所有贸易和运输环节中的用户都可以很容易地登陆 INTIS 网络,目前与鹿特丹港有业务往来的公司基本使用 INTIS 网络。通过这一信息化的公共服务平台,达到船方、货方、代理方、港方和其他海关、税务、银行、保险等多方资源及时共享和高效运作,实现无纸化作业流程,使其港口竞争力得到进一步增强,并使其继续保持欧洲第一大港地位。

2. 新加坡港信息化

为了集合政府职能部门、航运公司、物流企业、金融和法律服务机构等一起高效运作,新加坡政府把本国的 35 家监管机构、货代、出口商、船公司、第三方物流服务商、仓库、供应商、保险公司、进口商、银行等单位整合在一个信息平台上,目前有超过 350 个应用系统在处理港埠管理、规划与作业。构成新加坡国际航运中心信息平台的主要是国家 EDI 贸易网络系统(TRADENET)和新加坡港口 EDI 网络系统(PORTNET)两个电子信息系统。这两个系统相互独立,但又相互连接,共同构成了政府监管机构、航运公司、货运代理和船东之间有效的、无纸化和便捷的沟通渠道。

此外,新加坡全国配货人理事会与新加坡港务集团以简化配货人的订舱手续、落实信息一体化为目标，联手推出新的 E－Freight Centre 系统。E－Freight Centre 采用的是港务集团的电子商务解决方案(包括 Portnet 及 CargoD2D)，除了有助于简化订舱手续以外，也综合物流服务业者的信息。配货人可通过互联网取得船期资料和订舱的更新状况，也可获得追踪集装箱的便利，有助于改善物流的管理和策划。

建设完善的信息系统与能满足客户需要的联合数据库系统，已成为新加坡港口完善功能、增值效益的重要手段之一。其港口信息化特点是：首先是广泛应用互联网建设信息平台；其次，将优化的运作流程融入软件，形成了比较成熟的标准化、模块化的软件产品；第三，公共信息平台的发展，为信息的沟通和降低信息化成本创造了条件。新加坡行业协会在信息化标准的制定方面发挥了重要作用，在条形码、信息交换接口等方面建立了一套比较实用的标准，为信息系统的建设创造了良好的环境。

### 问题

1. 集装箱运输系统信息化涉及哪些相关部门？
2. 信息化为集装箱运输系统带来了哪些便利？

### 本章知识点

国际集装箱运输为全世界的贸易国提供低成本、高效率的进出口货物运输服务，已成为全球工业中一项具有高度竞争性的产业，其生产管理、业务管理和决策管理过程都大量地依靠电子计算机及信息系统来实现。国际集装箱运输信息系统的开发使用，是针对集装箱运输所涉及的各个环节，分别建立子系统进行信息的采集、输入、整理、加工、输出，以实现运输业务流程作业、运输环节管理控制和为管理决策提供依据等功能。

一个比较完整的国际集装箱运输信息管理体系包括集装箱班轮航运信息系统、集装箱码头信息系统、集装箱陆域服务信息系统、集装箱口岸信息平台等若干系统，如图 11-1 所示。

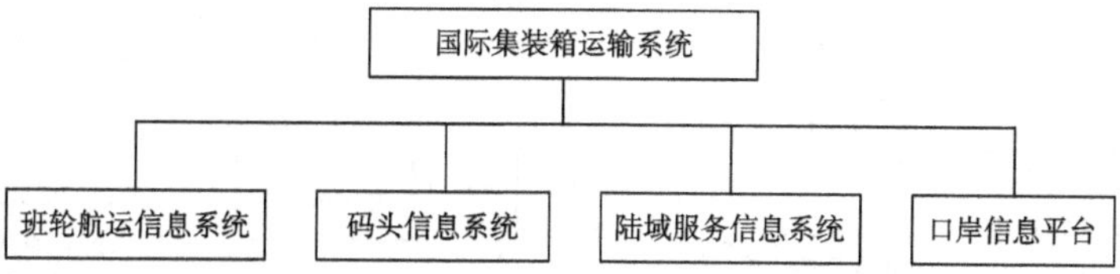


图 11-1　国际集装箱运输信息管理体系结构图

本章将依次介绍计算机信息技术在国际集装箱运输服务链上海上运输、码头服务和陆域运输三大主要环节中的具体应用，以及口岸信息平台在世界主要口岸的最新发展情况。

本章应重点掌握的内容：国际集装箱运输信息系统的组成和作用；集装箱航运信息系统、码头信息系统、陆域服务信息系统和口岸公共平台的构成和运作机制；重点把握 EDI 系统的概念和功能。

## 第一节　集装箱班轮航运信息系统

信息管理对于分散性和全球化皆备的国际集装箱班轮运输服务来说是至关重要，它是每个班轮运输企业全球服务网络共享有形资源、技术和信息的基础，是形成综合物流服务体系、提高物流效益和降低物流成本的关键。

电子计算机及信息技术的应用通过系统、软件、平台的具体形式或工具，把国际集装箱班轮运输服务丰富而复杂的信息资源有效地记录、收集、挖掘和管理起来，确保企业内、外部各服务环节间信息流的畅通和信息资源的共享，为业务管理和经营决策活动提供预测与辅助决策功能。

在企业信息化项目的建设方式上，除了少数世界主要班轮公司采用资源耗费较严重的自行开发模式以外，在现有产品化的应用系统基础上根据具体用户的需求进行定制修改模式已成为主流。在具体设计企业信息系统布局时，应当从全球范围或整个服务区域的角度，面向管理主体和业务流程，按照行政隶属关系和业务功能进行划分的组织机构，形成地域、区域和分支机构的多级管理层次和支持集运业务、船舶调度、船舶管理、人事管理、保险理赔、财务管理、合同效益评估、在线 EDI 订舱和内部知识库等功能的应用系统及主题数据库。这些平行的应用系统各司其职，相互协调、执行着计划、操作、监督、控制等职能，在此基础上再通过数据仓库或 MIS 报表系统，为公司决策层提供管理决策所需的数据和信息。

## 一、集装箱运输业务系统

集装箱班轮业务信息系统包括公共数据、订舱管理、出口单证管理、进口单证管理、集装箱管理、滞期费管理、收付款管理、财务总账、EDI 网关九个核心子系统，如图 11-2 所示。系统根据航运企业的组织机构，设置总部、区域公司、分支机构三级应用入口，各自具备不同的管理职责和管辖范围，如表 11-1 所示。

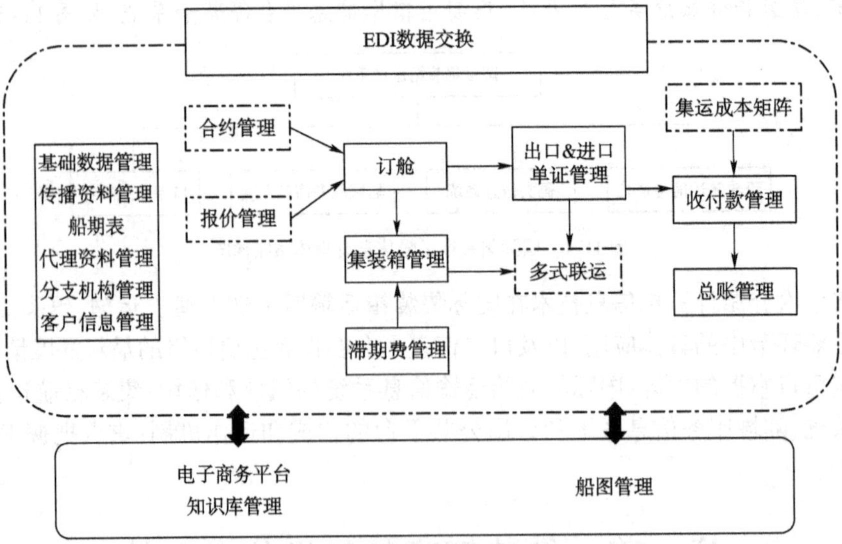


图 11-2　集装箱班轮航运信息系统功能模块示意图

集装箱班轮航运信息系统数据结构表

表 11-1

| 销售 | 订舱 | 单证 | 箱管 | 财务 |
|---|---|---|---|---|
| 总部 | 总部 | 总部 | 总部 | 总部 |
| 区域公司 | 区域公司 | 区域公司 | 区域公司 | 区域公司 |
| 分支机构 | 分支机构 | 分支机构 | 分支机构 | 分支机构 |
| 报价管理子系统、合约管理子系统 | 订舱管理子系统 | 出口单证管理子系统、进口单证管理子系统 | 集装箱管理子系统、滞期费管理子系统 | 收付款管理子系统、财务总账子系统 |
| 公共数据、EDI 网关、多式联运管理、船图管理、成本矩阵分析、电子商务平台 | | | | |

1. 基础数据管理子系统

管理和维护整个系统的公用代码和公用基础数据资料。应用程序系统的其他模块通过交互引用这些公用代码和基础资料,并在接口程序控制下集成为一个整体信息系统。公用代码和公用基础资料数据的准确性对整个系统的正确运行至关重要,应由系统管理员会同相关的业务、管理部门主管共同制定代码规则,并交由专门人员负责其增加、修改、删除、核对等维护工作。该子系统包括以下功能:①公司及部门结构设置;②业务角色权限及用户权限设置;③操作使用用户参数设置;④共用代码表维护;⑤客户资料维护;⑥港口资料维护;⑦堆场资料维护;⑧地点资料维护;⑨外汇汇率维护;⑩船舶资料维护;⑪船期表数据维护;⑫运价本数据维护;⑬集装箱参数维护;⑭企业人事基础资料维护。

2. 订舱管理子系统

系统处理整个出口订舱的工作流程,主要由订舱部门的职员来操作使用。订舱的工作流程由收集客户订舱申请、订舱工作分配、确认客户标识、确认登记运输起始和目的地点、确认登记货物类别和货物属性、确认登记集装箱的需求计划、确认登记路线航次、核对运载能力、查询和登记费用、确认订舱登记等一系列的步骤组成,这些步骤的正确有效的操作运行涉及基础数据模块中的准确处理和其他相关模块的操作支持。该子系统包括以下功能:①客户端的订舱申请电子表单;②订舱申请在线录入;③订舱业务的任务分配;④订舱业务的状态查询;⑤订舱基本信息的确认登记;⑥订舱货物的确认登记;⑦所需集装箱计划的登记;⑧运输线路的确认和登记;⑨运载能力检查;⑩运费费率计算和登记;⑪订舱确认登记;⑫订舱确认的通知发送;⑬订舱申请接收和订舱确认发送的 EDI 接口。

3. 出口单证管理子系统

处理出口装载货物单证操作,主要由出口单证部门的职员来操作使用。这些操作由一系列的单证数据维护、单证信息设置、运费生成、收款放单、单证打印与发送等步骤组成。单证数据和单证输出文件用于海关报关、客户通知及收费、放单的法律依据,在整个业务流程中起到关键的作用。该子系统包括以下功能:①出口提单的录入和维护;②检查预付费用收取情况;③发送预正式提单给客户和码头进行确认;④出口提单单证的 EDI 数据发送;⑤出口提单的打印、发放正式或电传提单;⑥提单转船操作;⑦集装箱分解操作;⑧集装箱扣留操作;⑨多笔订仓到同一提单的合并操作;⑩自动产生应收应付款发票;⑪提单打印格式设置;⑫提单打印输出;⑬提单放单状态更新。

4. 进口单证管理子系统

处理进口装载货物单证操作,主要由进口单证部门的职员来操作使用。这些操作由一系列的单证数据维护、单证信息设置、运费生成、收款放货、单证打印与发送等步骤组成。单证数据和单证输出文件用于海关报关、客户通知及收费、放货提箱的法律依据,在整个业务流程中起着关键的作用。该子系统包括以下功能:①进口提单单证的 EDI 数据接收;②航次到港记录的新增、查询和维护;③进口单证提单数据的生成与维护;④输出呈交美国海关的进口载货到货通知(EDI353)⑤输出呈交美国海关的进口载货报关文件(EDI309,包括整船提单和单个提单两种功能);⑥输出呈交收货人的进口载货到货通知、发送危险品、冷冻品声明;⑦提单运费的登记和确认;⑧进口提单内陆运输计划维护;⑨输出内陆运输托运通知单;⑩提单打印输出;⑪进口单证提单到货状态更新;⑫进口单证提单运费收取状态更新;⑬输出提单放货通知书;⑭提单放货状态更新。

5. 收付款管理子系统

处理财务部门收支核算的日常工作。由应收付款开账(手工开账和从业务数据中自动开账)、收付款登录、账单匹配冲销、退款处理、统计分析等组成。该子系统包括以下功能:①应收付费事件代码维护;②应收付费事件登录;③应收费项目开账;④应付费项目开账;⑤应收付款账本维护;⑥应收费账单输出发送;⑦应付费账单接收登录;⑧收款登录;⑨付款登录;⑩收款退回处理;⑪付款退回处理;⑫应收款账单匹配冲销;⑬应付款账单匹配冲销;⑭应收款账单状态监控;⑮收付款统计表;⑯应收付款统计表;⑰账单销账状况统计表;⑱应收付款账龄分析表。

6. 总账子系统

总账系统是一个基本的系统,以处理凭证为核心,采行会计账务处理过程(分录→过账→试算→调整→决算→报表)而设计的电脑化系统。各业务系统生成的凭证与总账无缝连接,直接在总账中进行查询。该子系统包括以下功能:①科目多核算设置;②提供科目计息和预算控制等多种控制;③与其他业务系统无缝连接;④多种账簿报表查询;⑤实现现金流量表的制作;⑥实现往来业务核销,精确计算账龄;⑦自动调汇处理、期末损益结转、自动转账设置;⑧各种报表处理。

7. 箱管子系统

设备管理是指集装箱船(代)公司对其所拥有或者所管理的运输设备的购销租借、修理维护,按照运输业务的需要进行设备的计划、调运、监控、协调、结算等等的业务和管理工作。设备管理模块就是为以上业务和管理工作提供信息数据处理功能。

集装箱船(代)公司的设备目前最主要的是集装箱。另外,根据各个公司的业务范围,也可能有集装箱车架,用于冷藏的发电机,有的公司还有拖车。此子系统包括以下功能:①相关的基础代码的维护;②集装箱档案维护;③车架档案维护;④集装箱动态和车架动态数据的接收和校验处理,包括场站内动态、运输动态和船上动态三个方面的动态事件的接收;⑤拒绝的动态的查询浏览、删除、修改、重试、强行保存等的处理操作;⑥装箱动态和车架动态历史的查询和维护,包括场站内动态、运输动态和船上动态三个方面的动态事件的维护;⑦装箱和车架堆存分布报告和最新状态报告;⑧向外部其他系统发送集装箱动态的 EDI 报文;⑨向 VIP 客户发送集装箱动态的 EDI 报文;⑩设备使用滞期费的计算公式的设置;⑪设备使用滞期费的计算和滞期费记录维护。

8. 滞期费管理子系统

滞期费是指集装箱船(代)公司对其所拥有或者所管理的集装箱、拖车等运输设备由于客户的超期使用未还(逾期费,Demurrage)、集装箱卸货后逾期未提(滞留费,Detention)、提单后取消订舱等事件进行滞期费的计算和征收的业务活动。

滞期费的计算的处理过程包括以下过程:①抽取和整理与滞期费相关的设备动态历史数据;②对以上的设备动态数据按照地区、航线、客户或承运人、合约等参数读取出设定的工作日历,来判断其是否逾期、计算其逾期天数,并根据在这些条件下的预设的滞期费费率计算出应该向该客户(或承运人)征收的滞期费清单;③以上计算出来的滞期费清单按照设定的滞期费减免规则进行减免,可自动计算和手工调整相结合,从而得到最终应该向客户(或者承运人)征收的滞期费清单。

滞期费的征收过程由财务结算人员在收付款模块中进行费用的催收、收款、结算冲销等处理。该子系统包括以下功能:①滞期费类型及其相应的动态代码的设置和维护;②滞期费收费地区参数设置和维护;③(定时)扫描设备动态数据,导入滞期费相关的设备动态记录;④(定时)处理滞期费相关的设备动态记录,生成匹配的计算滞期费的设备动态记录;⑤(定时)处理滞期费相关的设备动态记录,生成逾期的设备动态记录;⑥工作日历设置和维护;⑦滞期费计算参数和费率的设置和维护;⑧扫描匹配的滞期费设备动态记录,计算滞期费计费天数和计费费率,产生滞期费收费清单;⑨扫描逾期未匹配的滞期费设备动态记录,计算滞期费计费天数和计费费率,产生滞期费收费清单;⑩滞期费减免规则设置和维护;⑪维护滞期费收费清单(包括调用减免规则进行收费减免的处理);⑫向应收款模块中产生滞期费应收款发票。

9. EDI 处理(Gate Way)子系统

EDI 子系统是一个电子数据交换平台,该平台可以发送正确的 EDI 数据,也可以接受其他系统发送的 EDI 数据。该子系统包括以下功能:①各种类型 EDI 文件的接收和发送;②EDI 文件的管理;③EDI 平面文件与 XML 格式文件之间的相互转换;④各类代码的转换;⑤不同 EDI 格式的转换;⑥接收其他子系统的资料,转换成 EDI 文件并发送;⑦接收外界系统的 EDI 资料,转换成 XML 资料并提交给其他子系统。接收外界要进入系统的信息,先进行相应的效验再传送给要进入的子系统。

## 二、集装箱船舶调度系统

1. 系统业务流程

根据对集装箱船舶调度系统的使用角色的分析,系统从业务流程的角度上可以分为集装箱船舶调度管理和统计分析两种。调度管理主要进行船舶日常安全生产的监控和操作;统计分析主要是在船舶调度数据的基础上根据统计的实际要求,对调度数据进行调整,并相应地产生船队运营报表、上报上级领导及外部单位等一系列统计报表。整个船舶调度统计系统的业务操作交互流程如图 11-3 所示。

2. 系统结构与功能模块

集装箱船舶调度系统功能结构主要包括了基础数据子系统、调度业务子系统、动态日报子系统、数据接口子系统和统计报表子系统。

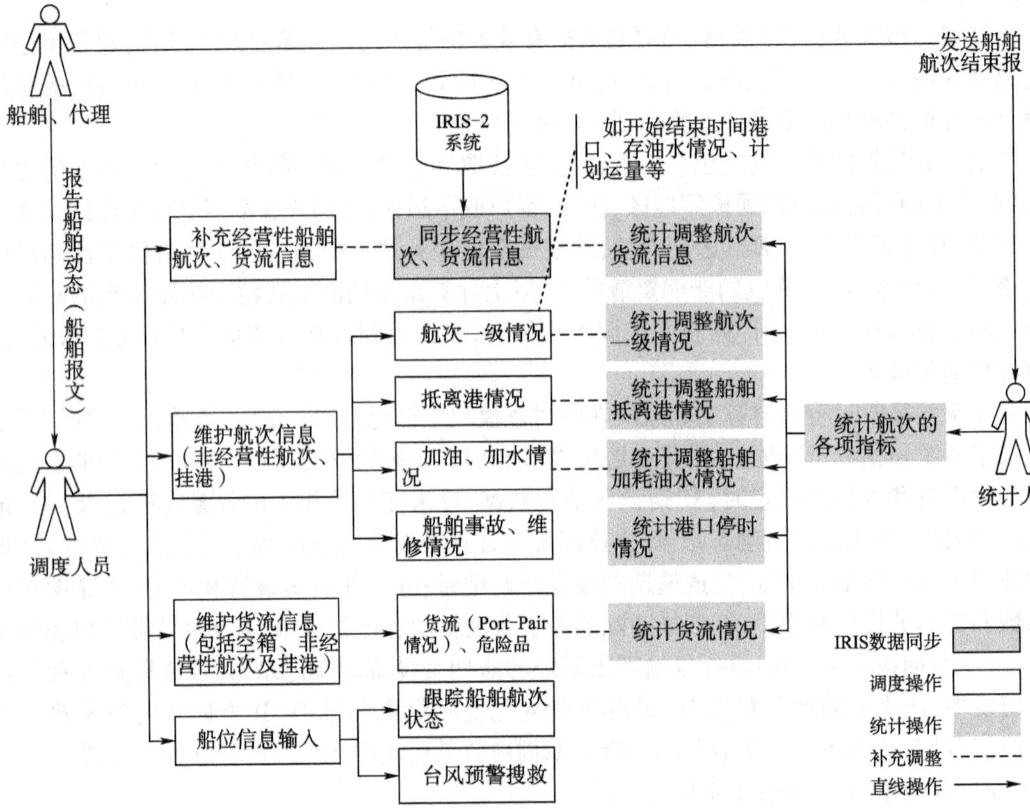


图 11-3 船舶调度系统业务操作交互流程图

(1)基础数据子系统。包括船舶、港口、港口里程、用户信息、航线、船舶停泊时间代码、船舶经营属性、航区代码等基本资料管理及维护基础数据等功能。

(2)调度业务子系统。覆盖集装箱班轮企业的船舶调度业务流程,实现对全球运营船队进行动态调度跟踪;实现对航次货流管理的业务需求,及时地为各个层次的决策层和财务系统提供统计报表基本数据来源;实现对船队的安全生产管理;对于统计已经关门的航次,不允许调度人员对该关门航次的任何信息进行维护操作,但允许统计人员对关门航次的货流信息进行调整。系统包括船舶干部船员名单、航次任务、计划/实际抵离港、船位动态跟踪、航次货流、港口停时、船舶事故、船舶修理、台风预警搜救等调度业务管理功能。

(3)动态报表子系统。满足船舶调度和统计人员对船队和各航次运营的日常监督、评估,提交各个层次的决策层和相关部门的日常报表,包括船舶当前状态、船舶航次、船舶在港情况、船队动态分析、按卸港统计的货流快报、装港统计的货流快报、调度快报、完成航次耗油月报、完成航次货流统计、统计快报、船舶动态旬报、运量周报等动态报表。

(4)数据接口子系统。提供数据接口给调度中心大屏幕系统和总部总调度室信息管理系统,保证船舶调度部门和总部调度室对船舶运营的监控;提供数据接口给财务系统,保证相关财务职能部门对船舶、航线进行的分析、统计和评估。

(5)统计报表子系统。基本上按照年、月进行统计,统计时间跨度较长。

## 三、集装箱船舶管理系统

1. 系统实现方式

综合全球大多数集装箱班轮运输企业船舶管理部门中心的运营管理和业务操作特点，一般采用两套并行的船舶信息管理系统，即船舶信息管理系统岸基版和船舶信息管理系统单船版。

船舶信息管理系统岸基版支持船管部门的船舶机务人员和相关管理人员对船队的维修管理、安全监测、保安计划和效益考核评估等集中式管理的需要。因此岸基版必须满足岸基船管部门对整个船队的统筹管理，如：船舶保养计划管理和工作监督、船舶设备监督管理、船舶各类报表管理、船舶备件的申购审批、船舶检验和维修管理等，尽量满足船级社在公约、法规等方面的要求，以获得其 ISM 相关认证。此外，船管部门版还需实现通过互联网的信息交互，方便移动用户和相关单位(供货商、港口等)的使用。

船舶信息管理系统单船版则主要是面向船上机务人员对船舶的运营操作、备件使用和库存、安全预警、工作任务安排和检查等日常操作的需要，如：船舶数据的维护和管理、船舶维修保养工作、证书的管理和检查、备件物料库存管理、各种申请管理等。

船舶信息管理系统岸基版和单船版之间的数据同步实现异地“实时”管理的关键，在于如何通过数据的交换使船舶管理状况更加透明化，使船—岸信息交流更系统化，为机务监督等管理者提供第一手的资料，更好地开展监督和指导工作。各艘单船拥有自己的分布式数据库，其与岸基船管中心的中央数据库保持必要的实时数据同步，船—岸之间的数据实时同步通过卫星来实现，如图 11-4 所示。

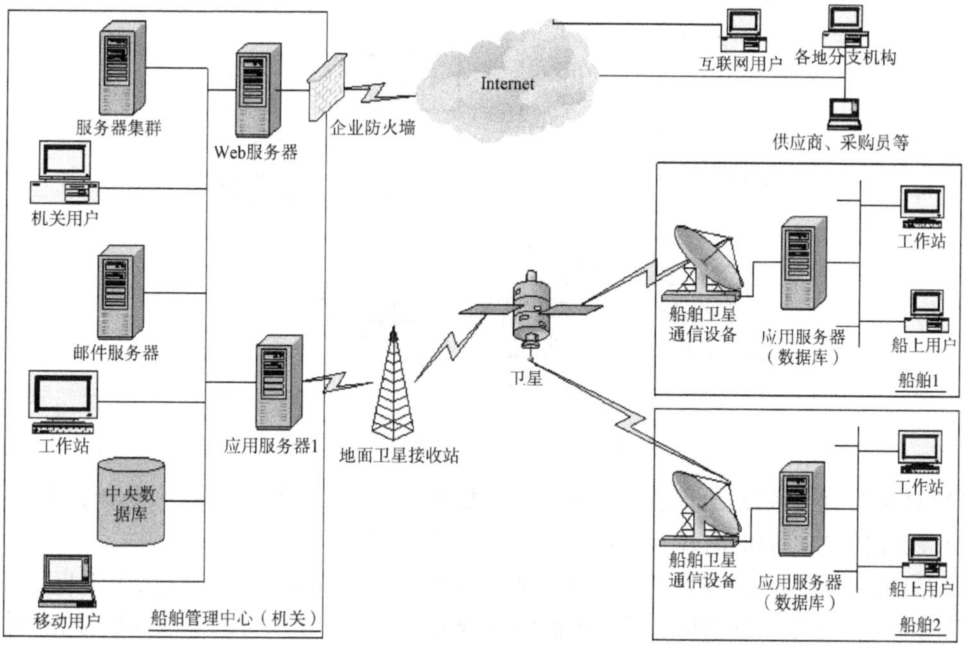


图 11-4 集装箱船舶管理船—岸通信略图

2. 系统结构与功能模块

(1)基础数据管理子系统:包括船舶共用数据、船舶专用数据管理和辅助代码表维护,系统用户管理、数据备份管理、数据同步管理、系统数据一致性自动检查、程序版本升级管理等,由系统岸基版和单船版共享基础功能模块。

(2)岸基管理子系统:包括船队基础数据设置维护、岸基备件物料库存管理、船队安全证书管理、申请审批管理、费用成本控制管理、预留接口。

(3)单船管理子系统:包括单船专用基础数据设置维护、保养维护工作管理、安全证书管理、申请管理等。

(4)船岸数据通讯子系统。

(5)船舶维修保养管理子系统:包括工作单的生成、工作计划的查询和编辑、工作总结、工作报告、船舶检修保养日志等。

## 四、人力资源管理系统

人力资源管理系统是为跨国跨区域运营的集装箱班轮运输公司提供的一个现代化的管理工具,其目的是借助于计算机系统高速、准确的处理能力,对员工的各种信息进行快速建立、查询和统计,以此减轻烦琐的手工劳动。

人力资源管理系统涵盖了以下流程:人员信息管理、企业组织机构、定岗定员、员工能力与职业生涯、招聘管理、培训管理、绩效考核。该系统包括了五大子系统:日常管理子系统、员工自助子系统 、培训发展子系统、绩效考评子系统和系统管理子系统,如图 11-5 所示。

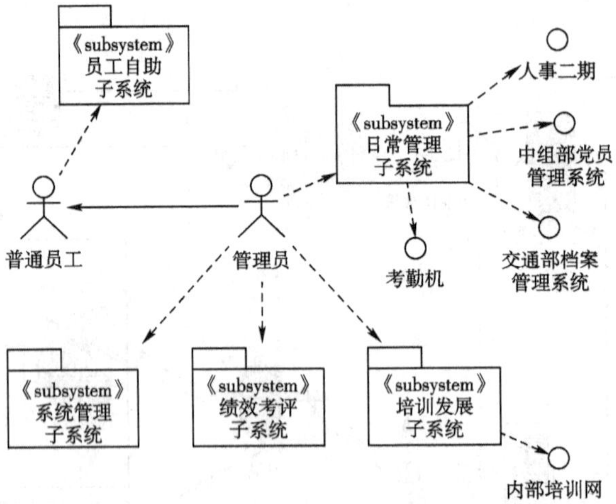


图 11-5　人事管理系统模块图

(1)日常管理子系统:全面管理和记录员工信息。员工信息既包括个人基础信息,还包括一些与人事相关的扩展的内容,如:党团信息、职称信息等。

(2)员工自助子系统:供员工与人力资源部交流和沟通的纽带。全体员工不仅可以通过员工自助浏览关于个人的信息、资料,还能够对部分个人资料在线自助修改,或完成假期、培训等的在线申请,以及进行绩效考核、在线培训等。

(3)培训发展子系统：收集、整理员工培训需求，针对不同类型、不同层级员工制订相应的培训计划；对培训过程进行监控、管理，有目的、有规划的提高员工的整体素质和员工业务水平。

(4)绩效考评子系统：提供绩效合同的制定、管理功能以及业绩考核、素质考核功能。通过合理、有效的绩效考核来带动员工工作的积极性，提高员工工作效率，为员工、为企业带来更大的效益。

(5)系统管理子系统：提供部门、职务岗位的维护，用户、组管理及权限管理，代码字典、系统参数的维护。

## 五、保险理赔系统

保险理赔系统(Insurance & Claim System)为建立全球集成的保险理赔业务处理外挂系统，为保险理赔业务提供系统处理工具。系统功能主要包括了保赔险案例管理、保赔险投保管理、船壳险投保管理、船壳险案件管理和系统管理。

(1)保赔险案件管理(P&I Claim)：提供货物索赔案件(Cargo Claim)、人身伤亡案件(Personal)、罚款案件(Fines)、RDC/FFO 案件、其他案件以及案件分配与转移等管理功能。

(2)保赔险投保管理(P&I Cover)：提供保赔险费率的维护和查询以及赔付率统计等功能。

(3)船壳险投保管理(H&M Cover)：提供船舶船壳险费率的维护与查询以及统计报表等功能。

(4)船壳险案件管理(H&M Claim)：提供船壳险案件维护与查询以及统计报表等功能。

(5)用户权限管理：将用户权限分为总部和口岸用户两个层次，总部用户拥有所有模块权限，口岸用户权限根据其所在的地域进行设置，可以对自己地域范围内的货物索赔案件进行登记、查询、生成相关报表。船壳险部分不对口岸开放。

## 六、在线 EDI 订舱系统

在线 EDI 订舱系统运用电子数据交换技术，充分发挥互联网的快速便捷优势，迅速地对 VIP 客户的订舱请求做出处理，及时地将处理结果返送回 VIP 客户，并提供管理层监督管理客户服务质量，为客户提供优质和及时的服务，实现集装箱班轮运输公司和 VIP 客户之间的双向电子数据交流。系统主要功能模块有：

(1)VIP 客户 EDI 电子订舱数据资料的接收和转换模块：此模块所接收的电子数据主要有 EDI300 确定订舱请求和 EDI303 订舱取消资料，通过此功能模块，可以及时地转换 VIP 客户的 EDI 数据资料，并通知相应的海外代理。该模块界面如图 11-12 所示。

(2)公司海外代理远程确认的 EDI 资料模块：海外代理利用此功能模块可以迅速地确认班轮公司 VIP 客户的订舱请求数据，并产生相应的 EDI301 确认数据。

(3)EDI301 电子订舱的确认数据发送模块：用于发送确认完毕的订舱请求的 EDI301 资料给班轮公司的 VIP 客户。

## 七、合同效益评估系统

公司合同效益评估系统通过建立并运用合理的合同效益评估模型，从成本支出和合同贡献值两方面入手,预先评估谈判中的合同单运价和总效益;了解货物运输成本状况,预测合同效益情况。

利用合同效益评估系统,运价管理人员和揽货人员可以评估已签合同项下,在合同实际执行期间或之后的某时间段内,评估所出运货物的合同实际效益,客观、正确评价客户的重要程度,建立按重要程度分类的客户档案,确定销售和客户服务工作重点。此外,合同效益评估系统可为考评销售人员业绩提供参考依据。

本系统主要包括三部分的查询功能:单箱货物运输成本、合同效益预估、合同实际效益评估。

(1)合同单箱成本:根据用户输入的 Origin、Destination、Service、POL、POD、箱型、尺寸、服务方式等信息,可以得到重箱货物成本,空箱调运有关部门成本及可接受运价。

(2)合同效益预估:根据用户输入的不同航线的估计箱量,根据单箱成本,计算出预估的利润。

(3)合同实际效益评估:根据提单系统的合同执行情况,取出相应合同实际路线的箱量,然后根据单箱成本,计算出合同的实际效益。

## 八、MIS 报表系统

对于集装箱班轮运输公司现有各个方面独立管理系统中的信息资源,在还没有提取加工之前是分散和抽象的,这些看似零乱但存在着关联的数据经 MIS 报表系统提取加工之后,可以定期地、自动地生成各种报表和图形,以供管理层决策层分析、参考、管理之用。

### 1. 系统功能模块

MIS 报表系统包括有用户权限管理、提供入口查询参数后台提交报表、报表生成保存管理的机制、定时生成报表、预览报表及下载、报表删除和数据清除等功能。

(1)用户权限管理:用户验证机制,第一层验证:登陆 SERVER 的域验证;第二层验证:MIS 系统用户权限验证。可以添加、删除和修改用户权限。

(2)提供入口查询参数后台提交报表:每张报表都有入口查询参数的条件限制,当用户填写完成了查询参数后,在界面点按 SUBMIT 键后,系统将自动在后台根据查询参数进行相应的统计,完成统计后,由后台直接提交规定格式的统计报表。每份报表提交查询参数的时候,必须与用户权限做校验,根据用户权限的不同,可以提交的参数也不同。

(3)报表生成、保存、管理的机制:在用户提交报表后,用户可查询该报表生成的情况。如发现提交错误,还可再次提交。如发现提交成功,可显示报表完成的时间,可让用户及时预览和下载报表。该模块也能提供合理的报表的保存机制,能提供合理的报表的管理机制,如可查询。

(4)定时生成报表:有些指定的报表有特殊需要。需要定时生成每周、每月的周报和月报。

(5)预览报表及下载:当系统后台生成了按照用户提交的入口查询参数产生的报表,可先预览是否是需要的报表,如是,可下载至本地。

(6)报表删除和数据清除:当用户预览时,发现查询条件输入错误时,可删除该报表,但该操作必须是合理的。另外还需要有定时的数据清除功能。

2. 系统报表内容

（1）销售管理类型报表：包括贸易区各口岸箱量统计报表；贸易区各航线箱量和收入报表；Port Pair 箱量统计表；统计 Territory、Region 和 Office 的销售情况；根据 City 统计 CY—DOOR 的箱量；根据 CSO 查询箱量；根据 Sales Representation 进行箱量统计；统计直接客户和非直接客户的出货量；根据 Service Loop 统计市场执行运价。

（2）经济效益分析类型报表：包括收入快报需求；内陆运输成本测算需求；非正常班期统计需求。

（3）成本分析类型报表：包括多次中转（海运）货量查询；内陆转运成本。

（4）财务相关报表：包括 Office 应收账款账龄分析统计；客户账龄分析统计；运费回收率统计。

（5）箱管类型的报表：包括箱管费用统计报告需求；集装箱流向报告需求。

### 九、内部知识库系统

内部知识库系统是面向大中型企业内部员工的、由企业的信息管理人员负责维护管理的、为企业内部培训提供强有力支持的系统。该系统主要功能模块有用户管理、新闻公告、研讨区、资料中心、下载中心以及系统维护等，并提供了双语（中英文）支持。该系统是以浏览器作为客户端，以 WEB 的形式向用户提供服务的。

（1）用户管理模块：该模块主要提供了维护用户的信息、定义用户的权限类别、用户的合法性检验以及注册新用户等功能。保证了系统信息的安全性与可靠性。同时又对不同的用户划分了为不同的权限类别，使得不同的用户有不同的权限，所能使用的系统功能也各不相同。

（2）新闻公告模块：该模块主要提供各类培训的新闻公告的维护与发布的功能，让员工能准确及时地了解公司的最新的培训工作的进展情况及最新内部动态。

（3）问题研讨区模块：利用 BBS 的模式，员工可以就培训的内容提出问题、自由讨论、发表见解、提出建议、解答问题并可以把有价值有意义的问题内容存入资料库，从而实现各员工之间的交流，更快更好地理解内部培训的内容。

（4）下载中心模块：该模块实现了下载信息的自由分类及下载信息的查询功能，使员工可以准确地快速地下载他们感兴趣的信息。

（5）资料查询模块：该模块实现了资料的自由分类及资料的快速检索，员工可以准确地快速地查找到所感兴趣的资料。

（6）系统维护模块：该功能模块是面向管理员的，对系统的各种数据进行维护与发布。

（7）双语支持功能：该系统同时支持中英文两种版本。

## 第二节　集装箱码头信息系统

集装箱码头信息系统是建立在管理科学、电子计算机和现代通讯与信息技术基础上，为码头管理作业和管理决策活动提供综合性信息处理的重要工具，它是一个以数据库为中心数据处理系统，承担有关业务数据的收集、传输、加工、保存、维护和使用工作，适时处理码头的各种生产数据，进行统计、分析、预测，从而辅助决策并控制整个码头操作的生产运营，借以实现码头决策者制定规划和目标。集装箱码头信息系统的发展对集装箱码头的作业和管理的变革产生了深远的影响,其功能和性能决定着港口码头的作业效率和服务水平。

集装箱码头信息系统构成包括码头中心管理系统、船舶配载系统、堆场管理系统、设备控制系统、EDI 系统、电子闸(大门摄像)系统、场站管理系统、财务计费系统、网上查询系统等,如图 11-6 所示。

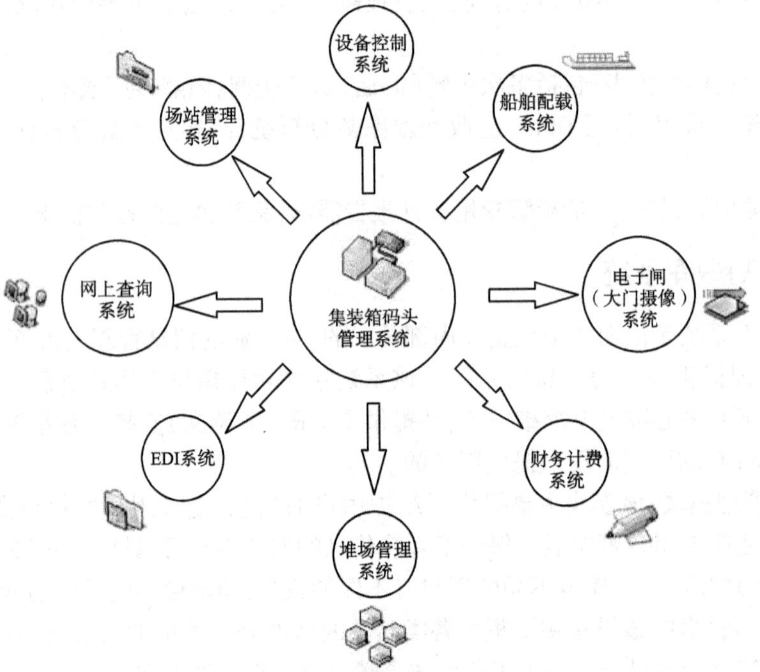


图 11-6 集装箱码头信息系统结构图

## 一、码头中心管理系统

集装箱码头中心管理系统是码头计算机管理体系的核心系统,它监控码头上每个集装箱的操作,如海关的放行、进出闸、堆放顺序、集装箱追踪、运作报告和通讯联系等。系统主要实现功能如下。

(1)码头定义:用图像对整个码头进行设计;设定码头泊位、堆场区位、间位的基本资料,包括了的区位、间位的大小、位置、长宽高、序号、类型、名称等信息。位置类型、特殊位置的设置,包括不能使用行、堆场间位冻结等信息。码头机械的定义:岸吊、堆场吊机种类、堆场吊机代号等。定义了码头的作业种类、扣留标记、扣留作业、特别处理。

(2)船公司/航次管理:船公司资料、船公司费率、船公司航线;船只档案 船公司联盟维护;航次登记、航次箱主分布维护、航线箱主分布维护;泊位计划:以图形化的工具对泊位信息、船期信息、Berth Window、泊位计划等进行管理,并对泊位使用情况进行统计分析。

(3)闸门管理:包括集装箱进/出码头闸口管理;集装箱数据登记;扣留、放行管理;电子磅秤;电子闸;海关数据交互。

(4)堆场管理:主要实现对堆场区域管理,并根据堆场堆存情况,制定各种堆存计划;实施对堆场箱堆存情况、使用情况的管理。具体包括堆场作业规则定义;显示堆场箱位图;在港车辆显示;堆场计划维护;堆场实时作业监控。

(5)存箱管理:包括单箱资料维护、中转箱二程航次管理、空箱出口申请、出口航次集装箱之提单/港口修改、出口集装箱退载处理、集装箱扣留或放行、失踪箱申报/寻回、删除失踪箱、堆存图示、装箱维护、拆箱维护、过磅维护、查验维护、熏蒸维护和预冷维护。

## 二、船舶配载系统

为了船舶的航行安全,减少中途港的倒箱,缩短船舶在港停泊时间,保证班期和提高经济效益,应而进行配载。船舶配载系统确定每个岸吊最佳的操作顺序,保证在堆场上最少移箱,优化船舶的装卸,记录预配信息、船舶稳定系数以及装船集装箱在堆场位置、目的地和重量。船舶配载系统主要实现功能如下。

(1)船舶模型设计:即船舶建模,全面的设置船舶各项参数信息并建立船舶详细资料,包括船舶船长、船宽、吃水深度、内仓层数及列数、甲板上装层数及列数、航速、总载重量、载箱量等船舶档案资料。

(2)船舶配载计划制定:根据船模设置,结合 EDI 船图资料和码头堆场计划实现自动卸船配载和自动装船配载,极大程度地提高了码头配载作业效率。系统结合自动配载数据,提供多种人工配载处理程序;多种图形和表格显示;配载过程中各种数据自动校验,免除了船舶人工配载过程中繁杂的审核工作。同时能与堆场计划紧密结合,实现船舶装卸前产生码头集装箱调运资料,为码头合理安排作业机械设备提供科学的依据。

(3)桥吊作业计划制定:包括集装箱装船计划、集装箱卸船计划、装卸次序、装卸集装箱作业效率计划、桥吊作业分配、桥吊作业时间段分配等。

(4)报表输出:提供船舶配载过程中各类报表,包括贝位图、工作次序图、预配图、装卸报告、船舶状态分析报告、最终积载图等。

## 三、堆场管理系统

堆场管理系统确定集装箱码头操作的规则和参数,并根据所定义的规则,比如最小的移动距离,按照重量、目的地或运输方式分组,系统自动给定在集装箱在堆场的最优位置。在如何充分利用有限的堆场面积,分散工作量,提高堆存密度和堆存率方面,各大集装箱码头的都有一套很成熟的操作模式,但是这个问题也是困扰业务快速发展的码头,特别是像厦门港各集装箱码头堆场都比较狭小的情况。通过堆场管理系统的进行 PA 设置将能很好地解决这一难题。

## 四、设备控制系统

设备控制系统使得集装箱流最优化,系统借助无线网络,实现手持终端、机载终端与上述集装箱码头管理核心系统的实时通讯,保证集装箱场位的高度准确;同时还将从堆场管理系统中读取资料,获得参数后系统自动进行任务分配和任务排列,体现了高度的智能化管理。例如一个简单的移场动作,系统将自动分解成多步来完成,自动派发指令给不同的龙门吊和拖车来完成,最终由龙门吊司机通过无线终端进行确认,省时省力。

无线网络系统(RFS),就是在桥边、RTGC 驾驶室内、流机驾驶室内使用无线终端,利用无线网络与原有的码头操作系统相连,传输实时的操作数据;对于机械司机、桥边理货员、堆场理货员等现场人员而言,就可直接在无线终端上接获操作指示,在实际作业后可通过即时确认,这样就可准确、实时地更新数据库,再由中控室通过与 RFS 配套的操作监控系统,进行综合操作监控,缩短操作时间,并为客户提供最新、最准确的集装箱数据,最终解决上述问题,提升整体生产效率。

### 五、EDI 系统

码头 EDI 系统主要功能为支持多种数据格式,比如和船公司、船代之间的数据交换,和海关之间的数据交换等等;支持所有的 UN EDIFACT、X.12 和系统自定义格式 EDI 报文;多种 EDI 的传输方式:E-Mail 自动接受和发送、FTP 传输和 MSMQ 传输;XML 格式的 EDI 支持和处理;EDI 报文全程跟踪。

### 六、电视监控系统(CCTV)

建设闭路有线电视网,通过在码头的各个角落的摄像头,全面监控码头生产与作业全过程。

### 七、电子闸(大门摄像)系统

电子闸(大门摄像)系统可以在通过车辆以每小时 20km 车速的状态下自动识别车牌号、箱号(一个 40ft 箱或两个 20ft 箱)和对箱体进行拍照,作为历史资料保存备案,供不时之需;可以对残损箱进行监控,精确度达到毫米级。一个通道每天可以通过 2 000 辆车。

### 八、计费系统

主要根据国家有关规定及码头经营者的具体规定进行费用计算和收取。包括协议管理、费目管理、费用计算、计费明细查询、应收费明细、合同管理、费率维护、生成账单、收费结账、收入分析系统。

此外,场站管理可以控制操作货运站上装拆箱;财务计费系统则根据码头和客户的合同及关税协议,从集装箱码头管理系统中读取数据自动生成相关单据;客户还可以通过 WEB 页面进行查询集装箱动态。

## 第三节　集装箱陆域服务信息系统

根据 WTO 的界定,船代、货代、仓储、场站、报关等六项口岸陆域服务被归为集装箱海运的附属业,这些国际海运辅助行业日常的运作和管理都需要由适合自身需求的一套信息管理系统来维护。本节将主要介绍运用于集装箱航运辅助业的公共船代管理系统、国际货代管理系统、无船承运(NVOCC)管理系统、报关行管理系统、场站管理系统、仓储管理系统、拖车管理系统、内贸运输管理系统等集装箱陆域运输信息系统。集装箱陆域运输信息系统结构如图 11-7 所示。

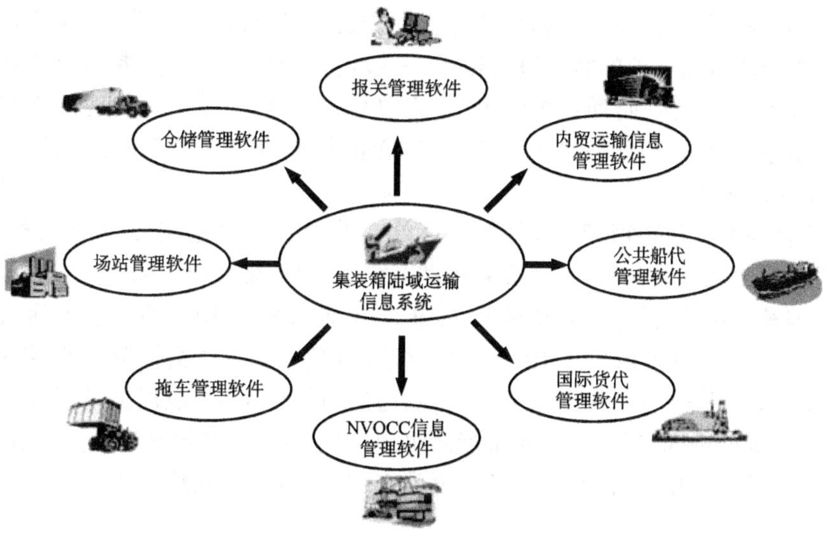


图 11-7　集装箱陆域运输信息系统结构图

## 一、公共船代管理系统

公共船代管理系统的功能是通过对预抵船舶、船舶动态的资料登记与维护，对订舱中心进行整体协调与管理，在第一时间内向客户自动发送传真电报，并且系统根据所录入的资料自动生成出口集装箱清单、中文舱单、英文舱单、集装箱配载表及包含订舱反馈的业务报表，提供了强大的进出口业务管理功能，实现中心口岸与各挂靠支线港之间的数据联网传输。公共船代管理系统业务流程如图 11-8 所示。

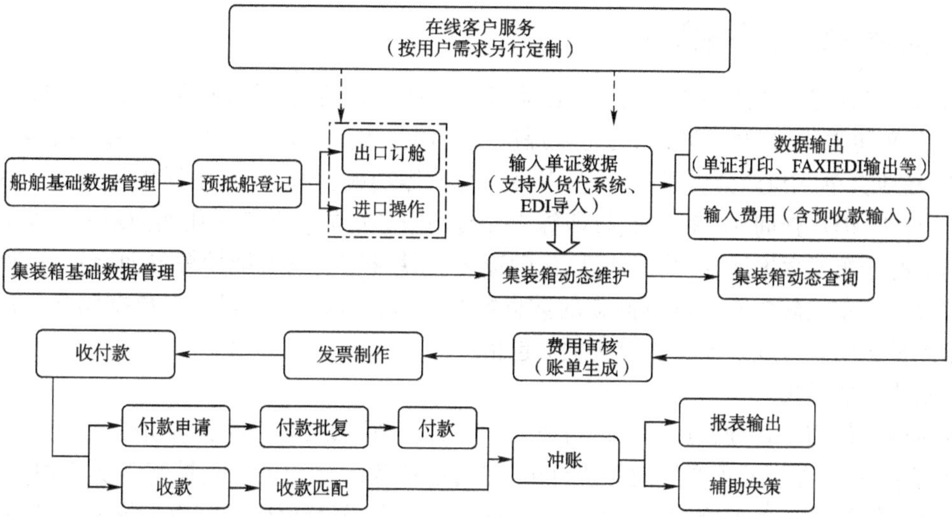


图 11-8　公共船代管理系统业务流程图

系统功能模块主要包括以下几个方面：

1. 业务处理模块

公共船代管理系统业务处理模块主要菜单有：①预抵船舶登记：接到船舶委托代理后，对将要抵达的船舶进行信息记录,如:船舶规范、委托人、船名航次、开来港口、预抵时间等;②船舶动态登记:对船舶目前所处的状态进行标识,一般包括预抵、在港、离港几个动态;③订舱中心管理:包括订舱数据录入、订舱数据输出、订舱中心业务报表;④进口代理:包括进口单证录入、进口中文舱单输出、进口业务操作管理、进口箱量登记、进口支线费率表维护、计收运费。

2. 集装箱管理模块

公共船代管理系统集装箱管理模块主要菜单有:①集装箱动态定义:根据公司涉及的集装箱动态,在系统中定义集装箱动态;②集装箱动态维护:维护集装箱实际动态;③提取集装箱通知单打印:根据给定格式,设计通知单模版;④集装箱动态查询:根据给定的灵活条件,查询统计集装箱的动态,对进口重箱超过10天未拆空给出预警;⑤设备交接单打印:维护集装箱发放/设备交接单基本信息,并打印设备交接单;⑥与出口单证结合:根据出口部分的单证信息,选择箱管部门需要处理的集装箱,进入箱管模块,并记录相应集装箱动态;⑦与进口单证结合:根据进口部分的单证信息,选择箱管部门需要处理的集装箱,进入箱管模块,并记录相应集装箱动态。

3. 收付款管理模块

公共船代管理系统收付款管理模块主要菜单有:①费用输入:对备用金、代理费、杂费、港口使费、海运费的维护;②航次运费清单:罗列出一个航次下海运费代收代付的情况;③运费欠收清单:打印出未到账的运费清单;④签单状态记录:对每航次每票签单状态做相关记录及备注;⑤已签发提单付费状态记录:记录选项可以设置添加;⑥实收金额录入:通过对银行水单或现金费用冲销的方式对实收金额进行记录;⑦违约欠费自动提示功能:客户在规定的信用期内还未付款,则会自动提示;⑧货代公司退佣:记录每笔委托单需要支付的佣金⑨收付款报表:列出每航次下,每个客户的到账情况。

## 二、国际货代管理系统

国际货代管理系统的功能是满足了国际货代企业的基础数据管理、业务过程管理、辅助决策、财务管理等要求;通过互联网,为企业提供了全球分支机构之间的数据传输、数据汇总、异地出货、异地签单、中心\分支财务处理、多币种结算等功能;同时为货主提供了通过互联网实现询价、订舱、提单查询、报表生成、打印等24h自助服务功能。系统采用面向对象工具开发了基于网络的分布式数据库,在数据共享、访问速度、系统扩充、系统维护等方面有良好性能,很好地解决了分布式数据库运行所面临的数据共享、访问冲突、数据安全和数据同步复制等问题。国际货运信息管理系统功能模块主要包括:

1. 报价管理模块

报价模块作用是管理客户的报价与成交。通过公司网站,客户提交询价信息,海外代理提交订货订单,异地办事处提交异地揽货订单,然后这些信息自动汇总到销售人员手中,经确认后输入报价模块。这些报价信息由管理人员确认后打印报价确认单,并直接导入单证模块,进行单证操作,减少工作环节,提高工作效率。报价管理模块主要菜单有:①客户基本信息输入;②销售价输入;③成本价输入;④报价列表(查询报价单)。

2. 业务管理模块

业务模块的作用是按照整箱、拼箱、自拼箱、内贸等不同单证处理方式以及拖车、报关、报检、进口等不同业务环节分割整个流程，支持异地揽货、异地出货、异地签单等协作性的工作方式；专门的报表产生器、表单套打设计工具，满足各地不同的单证格式要求；提单流程管理掌握提单流程的每个环节，装箱计划自动按件数、重量进行分摊和计算，自动校验箱号，自动分摊拼箱成本，极大的提高管理效率；集中佣金控制，可以随时掌握每个客户、销售人员和办事处的佣金情况。界面友好直观，并提供灵活的联想式输入、模糊查询、智能化校验等功能。

（1）业务管理模块菜单。主要有：①提单列表：根据时间段、船名航次等查询条件列出所有出口货物列表；②订舱：分别按出口整箱、出口拼箱、出口自拼箱、内贸分类输入管理信息及单证信息。所有信息只需输入一次，可以选择打印提单、托运单、订舱确认单、海运单、舱单、发货通知、到货通知等各种单证，并提供套版打印、套版编辑、自行增加套版等功能，完全满足不同单证格式的要求；③运费输入：每票货物海运费和特殊费用输入，是系统应收应付、立账、冲账等的基础；④港杂费输入：码头费用输入；⑤拖车输入：输入拖车委托单；⑥报关单输入：输入报关单；⑦装箱单输入：装箱明细和箱号输入，如果是拼箱货物，将在此进行拼箱操作；⑧拼箱运费分配：在这里对拼箱货物的成本进行分配；⑨客户服务：查看客户关心的一些问题，例如二程船信息、电放信息、ETD、ETA 时间等；⑩提单状态列表：有关提单信息，如提单号、签单办事处、提单是否电放等列表；⑪进口货物输入：有关进口货物的单证信息输入；⑫进口提单列表：按序号排列，以便查找提单，了解提单相关内容；⑬内部通知列表：按序号排列，以便查找内部通知，了解内部通知相关内容。

（2）业务报表模块菜单。主要有：①货物周报：统计各办事处利润、箱量；②业绩周报：统计各办事处及其下属办事处箱量；③销售利润：根据不同办事处、业务员、客户、航线等查询条件列出销售利润；④集装箱查询：根据不同船名航次或箱号查询与之有关的所有其他货物或集装箱资料；⑤货量周报图表：根据不同条件，如不同客户、不同业务员、不同时间内等查询符合条件的利润图表；⑥销售利润图表：不同业务员或不同时间内查询符合条件的利润图表；⑦每时段利润：查询不同时间段内的利润情况，以图表的形式体现；⑧每客户利润：查询不同客户的利润情况，以图表的形式体现；⑨内陆运价：美国内陆点转运费列表。

3. *收付款管理模块*

收付款管理模块的功能是同时支持集中式财务管理和独立核算式管理两种方式，提供中心/分支财务处理功能；识别美元、欧元、港币、人民币等 27 种货币结算，自动生成客户往来收付款数据；标准化的付款流程，可实时查询客户、船公司、拖车公司等各种业务的应收应付明细、汇总、统计、账龄分析等各种报表。

（1）收付款管理模块菜单。主要有：①本办事处的未审核提单列表：根据不同时间、不同客户等查询条件列出未审核的提单列表；②运费审核：会计在此对每票费用进行审核；③发票列表：根据时间、客户、办事处等不同查询条件内的发票列表；④收款：出纳登记所收款项；⑤收款列表：所有收款明细列表；⑥退款：出纳登记所退款项；⑦收款流水账：不同办事处、不同客户的收款流水账；⑧付款申请：出纳在此申请付款；⑨确认付款申请：会计在此对出纳的付款申请进行确认；⑩未付账单列表：根据不同查询条件列出未付提单账款；⑪付款：出纳在此登记所付款项；⑫付款列表：所有付款明细列表；⑬付款流水账列表：不同办事处，不同客户的付款流水账；⑭付款流水账跟踪：跟踪所付款项的去向；⑮收款冲账：会计在此对所收款项进行冲账；⑯收款冲账列表：已冲账的收款款项列表；⑰付款冲账：会计在此对所付款项进行冲账；⑱付款冲账列表:已冲账的付款款项列表。

(2)收付款报表菜单。主要有:①每航次收款列表:根据不同船名航次列出应收款项列表;②收款冲账状态:根据不同费用、不同时间、不同客户等查询条件列出收款冲账状态列表;③预收款跟踪:对预收款去向进行跟踪;④应收款明细表:不同时间段内的应收款明细表;⑤应收款统计表:根据不同时间段、不同客户、办事处等查询条件统计应收款;⑥应收账款账龄分析表:对不同客户应收账款的账龄进行分析;⑦应收账款余额表:根据不同费用、不同时间、不同客户等查询条件列出应收款。

## 三、NVOCC 管理系统

NVOCC(无船承运人)的经营收入来自向托运人所收取的运费和向远洋公共承运人所支付的运费之差额,不得从远洋公共承运人处获得佣金。NVOCC 信息管理系统旨在规范国内 NVOCC 的合法运作,所有的公布运价与协议运价都需经过系统登记与报备,对运价报备进行系统化、规范化的管理。NVOCC 信息管理系统主要模块包括:

### 1. 运价报备模块

运价报备模块管理 NVOCC 在运价本上载明的运价、发布的费率(基本费率、杂费率、内陆费率)及与货主、托运人之间的约定运价、签订的包运协议,即对公布运价与协议运价进行管理。无船承运人根据系统维护管理的运价及通过系统提供的运价发布接口向外公布的费率,向托运人收取运费,并向远洋公共承运人支付运费。在收付款管理模块中,系统自动引入运价报备模块中的数据信息,生成差价报表,以便于计算总体收益与利润。

### 2. 公布运价报备模块

包括 NVOCC 运价本及发布的海运运费率、转运费,附加费维护与管理,港到港运价报备,多式联运运价报备,内陆运输运价报备,以及相应的运价代码、运价名称、类型、出货地、电报号、文件号的管理与维护。

### 3. 协议运价报备模块

维护各个货主、托运人的运价协议,包含协议双方、交接方式、航线、起运地、箱量、运价、内陆运价、相应规则、合约号、生效期、到期日期、合约内容、合约备注等。

### 4. 服务合同管理模块

对与海运承运人签订的服务合同进行管理与维护。

### 5. FMC 运价维护

基率、费率、FMC 运价编号、报价编号维护。

### 6. 合约运价查询模块

收货条款、接货条款、费用明细查询,并可自动转到报价管理界面进行相应的销售价与成本价的输入。

### 7. 业务管理模块

(1)业务处理模块菜单。主要有:①与签发提单有关的单证管理信息,具体有提单列表、单证文档、单证管理、提单状态列表、随付单据管理;②所出运货物产生的各项费用管理及运费、港杂费、报价管理;装箱单、拼箱货物运费分配;③进口货物操作、内部通知与无纸化业务交接;④客户服务;⑤拖车信息、出口报关信息、进口报关信息、业务调度管理、内陆运输、集装箱租赁管理、中转站与内陆站装拆箱处理、起始地代理业务管理、目的地代理业务管理等。

(2)业务报表模块菜单。主要有:①包含业务员销售管理、业务员利润分析、分支机构利润分析、分支机构业绩分析、箱量分析、装箱分析、办事处业绩图表、业务员业绩图表、时间与利润关系图表、时间与客户关系图表;②自动从运价报备模块中引入数据,生成向托运人所收取的运费和向远洋公共承运人所支付的运费的差价报表。

## 四、报关行管理系统

报关业务管理系统是面向专业报关公司日常业务操作和管理的应用系统,可支持进出口报关、报检、企业备案、纺织品配额、产地证等业务。报关业务管理系统主要模块包括:

### 1. 报关基础数据模块

报关基础数据模块主要菜单有:①工作单配置:在系统平台上状态跟踪配置,支持用户根据具体报关业务类型制定状态跟踪要求,并且系统可以根据用户设置自动提醒;需要管理文件的配置;②部门配置:设置报关行工作单自动锁定的时间范围、通关单选择的时间服务、工作单默认的显示时间范围及该部门的执行的工作单类型;③客户和合作方维护:系统平台上集中维护,报关模块可以维护临时客户申请,临时客户转为正式客户后,相关的临时客户自动会替换为正式客户;④客户费用协议维护:维护和客户的费用合同,在费用维护界面系统根据工作单业务特征自动生产相关的费用记录。

### 2. 报关工作单录入模块

报关工作单录入模块主要菜单有:①工作单列表主要是工作单维护的入口,并且提供了很强的查询能力。通过不同的颜色直观的体现工作的状态和相关的文件状态;在工作单列表可以直接切换到工作单维护,费用维护,费用审核界面;②据客户委托可以独立创建不同业务类型的工作单,也可以接受来自 FREIGHT. NET R2 其他模块的任务单;③系统支持的业务类型:海陆空进出口报关报检,产地证,纺织品配额,企业备案;④根据用户自定义的流程进行跟踪管理;⑤对公司内部和外部流转的各种文件的自动跟踪,保证文件管理的清晰化;⑥如果报关工作单是从公共订单流转下来的系统可以根据和 FREIGHT. NET R2 其他模块自动进行数据交换和状态上传。

### 3. 费用维护模块

费用维护模块主要菜单有:①维护业务过程产生的相关费用包括应收和应付的费用;②可以从客户合约自动产生相关的费用记录;③可以在本界面上自己进行付款申请操作;④费用的输入和查看通过费用类型权限控制,有相关费用类型权限的人员可以看到相关的费用记录;⑤用维护界面可以直观地看到单票利润(不同币种换算到 RMB 进行核算)。

### 4. 费用审核模块

费用审核模块主要菜单有:①费用审核用来对输入的费用进行确认,费用审核有两种方式,一种是根据单票业务进行费用审核,另一种是通过对账单进行批量审核;②审核后的费用不容许进行修改,如果确实需要对费用进行调整可以对费用进行反审核后进行费用调整,费用的反审核必须符合结算中心对费用反审核的要求;③审核后的费用将在结算中心自动产生对应的账单记录,账单的实际收付有结算中心完成。

5. 对账单模块

对账单是用来和客户进行费用确认的工作,经过客户确认的费用可以进入结算中心进行实际的收付。模块主要菜单有:①以按客户要求格式打印对账单和导出 EXCEL;②以对费用进行批量审核。

## 五、集装箱场站管理系统

场站物流管理软件包括集装箱场站管理子系统(CFS)、自有仓储管理子系统(WMS)、自有集装箱车队管理子系统(TMS)、财务管理子系统(AR/AP & GL)、综合统计报表子系统(OLAP)、电子商务平台(E – Commerce)和系统管理模块。

通过在各个业务子系统的紧密合作进行各种物流服务资源整合,实现整个业务流程中信息管理的智能化、流程化和可视化,及时准确地反映集装箱及其货物在陆地区域的各类信息,如集装箱进出场动态、场内修箱动态、集装箱移位信息、集装箱在途动态、货物仓储动态等物流情况,自动结算各类费用,统计各类业务报表,协助用户提供集货物与集装箱仓储、运输、堆存为一体的综合物流服务。也可应用于提供单一服务形式的集装箱场站、仓储公司和集装箱车队,用于管理目标用户企业在市场、操作、客户服务、财务管理和决策支持等方面的整体业务运营。

1. 系统主要功能模块

(1)基础数据管理子系统(CD)。对产品数据、客户基础资料、业务员信息、仓库资料、片区、运输车辆及驾驶员、机械设备、费率的维护、条形码管理。基础数据由仓库专人统一维护,保证基础数据的统一性。

(2)集装箱场站管理子系统(CFS)。集装箱场站管理子系统功能模块菜单有:①空箱/重箱进场;②空箱/重箱进场确认;③空箱/重箱出场;④空箱/重箱出场确认;⑤单箱资料维护;⑥单箱资料查询(堆存期显示);⑦提单号管理与查询;⑧修箱管理;⑨箱管动态维护;⑩各类箱管费用报表统计(堆存费、修箱费等);⑪集装箱进出场日报、堆存日报;⑫EDI 数据接口。

(3)自有仓储管理子系统(WMS)。自有仓储管理子系统功能模块菜单有:①条形码查询:条形码号码输入查询;②进仓管理:预入仓计划录入和查询、收货确认、货物验收、货物入库;③出库管理:预出库计划录入和查询、货物核查、货物出库、装货确认;④库存调整:对库存货物的移动/异动进行校正和说明;⑤拆装箱管理:对在仓库中进行的加工活动进行管理,主要包括包装管理、组装管理、拆装管理;⑥库存查询:可以按不同的方式进行查存;⑦储备分析:包括库龄分析、安全库存预警、货物保质期预警等功能;⑧库存检索:根据不同检索条件,显示出库存情况;⑨库存日报表;⑩库位维护;⑪库存资料维护;⑫进仓日报表/出仓日报表;⑬装/拆箱报表打印;⑭各类费用报表统计、结算(卸车费、电子预录费、库存费等)。

(4)自有集装箱车队管理子系统(TMS)。自有集装箱车队管理子系统功能模块菜单有:①对车辆状态的监控,也为成本分析提供数据;②车辆基本数据维护;③计划安排(运输预配管理);④车辆调度(派车管理);⑤各类费用录入(含司机费用、过路过桥费、油费等);⑥业务报表与客户对账单;⑦各类费用统计、查询及其管理(过路过桥费、油费等)。

(5)财务管理子系统(AR/AP & GL)。财务管理子系统功能模块菜单有:①费用审核;

②收付款申请/付款批复；③付款/收付款匹配；④收付款冲账/发票单据打印/发票管理；⑤收付款管理/预收款跟踪/预付款跟踪；⑥账单管理/应收统计/应付统计；⑦应收账额分析/应付账额分析/应收余额表/应付余额表/收付款冲账管理。

(6)综合统计报表子系统(OLAP)。综合统计报表子系统功能模块菜单有：①进出堆存综合报：集装箱进出场堆存综合报表(用于综合统计某段时间内进出场情况)；②进场动态日报表：统计一段时间内的集装箱进场动态报表；出场动态日报表：统计一段时间内的集装箱出场动态报表；③箱管历史动态报：统计一段时间内的场站箱管历史动态；④集装箱堆场盘存表：统计某一时间点堆场箱量盘存，可回溯历史某一时间点的堆场集装箱堆存量；⑤堆存费用报表：用于统计某段时间内的箱管堆存费用；⑥箱管费用报表：用于统计某段时间内的堆场内发生的上下车费用等；⑦堆存、上下车费用统计报表：综合统计堆存、上下车费用。

(7)电子商务平台(E－Business)。电子商务是指通过电信网络进行的生产、营销和流通活动，它不仅仅指基于互联网上的交易，而且指所有利用电子信息技术来解决问题、降低成本、增加价值和创造商机的电子化的商业活动。电子商务平台整合多方相关业务数据，实现准确及时的业务信息发布、支持实时动态的网上交易，结合现代的通讯手段提供快捷的短信服务。该平台的建设最大限度地提升口岸的客户服务水平，增强与延伸了其核心业务系统的服务范围。

(8)系统管理模块。该功能模块主要是对公司组织、用户、授权组织的管理和对权限、代码的维护及系统配置、报表导入导出的管理。

2. 系统软件界面

集装箱场站管理系统软件主要界面如图 11-9、图 11-10 所示。

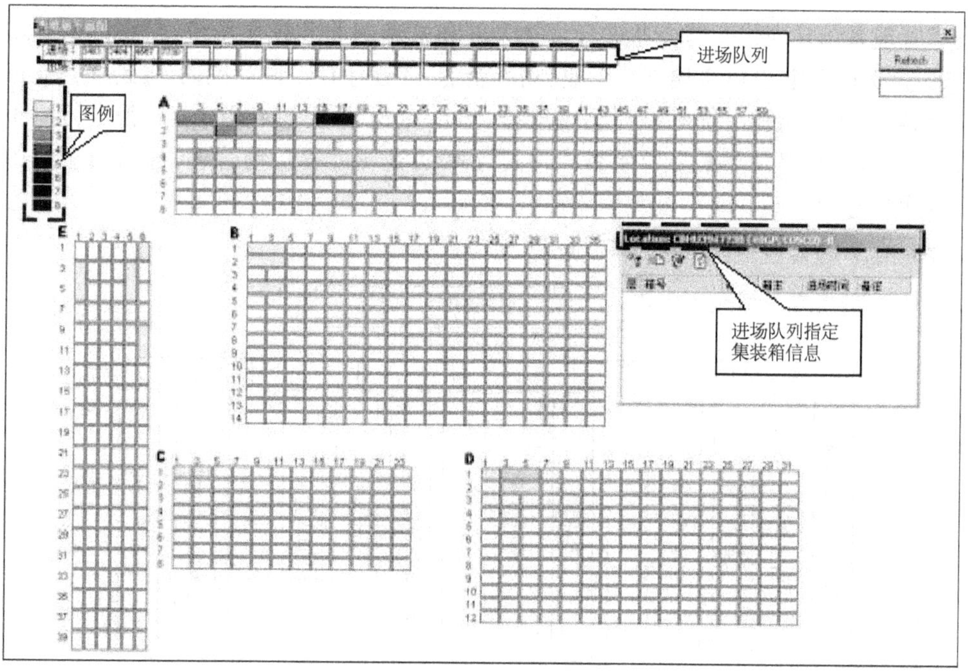


图 11-9　集装箱场站等待进场队列界面图

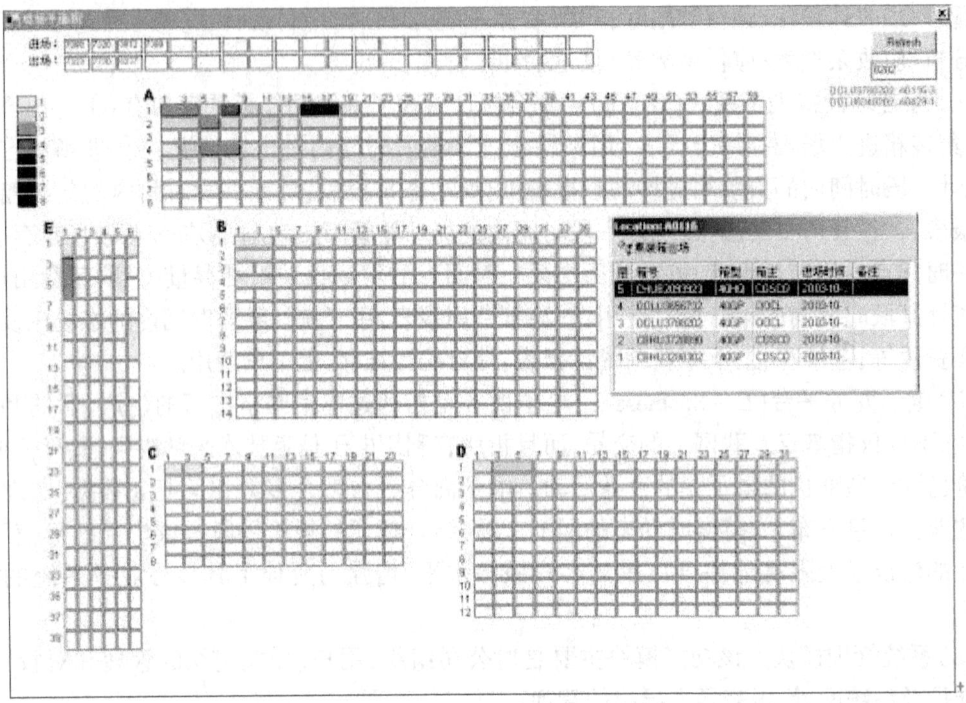

图 11-10　集装箱场站中控管理界面图

## 六、仓储管理系统

仓库管理系统是现代仓储企业进行货物管理和处理的业务操作系统,它可以实现本地一个仓库的精细化管理,也可实现制造企业、物流企业、连锁业在全国范围内、异地多点仓库的管理;它可以对货物存储和出货等进行动态安排,可以对仓储作业流程的全过程进行电子化操作;可以与客服中心建立数据接口使客户通过互联网实现远程货物管理,可以与企业的 ERP 系统实现无缝连接。

仓库管理系统主要功能模块如图 11-11 所示。

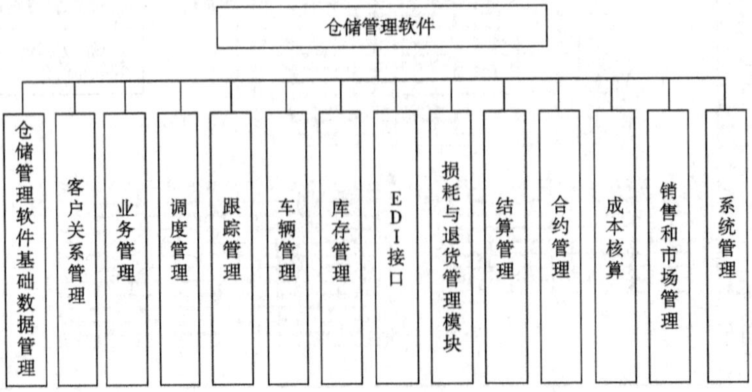


图 11-11　仓储管理系统主要功能模块框架图

1. 基础数据管理模块

对产品数据、客户基础资料、业务员信息、仓库资料、片区、运输车辆及驾驶员、费率维护、条形码、SKU 编码的管理。基础数据由调度中心统一维护，保证基础数据的统一性。

2. 客户关系管理模块

对客户的基础资料、业务记录、财务记录及业务趋势分析等，模块主要菜单有：①客户基础资料维护：记录客户与业务相关的基本信息，包括名称、编码、别名、联系方式、地址信息等，为在业务过程中发生的特殊情况做准备，为业务信息归类管理提供相应的分析资料；②客户业务记录与分析：目的是从客户的业务数据判断该客户是否是本公司重要客户；③客户财务记录与分析：目的是从客户的财务数据判断该客户是否是本公司重要客户；④业务趋势分析：为该客户是否有发展潜力，是否有必要保持长久合作关系。

3. 业务管理模块

作为业务数据的基本来源，为后续的业务分析、财务分析等多方面信息评估提供依据，模块主要菜单有：①连接业务操作层的各个系统，接受客户托运订单，配送中心的分拨；②订单的处理：入库、出库、配送；③仓储委托管理：客户下达的委托指令，配送中心为其储存货物的单据。所储存货物的出库将由客户下达新的运输委托单来执行；④运输委托管理：客户下达的委托指令，配送中心为其运输货物的单据；⑤配送中心的货物的分拨：配送货物在各个地方的库存调度；⑥运输回单：对运输回单进行管理。

4. 调度管理模块

能够很好地做到配送承运资源与配送货物资源的协调运作提供方便，以达到降低运输成本，减少运输环节、节省运输时间，模块主要菜单有：①运输计划安排：根据客户的运输委托，为每一票待运输货物安排具体的运输时间、运输车辆、运输司机、运输路线等操作。系统将提供以车配货和以货配车两种配载方法；②计划安排：有些货物，可能是客户到配送中心来自提，因此业务部门要为自提的请求安排具体的计划。在做完提货安排后，系统将自动产生提货单；③线路优化：制定出高效率、低成本的线路，设置本地及途经本地可利用车辆及容积提醒。

5. 跟踪管理模块

对配送承运资源以及配送货物资源进行相应的跟踪，并记录跟踪结果，模块主要菜单有：①业务单跟踪：业务单跟踪就是对客户的委托做动态的跟踪，该功能可以开发给用户，通过 Internet 进行查询。并为货物的在途跟踪提供接口；②车辆跟踪：有手动和自动跟踪两种方式，自动跟踪可以利用厦门信息港的 GPS 车辆定位系统，为车辆进行 GPS 跟踪提供接口；③采用 GPS 与计算机系统下结合方式实时跟踪及时反馈配送信息、车辆状态、车辆配载情况。

6. 车辆管理模块

对车辆状态的监控，为成本分析提供数据，模块主要菜单有：①车辆基本数据维护；②车辆状态维护：车辆位置查询；加油量维护；过桥过路费维护；维修情况及费用。

7. 库存管理模块

为客户提供库存信息查询，为客户出仓提供数据依据，模块主要菜单有：①条形码查询：条形码号码输入查询；②进仓管理：预入仓计划录入和查询；收货确认；货物验收；货物入库；最高库存预警；③出库管理：预出库计划录入和查询；货物核查；货物出库；装货确认；最低库存预警；④库存调整：对库存货物的移动/异动，进行校正和说明；⑤加工管理：该功能子模块主要对在配送中心中进行的加工活动进行管理。主要包括包装管理、组装管理、拆装管理;⑥ 库存查询:可以按不同的方式进行查存;⑦库存结存管理:主要包括日结和月结操作;⑧库存账簿管理:包括库存结存管理、出入库流水统计、库存总台账、库存明细台账;⑨储备分析:包括库龄分析、安全库存预警、货物保质期预警等功能;⑩库存图示:根椐不同检索条件,显示出库存情况。

8. EDI 接口模块

根据记录业务信息生成相对标准的电子文档进行相互交流,减少重复录入工作量,模块主要菜单有:①各种类型 EDI 文件的接收和发送;②EDI 文件的管理;③EDI 平面文件与 XML 格式文件之间的相互转换;④各类代码的转换;⑤不同 EDI 格式的转换。

9. 损耗与退货管理模块

管理在配送过程中对于配送货物损耗,解决客户退货问题,模块主要菜单有:①残损货物登记:保留货物损耗信息以备查询以及解决相应的费用问题;②退货管理:根据客户需求管理货物的信息。

10. 结算管理模块

根据业务数据以及一定的费用计算规则得出相应的费用信息,在对费用信息做相应操作,模块主要菜单有:①费用审核:目的为了控制不相干的人员不能随意修改费用;②收款/付款申请/付款批复:控制收/付款权限;③付款/收付款匹配:销账过程;④收付款冲账/发票单据打印/发票管理;⑤收付款管理/预收款跟踪/预付款跟踪;⑥账单管理/应收统计/应付统计:应收付费用的综合统计,以及合并管理;⑦应收账额分析/应付账额分析/应收余额表/应付余额表/收付款冲账管理。

11. 合约管理模块

企业与客户之间要有某项业务发生,必须签订合同或提供相应的书面协议文件等,这里就是为了达到合约信息电子化,统一管理的目的。模块主要菜单有:①合约的增加、修改、删除、查询:管理合约的基本信息;②合约运价表(包括附加费用)的增删改维护:管理合约内容的辅助信息;③合约的版本更新维护:为执行新的业务操作以及费用结算提供依据;④合约终止:如果合约终止则业务不能继续进行;⑤合约的执行情况统计分析:判断该合约签订是否有意义,是否能继续跟踪,以及自身不足之处。

12. 成本核算模块

成本核算模块对各种服务路线、服务方式的单个业务单成本和整个路线的运输成本进行计算、统计、分析,为运输单位制定服务价格、评估运营绩效、分析市场环境等重要的管理决策提供成本方面的量化参考数据。成本分析模块主要包括以下功能:①维护各种成本表:记录成本相应信息;②成本结构分析(按照各部分所占比例):发现经营过程中的成本问题;③计算统计路线单次行车费用,做费用记录。

13. 销售和市场管理模块

对销售和市场的信息的收录、分析,以及销售任务的分配和指派,模块主要菜单有:①销售时机信息的收集和录入模块;②销售时机分析模块;③销售时机的分配和任务的指派模块;④销售任务计划模块;⑤销售任务的跟踪和监管模块;⑥销售任务的跟踪和监管模块;⑦客户的联系方式和相关事件的记录模块;⑧竞争对手的信息的收集和录入模块;⑨有关客户上级信息的收集和录入模块;⑩行销活动管理模块;⑪运输市场分析模块。

14. 系统管理模块

对公司组织、用户、授权组织的管理和对权限、代码的维护及系统配置、报表导入导出的管理,模块主要菜单有:①业级设置:将公司主要组织架构在系统中的真实反映;②支机构级设置:将公司的明细组织架构在系统中反映;③用户级管理:管理公司用户;④权限管理:管理该某个用户在某个组织机构下的浏览以及操作权限。

## 七、拖车管理系统

拖车管理系统是面向专业集装箱公路运输公司日常业务操作和管理的应用系统,可满足集装箱运输企业业务跟踪、调度、车辆管理、财务结算等业务的要求。

1. 拖车管理系统业务流程

拖车管理可实现系统对包括运输资源(运输工具、运输方式、人员等)和运输任务(计划、运输中、完成)的信息管理以及对货物运输的动态跟踪管理。

业务流程如图 11-12、图 11-13 所示。

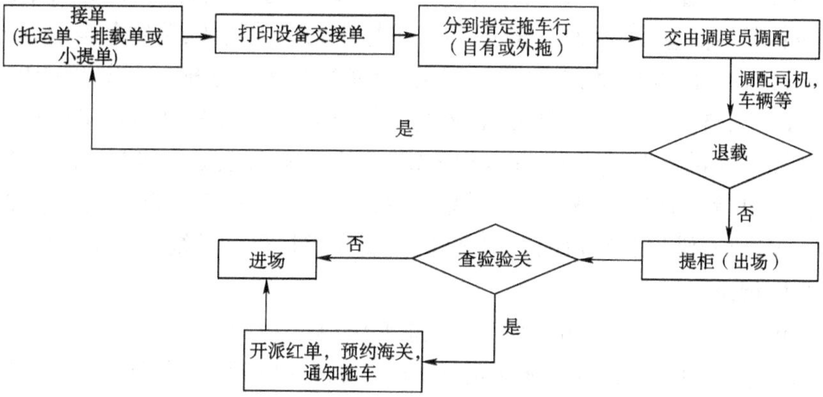


图 11-12 拖车管理系统业务流程图

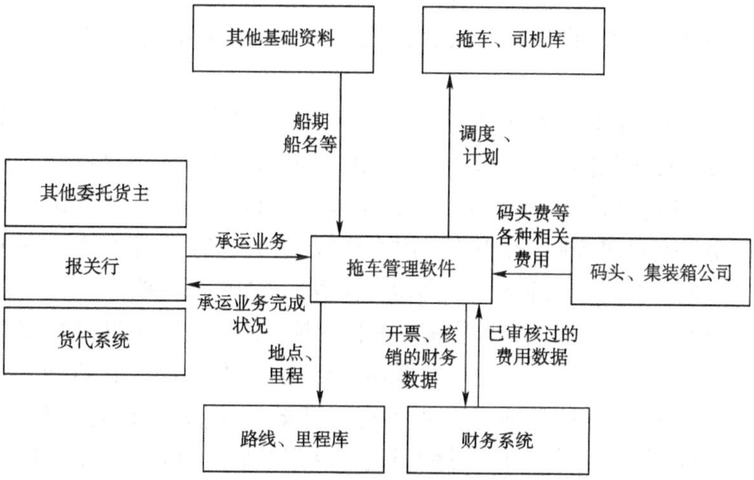


图 11-13 拖车管理系统界限图

2. 系统主要功能模块

拖车管理系统主要功能模块如图 11-14 所示。

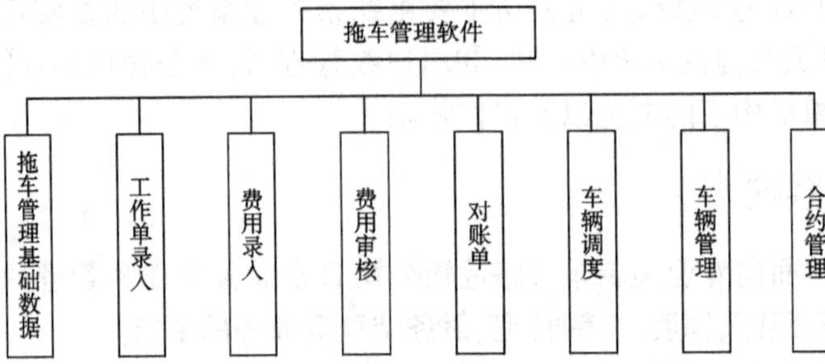


图 11-14　仓库管理系统主要功能模块框架图

(1)拖车管理基础数据模块。拖车管理基础数据模块主要菜单有:①部门配置:设置工作单自动锁定的时间范围和费用的自动锁定时间,工作单和调度单默认的显示时间范围,费用计算方法,包干费计算设置;②地区定义:按树形结构对地区进行设置;③收费点定义:维护高速公路及大桥等收费站信息;④行驶路线定义:维护拖车的行驶路线,路线包含起始地点、目的地点、行驶里程及预计用时等信息;⑤箱状态定义:定义集装箱在运输过程有可能出现的一系列状态;⑥费用收付人自动生成策略定义:制定费用收付人与相关费用的对应规则,录入费用时根据规则自动加入收付款人;⑦客户和合作方维护:系统平台上集中维护,集装箱运输模块可以维护临时客户申请,临时客户转为正式客户后,相关的临时客户自动会替换为正式客户;⑧客户费用协议维护:维护和客户的费用合同,在费用维护界面系统根据工作单业务特征自动生产相关的费用记录。

(2)工作单录入模块。工作单列表主要是工作单维护的入口,并且提供了很强的查询能力;根据客户委托可以独立创建拖车的工作单,也可以接受来自其他模块的任务单。模块主要菜单有:①拖车工作单信息主要包括:货主信息、运输信息、货柜信息、散货信息;②根据用户自定义的流程进行过程跟踪管理;③对集装箱的调度(单个箱子为调度单位),在集装箱界面选择相应的集装箱可以直接进入调度界面,进行调度操作;④如果拖车工作单是从公共订单流转下来的系统可以根据和 FREIGHT. NET R2 其他模块自动进行数据交换和状态上传。

(3)费用录入模块。拖车的费用维护以集装箱为单位进行维护,模块主要菜单有:①维护业务过程产生的相关费用包括应收和应付的费用;②可以从客户合约自动产生相关的费用记录;③支持对包干价的自动计算功能;④可以在本界面上自己进行付款申请操作;⑤费用的输入和查看通过费用类型权限控制,有相关费用类型权限的人员可以看到相关的费用记录;⑥费用维护界面可以直观的看到单票利润(不同币种换算到 RMB 进行核算)。

(4)费用审核模块。审核费用,费用只有审核入账,财务人员才可进行收款及付款操作,模块主要菜单有:①费用审核用来对输入的费用进行确认,费用审核有两种方式,一种是根据单票业务进行费用审核,另一种是通过对账单进行批量审核;②审核后的费用不容许进行修改,如果确实需要对费用进行调整可以对费用进行反审核后进行费用调整,费用的反审核必须符合结算中心对费用反审核的要求;③审核后的费用将在结算中心自动产生对应的账单记录,账单的实际收付有结算中心完成。

(5)对账单模块。用来和客户进行费用确认的工作，经过客户确认的费用可以进入结算中心进行实际的收付，模块主要菜单有：①以按客户要求格式打印对账单和导出 EXCE；②以对费用进行批量审核。

(6)车辆调度模块。拖车管理中的核心功能，调度人员根据客户订单和当前资源使用情况，安排司机、拖头、车架执行相应的任务，确保公司资源可以合理分配，业务有效运转。模块主要菜单有：①直观的资源使用情况，方便调度人员进行资源分配和计划；②支持最优化的路程安排，根据调度的数据维护详细程度可以准确地对拖运成本进行核算；③支持合架、转关等特殊业务处理。

(7)车辆管理模块。车辆管理模块主要菜单有：①司机资料维护：维护司机的基本资料信息；②拖头资料维护：维护拖头的基本资料信息；③拖架资料维护：维护拖架的基本资料信息；④运力资源管理：对司机、拖头、拖架等运输资源地点、状况、可用情况进行跟踪和管理；⑤拖车维修管理：维护拖车的维修保养情况及相关费用；⑥司机抽成标准：司机抽成是拖车公司的重要成本之一，系统根据抽成标准计算司机的抽成工资；⑦油耗里程登记表：登记车辆的月油耗及月行驶历程，作为统计运输成本的依据；⑧司机工资表：计算司机的工资，形成工资表，工资表包涵司机营业抽成及个项补贴。

(8)合约管理模块。维护管理客户协议及吊协箱费协议，模块主要菜单有：①客户协议：维护客户的销售合约价格，包括运输费用、路桥费、其他费用；②吊协箱费协议：维护码头和堆场吊箱费用协议。

## 八、内贸集装箱运输管理系统

内贸集装箱运输管理系统包括业务处理(报价、订舱、单证)、业务管理、收付款处理、收付款报表、基础数据维护与管理、EDI 接口等功能模块，如图 11-15 所示。

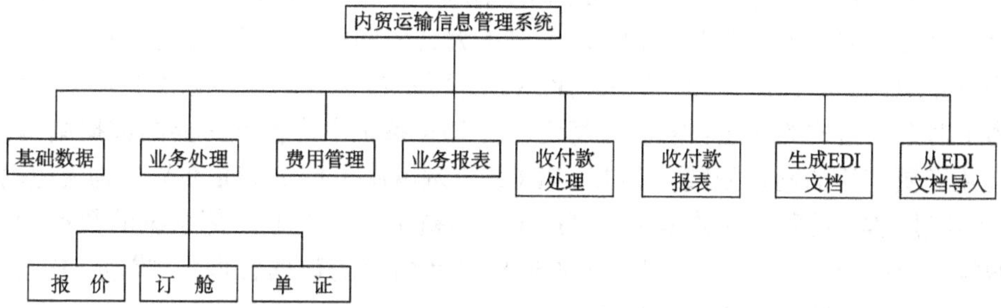


图 11-15　内贸集装箱运输管理系统功能模块框架图

系统具体包含有报价管理、拖车信息、拼箱货物运费分配、客户服务、业务调度管理、内部通知与无纸化业务交接、装船清单、卸货清单、业务员销售管理、业务员利润分析、分支机构箱量利润分析等强大的报表输出功能。根据内贸集装箱运输的特点，该软件还提供了以下功能：

(1)EDI 文件的导出：根据船名和航次生成 EDI 文件，记录了该船在该航次中所包含托运单的所有信息，同时还包括了装箱信息和货物信息，该模块用以导出 EDI 文件。

(2)EDI 文件的导入：主要就是实现从 EDI 文件导入并新增托运单。

## 九、EDI 的应用与电子订舱系统

在货物采用集装箱水路运输方式中,订舱是指货主缮制托运单,直接或通过货运代理人以各种媒介传递给船公司或船代公司请求订舱;船公司或船代公司接到请求订舱后,根据舱位的动态情况确认接受订舱及提单号或拒绝订舱请求,将信息返回给相应的货主或货代的业务过程。

传统的操作方式主要靠人工传递纸面介质的托运单证,修改信息,人工审单校验信息,人工统计舱位预订动态,批准或回绝订舱申请。基于国际集装箱运输方式本身具备的规范性与标准化,随着数据交换技术和互联网技术的发展,从货主、货代到船代和船公司之间的业务流转由原先大量的人工重复性劳动,逐渐被高效的电子数据交换技术所取代,电子订舱成为现代信息技术在航运业最成功的应用之一。全球各大集装箱班轮公司早在 20 世纪 90 年代就纷纷向其付货人提供电子订舱服务,中远美洲公司也于 2001 年开通具有强大的后台数据和信息处理支持的重要客户电子订舱系统。

电子订舱在中国境内的应用,目前集中在国际货代与公共船代或班轮公司自营船代之间,呈现出由个别试点向全面推广、主要口岸向其他开放口岸延伸的趋势。货代业务系统与船代业务之间的订舱信息交换,主要通过电子数据交换(EDI)技术来实现。货代业务系统则应支持货主通过 EDI、WEB 方式、EXCEL FORM 离线操作方式提交订舱请求和获取订舱反馈信息,以满足不同层次客户的服务要求。

电子数据交换(EDI)是指通用现代通讯网络,将商业单证或行政事务中的格式化文件按照一个公认的标准形成报文,实现在计算机之间传输数据的自动处理技术,是国际贸易、国际结算与国际通关的最佳通道与必然趋势。

传统的 EDI 是通过使用 SMTP 和 FTP 来进行数据格式转换,其系统部署和实施起来较为复杂,成本也较高,不同区域、不同行业之间的巨大差异性使其 EDI 系统很难兼容。随着网络通信技术的发展及其应用的普及,给 EDI 的应用从环境、技术和市场上创造了良好的外部条件:一方面,以互联网为手段实现将 EDI 从专网扩大到公网的跨网传递,迅速降低的运营成本促使中小企业用户群的快速壮大;另一方面,XML(可扩展标识语言)技术作为一种强大的工具在丰富了对数据格式的描述功能同时简化传统 EDI 系统中许多不必要的数据结构,大大推动 EDI 应用于更广泛的商业领域。XML - EDI 的出现解决了传统 EDI 在航运物流应用领域的问题,因为经过 XML 编码后的数据不仅可用于业务链上各个企业内部系统的数据管理,而且可用于数据的交换处理,还可以应用到 EDI 处理以及内部的数据管理中,推动 EDI 更广泛地应用于商业间和行政部门间的数据交换。

电子订舱系统数据流程如图 11-16 所示。在电子订舱系统中,货代业务系统对货主端的作业方式由 EDI Server 接受 EDI 报文,并转换为 Flat File 或 XML 文件,然后 Gate Way 模块可以读入 Flat File,并转换为 XML 格式的数据,提交给业务系统进行处理。根据不同对象分别为:对大型重要货主,通过 EDI 服务器接收货主 EDP 系统导出的订舱 EDI 报文,并转换为 Flat File 或 XML 文件,然后由网关模块(Gate Way)读入并转换为 XML 格式的数据,提交给业务系统进行处理;对小型客户可支持通过 WEB 方式提交订舱信息,经校验后导入业务系统;对特殊要求的客户提供以 EXCEL + VBA 技术实现的 EXCEL FORM 离线操作方式。货代业务系统对上述不同层面的客户可统一采用电子商务网站的方式发布订舱反馈动态信息。

货代业务系统对船代端的订舱报文作业方式则由业务系统组织数据,并封装为 XML 数据,放入 Gate Way 模块维护的 EDI 队列中,再由 Gate Way 模块对进入 EDI 队列的 XML 数据进行数据校验、代码转换,然后进行格式转换,输出 Flat File 文件给 EDI 服务器,EDI 服务器可以读取 Flat File 并转换为 EDI 报文格式,通过各种网络连接方式传送给船代系统。对船代端 EDI 报文的接收和处理流程则为发送的相反过程。

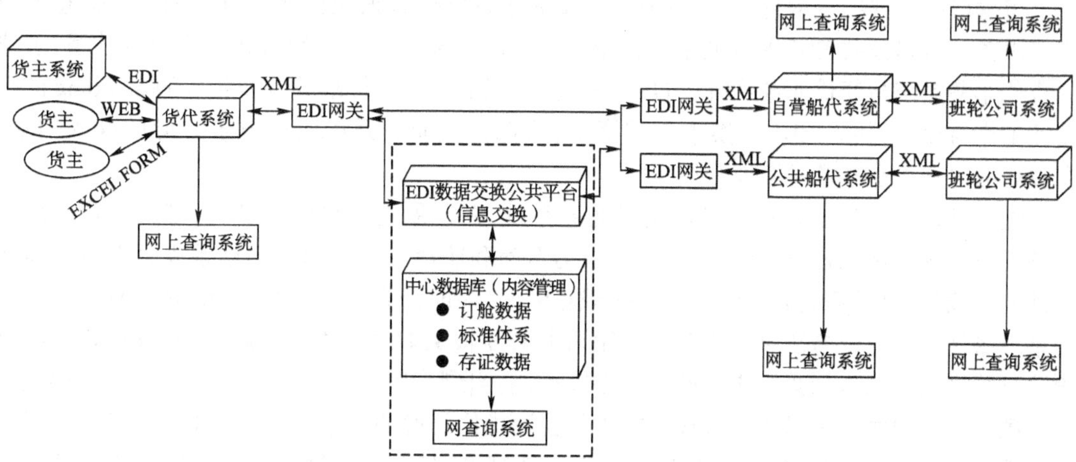


图 11-16 中国口岸电子订舱系统数据流程图

同样,船代业务系统对货代端、班轮公司端,班轮业务系统对船代端的电子订舱 EDI 报文在技术处理层面的作业方式也与上述过程相似,只是在业务逻辑方面有所不同。

电子订舱系统中的 EDI 代码标准体系在中国主要采用 UN/EDIFACT 及 ISO 的有关标准,常用的报文类型有正式订舱报文(IFTMBF)、订舱确认报文(IFTMBC)和回执报文(CONTRL)。对于订舱业务所必须,而国际标准无定义的代码,则依次按国标、交通部颁、中远 V3.1 和当地代码的先后次序制定。就单个口岸而言,货主系统、货代系统和船代系统在实施电子订舱时,需要解决各自原有业务系统中的代码体系进行改造,以便生成和解析 EDI 报文。通常采用的两种方式为:一是根据当地口岸统一的 EDI 数据元代码表,直接改造或者新建相应的代码表,作为业务系统的基础数据代码。这种方式对新建的业务系统是一种比较完全的解决办法,但是对原业务系统的修改工作量可能较大;二是根据口岸统一的 EDI 代码标准和原来业务系统中的代码体系,建立相应的代码对照表,以便在报文生成或解析时能够正确地进行格式转换。这种方法可以不调整原系统的代码体系,适合于仅在单个口岸范围内操作的货代。

对于跨区域乃至跨国运作的货代系统,支持中国各口岸不同的 EDI 代码标准体系下电子订舱的技术实现将是一个让业者不得不考虑的问题。另一方面,作为公共船代的业务系统,在实施电子订舱时对外必须支持基于不同 EDI 代码标准体系的各班轮业务系统的报文流转,对内则必须考虑业务系统各模块之间的数据格式转换与处理。目前,这一领域最先进的解决方案是运用了当前最流行的 XML 技术,使业务系统各模块所需的耦合度比较低,数据处理灵活,适用于大数据的处理;同时,数据发送的方式比较灵活,外部接口改变时不对内部系统产生影响。至于不同 EDI 代码标准体系之间的报文转换,除了靠 EDI 而转换规则描述文件(EDI

Mapping)一一解决以外别无他法。在北美,每个 Mapping 的制作费在 1 000 美元以上。

目前国际业界中使用得较多的 EDI 软件有五种:GENTRAN Server、GEIA、Peregrine Power Enterprise、Server、Mercato 和 XML/EDI Server。新一代的 EDI Server 软件如 Sealink XML/EDI Server 软件能够实现 XML 和 EDI 报文的直接转换,不需要中间格式文件 Flat File,这将大大提高 EDI 报文的收发效率。

近年来,国内一些主要口岸如上海、深圳、青岛和厦门等先后在原港航 EDI 中心的基础投资上组建口岸公共物流信息平台,专业经营交通运输电子数据交换业务以及相关的信息资讯增值服务。口岸公共 EDI 平台的主要作用在于制定并统一本口岸的 EDI 代码标准体系,省略了货代业务系统与船代业务系统各自一一对应约定 EDI 报文标准并制作相应的 Mapping 的重复性工作与投入,共享 EDI 交换中心的资源,降低货代业务系统使用电子订舱的准入门槛。有关详细内容将在本章第四节介绍。

无论是口岸公共 EDI 平台或是船代业务系统,在开展电子订舱业务时,都应制定相应的业务流程规则来规范各方操作。其中,平台运营商和船代应在其门户网站预先公布每一航次的计划受载数、电子订舱载单时间和码头载箱时间,实时公告当前订舱情况、剩余舱位等动态信息。船代系统应严格按照接收实际订舱请求 EDI 报文的时间优先原则处理、确认货代的订舱请求并将结果同步到其门户网站以供在线查询;当剩余舱位为零时,自动停止受载,避免发生超载受理订舱而产生退载与货代为抢占舱位而虚假订舱的非理性互动。电子订舱系统借助技术手段,形成规范订舱与约束退载的可操作性制度,将公平与诚信的原则贯穿于订舱业务中,有助于改善国际集装箱运输管理水平和通关效率,提高中国口岸的国际竞争力。

## 第四节　集装箱口岸公共信息平台

现代集装箱运输物流是建立在电子信息技术平台基础上的产业,集装箱口岸的物流信息平台作为一项重要的基础设施,其运作水平通常被当成是口岸服务先进程度和竞争力的重要标准。

口岸物流信息平台将国际集装箱运输供应链各个环节的动态信息流汇集在一起,提供实时数据服务,其在体系架构上主要由 EDI 平台和电子商务平台两个部分组成,在服务功能上划分为全球集装箱物流公共门户平台和口岸级物流公共门户平台。

电子商务是指通过电信网络进行的生产、营销和流通活动,它不仅仅指基于互联网上的交易,而且指所有利用电子信息技术来解决问题、降低成本、增加价值和创造商机的电子化的商业活动。

XML 的产生和发展,推动和促进了这一开放性好、灵活性高、功能强大、允许用户根据需要定义和解释语义信息的新一代互联网语言普遍用于电子商务领域,对电子商务和基于 XML 的电子商务的形成和发展起着极为重要的作用,也为中小企业参与电子商务带来了新的机遇。

### 一、国内外应用背景

1. 全球性集装箱物流公共门户平台

目前,在全球航运物流行业有三个主要的公共信息平台门户,它们都在致力于使货主、货运代理人、航运公司、无船承运人、第三方物流提供商、进口代理商及其他物流行业门户,通过一个综合处理的流程,提供全球性的船期公告、货物订舱、货物跟踪管理及文件管理服务。

Inttra 成立于 2001 年 1 月,其目标是“通过理顺和规范过去传统上低效的处理过程,提高海洋运输业的效率。”它拥有许多领先的全球性集装箱航运公司和物流提供商的支持,其中包括马士基海陆、地中海航运、铁行渣华、达飞轮船等。

GT Nexus Network 由一家专门提供综合运输管理和供应链执行的电子物流技术公司开发的合作门户网站,由现代商船等 8 家集装箱航运公司于 2000 年 12 月投资组建,声称使用该网络的货运公司占世界集装箱货运量 40%。

Cargo Smart,原来是由设在香港的国际集装箱班轮运输公司 OOCL(东方海外)作为一家独立公司创建的,2000 年底正式成为一家服务于多家运输公司的门户网站。

与此同时,这些公共航运信息平台正在不断发展与其他合适的口岸级物流门户网站的链接。例如,汉堡口岸门户网站的所属的德国端口 Dakosy(Daten Kommunikations System)于 2003 年选择了 Inttra 为其运输网络会员提供预订管理服务。

2. 口岸级集装箱物流公共门户平台

(1)上海口岸集装箱物流公共门户平台。2001 年 7 月 28 日,在上海市整合原上海市 EDI 中心、上海港航 EDI 中心和上海经贸网络科技有限公司等企业的业务、市场和数据资源而建立了上海亿通国际股份有限公司,公司成立后其配套门户网站亿通网(www.easipass.com)正式开通。

上海亿通的主营业务:口岸物流信息系统开发、管理,港航、空港电子数据交换业务,海关申报和进出口业务流程的电子化;国际经贸领域电子商务(B2B);外贸进出口和物流企业专业化的软件产品开发和系统集成;基于 Web 技术的 ERP、CRM 软件开发和服务(ASP)等。这种将关港贸三个平台合而为一个平台的模式在全国尚属首例。

亿通目前的电子数据交换业务仍采用免费安装专门用于 EDI 用户与 EDI 中心进行报文交换的客户端软件,其主要功能是将港航运输的主要单证生成报文形式,按照报文格式标准对报文进行校验,并通过一定的通讯协议与 EDI 中心进行报文交换。其报文流转方式为:用户 A→平台文件→EDIFACT→港航 EDI 中心→EDIFACT→平台文件→用户 B。尚未采用 Internet 和 EDI 结合的较先进的应用技术。

此外,亿通网的物流电子商务平台系采用原航运商务网(www.21shipping.com),整合后作为亿通网口岸物流信息系统的组成部分。

(2)深圳口岸集装箱物流公共门户平台。深圳在原港航 EDI 中心的基础上组建了深圳鹏海运集装箱运输电子数据交换有限公司,专业经营交通运输电子数据交换(EDI)业务及相关计算机网络集成,提供交通运输信息资讯增值服务。

深圳港航 EDI 平台经过升级改造,作为市政府确立的深圳市物流信息网络平台,已投入鹏海运的主营业务:提供包括 EDI 数据交换,EDI 报文的翻译和转换服务;提供集装箱运输交易撮合、物流信息统计查询等多项增值服务;提供包括用户端软件和应用系统的开发与集成等技术服务;承担物流系统的研究及相关 EDI 信息项目的开发工作。

深圳市物流信息平台的建设目标是:实现与海上集装箱运输、陆路运输、航空运输、商贸、进出口等广大企业以及海关、海事、国检、金融、工商、税务、保险部门等行政管理和执法部门的互联,实现与上海、青岛等港口城市的互联,为企业提供“一站式”的物流信息系列服务,实现物流控制电子化,以加快企业信息传递速度,促进企业内部管理合理化,降低商业成本,增强企业竞争力,提高政府执法监管的效率。

与上海亿通类似,目前鹏海运的电子数据交换业务同样采用安装专门的运行在 WIN95/WIN98 PC 机上客户端(终端)软件。

(3)厦门口岸集装箱物流公共门户平台。2001 年 7 月,《厦门市现代物流产业发展规划前期调研报告》首次提出建设厦门公共物流信息服务平台的构想。

2003 年初,厦门组建电子商务中心股份有限公司承运“厦门物流信息平台”,目前正在该信息平台上建设“运输作业数据交换联动系统”、“通关数据支持系统”和“物流公共信息服务系统”三大应用系统,实现公共信息发布与查询、交易服务、用户信息服务等功能,以提高厦门口岸的通关效率和物流效能。

电子商务中心在前期筹建过程中已经完成了“厦门海港电子订舱系统一期工程”和“厦门空运无纸化通关物流监控系统”等,2004 年将通过海港电子订舱二期工程,完成与码头、堆场、理货的联网,实现《预配舱单》、《重箱进场信息》、《装箱单》、《码头作业计划》的电子化传送,实现海运出口业务的作业链全程电子化及联动作业。

(4)香港口岸集装箱物流公共门户平台。香港航运与港口发展局于 2002 年初,提出“数码贸易运输网络系统”(Digital Trade and Transportation Network System,简称 DTTN)的建设计划,香港行政特区政府也将“数码贸易运输网络系统”计划列为重点项目之一。

DTTN 平台系统将是一个全新概念的物流平台,作为集政府部门、买家、货运码头、航空公司、快递公司、船公司、货运代理、出口商、银行和保险公司等环节业者于一身的系统网络,主要目的是促进出口贸易的流畅性,以建立一个全面的运输物流平台,并促进香港与珠江三角洲之物流联系。特区政府建设该平台的预算为 30 亿港元,需时 12 ~ 15 个月,并预计平台可营运 17 年,将为香港物流业界带来 118 亿元的利益。

DTTN 平台系统的架构如图 11-17 所示,可分为三个层面。第一和第二层是该系统的核心部分,为该系统奠下基础,并为第三层(增值服务)的持续发展提供有利条件。

图 11-17 “数码贸易运输网络系统”的三层模式

业界人士可借助适当渠道(浏览器、网关和电子邮件软件等),以直接或间接的方式接入 DTTN 内,借此拓展商机和开发新服务。DTTN 作为业界的共用基建,可助企业以电子通讯方

式促成双方的贸易及物流交易。DTTN系统功能蓝图可通过以下六种服务,协助用户达致上述目标:

①电子讯息路由服务:传送电子商业讯息,并确保讯息传递无误,以协助业界人士的沟通联系。例如金融机构、付款人和收款人之间可采用路由服务,处理关于付款指示和付款确认的电子讯息,确保有关交易顺利完成。

②资料承传服务:支持公司对内及对外的资料承传工作。参与者可在贸易及物流程序内的适当环节上循环再用有关资料。DTTN亦可提供电子讯息路由服务和讯息规格变换服务,支持公司的对外资料承传工作。

③电子讯息规格变换服务:将通用的讯息规格和字符编码变换为另一标准,以减省各企业安装和维护有关变换程式的花费。此服务有利于讯息规格的变换,例如以电子数据交换(EDI)等方式按某一规格经由传送的讯息,可先变换为另一规格,然后以传真、EDI讯息、电子邮件附件等方式转达收件人。

④资讯保安服务:提供安全的通讯环境,让参与者建立互信。经由DTTN传送的讯息可经过加密和认证,以确保有关讯息符合保密要求并且完整无误,使发件人无法否认曾发出有关讯息。

⑤用于统计和分析的编报服务:支援个别企业和整体的编报要求(例如记载发送时间、收件人名称和讯息状况等稽核资料的传送日志),并设立适当的私隐监控机制。

⑥入门网站与讯息管理服务:提供网上图形用户界面,方便参与者以互动方式撰写、收发和循环再用其商业讯息。

(5)其他口岸集装箱物流公共门户平台。

①新加坡港口EDI网络系统(PORTNET)与国家EDI贸易网系统(TRADENET)为互为独立的两个EDI网络,新加坡海关在TRADENET上进行运作,PORTNET的用户可以通过EDI中心向TRADENET传输信息,但PORTNET用户若需要获得海关的其他服务,则需另行办理加入TRADENET的入网手续。新加坡政府在1989年实施PORTNET时,投资了2.1亿美元。

②澳大利亚Trade gate是在货物运输NCWP洲际理事会建议下于1989年建成,其成员包括:澳大利亚海关、Qantas航空公司(IATA)、澳大利亚港口和海洋协会理事会(AAPMA)、澳大利亚海运集团(ACOS)、澳大利亚海事委员会(ANMA)、澳大利亚空中货物运输联盟(AFAFF)、CBCA、澳大利亚铁路公司RO澳大利亚道路运输联盟ARTF和澳洲贸易委员会AUSTRADE。同时澳大利亚政府在海关服务系统(ACS)、货运跟踪系统等基础上,又投资建立了一个综合性的电子贸易系统Supply line。

## 二、口岸公共物流信息平台系统结构

集装箱口岸公共物流信息平台的系统结构如图11-18所示。

## 三、口岸公共物流信息平台功能结构

1. EDI平台功能结构

1)EDI平台系统工作流程

口岸公共物流信息EDI平台系统工作流程如图11-19所示。

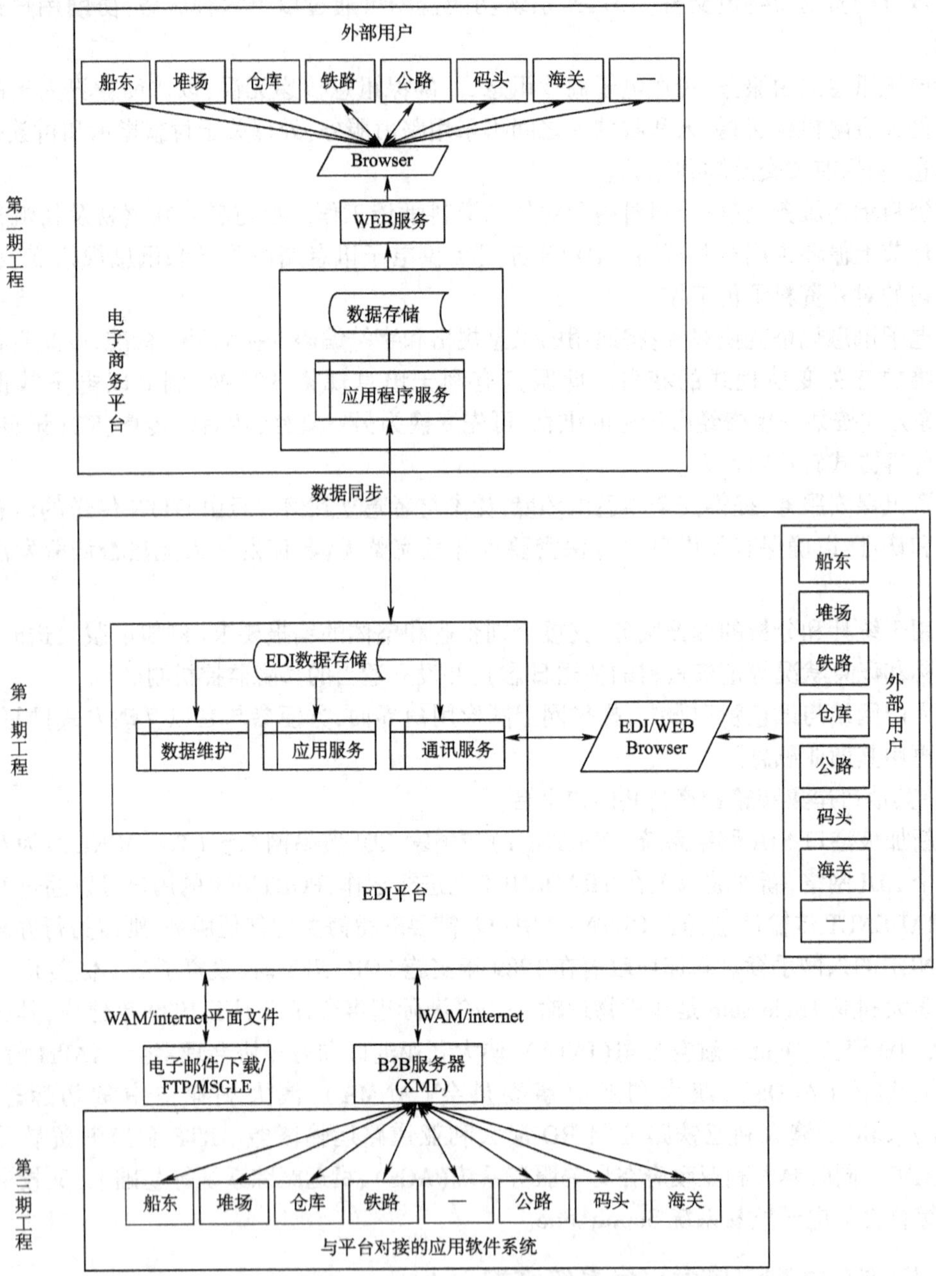


图 11-18　口岸公共物流信息平台系统结构图

2)EDI 平台模块结构

口岸公共物流信息 EDI 平台的功能模块结构如图 11-20 所示。系统主要功能模块有：

(1)用户管理模块：①用户资料管理；②平台功能设置；③用户操作页面连接设置。

(2)EDI 平台基础数据维护模块：①基础代码表：尺码类型、EDI party、EDI message type、EDI report type；②资料设定：EDI 用户报文设置、EDI 用户通讯设置、EDI 用户报文 mapping 设置。

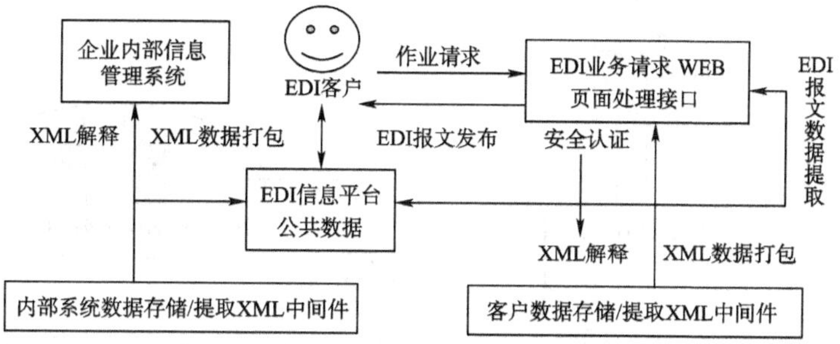


图 11-19 EDI 平台系统工作流程图

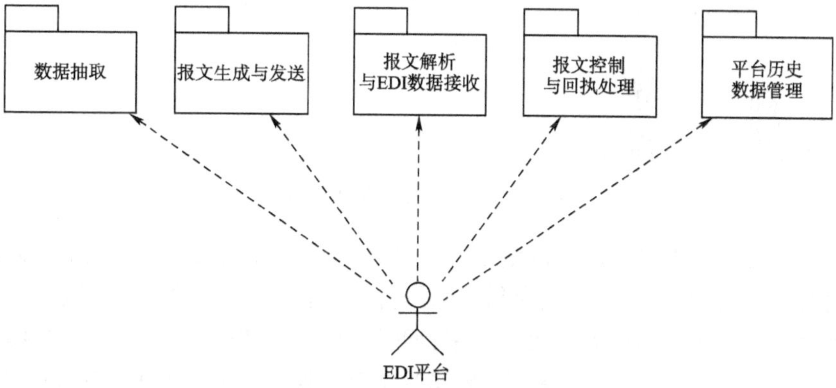


图 11-20 EDI 平台模块结构图

(3)数据抽取模块:①数据抽取教本设计;②数据抽取服务;③业务数据存储。

(4)报文生成模块:①EDI 信息平台公共数据抽取教本设计;②EDI 报文 mapping 设置;③报文生成服务;④报文平面文件转换;⑤报文生成控制逻辑。

(5)报文发送模块:①报文通讯设置;②报文发送服务;③报文发送控制报文生成与发送。

(6)报文接收模块:①报文接收服务;②报文分类。

(7)报文解析模块:①报文结构 XML 定义;②报文解析服务;③报文语法校验,报文语法校验回执报文生成与发送;④报文数据校验,报文数据校验回执报文生成与发送;⑤报文数据提取 mapping 编写;⑥报文数据提取与存储。

(8)报文状态控制模块:①报文依赖关系定义与维护;②报文状态转换控制逻辑(后台)。

(9)用户界面模块:①数据抽取作业请求提交;②报文生成作业请求提交;③报文发送作业请求提交;④数据抽取状态与数据查询;⑤报文发送记录与历史查询;⑥报文抽取日志查看;⑦报文生成日志查看;⑧报文发送日志查看。

(10)历史数据备份模块:①EDI 用户报文作业完成确认;②数据备份服务;③历史数据恢复。

2. 电子商务平台

口岸公共物流信息电子商务平台的网络拓扑如图 11-21 所示。

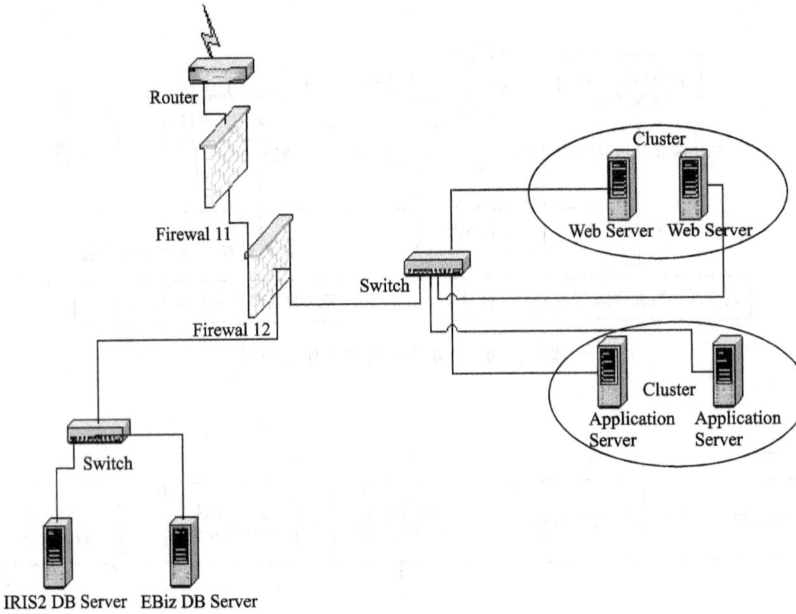


图 11-21　电子商务平台网络拓扑图

口岸公共物流信息平台系统中的电子商务平台整合多方相关业务数据,实现准确及时的业务信息发布、支持实时动态的网上交易,结合现代的通讯手段提供快捷的短信服务。该平台的建设最大限度地提升口岸的客户服务水平,增强与延伸了其核心业务系统的服务范围。

电子商务平台划分为如下功能模块:数据源整合模块、运输工具班次查询模块、货物动态跟踪模块、用户订阅状态通知模块、在线订舱(订单)模块、远程单证打印模块、在线对单(对账)模块、用户管理模块。

(1)运输工具班次查询模块。主要菜单有:①查询两个城市间的船期、车次、航班;②查询某一段路线的船期、车次、航班;③打印查询结果;④维护班次订阅;⑤发送到期班次;⑥取消班次订阅。

(2)货物动态跟踪模块。主要菜单有:①根据 1 – 6 个箱号,跟踪箱子动态;②根据提单号跟踪货物的动态;③根据舱单号跟踪货物的动态;④根据客户参考号跟踪货物的动态;⑤以 E – mail 方式跟踪货物或箱子动态;⑥以短信方式跟踪箱子动态。

(3)用户订阅状态通知模块。主要菜单有:①用户订阅状态通知;②发送状态通知给订阅用户;③用户取消订阅。

(4)在线订舱(订单)模块。主要菜单有:①客户在线提交订舱(订单)信息;②形成订舱(订单)平面文件;③导入订舱(订单)平面文件;④批准/拒绝用户的订舱(订单)信息;⑤通知用户对订舱(订单)的确认信息;⑥维护订舱(订单)草稿信息;⑦维护订舱(订单)模板信息。

(5)远程单证打印模块。主要菜单有:①用户身份确认;②查询提单;③形成电子提单原件;④打印提单原件。

(6)在线对单(对账)模块。

(7)用户管理模块。主要菜单有:①维护公司组信息;②维护公司组权限;③维护公司信息;④维护公司用户信息;⑤维护公司用户个人权限;⑥维护其他基础数据表。

(8)数据源整合模块。该模块的功能类似EDI平台功能,旨在导入相关异构系统的业务数据,主要功能包括:①导入城市间交通工具班次数据;②导入境外铁路运输状态数据;③导入各国海关放行数据。

口岸公共物流信息平台完成对多个异构化应用系统的数据抽取与导入、XML标准的定义与规范、EDI Mapping的开发、海量数据处理、在电子商务平台上的发布与接收全过程的技术实现和在生产环境中的稳定运行。其运作特点为:①公共级行业或口岸信息平台与用户之间多对多的数据实时交互;②实现XML技术生产环境上的应用,可以正常运行于大型物流企业与世界主要口岸海关之间的货物舱单数据交换中;③在电子商务平台上实现在线船期查询、运价查询、文件核对、远程文件打印、电子订舱、货物跟踪、状态通知订阅等功能。

## 思考与练习

一、名词解释

1. 集装箱运输信息系统(MIS)
2. 电子数据交换(EDI)
3. 电子商务(EC)

二、简答题

1. 国际集装箱运输信息管理体系包括哪些内容?
2. 集装箱班轮业务信息系统一般包括哪些子体系?
3. 集装箱船舶调度系统主要功能结构有哪些?
4. 集装箱船舶管理系统实现方式是什么?系统主要功能结构有哪些?
5. 集装箱在线EDI订舱系统主要功能模块有哪些?
6. 集装箱码头信息系统一般包括哪些子体系?
7. 集装箱码头中心管理系统主要功能有哪些?
8. 集装箱陆域运输信息系统一般包括哪些子体系?
9. 公共船代管理系统主要功能模块有哪些?
10. 国际货代管理系统主要功能结构有哪些?
11. NVOCC信息管理系统主要功能结构有哪些?
12. 集装箱场站管理系统主要功能模块有哪些?
13. 仓库管理系统主要功能模块有哪些?
14. 简述集装箱拖车管理系统业务流程。系统主要功能结构有哪些?
15. 简述口岸公共物流信息平台功能结构。

三、讨论题

1. 如何理解国际集装箱运输信息系统对国际集装箱运输发展的影响?
2. 电子订舱在中国境内的应用状况如何?
3. 国内外集装箱口岸公共信息平台应用状况如何?

# 参考文献

[1] 吴永富,杨家其.国际集装箱运输与多式联运[M].大连:大连海事大学出版社,1998
[2] 蒋正雄,刘鼎铭.集装箱运输学[M].北京:人民交通出版社,1997
[3] 杨志刚.国际集装箱多式联运实务与法规[M].北京:人民交通出版社,2001
[4] 真虹.集装箱运输学[M].大连:大连海事大学出版社,1999
[5] 田聿新.国际集装箱货物多式联运组织与管理[M].大连:大连海事大学出版社,1999
[6] 林祖乙.国际集装箱运输[M].北京:人民交通出版社,1993
[7] 于汝民.集装箱码头经营管理[M].北京:人民交通出版社,1999
[8] 陈戌源.集装箱码头业务管理[M].大连:大连海事大学出版社,1998
[9] 杨志刚,吴永富.国际集装箱运输实务[M].北京:人民交通出版社,1998
[10] 姚宗明,林国龙.集装箱运输管理[M].大连:大连海运学院出版社,2000
[11] 武德春.集装箱运输实务[M].北京:机械工业出版社,2003
[12] 刘鼎铭、曹振宇.国际标准集装箱及其应用[M].北京:人民交通出版社,1991
[13] 刘锡蔚.集装箱船舶积载[M].北京:人民交通出版社,1997
[14] 李玉如.国际货运代理[M].北京:人民交通出版社,2001
[15] 杨志刚.国际货运代理业务指南[M].北京:人民交通出版社,1997
[16] 张炳华.集装箱应用全书[M].北京:人民交通出版社,2000
[17] 金乐闻,武素秋.国际货运代理实务[M].北京:对外经济贸易大学出版社,2000
[18] 杨运涛,丁丁.国际货运代理法律指南[M].北京:人民交通出版社,2002
[19] 朱曾杰,等.现行国际多式联运法规概览[M].北京:人民交通出版社,2002
[20] 贺万忠.国际货物多式运输法律问题研究[M].北京:法律出版社,2002
[21] 孙家庆,等.集装箱多式联运[M].北京:中国人民大学出版社,2010
[22] 段满珍,等.国际集装箱运输与多式联运[M].北京:清华大学出版社、北京交通大学出版社,2011
[23] 朱晓宁.集装箱运输与多式联运[M].北京:中国铁道出版社,2010
[24] 交通部.中华人民共和国国际海运条例
[25] 外经贸部.中华人民共和国国际货运代理业管理规定
[26] 交通部,铁道部.国际集装箱多式联运管理规则
[27]《集装箱化》.上海海事大学
[28] 中国港口集装箱网.http://www.portcontainer.com/
[29] 中华航运网.http://www.chineseshipping.com.cn/
[30] 中国集装箱行业协会网.http://www.chinaccia.com/
[31] 中国国际货运代理协会网.http://www.cifa.org.com/
[32] UNCTAD. Multimodal Transport(Handbook). United Nation,1995
[33] Donald F. Wood & James C. Jobnson. Contemporary transportation. New York:Macmillan Publishing company,1993
[34] Gerhardt Muller. Intermodal freight transportation. Eno Transportation Foundation,ine,Lansdowne,1995